物本乎天　人本乎祖　本培其根　枝叶盛茂

中华郭氏名人大辞典

郭 牧 主编

经济管理出版社
ECONOMY & MANAGEMENT PUBLISHING HOUSE

图书在版编目 (CIP) 数据

中华郭氏名人大辞典 / 郭牧主编 .—北京：经济管理出版社，2019.12
ISBN 978-7-5096-6993-8

Ⅰ . ①中… Ⅱ . ①郭… Ⅲ . ①名人—中国—词典 Ⅳ . ① K820-61

中国版本图书馆 CIP 数据核字 (2020) 第 015905 号

组稿编辑：张丽原
责任编辑：周元君
责任印制：黄章平
责任校对：董杉珊

出版发行：经济管理出版社（北京市海淀区北蜂窝 8 号中雅大厦 A 座 11 层 100038）
网　　址：www.E-mp.com.cn
电　　话：(010)51915602
印　　刷：河北赛文印刷有限公司
经　　销：新华书店
开　　本：889mm×1194mm/16
印　　张：29.625
字　　数：443 千字
版　　次：2019 年 12 月第 1 版 2019 年 12 月第 1 次印刷
书　　号：ISBN 978-7-5096-6993-8
定　　价：480.00 元

编委会

前 言

近年来，全国姓氏研究取得重大进展，人口统计也越来越准确。目前郭氏人口已达1600多万，英杰辈出，代不乏人，涌现出许多为国家、为民族做出贡献的杰出人物。

中华郭氏，自周武王开创虢国至今，千百年来，螽斯衍庆、环宇广布。为了传承郭氏家风，弘扬郭氏文化，《中华郭氏名人大辞典》应运而生。这是中华郭氏宗亲的一件大事，它概括介绍了历史上有记载以来，数千年历史中，郭氏历代名人，包括文武官员、文学艺术家、发明家、院士、劳模、乡贤、企事业杰出人物、高级职称以上的各界人士。历史篇中的人物、科第、仕宦、儒业、方技、著作、武功、节孝……累累史迹一一详载于历代典籍之中，我们将这些名人事迹通揽搜索汇辑，加以标点，缀以成典。披览辞典，此乃郭氏列祖列宗立身立家的真实写照，缅怀先烈，只为激励后人。

本辞典分为上、下两卷。上卷历史人物，以朝代为序，以窥见夏、商、周、秦、汉，乃至唐、宋、元、明、清及民国郭氏人杰。下卷从中华人民共和国成立后，按地区，按年份作沿革，以便了解各年代人才辈出的情况，全面、客观地掌握传之行藏，以便今人、后人之阅读，以期广泛流传，垂诸永远。

目　录

上　卷

第一章　凡　例 ·························· **003**

　一、收录范围和词目定名 ············· 003

　二、释文内容 ······················· 003

　三、资料来源 ······················· 004

　四、字体的使用 ····················· 005

　五、编排与检索 ····················· 005

第二章　序——虢国与郭姓 ········· **006**

　一、郭姓始祖：虢仲、虢叔 ········· 006

　二、周王朝的忠诚卫士 ············· 007

　三、三门峡：郭姓祖源地 ··········· 008

　四、遗恨千古的历史悲歌 ··········· 010

　五、从"虢"到"郭"的转变 ······· 011

　六、郭姓的迁徙与发展 ············· 012

　七、虢国博物馆：再现历史辉煌 ····· 013

第三章　虢国博物馆 ··············· **017**

　一、虢国博物馆 ··················· 017

　二、虢国墓地出土的青铜器金文书法赏析 ········· 027

第四章　郭氏丰碑 ················· **035**

第五章　两院院士风采 ············· **046**

第六章　历史人物篇·································065

一、夏、商、周、秦、汉·····························065

二、三国、晋、六朝、隋·····························069

三、唐、北宋、南宋·······························075

四、元、明、清、民国·····························095

下　卷

第七章　当代人物篇·································125

一、东　北·······························125

二、华　北·······························157

三、华　东·······························237

四、西　北·······························332

五、华　中·······························355

六、华　南·······························393

七、西　南·······························418

八、香　港·······························446

九、台　湾·······························448

十、海　外·······························454

中华郭氏名人大辞典编委简介·················459

编　后　语·······························462

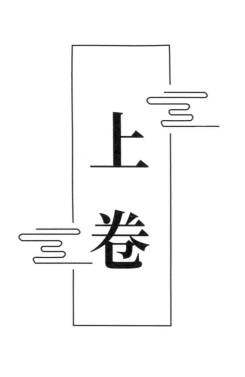

上卷

第一章　凡　例

一、收录范围和词目定名

（一）收录范围

（1）收录我国载于典籍及各类文献资料的郭姓人物,另及海外郭姓名人。上限起自夏、商、周朝,下限至当代。

（2）各历史时期之重要郭姓人物及正史立传之人,悉数收录;其他郭姓人物凡读者需要查考者,尽量收录。

（3）各类古书所载郭姓人物虽有其名但无事迹,或虽有事迹但无查考意义者,概不收录。

（4）生于晚清而在辛亥革命后去世之重要郭姓人物,权衡其历史地位酌情收录。

（5）当代篇中郭姓人物视其生平事迹和社会影响力,酌情收录。

（二）词目定名

（1）全书收录之郭姓人物均以本名立目。

（2）古代不同时期之郭姓皇后均以"郭皇后"立目。

（3）凡同名者,分别立目,排列上以时代先后或所处省份相次。

二、释文内容

（1）条目释文大致包括生卒年、朝代籍贯、字号别名、亲属关系、科举仕历、封赠谥号、学历职称、主要事迹、荣誉成就、主要著作等。

各项内容视所据文献资料而定,不勉强求全。

(2) 生卒年以公元纪年括于姓名之后,用阿拉伯数码表示。

(3) 跨朝代人物,一般依据其主要活动时期或历来通行的归属定为某朝代人; 少数朝代归属不确定的人物,视其实际情况表述为某朝代末或某朝代初人,如"宋末元初""明末清初"等。人物籍贯不详者,一般于朝代或政权名后加"人"字表述,如"西汉时人""唐时人""北魏时人"等。

(4) 亲属关系一般表述该亲属为本辞典别立有条目者,如郭暖,释文中表述为"郭子仪六子"; 郭铨,表述为"郭子仪孙"等。

(5) 科举一般只注明某帝年号某年进士,某年后均不括注公元纪年;状元可表述为"进士第一",其他一概从略。

(6) 仕历、事迹、学说、封赠、谥号、荣誉、著作等,撮叙大要,突出重点,不求全面,力戒烦琐。仕历、事迹中凡遇古地名,均不括注相应今地名。有著作者录其经、史、子部专著或诗文、文论之名、一般不出卷数、版本。秦、汉及以前人物虽无专著专集但有传世名篇者,酌录篇名。

(7) 当代篇中收录的在世郭姓人物事迹和活动时间截至 2018 年 11 月 20 日。

三、资料来源

(1) 历史篇中人物释文之末, 或有括注所依据的主要文献资料来源。一般标注书名、卷数。或根据不同情况按例标书名,篇名(或类别)及序数等。若文献资料散见各处,无法举要者,则只标书名, 不标卷数。

(2) 凡立目人物见于二十五史者、均于释文末括注 "O" 号, 不再出书名和卷数。详细出处由中华书局 1979 年出版的《二十四史纪传人名索引》, 上海古籍出版社、上海书店 1990 年出版的《二十五史纪传人名索引》, 以及由中华书局和上海古籍出版社分别陆续出版的二十五史 "专史" 人名索引。

(3) 立目人物及释文其他资料来源还包括《二十六史大辞典》《中国历代人名大辞典》《两唐书辞典》《宋代人物辞典》《元史辞典》《近现代名人辞典》等人名工具书。

（4）当代篇中郭姓人物来源还包括各地郭氏宗亲会及郭氏名人之举荐者，均以副高职称以上者或荣获省级以上荣誉者为收录标准，释文末不另标注。

四、字体的使用

（1）本书字体使用规范的简化字，一般遵循现行《简化字总表》中的简化字和《第一批异体字整理表》中的选用字。

（2）人名、地名、书篇名及古代专有名词，一般用简化字或选用字，但在繁体字简化后存有歧义或字形相差极大者及有关异体字，为避免混淆和引起误解，保留原来的繁体字和异体字。

五、编排与检索

（一）本书的编排

（1）全书条目收录的郭姓人物按出生年代和月日顺序编排；历史篇按中国历史朝代先后顺序区分；当代篇按中国大陆七大区，分30个省、市、自治区编排；当代篇还包括中国香港特别行政区和中国台湾地区郭姓人物，其他国家和地区的郭姓人物均归纳在海外章节。

（2）当代篇中郭姓人物以其现在工作地和事迹发生地为收录省份依据；已逝者收录在出生地或原籍省份。

（3）同一朝代或同一省份之同名者，按出生年月先后顺序编排。

（二）本书的检索

本书正文之前，有全部条目按正文顺序编排的目录；正文之后，有全部条目按四角号码顺序编排的索引，可供不同的检索之需。

第二章 序——虢国与郭姓

郭姓，是中华民族姓氏大家庭中的重要一员，现代总人口数 1600 万，在百家姓中排第 18 位。

郭姓来源于西周初期的封国——虢国。其始祖是周文王的同胞兄弟虢仲、虢叔。虢国从创始人虢仲、虢叔开始，历代国君大都在周王室中担任卿士、太师等要职，掌握着军政大权，是周王朝历代君王的左膀右臂。虢国以猛虎为图腾，崇尚勇武，威猛顽强，为了周王朝的建立与巩固，战车横扫大河上下，铁骑踏遍崤陵南北，舍生忘死，建立了不可磨灭的功勋。

公元前 655 年，在遭遇"假虞灭虢"之后，族人辗转迁徙，因上古"虢"字与"郭"字通，虢姓逐渐流变为郭姓。郭姓族人在历史长河中涌现了以郭子仪为代表的许多名人志士，为中华民族的发展做出了卓越的贡献，书写了光辉灿烂的篇章。

一、郭姓始祖：虢仲、虢叔

大约在夏朝的早中期，在渭水中游以北地方兴起了一个部族叫周族。周族在后稷、公刘、古公亶父、季历等首领的带领下励精图治，使国势日渐强大。至季历死后，姬昌继承了帝位。姬昌为了实现灭商复仇大计，与两个同胞兄弟（即后来的虢仲、虢叔）勠力同心，对内治国理政，对外联盟征伐，使周国在政治、经济、军事等方面得到了全面发展。

虢仲是一位能征善战的统帅人物，在扫平周边势力、建立周朝基业中，立下了赫赫战功。虢叔是一位谋臣，在文王翦商大业中谋划过许多军国大计，同时也是周武王和周公的老师。虢仲、虢叔一文一武，相辅相成，为周王朝的崛起，做出了卓越的贡献。为了褒奖两个弟弟，周文王将位于宗周西部的雍地（今陕西省宝鸡市）分封给两个弟弟作为供给俸禄的采邑，称为虢国。虢仲、虢叔被称为虢公，即郭姓的始祖。

在史书中对虢仲、虢叔均有明确记载。《左传·僖公五年》载："虢仲、虢叔，王季之穆也，为文王卿士，勋在王室，藏于盟府。"杜预注："虢仲、虢叔，王季之子，文王之母弟也。"

"虢"字的本意是双手执戈同猛虎搏斗，表示勇猛无畏。文王称两个弟弟为"二虢"，就是向世人显示，虢仲、虢叔就是护卫在自己身边的两个不可战胜的猛将。

周文王未能完成灭商大业就去世了，由太子姬发继承王位，是为周武王。周武王遵循文王的遗志，经过充分准备，联合诸侯国东进伐纣，终于完成了灭商大业，建立了一统天下的周王朝。

周武王为了对新建的周王朝进行有效控制，在西周初年进行了按照公、侯、伯、子、男五等爵位的大分封。虢仲、虢叔是周武王的叔叔，戎马一生辅佐三代君王，是功高盖世的开国元勋，自然也在分封之列。

周武王封虢仲于雍，被称为西虢，继续承担捍卫周王朝安全的重任。雍地位于今宝鸡市东南，是丰镐的西大门，是防止犬戎、狄、姜部族侵扰的桥头堡。后改封于陕，就是现今的河南省三门峡市和山西省平陆县部分地区。

周武王封虢叔于制，又名虎牢，是成周的东方门户，都城建于现今的河南省荥阳市汜水镇附近，被称为东虢。

从此，虢国作为一个独立的诸侯国正式登上历史舞台，一幕幕波澜壮阔的历史大剧由此拉开帷幕。

二、周王朝的忠诚卫士

虢国自受封之日起，始终以捍卫周王朝的统治和权威为己任。历代国君都按照周天子的命令，东征西讨、浴血奋战，立下赫赫战功。

周康王、周昭王时期，虢城公为六卿之一，参与东征，战功赫赫。

在周穆王、周共王、周懿王、周孝王、周夷王等诸朝中，虢季家族祖孙六代，历任太师、师等职，执掌军事大权。

周夷王时期，师承重登卿位，被称为虢公。

夷王七年，夷王命令虢公亲率西六师征伐太原戎。虢公率领大军浩浩荡荡向西进发，太原戎闻风丧胆，不战而溃。虢公乘胜追击，在俞泉追上急于奔命的戎夷，敌措手不及，溃不成军，死伤过半，周军缴获战马一千余匹。

周厉王时期，虢公长父任周王室卿士。生活在淮河流域的淮夷攻占伊洛水流域。周厉王率虢公长父亲征。虢公长父挂甲征战，历时十一年，终于取得南征的全面胜利，东夷、南夷二十六邦全部俯首称臣，朝觐纳贡。

然而由于长期的战争导致国内矛盾激化，于公元前 841 年爆发了"国人暴动"，周厉王仓皇出逃，由周召二公行政。南征淮夷从性质上讲，是一场维护周朝统一的反侵略战争。从战略战术上讲，作为一个极度衰弱的王朝，能出现这样的历史逆转，无疑是一个奇迹。从虢公长父本身来讲，充分显示了他高超的军事才能。但是，国人都认为引发"国人暴动"的主要原因，就是因为周厉王发动的征伐淮夷战争。虢公长父是这一重大行动的积极支持者和实施者，自然也难逃其责，称"国人暴动"是"虢公长父之难"。

虢公长父在南征淮夷战争中，连年征战，血染沙场，取得了战争胜利，不仅没有得到应有的褒奖，还落了个"虢公长父之难"的罪名。然而，虢公长父在"国人暴动"之后，既没有出面镇压国人，也没有选择跟随周厉王逃亡，而是实现了将西虢由雍东迁到陕（今河南省三门峡市）的重大行动。

虢公长父将西虢搬迁至三门峡，开创了虢国历史发展的崭新一页。

三、三门峡：郭姓祖源地

虢公长父为什么要选择将西虢东迁三门峡？除政治和社会原因外，与三门峡的重要战略地位有关。三门峡地处镐京与洛邑之间的交通要道上，西有函谷雄关，东有崤陵险道，南有巍巍秦岭，北有黄河天险，在地理上形成了一个可进可退、易守难攻，但又自成体系的军事要地。三门峡和平陆雄踞黄河两岸，是中华文明的重要发源地，地形多样，河流众多，土地肥沃，物产丰富，地下蕴藏着丰富的矿产资源，尤其是丰富的金矿、铜矿、铁矿资源，对于尚武好战的虢国来说具有非常重要的战略意义。虢公长父来到三门峡后，利用三门峡地区优越的地理条件，发奋图强，励精图治，综合国力迅速提升，手工业和冶炼技术已经达到当时的领先水平。就在虢公长父去世不久，其子虢文公便被任命为周王室卿士，使虢国重新登上了周王朝的政治舞台。

在虢公长父将西虢东迁三门峡之后，东虢也来到三门峡。公元前 767 年，郑武公因拥立护送周平王东迁有功，在周平王的默许下攻占了东虢。《新唐书·宰相世系表》记载："平王东迁，夺虢叔之地与郑武公。楚庄王起陆浑之师伐周，责王灭虢。于是平王求虢叔裔孙序，封于阳曲。"《路史·国名记》记载："夏阳，序之封，晋灭之，今陕州平陆。"据专家考证：阳曲即夏阳，即现今与河南省三门峡市隔河相望的山西省平陆县。

至此，在西周初年分封的东虢和西虢都汇聚于陕，形成了一个完整的虢国。由于三门峡位于黄河南岸称为南虢，平陆位于黄河北岸称为北虢，属虢国的一个邑。位于三门峡市区东南李家窑的都城称为上阳城，而位于平陆县金鸡堡的城池称为下阳城。南虢和北虢实为一个虢国。清代学者王先谦在《汉书补注》中说："陕与大阳夹河对岸，故有上阳、下阳之分，亦有南虢、北虢之称，实一虢也。"

西虢东迁后，留在原地的族人被称为小虢，到秦武公十一年被秦所灭，其族人被迫迁向西北边远地区定居。

虢国在三门峡延续近200年。现有的资料表明，自虢公长父之后，还有虢文公、虢公石父、虢公翰、虢公忌父、虢公林父、虢公丑等在三门峡虢国担任国君。

虢仲的爵位为公，三门峡虢国属一等诸侯国。虢国疆域北到现今山西省平陆县，东至河南省渑池县，南达河南省卢氏县，西及河南省灵宝市、陕西省潼关县一带。在邦国林立的时代，虢国占据着如此险要的位置和可观的面积，其政治地位和综合国力水平可见一斑。

2000年1月，河南省文物考古研究所会同三门峡市文物工作队对李家窑上阳城遗址进行大规模考古发掘，发现了宫殿、城墙、壕沟、作坊、粮仓等大量遗迹。2001年1月8日，河南省文物管理局与三门峡市政府联合召开新闻发布会宣布：三门峡李家窑一带，就是虢国都城上阳城。

自20世纪50年代开始，历时半个多世纪，国家、省、市三级考古工作者对三门峡虢国墓地进行了四次大的钻探，两次大的发掘，现已探明虢国墓地兆域区占地32.45万平方米，共有墓葬、车马坑、马坑、祭祀坑等各类遗迹800余个。已发掘墓葬256座，车马坑7座，马坑3座。其中国君墓2座，国君夫人墓1座，高级贵族墓10余座。出土青铜器、玉器、金器等文物3万余件。其数量之多，品种之全，制作之精，保存之好，价值之高，在我国西周考古中绝无仅有，成为中国乃至世界的文化瑰宝。尤其是 1990 年出土于三门峡虢国墓地虢季墓中的玉柄铜芯铁剑，把中国的冶铁史向前推移了 100 多年。

三门峡虢国存续时间最长，爵位最高，规模最大，疆域最广，对周王朝的影响最为深远，是郭姓的重要祖源地。现在分布于华夏大地及世界各地的郭姓族人绝大多数都是从三门峡虢国这块土地上走出去的，郭姓人的根在三门峡，这一观点现今已得到全球郭姓族人的普遍认同。近年来，世界各地的许多郭姓族人都来到三门峡寻根祭祖。

四、遗恨千古的历史悲歌

虢国作为一个诸侯国，自始至终都是周王朝最忠诚的卫士，其捍卫的昭穆五服体制，是中华民族壮大发展早期的稳定基石。无论是在周王朝蓬勃发展的盛世，还是在国力衰弱、风雨飘摇的岌岌可危之时，虢国总是坚持不懈地按照周天子的命令东拼西杀，一直战斗到最后一刻。

虢国在三门峡建都之后，国势更加强大。威武善战的虢国军队继续战斗在各个战场上。

周宣王时期，虢文公任卿士，他因阻谏宣王"不藉千亩"而名留青史。

虢季子白，征伐猃狁于洛之阳，大获全胜，受到周天子的嘉奖。记载这次盛典的虢季子白盘现存于国家博物馆。

周幽王时，虢石父为卿士，因忠于幽王，支持废申后立褒姒，导致申侯勾结犬戎攻破镐京，西周灭亡。

周平王时，虢公翰立幽王子为携王，形成二王并立局面。

周恒王时，虢公林父再任周王朝卿士，入朝助政。此后，虢公林父率虢师随王讨伐以下犯上的郑国。三年后又伐曲沃，奉王命两立晋侯。

周惠王时，太子颓联合五大夫发动宫廷政变，驱逐周惠王而自立。虢公丑与郑历公率兵南北夹击，攻下王城，平息内乱，使在外流亡的周惠王重新登上王位。

周惠王二十九年，位于黄河北岸的樊皮背叛周王，虢公丑奉王命征伐樊皮，历时三月，生擒樊仲皮。

公元前 660 年，位于西部地区的犬戎开始大举向虢国边境发动进攻。虢公丑带领精兵良将在桑田、函谷关一带摆开战场。"二年春，虢公败犬戎于渭汭。""虢公败戎于桑田。"犬戎连吃败仗，恼羞成怒，倾全国之兵力向虢国进攻。双方僵持不下，军力、物力消耗严重。而就在此时，晋国却乘人之危，采取"假虞灭虢"之计，使虢国处于腹背受敌的境地。

晋献公对于虢国多次入晋锄强扶弱怀恨在心，早想灭掉虢国。由于攻打虢国要经过虞国，而虞、虢两国有军事同盟。攻打虞国，虢国必救之；攻打虢国，虞国必救之，一直无法下手。此时，晋国大夫旬息献上"假虞灭虢"之计，就是用宝马和玉璧收买虞公，从虞国借道，乘着虢国与犬戎打得筋疲力尽之时攻打虢国。

虞国大夫宫之奇得知此事后，全力劝阻虞公，然而，愚昧无知、贪图小利的虞公竟然答应了晋国的要求。公元前658年，晋国利用虢国与犬戎交战难分难解之时，在虞公的帮助下，攻占了位于黄河北岸的虢国下阳城。

公元前655年，晋献公故伎重演，再次要求借道虞国，攻打位于黄河南岸的虢国都城上阳城。宫之奇再次力劝虞公说："人常说唇亡齿寒，我们和虢国的关系就像嘴唇和牙齿，嘴唇没有了，牙齿还能保得住吗？"这就是成语"唇亡齿寒"的由来。然而，执迷不悟的虞公再次答应了晋国的要求。

正在桑田与犬戎交战的虢公丑，听说晋军向上阳城发动进攻，火速撤兵返回，犬戎乘机追杀，死伤无数。虢公丑只得带着少量的战车和士兵赶回到上阳城死守。

虢军英勇顽强，坚守城池。然而，晋军从8月开始，对上阳城攻打围困了四个月，致使城中柴尽粮绝。公元前655年12月，上阳城被晋军攻克。一个战车上的猛虎之国从此退出了历史舞台，留下了一曲千古悲歌。晋国在返回途中又灭了虞国。"假虞灭虢"的成语也由此而来，并被后人编入三十六计。

虢国被灭后，周王朝失去了坚强的军事支柱。历史学家吕思勉先生说："晋灭虢，是为东周盛衰，一大关键。"从此，进入了"礼乐征战自诸侯出"的霸权时代。

晋军烧毁了上阳城的全部宫殿和房屋，推倒城墙，就连地基也进行了破坏。同时将虢国和虞国的贵族全部押解到晋国的北部边境汾阳一带流放，以防反叛。现今山西省汾阳市还有虢城村和虞城村，诉说着虢国后裔在这里筑城而居、忍辱负重、历经磨难、艰难度日、力图东山再起的故事。

五、从"虢"到"郭"的转变

关于郭姓的来源有多种说法：

一是源自任姓。夏王御臣郭哀，夏王大

臣郭支，是有史记载最早的郭姓人。

二是源自地名。据《风俗通义》记载："氏于居者，城、郭、园、池是也。"郭为外城，即因住在城外，而以郭为姓，如东郭氏、西郭氏、南郭氏等。

三是源自少数民族。在回族、蒙古族、突厥、满族中也有数量不等的郭姓族人。

四是出自姬姓。也就是周文王姬昌之弟虢仲、虢叔。唐代大书法家颜真卿为名将郭子仪之父郭敬之撰写并书写的碑文中说："溯其先盖出周之虢叔，虢或为郭，固而氏焉。"这是郭姓中最大的一支，占90%以上。

那么虢仲、虢叔的后人是什么时间将"虢"改为"郭"的呢？

《新唐书·宰相世系表》中说："楚庄王起陆浑之师，责王灭虢，平王求虢叔裔孙序，封地阳曲，号曰'郭公'。"但是，对于由"虢"转为"郭"的时间，许多专家发表了不同的意见。

东虢被郑国所灭是公元前767年。封地在今山西省平陆县，史称北虢，是三门峡虢国的一个邑。而北虢和南虢被晋国所灭分别是公元前658年和前655年。也就是说，东虢被灭后，在新的封地又存续了110多年。然而从目前在三门峡虢国出土的文物上的铭文来看，都是"虢"字，而没有"郭"字。由此可见，在虢国灭亡之前，族人仍姓"虢"姓。因为在虢国灭亡前，虢姓是君王所赐之姓，哪个敢改？同时由于虢国地位显赫，姓虢是一件很荣耀的事情，也没有必要去改。

那么最大的可能性是在虢国被晋国所灭，其贵族被流放到山西省汾阳市之后才改的。现今在汾阳仍有虢城村、虞城村，中间有一条虢虞河。这说明在虢国族人初到汾阳时也还没有改。应当是在此后的岁月中，虢氏族人开始向外迁徙避难，流向四面八方时，既为了躲避迫害，同时又想保留虢姓的根脉，便利用了"虢"与"郭"字相通，改成"郭"姓，而后逐渐推广到整个氏族。

也还有一些虢氏族人在迁徙到外地后仍然保留着虢姓。如湖南常德等地，一些大的虢姓聚集区，人口达万余。

六、郭姓的迁徙与发展

自周朝以后的2000多年里，郭姓族人发扬虢国英勇顽强、勤劳智慧的光荣传统，自强自立、顽强拼搏，终于从一个败亡之国发展成望族。郭姓族人逐步向各地播迁发展，致使大江南北、城市乡村到处都有郭姓人活动的足迹。

先秦时期，郭姓主要活动于河南、陕西、山西、山东、河北等地区。

到了秦汉，便逐渐向四方扩散，东抵江苏、西到甘肃、南到四川、北到内蒙古。太原郡望就是在这一时期形成的，并成为后来郭姓人繁衍播迁的主要支源。

魏晋南北朝时期，随着为避战祸的大批南下迁徙者，郭姓人开始在浙江、江苏等地散居，南迁者尤以太原郭姓为多。

隋唐时期，战乱使郭姓入居浙江、江苏、湖北等地。

唐朝中叶，大将郭子仪平定了安史之乱，被封为汾阳王，中兴之功带来了族姓的兴旺，形成了著名的山西汾阳郭氏，达到鼎盛时期。后汾阳郭姓后裔入闽成为福建郭姓始祖。至今南方和海外的郭姓多数敬奉郭子仪为始祖。

从五代到宋元时期，随着金人的入主中原及蒙古军队南下，郭姓人再度南迁，由此，郭姓人遍布大江南北。如今，郭姓以河南、河北、山东、湖北、四川五省最多，上述五省郭姓约占郭姓人口的46%。

明末清初，福建郭氏有一支迁居台湾，后散居彰化、嘉义、高雄等县，发展为台湾十大姓之一；并有部分人远徙东南亚及欧美，其中以新加坡、泰国、马来西亚、印度尼西亚、菲律宾、柬埔寨、老挝等十几个国家为最多。美国、加拿大和巴西也有不少郭姓华裔。

郭姓氏族在长期的发展过程中，尊祖敬宗，艰苦创业，为中华民族的发展做出了卓越的贡献，并涌现出了许多名人。这些名人犹如璀璨的星星，在中华民族的发展史上闪耀着耀眼的光芒。

七、虢国博物馆：再现历史辉煌

三门峡虢国墓地先后进行了两次大的发掘。第一次是20世纪50年代，为配合三门峡水利枢纽工程和城市建设，由中国科学院和文化部联合组成的"黄河水库考古工作队"进行的发掘。此次共发掘虢国古墓234座，车马坑3座，出土各种文物9179件。其中青铜礼器181件（其中带铭文的14件），玉器1200件（组）。这次考古填补了西周、东周之际考古学的空白，被列为20世纪50年代中国田野考古的重大发现。中国科学院将全部考古成果编成《上村岭虢国墓地》一书，以汉、英、俄三种文字出版，使这一辉煌的发掘成果走向世界，自此，拉开了虢国历史文化研究的序幕。

在这次考古中特别引人注目的重大发

现，一是虢国太子墓。该墓出土文物970件，随葬有10辆战车，20匹马。二是在太子墓中出土一件古代祭祀时用于采取"天火"的阳燧，它说明至少在公元前8世纪，我国人民已经掌握了利用太阳取火的技术。三是在一座大夫一级墓中发掘出一个有5辆战车、10匹马的陪葬坑，保存得十分完好。在郭沫若先生的建议下，进行"原地、原址、原貌保护"，由三门峡市政府建成了三门峡文物陈列馆。周恩来、陈毅、习仲勋、李鹏、宋平、张震等领导先后到这里进行考察。

第二次是20世纪90年代，由河南省文物考古研究所和三门峡市文物工作队联合进行的抢救性发掘。期间共发掘18座墓葬，4座马车坑，2座马坑。其中虢仲、虢季两个国君大墓的发现立即震惊了世界。

虢国墓地出土珍贵文物多达1万多件。其中两座国君墓出土了许多国宝级文物，如有"中华第一剑"之称的玉柄铜芯铁剑，精美华丽的多璜组玉佩，体现高超制玉水平的人龙合纹玉璋等。出土的玉器数量之多，品种之全，工艺之精，玉质之好，在周代极为罕见。选料大部分为新疆和田玉，有白玉、黄玉、碧玉等多个品种；从制作工艺来看，多为精绝之作。

虢国墓地是一处规模宏大、等级齐全、排列有序、保存完好的两周时期大型邦国公墓，具有重大的历史、科学研究价值。其中虢季和虢仲两座国君大墓分别被评为1990年、1991年"全国十大考古新发现"。2001年4月，虢国墓地入选"中国20世纪百项考古大发现"。

为了向世人展示这些举世罕见、精美绝伦的稀世珍品，三门峡市政府于2000年10月修建了恢宏大气、庄重肃穆的虢国博物馆。

虢国博物馆是建立在全国重点文物保护单位西周虢国墓地遗址上的一座专题性遗址类博物馆，占地10万平方米，是集文物陈列、遗址展示、社会教育与文化交流等多项功能于一体的公共文化空间。

虢国博物馆北依黄河、南望崤山，远远看去整个建筑像一辆巨大的战车，迎着历史的风云，驰骋在黄土高原上。

走进博物馆，首先展现在游客面前的是在虢字旗映照下的红色大型浮雕墙——《虢国车马出征图》，它由716块红色砂岩雕刻而成。画面上战旗迎风招展，战车烈马奔腾向前，挥戈拉弓的军士威武雄壮，真实地反映了当时的军事强国——虢国的军队为保卫周王朝东征西伐的情景。

虢国博物馆基本陈列《周风虢韵——虢国历史文化陈列》分为虢旗猎猎、吉金灿灿、美玉灼灼、奇珍熠熠、车马辚辚、古墓秩秩六个部分。

在这里，你不仅可以欣赏到虢国墓地出土的精美文物，领略到级别最高的国君墓的气势，还可以步入2800年前真车真马陪葬的气势恢宏的地下车马军阵。

多年来，在文物工作者的不懈努力下，虢国博物馆在考古发掘、文物保护、科研学术等方面取得了令人瞩目的成绩，先后荣获"国家AAAA级旅游景区"、第五届"全国博物馆十大精品陈列"、"国家二级博物馆"等多项荣誉。

近年来，国内外大量郭姓族人来到三门峡参观虢国博物馆，寻根祭祖，并进行各种考察、学习、交流活动。

2004年10月16日，来自中国台湾地区及美国、印度、印度尼西亚、菲律宾、泰国、马来西亚、新加坡7个国家的80余位宗亲来到三门峡寻根祭祖。

2014年11月8日，甲午年海峡两岸郭氏宗亲祭祖大典在虢国博物馆举行。首届中华郭氏家谱暨郭氏名家书画展在三门峡文博城举行。

2014年12月4日，富士康科技集团董事长、总裁郭台铭带领集团20余人到三门峡交流考察。

2015年8月，全国郭氏青少年寻根夏令营活动在三门峡举行。

2017年10月，首届世界郭氏青年大会在三门峡召开。

虢国在历史上虽然只存在了400多年，便像流星一样消失了，但它用生命迸发出的火光，将永远留在历史的天幕上。

郭氏族人在中华民族的发展进程中，大力弘扬优秀的郭氏家风，团结奋进，创造了不朽的业绩。在新的社会主义现代化建设中，必将再接再厉，创造更加光辉灿烂的未来。

（本文在写作中参考了诸多郭姓文化研究的专家、学者的成果，特此致谢）

作者简介：郭东方，生于1951年，河南省三门峡市人。1970年入伍，历任指导员、副政委等职。转业后任三门峡市人民警察训练学校校长。国家二级心理咨询师、河南省作家协会会员、河南省心理咨询师协会会员、三门峡市第二届政协委员。出版作品有《砥柱警魂》《仰望砥柱》《好人亢增奇》《虢国与郭姓》等。

第三章　虢国博物馆

一、虢国博物馆

　　虢国博物馆是建立在全国重点文物保护单位西周虢国墓地遗址上的一座专题性博物馆，占地 10 万平方米，是集文物陈列、遗址展示、园林景观为一体的国家二级博物馆，国家 AAAA 级景区。

　　虢国博物馆拥有 5 个基本陈列，为《虢国春秋——虢国文化史》《虢宝撷英——虢国墓地出土文物精华》《梁姬风韵——虢季夫人墓出土文物》《车辚马啸——虢国车马坑遗址》和《国君觅踪——虢季墓遗址》。

　　虢国墓地是我国迄今为止发现的唯一一处规模宏大、等级齐全、排列有序、保存完好的西周、春秋时期大型邦国公墓，总面积达 32.45 万平方米，探明各类遗址 800 余处，已发掘的 260 多座墓葬中出土文物近 3 万件。尤其是 20 世纪 90 年代发掘的虢季和虢仲两君大墓，因出土文物数量多、价值高和墓主人级别高，分别被评为 1990 年、1991 年全国十大考古新发现之一。2001 年 4 月，虢国墓地遗址被评为"中国 20 世纪百项考古大发现之一"。

虢季墓发掘现场馆

玉柄铜芯铁剑

玉 象

兽叔铜盨

龙纹玉璧

黄金腰带饰

虢仲铜盉

丰白铜簠

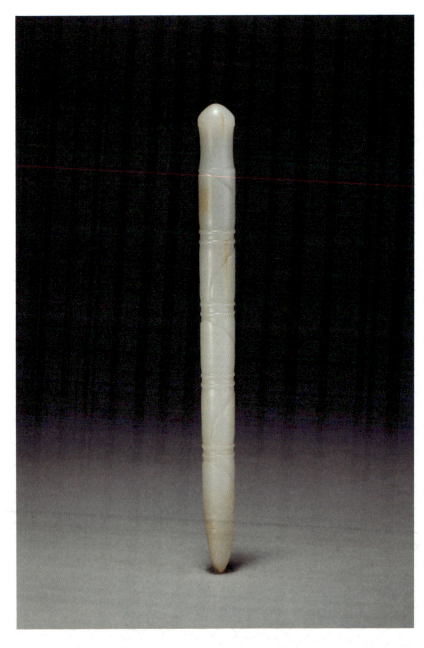

白玉柄形器

二、虢国墓地出土的青铜器金文书法赏析

《左传·僖公五年》载："虢仲、虢叔，王季之穆也，为文王卿士，勋在王室，藏于盟府。"
杜预注："虢仲、虢叔，王季之子，文王之母弟也。"《汉书·地理志》云："北虢在大阳，
东虢在荥阳，西虢在雍州。"从上述文献记载可知，武王灭商后，封文王两个弟弟即虢仲、
虢叔在东、西二虢。后西虢于公元前 760 年东迁到三门峡地区，史称"北虢"。

然而，古文献中所载的虢国青铜器金文著述器物基本上出于陕西省宝鸡市，即西虢之
器。其中最著名的莫过于虢季子白盘金文，其书法谲诡多变、字体俊逸疏朗，给人
留下了深刻的印象。直到 20 世纪 90 年代，在三门峡上村岭发现的虢国墓地出土了
一批带有铭文的青铜器，这些青铜器不仅有力地证实了西虢东迁和春秋初年虢国与
多国联姻的史实，而且上面的金文书法艺术性极高，具有很重要的研究价值。这里
择取了三门峡虢国墓地出土的部分青铜器上铭文（即金文）精品，供读者鉴赏。

（一）虢季铜鼎及铭文

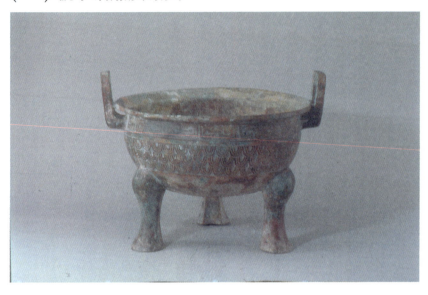

通高34.6厘米，口径39.6厘米，腹径36.6厘米，腹深18.6厘米。口微敛，宽卷沿，斜方唇，附耳与口沿之间连以两个小横梁，浅半球形腹，圆底，蹄足中段较细，下端逐渐外展而宽大，内侧有一道纵向凹槽。口沿下饰一周C形平目窃曲纹，腹部饰三周垂鳞纹，在两种纹样之间界以一道浅凹槽，耳的内外侧面均饰有珠重环纹。内壁有竖款铭文18字。

铭文为：虢季乍宝鼎，季氏其万年子＝孙＝永宝用享。

铭文大意为：虢季做宝鼎，季氏子孙永远保存享用。该铭义整体为竖向长方形，整体线条细腻规整，铭文四纵四横，排列整齐划一，字体整体偏长、大小均匀，只有个别笔画较多的字体占面积大一些，但是其整体较为长大圆润，体现出一种理性规范的优雅之美。

（二）虢季铜鬲及铭文

高 13.1 厘米，口径 17.6 厘米，腹深 8.2 厘米。鬲矮体，宽平折沿，薄方唇，短束颈，腹外鼓，断面呈椭三角形，平裆，矮蹄足下端肥大，内侧有一道竖向凹槽。腹部与足相对处各有一个竖向扉棱。腹部一周饰三组两两相随的 S 形长鼻曲体龙纹，皆以凸细线雷纹衬作地纹。颈部内侧呈顺时针方向铸铭文一周 16 字。

铭文为： 虢季乍宝鬲，其万年子＝孙＝永宝用享。

铭文大意为： 虢季做宝鼎，其子孙永远保存享用。铭文横向布排，点画方圆尖、线条曲折粗细统一，结字大小随形就字，一任自然，体现出一种浓郁的酣畅淋漓之美。

（三）国子硕父铜鬲及铭文

　　高 13.4 厘米，口径 18 厘米，腹深 7.7 厘米。器身较矮，宽平折沿，方唇，短束颈，鼓腹，断面呈椭三角形，平裆，蹄足矮而粗壮，足内侧有浅凹槽，足与腹相对应处各有一道竖向扁扉棱。腹部饰三组曲体长鼻龙纹，龙凸目且有桃形耳，长鼻断为三截，其中垂于身后者似凤鸟冠部纹样，纹样间隙填细雷纹作为地纹。颈部内侧呈逆时针方向铸有一周铭文计 24 字。

　　铭文为：虢中（仲）之嗣或（国）子硕父乍（作）季嬴羞鬲，其迈（万）年子＝孙＝永宝用享。

　　铭文大意为：被立为虢国国君继承人的虢石父，在其尚为贵族大学学生的时候为其妻季嬴做此铜鬲，并希望其子子孙孙世代用它来祭祀祖先。铭文横向布排，字间距整齐，笔画细腻，笔记清晰，笔画转折处圆润，结字大小随形就字，体现出浓郁的篆字之风。

（四）虢硕父铜簠及铭文

通高 19 厘米，口长 30.6 厘米，宽 25.2 厘米，腹深 5.8 厘米。器身敞口，窄平折沿，尖唇，斜直壁下收，腹壁两侧有一对龙首耳，龙吐舌下弯呈半环形，龙首双角仅以浅刻纹示意，平底，矩形圈足四边的中部各有一个近半圆形豁口。口沿外围与圈足周围各饰一周 C 形平目窃曲纹，每一腹壁上各饰一组背向相对的 S 形双首龙纹。底部铸有铭文三行 17 字。

铭文为：虢硕父乍（作）旅簠，其万禾（年）子 = 孙 = 永宝用享。

盖底铭文的内容、款式、字数均与器底相同，只是"万"字后面的一字为"年"字。按：旅，为祭名。这样，铜簠铭文大意就是：已当虢国国君的虢石父自作祭器铜簠，希望其子子孙孙世代用它来祭祀祖先。整体布局为长方形，字距、行距规整，线条圆润，结字开合敛放，纵横有距，古朴大方。

（五）丰白铜簠及铭文

通高 20.5 厘米，口长 31.6 厘米，宽 26 厘米，腹深 7.3 厘米。器盖与器身相同，均为长方形，敞口，窄平折沿，厚方唇，斜直壁下收，两侧腹壁上有一对半环形龙首耳，平底，圈足。口沿下饰一周 C 形无目窃曲纹，腹壁四面各饰一组曲体龙纹，圈足饰一周 S 形无目窃曲纹，盖顶与器底饰连体蟠夔纹，中心兽目突起。盖、器底部铭文相同，均为竖款排列，计三行 14 字。

铭文为：丰白（伯）盅父乍（作）簠，其子 = 孙 = 永宝用。

西周时期，奴隶主贵族一夫多妻，嫁女时有一种叫"媵"（陪嫁）的制度，不仅有媵女，还有媵臣、媵物。《左传》成公八年载："凡诸侯嫁女，同姓媵之，异姓则否。"《春秋公羊传》庄公十九年载："诸侯娶一国则二国往媵之，以侄娣丛。"即一国嫁女，同姓国媵嫁。由此可见，丰伯簠极有可能是姞姓丰国为女儿孟姞所做的陪嫁之器。该器铭文章法为长方形，整文划整统一，字间距较大，行间距较小。字体线条细长优美，笔画清晰简洁，不拖泥带水，笔画的转折遒劲，个别字体有隶书之始风，字体流畅、秀美，富有艺术魅力，不愧为一件古代艺术珍品。

（六）孟姞铜盨及铭文

通高 20.4 厘米，口长 23.2 厘米，宽 18.4 厘米，腹深 10.2 厘米。盖口呈椭长方形，盖面向上隆起，顶部有四个扁体扉棱支钮。器身子口内敛，薄方唇，腹壁略外鼓，两侧有一对龙首耳，龙舌向下向内弯曲作半环形，底近平，圈足的前后两边中部各有一个横梯形豁口。盖顶中部饰夔龙纹，中心兽目突起，支钮两侧饰云纹，盖缘与器口沿各饰一周无珠重环纹，盖面与器腹各饰数周瓦垅纹，圈足上饰一周垂磷纹，器底饰斜网格纹。在器内底部铸有铭文 4 行 33 字。

铭文为：兽（单）盨（叔）癸父乍（作）孟姞旅

盨，用饎（盛）熵（稻）饎需（糯） 沙（梁）

加（嘉）宾用享，有飤则迈（万）

人（年）无疆，子 = 孙 = 永宝用。

铭文大意为：单叔癸父为孟姞做铜盨，让她用此盛梁、稻、糯米等做成的食物供嘉宾们享用。有了食物就能够万寿无疆，子子孙孙们可以永远使用它。因为当时为妇女所做的器不是给女儿就是给夫人，单国贵族只能葬当地，因而从铭文可知这件铜盨是单国贵族为女儿嫁到虢国所做的陪嫁，并且这些铭文为研究西周婚姻制度提供了珍贵的实物材料，也为虢国与其他诸侯国的关系提供了实证。铭文布局整体为长方形，整篇铭文精细明净，起止爽利，运线轻盈平实，字体精整，笔画圆润，笔画横折撇捺完整规矩，但在其笔画的转角处却不失圆转。其章法宏大烂漫，而又空灵自然，字体布局雄浑茂密，通观全篇，这是一篇难得有金文书法之意的篆文作品。

（七）虢季铜编钟及铭文

高 56.6 厘米，铣间 31.4 厘米，鼓间 23.3 厘米，甬高 19.5 厘米。钟身呈合瓦形，横断面呈梭形。上有长甬，中空，与钟腔相通，内实范土。横端平齐，部分钟衡有所残损，且裸露范土。甬下端有旋，如箍形，旋上正面有斜方形环钮。平舞。钲部两侧的篆间各设三排九个柱状枚。于口上拱，铣部下阔。钟腔内壁有数量不等的纵向调音槽，少者有二道，多着有八道。钟身正面纹样大致相同，旋上饰一周简易 S 形凸目窃曲纹，舞部饰四组双龙首窃曲纹，篆带饰 C 形窃曲纹，枚、篆、钲、鼓之间隔以凸起的界格栏线，正鼓部饰一组相背对称的长鼻去体龙纹。在钟的正面均铸有九行 51 字。

铭文为：

佳十月初吉丁亥，虢

季乍为𣢩钟。其音鸹

雉，用义其家，用与其

邦。虢季乍宝，用言追

（以上为钲部铭文）

孝于其皇

考，用旛万

寿，用乐用

言，季氏受

福无彊。

（以上为左鼓部铭文）

铭文大意为： 某年十月初丁亥日，虢季做这套编钟来祭祀虢国宗庙里的先祖和诸神，并向他们祈福，以保佑季氏一族诸事吉宜，保家兴邦。而诸事吉宜，振兴虢国则是本篇钟铭的要义所在。铭文末尾又言铸造此套编钟的目的不仅是用来祭祀其先父（皇考），祈求长寿、宏福，而且还用于娱乐活动，即"用乐用享"。其铭文整体分为两块，钲部铭文整体形廓为梯形，上大下小，左鼓部铭文整体布局为长方形，整篇铭文布局规整，行列清晰，字体线条精细明净，起止爽利，运线轻盈平实，使转圆润，笔画长短虚实灵动。横折撇捺较为圆润无骨，篆书风格典型，不愧为篆书的上乘之作。

虢国墓地出土的这几篇金文作品相当程度延续了西周的金文风格，但又有些改变，笔画更加工整匀称，笔势圆整。线条比金文更有力，线条化达到朴实的程度。开始文字抽象化，形体趋于方正。

《孟姞盨》和《丰白簠》金文体态堂皇大度、圆活奔放，古茂遒朴而有逸气。有的结体对称平正，有的字则参差错落，近于小篆而又没有小篆的拘谨。在章法布局上，虽字字独立，但又注意到了上下左右之间的偃仰向背关系、其笔力之强劲在金文中极为突出。这两篇金文体现了春秋早期中原地区的金文新体的规模：圆瘦匀一，屈曲摆动的线条，更加方正化的字形，式样的优美等这些特点更加突出美化大篆的成熟。由此看出，王室衰微带来了影响黄河流域各诸侯国书法风气的改易。

作者：辛军民（三门峡市虢国博物馆馆长）

第四章　郭氏丰碑

《郭氏家庙碑》是唐代中兴名将郭子仪为其父郭敬之所立的碑。唐朝名臣、书法家颜真卿撰文并作楷书，现保存在西安碑林，拓本藏于北京故宫博物院。

郭子仪（697—781 年）

华州郑县（今陕西渭南华州区）人，唐代名将、政治家、军事家

长子　郭曜

二子　郭旰

三子　郭晞

四子　郭曣

五子　郭晤

六子　郭暧

七子　郭曙

八子　郭映

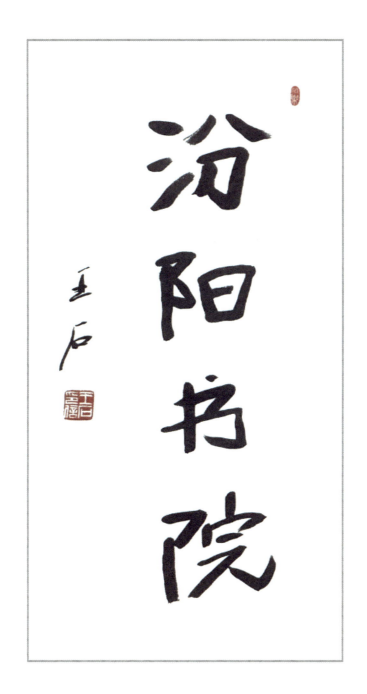

中华文化促进会会长　王石　题

第五章 两院院士风采

郭柏灵　　中国科学院院士　数学专家

郭尚平　　　中国科学院院士　流体力学　生物力学专家

郭景坤　　中国科学院院士　材料科学家

郭子健 中国科学院院士 配位化学专家

郭爱克　　中国科学院院士　神经科学和生物物理学家

郭华东　　　中国科学院院士　遥感技术专家

郭正堂　　中国科学院院士　地质与地球物理专家

郭光灿　　中国科学院院士　量子信息学专家

郭雷　　中国科学院院士　控制科学家

郭烈锦　　中国科学院院士　工程热物理专家

郭万林　　中国科学院院士　固体力学专家

郭孔辉　　　中国工程院院士　汽车行业专家

郭重庆　　中国工程院院士　机械制造工艺与设备专家

郭东明　　中国工程院院士　"973"项目首席科学家

郭仁忠　　中国工程院院士　国土资源信息专家

郭桂蓉　　中国工程院院士　中将军衔　通信与电子技术专家

郭剑波　　中国工程院院士　电力科学专家

郭应禄　　　中国工程院院士　泌尿外科专家

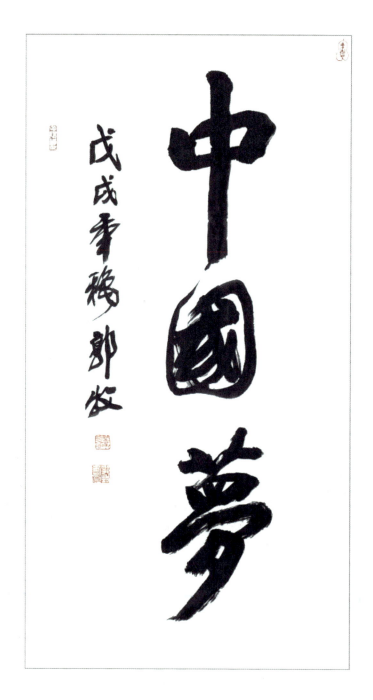

武林画院院长　郭牧　题

第六章 历史人物篇

一、夏、商、周、秦、汉

（约公元前 2029—公元 220 年）

【郭哀】《路史·国名记·卷已二》"夏世侯伯"中载：郭哀是夏朝大禹的龙御大夫，侯伯，世职世守，生活在聊城东南郭水。

【郭支】夏代人。郭哀后代，职务世袭。

【郭崇】商代人。《三一经》注释云：郭崇商朝大夫，受封子爵，彭真人弟子，郭哀后裔。

【虢仲、虢叔】西周人。周文王姬昌之弟，周武王之叔。虢仲、虢叔兼具元老重臣与宗支近族的双重身份，因其负有特殊的历史使命，公元前 1065 年，周武王伐纣灭商后，封两个叔叔为虢国国君。其中虢叔被封在雍地，称作西虢；虢仲被封在制地（今河南荥阳），被称作东虢。东、西虢国在王畿的左右，作为周王室藩屏，因位列公爵，故尊称为西虢公、东虢公。因"虢""郭"音同，又称"郭公"。其后代就以郭为姓，虢仲、虢叔为郭姓的受姓始祖。

【郭序】东周人。虢叔之裔孙，被周平王封于阳曲，号曰郭公。

【郭荣】春秋时齐国人。灵公时大夫。晋平公伐齐，齐师败。灵公将逃邮棠。与太子光同谏止之，谓晋军无久战取地之意，将还。后晋军果退（《左传·襄公十八年》）。

【郭最】春秋时齐国临淄人。勇士。晋平公伐齐入于平阴。夙沙卫为齐师殿。最与殖绰代之，为晋师所俘（《左传·襄公十八年》）。

【郭隗】战国时燕国人。昭王欲报齐仇，问计于郭隗。隗以"千金市马"为喻说昭王。昭王悦，乃为隗筑宫，待以师礼。筑黄金台以招贤者。于是乐毅等士人争赴燕国（《战国策·燕策一》）。

【郭纵】战国时赵国邯郸(今属河北)人。商人。以冶铁成为巨富，富比王侯。

【郭威】西汉扶风茂陵人，字文伟。好读书。尝以《尔雅》中有"张仲孝友"句，而张仲为周宣王时人，故断言《尔雅》绝非周公所作（《西京杂记》卷三）。

【郭钦】西汉右扶风隃糜人。哀帝时为丞相司直。以劾奏宠臣董贤，左迁卢奴令。平帝时，迁南郡太守。以廉直名。王莽居摄，托病辞官，归居乡里，足不出户。

【郭蒙】(? —前183)西汉人。以户卫起于薛，属周吕侯，破秦军。入汉，为城将，定三秦，以都尉坚守敖仓。为将军，破项羽。高祖六年，封东武侯。高祖十一年，从刘邦破陈豨。卒谥贞。

【郭解】西汉河内轵人，字翁伯。以任侠闻名。常劫掠财物，私铸货币，藏匿亡命之徒。为汉武帝徙往关中，大将军卫青曾为说情。入关后仍与当地豪杰结交。后因解客杀诋毁解者，御史大夫公孙弘言解任侠行权，以睚眦杀人，当大逆无道，捕而族诛。

【郭舍人】西汉人。武帝所宠幸倡优，滑稽不穷，常侍武帝左右。尝与东方朔射覆，舍人不能胜。

【郭翁中】名或作公仲。西汉西河人。以任侠闻名，有退让君子风。

【郭亭】(? —前178)西汉河陵顷侯。公元前209年，初以连敖从高祖于单父。后任塞路，随入汉中，还定三秦，属周吕侯，又以都尉进击项羽，公元前201年，以功封侯，在位24年。

【郭钦】新莽时人。王莽时为戊己校尉。天凤三年，从五威将王骏出西域。焉耆诈降，伏兵袭杀骏等，钦率兵后至，焉耆兵未还，钦乃击杀其老弱，还，莽拜为填外将军，封剿胡子。后为王莽九虎将之一。王莽死，降更始，封侯。

【郭皇后】（? —52）东汉真定槁人，名圣通。刘玄更始二年，光武击王郎至真定，纳之。建武元年生皇子刘彊，立为皇后。后以宠衰，废为中山王太后。二十年，中山王徙封沛王，后为沛太后。

【郭丹】（前25—62）东汉南阳穰（今河南邓州）人，字少卿。新莽时，逃于北地。26年，被更始为政，征为谏议大夫。更始败死后，为其发丧，不从刘秀。37年，应大司马吴汉辟举，为并州牧，转匈奴中郎将，迁左冯翊。60年，为司徒，廉直公正。次年，因过策免。

【郭亮】东汉汝南朗陵人，字恒直。李固弟子。固为梁冀诬杀，露尸街头，令有敢收尸者加其罪。亮始成童，自持刑具上书，乞收固尸。不许，临哭不去。太后怜之，乃许收敛归葬。

【郭贺】（? —63）东汉雒阴人，字乔卿。初为广汉主簿。光武帝建武中为尚书令，晓习故事，多所匡益。拜荆州刺史，有殊政，百姓称便而歌之。明帝巡狩南阳，赐以三公之服。永平四年拜河南尹，卒于官。

【郭璜】（? —92）东汉真定槁人。郭况子。尚涅阳公主。明帝永平二年父死翩阳安侯。永元初任长乐少府。坐与大将军窦宪谋逆，下狱死。

【郭举】（? —92）东汉真定槁人。郭璜子。大将军窦宪婿。仕侍中兼射声校尉。以窦宪事下狱，诛杀。

【郭躬】（前1—94）东汉颍川阳翟人，字仲孙。家世掌法，务在宽平。太守寇恂以为决曹掾。累迁廷尉正。章帝元和三年，拜廷尉，决狱矜恕。条奏诸重文以可从轻者四十一事，皆施行。卒官。

【郭唐】东汉初人。任五官掾。随信都太守任光拒王郎。又助光武数破王郎。官至河南尹，有能名。

【郭镇】（? —129）东汉颍川阳翟人，字桓钟。郭躬侄。安帝延光中为尚书。孙程诛中常侍江京等而立顺帝，镇率羽林军士击杀卫尉阎景，以成大功。迁尚书令，封定颍侯。仕至廷尉。追谥昭武。

【郭泰】（128—169）名或作太。东汉太原界休人，字林宗。博通典籍，善谈论。尝游洛阳，与河南尹李膺相友善，名震京师。后归乡里，官府征召，不就。善品评海内人士，然不为危言核论。党锢之祸起，泰独得免，闭门教授，弟子数千。及卒，蔡邕为撰碑文。

【郭凉】东汉右北平人，字公文。有猛力，通经书，多智略，尤晓边事，有名北方。光武帝建武初，幽州牧朱浮辟为兵曹掾，击彭宠有功，封广武侯。位至雁门太守。建武九年，击卢芳。

【郭贺】东汉颍川阳翟人。郭镇长子。当袭爵为定颍侯，让与小弟郭时而逃去。朝廷诏大鸿胪下州郡追之，贺乃出受封。累迁至廷尉。卒谥成。

【郭竟】东汉真定槀人。光武帝郭后从兄。初为骑将，以功封鄐侯。官至东海相。明帝永平中卒。

【郭禧】东汉颍川阳翟人，字公房。少习法律。兼好儒学，有名于时。桓帝延熹时任廷尉。灵帝建宁二年任太尉。

【郭宪】东汉汝南宋人，字子横。王莽即帝位，拜郎中，赐以衣服。宪焚衣而逃。光武时仕至光禄勋。帝西征隗嚣，宪谏之而帝不从。其后颍川反汉兵起，光武东归，叹恨不从郭宪之言。后以谏帝勿击匈奴不称旨，病免。

【郭遵】东汉人。曾任兖州刺史。顺帝汉安元年与周举、杜乔及栾巴、张纲等八人同拜守光禄大夫分赴天下，巡行风俗，时人号曰八俊。

二、三国、晋、六朝、隋

（公元 220—618 年）

【郭嘉】（170—207）东汉末颍川阳翟人，字奉孝。初见袁绍，以为绍多端寡要，好谋无决，难成大事。遂去而归曹操，为司空军祭酒，倚为谋主，数从征伐，多谋善断。曹操曰："唯奉孝为能知孤意。"封洧阳亭侯。卒谥贞。

【郭宪】（？—220）东汉末西平人，字幼简。为郡中大姓。汉献帝建安中为郡功曹，州辟不就。十七年，韩约（即韩遂）从羌中还而依宪，人欲取约邀功，宪不许。曹操义之，赐爵关内侯。

【郭皇后】（184—235）三国魏文帝后。安平广宗人，字女王。曹操为魏公时，得入东宫。有智数，曹丕得立为嗣，后有谋焉。及丕封王，以为夫人，称帝，为贵嫔。甄后之死，由郭氏之宠。黄初三年，立为皇后，使养明帝。明帝立，尊为皇太后。明帝数泣问其生母甄后死状，终怒而逼杀。谥文德。

【郭淮】（？—255）三国魏太原阳曲人，字伯济。汉献帝建安中，举孝廉，除平原府丞。转丞相兵曹议令史，从征汉中。曹丕即王位，赐爵关内侯，转镇西长史。又行征羌护军，护张郃、杨秋定关中。黄初元年，领雍州刺史，封射阳亭侯。魏明帝太和、青龙间，率军抗蜀诸葛亮。齐王芳正始中，击破叛羌，拜前将军，又抗蜀姜维来攻，破廖化。嘉平元年，迁征西将军，都督雍、凉诸军事。又为车骑将军、仪同三司，进封阳曲侯。卒谥贞。

【郭攸之】三国蜀南阳人。性和顺，以器业知名于时，任侍中。诸葛亮北伐时荐之于后主。

【郭皇后】（？—264）三国魏明帝后。西平人。世河右大族。魏文帝黄初中，本郡反叛，没入宫中。明帝立，甚见爱幸，拜为夫人。帝疾困，立为皇后。齐王曹芳即位，尊为皇太后，称永宁宫。元帝时，大臣辅政，与夺大事，皆先咨启于太后。卒谥明元。

【郭奕】（? —287）西晋太原阳曲人，字大业。少有重名。山涛称其高简有雅量。初仕魏野王令。入晋，为中庶子，封平陵男。武帝咸宁初，迁雍州刺史。太康中征为尚书。时杨骏专权，奕表骏小器，不可任以社稷，不纳。卒谥简。

【郭诵】西晋人。屡受矩遣为将，拒前赵刘聪军，任扬武将军，以功封吉阳亭侯，表加赤幢曲盖以示荣显。

【郭荷】西晋略阳人，字承休。世以经学致位。明究群籍，尤精史书。不应州郡之命。穆帝时前凉张祚逼征为博士祭酒。既至，署太子友，上疏乞还。祚遣还张掖东山。年八十四卒。谥曰玄德先生。

【郭槐】（237—296）西晋人。贾充后妻，晋惠帝贾后之母。封广城君，改封宜城君。性妒。有子贾黎民，乳母抱于中庭，充还，就而拊子。槐见而谓乳母有染于充，鞭杀之。黎民病死。充前妻李氏，初坐父李丰事流徙，武帝时赦还。槐欲省李，盛威仪而去。及至，李氏出迎，槐不觉脚自屈，因跪再拜（《世说新语·贤媛惑溺》）。

【郭象】（约252—312）西晋河南人，字子玄。少有才理，好《老》《庄》，能清言，常闲居。辟司徒掾，稍迁黄门侍郎。东海王司马越引为太傅主簿，甚见亲委。任职专权，为时论所轻。尝以向秀《庄子注》为己注，述而广之。一说窃注之事，恐未必信。力倡"独化论"，主张名教即自然，为当时玄学大师。

【郭颁】西晋官吏。官至襄阳令。著有《魏晋代语》（又名《魏晋代说》）。

【郭瑗】西晋河东闻喜人。郭璞父。仕为尚书都令史。性端直方正。时尚书杜预有所增损，瑗多驳正之。官终建平太守。

【郭琦】西晋太原晋阳人，字公伟。博学，善五行。作《天文志》《五行传》，注《穀梁》、京氏《易》。武帝用为佐著作郎。及赵王司马伦篡位，欲用琦，不应。终身不仕。

【郭彰】西晋太原人，字叔武。贾后从舅。与贾后父贾充素相亲遇，历散骑常侍、卫将军，封冠军县侯。贾后专擅朝政时，有权势，宾客盈门。卒谥烈。

【郭舒】东晋南阳顺阳人，字稚行。始为领军校尉，刘弘牧荆州引为治中。弘卒，讨灭郭劢，推弘子刘璠为主，保全荆州。王澄引为别驾，迁顺阳太守。为杜曾所袭，遁逃得免。后为王敦从事中郎。敦反，舒谏不从，表为梁州刺史，病卒。

【郭澄之】东晋太原阳曲人，字仲静。少有才思，机敏过人。调补尚书郎，出为南康相。刘裕引为相国参军。晋安帝义熙十二年，从裕北攻后秦，既克长安，主张东归。位至相国从事中郎，封南乡侯。

【郭璞】（276—324）东晋河东闻喜人，字景纯。郭瑗子。博学，好古文奇字，精天文、历算、卜筮，擅长诗赋。西晋末过江，为宣城太守殷祐参军，为王导所重。晋元帝拜著作佐郎，与王隐共撰《晋史》，迁尚书郎。后为王敦记室参军。以卜筮不吉谏阻敦谋反，为敦所杀。后追赠弘农太守。为《尔雅》《方言》《山海经》《穆天子传》作注，传于世。有辑本《郭弘农集》。

【郭默】（？—330）东晋河内怀人，字彦雅。少微贱，以勇壮事太守裴整，为督将。永嘉之乱，率众自为坞主。以劫掠致巨富。投刘琨，琨加默河内太守。与李矩同拒刘曜、石勒。晋明帝拜为征虏将军。预讨苏峻有功，征为右军将军。与平南将军刘胤有隙，矫诏杀之。司徒王导惧不可制，而以为西中郎将、江州刺史。旋为陶侃、庾亮所讨杀。

【郭翻】东晋武昌人，字长翔。少有志操。辞州郡辟及贤良之举，隐居临川，唯以渔钓射猎为娱。垦荒田，稻将熟，有人认田，悉推与之，又以车送病者，为士庶所敬。庾亮荐之，公车博士征，不就。庾翼亲访之，不起。卒于家。

【郭缘生】东晋末人。撰有《述征记》《续述征记》，记其随刘裕征伐时见闻（《隋书·经籍志考证》）。

【郭敬】十六国时后赵太原邬人，字季子。识石勒于微时，并予资助，由自感恩。后勒攻李恽，将坑其降卒，得敬，即署为上将军，使降卒属之。晋成帝咸和七年，敬佐勒取樊城、襄阳，为陶侃所败。

【郭瑀】（？—约387）十六国时敦煌人，字元瑜。通经艺，多才艺，善属文。隐于临松薤谷，凿石窟而居。前凉张天锡强征之，旋还。前秦苻坚又征瑀定礼仪，未果。晋孝武帝太元十一年，前凉长水校尉王穆起兵酒泉，招为太府左长史、军师将军。后因与穆意见不合，遂归酒泉南山，绝食七日卒。

【郭麜】十六国时西平人。少明《易》，善占候。仕前凉郡主簿。略阳氐人吕光建后凉政权，以为散骑常侍、太常，常参帷幄密谋。晋安帝隆安元年，与杨轨、王详起兵反光，从者甚众。战败，奔乞伏乾归。乾归败，奔姚兴。后南奔投晋，为追兵所杀。

【郭希林】（387—433）南朝宋武昌人。郭翻曾孙。少守家业，隐居不仕。征召一无所就，卒。

【郭启玄】（？—451）南朝宋人。尝奉命出使北朝，秉意不屈。任白水太守，尽力奉公，清正节俭。迁绥远将军、晋寿太守，为世良吏。卒于官。

【郭原平】（？—473）南朝宋会稽永兴人，字长恭，或作长泰。天性至孝，养亲必以己

力，佣赁以给供养。父笃疾弥年，衣不解带，口不尝盐菜。父亡，哭踊恸绝，数日方苏。自卖十夫以供葬费，葬毕，诣所买主执役无懈。及母终，毁瘠弥甚，仅乃免丧。宋明帝泰豫元年，太守蔡兴宗表其殊行，举为太学博士，会兴宗卒，事未行。卒于家。

【郭祚】（449—515）北魏太原晋阳人，字季祐。少孤贫，涉猎经史，工尺牍文章。孝文帝初，举秀才，拜中书博士。宣武帝时，累至吏部尚书，铨选多量才称职。官至使持节、征西将军、雍州刺史，以忤领军于忠被杀。

【郭进】北魏官属。同州司马郭徽之弟。

【郭安兴】北魏豫州人。以机巧著名。孝明帝时洛阳制永宁寺九层佛图，安兴为匠。

【郭景尚】北魏太原晋阳人，字思和。郭祚次子。晓星历占候。初为彭城王中军府参军，累迁太尉从事中郎，善事权宠，世称郭尖。孝明帝时仕至中散大夫，转中书侍郎。未拜，卒，年五十一。

【郭文恭】北魏太原平遥人。官太平县令。

年逾七十，父母丧亡。乃居祖、父墓次，晨夕跪拜。跣足负土，培祖、父二墓，寒暑竭力，积年不已。见者莫不哀叹。

【郭善明】北魏人。文成帝时以机巧著称。平城宫殿，多其制作。

【郭琰】西魏京兆人，字神宝。孝武帝居藩邸，琰以通侠被知。及即位，封新丰县公，除洛州刺史。孝武帝入关，以琰为行台尚书、潼关大都督。西魏文帝大统中，东魏高欢遣窦泰袭恒农，琰战败，奔洛州，城破被擒杀。

【郭贤】（？—566）北朝赵兴阳州（今甘肃宁县）人，字道因。少涉经史，初征讨有功，授都督。后归依宇文泰，随王思政镇弘农，参决谋划，任南荆州刺史，击破诸蛮叛乱。又从尉迟迥平定蜀土。北周闵帝时，迁勋州刺史，进爵乐昌县公，为政谦俭。谥节。

【郭彦】（？—569）北周太原阳曲人，字中天。少知名，兼具文才武略，宇文泰辟为西曹书佐。西魏文帝大统间，除帅都督、平东将军。恭帝初除兵部尚书，从于谨攻江陵，进骠骑大将军、开府仪同三司。北周孝闵帝即位，

出为澧州刺史。在州劝民耕稼，仓廪充实，家有余粮。以略齐南安功，进封怀德公。武帝天和元年，除益州总管府长史，封陇右总管府长史，卒。

【郭遵】（？—573）北齐钜鹿人。文宣帝为太原公时，为国常侍。北齐建，擢为主书，专令访察。后为黄门侍郎。后主时因谏幸晋阳事，为韩凤所谮，被杀。

【郭祖深】南朝梁襄阳人。武帝时为后军行参军。帝深信佛教，朝政纵弛，祖深抬棺上奏，建议严刑罚，禁奢侈，薄赋敛，劝农桑，僧尼无道行者四十以下还俗务农等。帝嘉其正直，擢为豫章钟陵令，员外散骑常侍。普通七年，为南津校尉，加云骑将军。在州公严清刻，搜检奸恶，不避权贵。朝野惮之，绝于干请。所领皆精兵，令行禁止，威震远近。

【郭世道】南朝宋会稽永兴（今浙江萧山）人。事父母以孝闻。以供养不足，杀己子，以食奉后母。于市买卖，误得千钱，当时不觉，后悟，还之。元嘉时，宋文帝改其所居独枫里为孝行里。察孝廉，不就。

【郭徽】北周太原人。初仕西魏同州司马，时杨坚父杨忠为同州刺史，由是与坚有旧。入北周，迁洵州刺史，封安城县公。及坚即位，拜太仆卿。

【郭育】北齐大臣。官至黄门侍郎。

【郭衍】（？—611）隋介休人，字彦文。骁勇善骑射。仕北周，累功至上柱国。尝密劝杨坚及早禅代。入隋授朔州总管。从晋王杨广出镇扬州，阴养士卒助广夺宗之用。文帝疾笃，率兵入卫，参与广篡杀之谋。炀帝即位，授光禄大夫，封真定侯。尝阿谀顺旨劝帝取乐。卒谥襄。

【郭荣】（547—614）隋太原人，字长荣。初仕北周，与杨坚亲狎。及坚受禅，进爵蒲城郡公，累迁通州刺史。奉诏镇压西南少数民族反叛。炀帝即位，入为武侯骠骑将军。辽东之役，进位左光禄大夫。大业十年从帝至柳城，病卒。谥恭。

【郭绚】（？—616）隋，河东安邑人。炀帝时拜涿郡丞，吏人悦服，遂迁通守。及山东爆发农民起义，绚多次镇压，后击窦建德于河间，战死。

【郭儁】名或作世儁。隋太原文水人，字弘义。七世共居，家门和睦，犬豕同乳，乌鹊同巢。事闻，文帝遣宇文弼劳问其家。治书侍御史柳彧巡视河北，表其门闾。

【郭元靖】隋末唐初洪州建昌人，字长宁。隋末兴兵保卫乡间，后归唐。以功累官虔、抚、吉三州司马，衡州刺史，所在以廉谨称。后隐于当阳山，莫知所终。

【郭弘道】隋末唐初华州华阴人，字大宝。郭荣弟。仕隋，历通事舍人、沧州长史、尚食奉御，曾言李渊有"非人臣之相"。唐高祖武德三年，来归。以高祖故人，拜同州刺史，每参见奏事，并升殿。后征拜卫尉卿，封郜国公。

【郭华】隋朝人。岳州旅帅。大业十三年与人同谋叛隋。

【郭湛】隋朝人。任祁县令时，为本县孝子张道源所居之村题名"复礼乡至孝里"。

三、唐、北宋、南宋

（公元 618—1279 年）

【郭孝恪】（？—649）唐许州阳翟人。隋末，率众附李密。密败，归唐，拜宋州刺史。高祖命其与李世勣经略武牢以东，所定州县，委以选补。进策擒窦建德，迁上柱国。历贝、赵、江、泾四州刺史，所至有能名。太宗贞观时，率军伐破焉耆。后拜昆丘道副大总管，进击龟兹，破其国城，乃自留守。后为其国相那利所袭，中流矢卒。

【郭福善】（？—约 638）唐华州华阴人，字福善。郭荣子。太宗贞观中，屡官至兵部侍郎、益州大都督府长史。卒谥慎。

【郭正一】（？—689）唐定州鼓城人。太宗贞观进士。累转弘文馆学士。高宗永隆二年迁中书侍郎、同中书门下平章事。永淳间制敕多出其手。武则天临朝，转国子祭酒，出检校陕州刺史。为周兴所诬构，被杀。

【郭广敬】唐华州华阴人。太宗贞观二十一年，为将军，受诏使突厥征乙注车鼻可汗。高宗永徽五年，官左卫将军兼太子左卫率，封邰国公。显庆中，坐与上官仪交游，贬隰州刺史。

【郭待诏】唐许州阳翟人。郭孝恪子。太宗贞观时，随父出征龟兹，兵败死之。

【郭待封】唐许州阳翟人。郭孝恪子。历迁左豹韬卫将军。高宗咸亨初，副薛仁贵征吐蕃，战大非川，败绩，贷死为民。

【郭弘霸】名或作霸。唐舒州同安人。仕为宁陵丞。武周天授中应革命举，得召见，自陈往讨徐敬业之志，曰："臣誓抽其筋，食其肉，饮其血，绝其髓。"武后悦，授左台监察御史，时号四其御史。好谄媚于上。尝按芳州刺史李思徵，不胜楚毒死，乃精神错乱，屡见思徵索命，援刀自剖腹死。

【郭元振】（656—713）唐魏州贵乡人，名震，字元振，以字显。高宗咸亨四年进士。历迁通泉尉、主客郎中。武周大足元年，拜凉州都督，拓境一千五百里。中宗神龙中，迁安西大护。睿宗立，召为太仆卿，安西酋长有面哭送者。景云二年，进同中书门下三品。玄宗先天元年，出为朔方大总管，筑丰安、定远城。次年，以兵部尚书复拜相。会帝讲武骊山，坐军容不整，流新州。开元元年，起为饶州司马，道病卒。有集。

【郭思谟】（663—721）唐太原平阳人。幼事母孝。相传母有疾，思食羊肉，时禁屠宰，思谟日号泣，忽有慈乌衔肉置阶上。以孝子征，拜安平县丞，转江阳县丞。又应廉让举擢武功尉，迁常熟令。

【郭知运】（667—721）唐瓜州晋昌人，字逢时。初为秦州三度府果毅，以功累迁伊吾军使。玄宗开元二年，从郭虔瓘击败突厥，加右骁卫将军。吐蕃入渭源，与薛讷等相掎角，败之。除陇右诸军节度大使、鄯州都督，寻兼陇右经略使，营柳城，大败吐蕃。六州

胡康待宾反唐，率军平之，拜左武卫大将军。后卒于军，谥威。

【郭湛】（643—726）唐齐州历城人，字虔瓘。玄宗开元中，为北庭都护、金山道副大总管。突厥默啜可汗子同俄特勒围北庭，虔瓘杀之，以功授冠军大将军、安西副大都护，封路国公。还，迁凉州刺史、河西节度大使。陕王为安西都护，诏虔瓘为副。开元十四年九月卒于长安大宁坊私邸。

【郭敬之】（667—744）唐华州郑县人，字敬之。郭子仪父。始自涪州录事参军转瓜州司仓、雍北府右果毅，加游击将军、申王府典军、金吾府折冲、原州别驾、左威卫左郎将，兼监牧南使，历渭、吉、绥、寿四州刺史。卒（《颜鲁公文集》卷七）。

【郭英杰】（？—733）唐瓜州晋昌人，字孟武。郭知运子。玄宗开元时，历迁左卫将军、幽州副总管。二十一年，幽州长史薛楚玉遣英杰帅万骑及奚众攻契丹，屯榆关。后奚众贰，唐军不利，英杰力战死。

【郭英乂】（？—765）唐瓜州晋昌人，字元武。

郭英杰弟。初以武勇有名河、陇间，累迁诸卫员外将军。安禄山乱，拜秦州都督、陇右采访使，败敌将高嵩，以功加陇右节度使。召还，改羽林军大将军，掌卫兵，以丧去职。史思明陷洛阳，诏英乂统淮南节度兵。代宗立，擢右仆射。日骄蹇，为侈汰。后拜剑南节度使，袭崔旰不克，为普州刺史韩澄所杀。

【郭子仪】（697—781）唐华州郑县人。字子仪，郭敬之子。以武举累迁天德军使兼九原太守。玄宗时安禄山乱，为朔方节度使，败史思明于河北。肃宗即位，官关内河东副元帅，联合回纥兵收复长安、洛阳。以功擢中书令，后封汾阳郡王。代宗时仆固怀恩叛，诱回纥、吐蕃攻唐。子仪驰数十骑说回纥与唐联兵以拒吐蕃。德宗立，尊为尚父，罢兵权。世称郭汾阳，亦称郭令公。卒谥忠武。

【郭幼明】（？—773）唐华州郑县人。郭子仪弟。为人谨慎无过，不工武艺，喜宾客宴饮，居家御众，皆得其欢心。以子仪故，终少府监。

【郭子】唐华州郑县人。郭子仪弟。约代宗

大历中，官至渭北节度使、检校右仆射。

【郭雄】（？—784）唐京兆人。德宗建中，官比部、驾部二郎中。朱泚反，德宗幸奉天，雄于咸阳及之，扈从至梁州，迁吏部郎中。兴元初遇害。

【郭曜】（？—782）唐华州郑县人。郭子仪长子。累从节度府辟署，以功为开阳府果毅都尉。肃宗至德初，推子仪功，授卫尉卿，累进太子詹事。子仪专征伐，留曜治家事，少长无间言，以俭朴自处。子仪罢兵柄，遍加诸子官，曜为太子少保。子仪卒，居丧以礼，服未阕寝疾，或劝其茹葱薤，终不属口。卒谥孝。

【郭晞】（？—794）唐华州郑县人。郭子仪第三子。善骑射，常从父征伐。复两京，战最力，以功拜鸿胪卿。河中军乱，随父至绛，选亲兵昼夜警，以备非常。擢殿中监，累迁御史中丞。领朔方军援邠州，与马璘合军击败吐蕃、回纥。朱泚反唐，遣人就第问讯，欲令掌兵，晞佯喑不答。旋潜奔奉天，为太子詹事。官终太子宾客。

【郭晞】唐华州郑县人，字晞。郭子仪子。代宗大历末，历仓部、司封郎中，封乐平郡开国公。官终兵部郎中。

【郭暧】（753—800）唐华州郑县人。郭子仪第六子。尚代宗女升平公主，拜驸马都尉，试殿中监，宠冠戚里。德宗建中末，公主坐事留禁中，暧亦不令出入。朱泚之乱，逼署官，暧辞以居丧被疾。既而与公主奔奉天，帝嘉之，进金紫光禄大夫。官终太常卿。

【郭曙】唐华州郑县人。郭子仪第七子。代宗时，累官司农卿。德宗奔奉天，曙领家兵扈乘舆。帝还京，擢左金吾卫大将军。

【郭钢】（？—791）唐华州郑县人。郭晞子。德宗贞元中，为朔方节度使杜希全宾佐。希全以钢摄丰州刺史。七年，晞以钢幼弱难任边职，上章请罢其官。德宗遣中使召之。钢疑惧，亡走吐蕃。蕃将不纳，置之筏上，流入黄河令归。杜希全得之，送京师，赐自尽。

【郭钧】唐华州郑县人。郭晞子。宪宗元和中，官兵部员外郎。后官至工部侍郎。

【郭锋】（？—801）唐华州郑县人。郭曜子。德宗贞元中，官光禄少卿、鸿胪卿。五年，回纥天亲可汗卒，子多逻斯立，诏册为忠贞可汗，以锋兼御史中丞为吊册使。锋至回纥，多逻斯为其弟所杀，其弟又为国人所杀。回纥不欲汉使知之，留锋数月而回。十七年，为麟州刺史。吐蕃入侵，城陷被杀。

【郭饶】唐沁州绵上人。唐末，晋王李克用拥兵河东，饶以军功曾为沁州刺史，凡九年，有政绩，州人思之。

【郭航】唐莱州人。李师道辟署右职。师道叛，与郭旷等切谏，被囚禁。后旷为缯书藏衣絮间，使郭航间道见李愿请兵。愿白诸朝，议者疑师道使为之，不得报。郭航遂还旷所。未几，师道召航，旷疑事露，欲引决，航曰："事觉，吾独死，君无患。"遂自杀。

【郭鏦】（？—822）唐华州郑县人，字利用。郭暧子。顺宗在东宫，以女德阳郡主尚之。及即位，累擢殿中监。穆宗立，改右金吾卫大将军。恭逊折节，不以富贵加人。有谏于上，退必毁稿。后官至太子詹事。

【郭钊】（786—822）唐华州郑县人。郭暧子。姊为宪宗皇后。穆宗即位，昆弟皆宠锡尊官。钊自邠州刺史入为殿中监，尚西河公主。改宫苑闲厩使，检校左散骑常侍。暴疾卒。

【郭行馀】（？—835）唐人。宪宗元和时，登进士第。累擢京兆少尹。尝路遇京兆尹刘栖楚，不避道，栖楚捕其导从系之，行馀移书论辩，栖楚不能答。文宗大和中，迁楚州刺史，移汝州，入为大理卿。素与李训亲善，后训令其募兵，授邠宁节度使。训败被杀。

【郭承嘏】（？—837）唐华州郑县人，字复卿。郭晞孙。宪宗元和四年进士。精通"五经"。居母丧，以孝闻。历迁起居舍人、谏议大夫、给事中。尝上言宰相不宜分领度支、户部，帝顺纳。官终刑部侍郎。

【郭谊】（？—844）唐兖州人。为泽潞节度使刘从谏大将。武宗会昌中，从谏死，谊与王协等共佐其从子刘稹。稹反，乱由谊等启之。四年，稹军穷蹙，谊与协等诱斩之，函其首送京师，欲邀节钺，又收稹家财入于己。诏遣石雄如潞州，缚谊等送京师，斩之。

【郭湜】（700—788）唐并州太原人，字熙载。肃宗时，与高力士俱贬黔中，每接言论。代宗初，官大理司直，遂撰《高力士外传》一卷，记力士生平。大历六年，官登封县令。

【郭瑜】唐关陇人。高宗显庆元年，官太子洗马，受诏助玄奘译经。迁率更令、崇贤馆学士。皇太子李弘受《春秋左氏传》于瑜，瑜以安上理民，莫善于礼，请停《春秋》而读《礼记》。龙朔二年，受诏与许敬宗等撰成《瑶山玉彩》五百卷，奏上之。有《古今诗类聚》七十九卷、《修多罗法门》二十卷。

【郭翰】唐常州晋陵人。为御史，巡察陇右，多所按劾。次宁州，民争言刺史狄仁杰有异政。翰以其政可知，荐名于朝。后辞宪官，改麟台郎。坐事，贬巫州司法参军。

【郭绍兰】唐京兆长安人。郭行先女。嫁巨商任宗，宗为贾于湘，数年不归。绍兰以诗系燕足寄之，宗在荆州得诗，次年归。后张说序其事而传之。

【郭铨】唐华州郑县人。郭子仪孙。懿宗咸通中，官至常侍、武宁军节度使。

【郭山恽】唐蒲州河东人。少通《三礼》。中宗景龙中累迁国子司业。时中宗数引近臣及修文学士宴集，令各为伎艺，以为笑乐，至山恽，请诵古诗两篇，乃《鹿鸣》《蟋蟀》，中宗嘉其意，赐时服一副。景龙三年，中宗将祀南郊，山恽与祝钦明合奏，云皇后当助祭，从之。睿宗景云中左授括州长史。玄宗开元初复入为国子司业。卒于官。

【郭待举】唐颍川人。高宗永淳元年，官黄门侍郎，与兵部侍郎岑长倩等并同中书门下平章事。宰相以平章事为名，自待举等始。武则天光宅元年，罢为左庶子。寻贬岳州刺史。

【郭利贞】唐人。中宗神龙中，为吏部员外郎。尝赋《上元诗》，与苏味道、崔液并为绝唱（《唐诗纪事》卷六、《全唐诗》卷一〇一）。

【郭密之】唐人。玄宗天宝八载，任诸暨县令，建义津桥，筑放生湖，溉田二千余顷，民便之。与高适、王之涣及僧神邕等交游。能诗，古淡近选体。

【郭袭微】名或作袭微。唐京兆人。郭衍曾孙。

武则天时，与陆馀庆、赵贞固、卢藏用、陈子昂、杜审言、宋之问、毕构、司马承祯、释怀一友善，时号方外十友。官至左拾遗。

【郭虚己】（691—749）唐京兆人。玄宗开元中，为河西节度使萧嵩判官，甚见委任。入朝，历监察、殿中侍御史、侍御史、驾部员外郎，为朔方节度行军司马，兼御史中丞、关内道采访处置使。天宝初，迁工部侍郎。五载，自户部侍郎出为剑南节度副大使、剑南及山南西道采访处置使，守工部尚书。卒谥献。

【郭嗣本】唐京兆人。郭衍子。太宗贞观中，官至司农卿。太宗欲徙阿史那思摩于白道之北，思摩惧薛延陀，不肯出塞，遂遣嗣本赐延陀玺书晓谕之。官至鸿胪卿，封怀仁县公。卒谥靖。

【郭慎微】唐京兆万年人。玄宗天宝中，官至金部郎中，迁司勋郎中，知制诰。时宰相李林甫不学无术，由慎微、苑咸等代为题尺。天宝后期卒。

【郭崇韬】（约865—926）五代时代州雁门人，

字安时。为人明敏，有才干。事李存勖为中门副使，存勖建后唐，累官至枢密使。策划灭梁功第一，拜侍中，领成德节度使，进封越国公，位兼将相。尽心国家，遇事切谏。后以副帅佐魏王李继岌灭前蜀。为宦官所构，被杀。

【郭从谦】（？—927）五代时人。后唐庄宗时伶人，优名门高。有军功，为从马直指挥使。以姓郭，拜郭崇韬为叔父。庄宗弟李存乂又收为养子。及崇韬死，存乂被囚，从马直军士王温又以谋乱被诛，从谦恐，遂激军士为乱。会李嗣源反，庄宗幸汜水，从谦率乱兵攻杀庄宗。嗣源即位为明宗，以从谦为景州刺史，已而杀之。

【郭允明】（？—950）五代时并州太原人，小名窦十。后晋、后汉大臣郭谨同宗。少为后汉高祖厮养授翰林茶酒使。隐帝嗣位，尤见狎爱。骄横轻浮，不以犯禁僭上为意。累迁飞龙使。未几，与李业等谋杀杨邠。后郭威兵至，隐帝败走赵村，允明杀之于民舍，遂自杀。

【郭谨】（891—950）五代时太原晋阳人，

字守节。少从军，能骑射，历河中教练使。仕后晋，累官至左神武统军、镇鄜州。后汉高祖立，镇滑台，官终彰德军节度使。

【郭琼】（893—964）五代宋初平州卢龙人，字国华。少以勇力闻，事契丹为蕃汉都指挥使。后唐天成中，挈其族来归，明宗以为亳州团练使。历仕后晋、后汉、后周，数立战功。周世宗时为北面行营都监，历绛、蔡、齐三州防御使。在齐州，民饥，以己俸赈之。宋太祖建隆三年，告老，加右领军卫上将军致仕，归洛阳。虽起卒伍，而所至有惠政，尊礼儒士，孜孜乐善，史称武臣之贤者。

【郭威】（904—954）五代后周创建者。邢州尧山人，字文仲。或云本常氏子，幼随母适郭氏，遂改姓。颈部有飞雀刺花，人称郭雀儿。初以勇力应募李继韬麾下。历仕后唐、后晋、后汉。后汉隐帝时位至枢密使加平章事。乾祐三年，知隐帝遣人加害于己，遂举兵入汴。及隐帝被杀，威立刘赟为帝。旋率军北御契丹，至澶州兵变，自立而还，代后汉称帝，建国号周，史称后周。在位三年卒，庙号太祖。

【郭金海】五代时突厥族人。少从李嗣昭征伐，好酒，所为不法，而勇敢过人。入后晋，以功领黄州刺史。高祖幸邺，安从进谋犯阙，金海以一旅之众大败之，授商州刺史，移庆州卒，年六十一。

【郭崇】（908—965）五代宋初应州金城人。初名崇威，避后周太祖讳，止称崇。五代后唐清泰中为应州骑军都校。后晋石敬瑭割燕云十六州地入契丹，崇耻事之，奋身南归。刘暠起事，以崇为先锋。曾从郭威平河中、凤翔、永兴三镇。乾祐三年复从之平国难。后周广顺初，为京城都巡检使，加同平章事，出镇澶州。世宗立，崇御并人，破契丹，累有功。入宋加兼中书令。李重进叛，命崇为平卢军节制。累封英、邓国公。卒赠太师。

【郭无为】（？—969）五代时棣州人，一作青州千乘人，字无不为，号抱腹山人。好学多闻，善谈辩。尝为道士居武当山。曾谒后周郭威，不纳，隐抱腹山。北汉刘钧召为谏议大夫，寻以为相。刘继元时宋师来攻，无为欲降，被杀。

【郭璘】五代时邢州人。初事后唐庄宗为军校。后仕后晋为奉国指挥使。出帝开运中迁易州刺史。契丹来攻，璘固守拒之。杜重威降，契丹使通事耿崇美诱其民众，遂降，为崇美所害。

【郭师从】五代时合肥人。田頵妇弟。初从頵为都虞候。钱元璙为质于宣州时，頵欲杀之，赖师从救护得免。頵败，归钱镠为镇东都虞候，数有战功。钱弘佐时拜同参相府事。卒年八十四。

【郭乾晖】南唐北海人，画家。世呼为郭将军。工画鸷鸟杂禽、疏篁槁木，下笔苍劲，巧变锋出。

【郭乾祐】南唐青州人，画家。郭乾晖弟。工画花鸟。所画鹰隼，有击搏之意。

【郭昭庆】五代时禾川人。博学善著作，尝撰《唐春秋》。仕南唐。李璟时献《治书》，补扬子尉，辞不受。李煜时复献《经国治民论》，擢著作郎。表笺词章，皆出其手。后为李师义所毒杀。

【郭延鲁】五代沁州绵上人，字德兴。沁州郡守郭饶子。少有勇力，善用槊。仕后唐。庄宗时为保卫军使。捍契丹，平朱守殷有功，累迁复州刺史。为政清廉，民甚赖之。后晋高祖即位，迁单州刺史。卒于官，年四十七。

【郭从义】（908—971）五代至宋初太原人，先世沙陀部人。历仕五代后唐、后晋，屡破契丹于代北。后汉立，历郑州防御使、河北都巡检使、镇宁军节度，平杜重威、赵思绾叛。后周时从征刘崇、契丹、淮南，历镇许州、徐州，兼侍中，加兼中书令、开府阶。入宋，为河中尹、护国军节度。太祖开宝二年改左金吾卫上将军。以太子太师致仕。性重厚，有谋略，多技艺，善飞白书。

【郭崇岳】（？—971）五代至宋初人。仕南汉。刘鋹大宝十三年，宋师破韶州，崇岳因其养母宫媪梁鸾真荐，为招讨使，屯军以遏宋师。性懦，无谋勇，惟日祈鬼神却敌。十四年，宋军逼城下，刘鋹欲降，崇岳固止之。兵败，死于乱军之中。

【郭廷谓】（919—972）五代宋初徐州彭城人，字信臣。幼好学，工书，善骑射。仕南唐为庄宅使、濠州监军，败周师于涡口，以功授武殿使。复大破周师于定远。为滁州刺史。周师复至，援兵不至，廷谓南望大恸而降。拜亳州防御使。入宋，从征上党，再知亳州，官至静江军节度观察留后，有惠政。

【郭忠恕】（？—977）宋河南洛阳人，字恕先。七岁能诵书属文，举童子科及第。五代后汉时曾参刘赟幕。后周广顺中召为宗正丞兼国子书学博士，改《周易》博士。宋太祖建隆初以使酒被贬、削籍，放旷岐雍京洛间。太宗即位，召授国子监主簿，令刊定历代字书。复以使酒谤言，决杖流配卒。工篆籀。善画，尤长界画，所图屋室重复之状，颇极精妙。所定《古今尚书》并《释文》并行于世，著《汗简》《佩觽》，皆有根据条理，为谈字学者所称许。

【郭守文】（935—989）宋并州太原人，字国华。仕五代后周时为东第二班副都知。入宋选知简州。从征岭南、平金陵。太宗太平兴国三年秦州内附，蕃部骚动，命守文抚谕，西夏悦服。从征太原，讨平刘继文，大破辽人于满城。擢拜内客省使。雍熙二年，夏人扰攘，守文率师破之，诸部畏服，西鄙遂宁。端拱初为北面行营都部署兼镇定、高阳关两路排阵使，破辽于唐河。卒谥忠武。沉稳而有谋略，轻财爱上，死之日，军士流涕。

【郭贽】(935—1010)宋开封襄邑人，字仲仪，一作少仪。太祖乾德间进士。太宗尹京，因事藩邸。太平兴国初，擢著作佐郎，兼皇子侍讲。迁中书舍人，屡同知贡举，领京朝官差遣院。七年，为参知政事。次年责为秘书少监、知荆南府，禁淫祀，命撤祷雨之具投于江。入为盐铁使，于积逋多所蠲免。真宗即位，出知天雄军，入判太常寺、吏部流内铨。官至礼部尚书，翰林侍读学士。有《文谠集》。

【郭密】(939—996)宋贝州经城人。躯干雄伟，膂力绝人。以荐隶晋王帐下。太宗即位，补指挥使，至淳化间凡八迁，移贝州驻泊兵马部署。夏人寇边，以密有武略，擢领安州观察使，充灵州兵马都部署。训练士卒，号令严肃，边境赖以宁谧。

【郭载】(955—994)宋开封浚仪人，郭晖子，字咸熙，一字厚之。以荫补右班殿直，累迁

供奉官、阁门祇候。太宗雍熙初，提举西川兵马捕强盗事。四年加崇仪副使。端拱二年，擢引进副使、知天雄军。入同勾当三班，出知秦州兼沿边都巡检使。前此巡边者多领都府兵骑以威戎人，所至颇烦苦之，载至悉减去，戎人感悦。淳化五年改知成都，随招安使王继恩镇压李顺起义。寻卒。

【郭延濬】(？—999)宋徐州彭城人，字利川。郭廷谓子。父死，太祖录为供奉官，屡使西北，宣谕机事。太宗太平兴国中始置合同凭由印，命与刘蒙正同掌。淳化四年，充成都十州都巡检使，破李顺军。知汉州，改洛苑使。又命率兵屯遂州。改内园使卒。

【郭延泽】(？—1004)宋徐州彭城人，字德润。郭廷谓从子。初仕南唐为试秘书省正字。宋太祖乾德中知建州。太宗闻其好学，博通典籍，诏宰相召问经史大义，条对称旨，命为史馆检讨。历国子《周易》博士、国子博士。真宗咸平中授虞部员外郎致仕。景德初居濠州卒。有咏牡丹诗千余首，聚图籍万余卷，手自刊校。

【郭皇后】(966—1007)宋真宗后。太原

人。郭守文女。太宗淳化四年为真宗聘之，封鲁国、秦国夫人。真宗嗣位，立为皇后。谦约惠下，性恶奢靡。族属入谒禁中，服饰华侈，必加戒勖。有以家事求言于上者，后终不许。为真宗所礼重。卒谥庄穆，改谥章穆。

【郭维】（991—1042）宋太平州当涂人，字仲逸。真宗大中祥符八年进士。调泰州司理参军，治狱有能名。迁知南丰县，籍郡邑之豪猾徙之，终任无敢犯者。改知新都县，以廉干闻。后为屯田员外郎，知常州。

【郭承祐】（？—1051）宋太原人，先世沙陀人，字天锡。郭从义曾孙。娶舒王元偁女，授西头供奉官，又为仁宗东宫官。仁宗即位，累迁象州团练使。性狡狯，以东宫恩，乃僭言事，同列谓之武谏官。历知相、邢等州，为大名府、永兴军等副都总管，所至多兴作，烦扰百姓。为许州都总管，徙节保静军、知许州，改知郑州，未行卒。谥密。

【郭恩】（？—1057）宋开封人，初隶诸班，累迁秦凤路兵马都监。积功为并、代州钤辖，管勾麟府军马事。仁宗嘉祐二年，知麟州武戡等，与通判并州司马光议增二堡，恩往按视，循屈野河行，中夏人伏，力战被执不降，自杀。

【郭咸】宋泉州晋江人，字建泉。分嗜学，通经义，属文笔翰如流，精于法律，善草书篆隶。真宗大中祥符二年进士。累官殿中侍御史，改乾州观察推官，未几复除殿院，出为闽宪卒。有《拙庵文集》《择咏》。

【郭申锡】（998—1074）宋大名魏县人，字延之。仁宗天圣八年进士。历任州县官，审狱明察，办事干练。召为侍御史、知杂事，屡诋权幸。奉命安抚河北，还为盐铁副使。相视决河，坐讼李参失实，黜知濠州。旋加直史馆知江宁府，复副盐铁，进天章阁待制，知邓州、河中。种谔取绥州，乃谓边患将自此始。及夏主李谅祚死，奏请捐前故，听其子袭爵。主张以重将守边，不邀功生事，著《边鄙守御策》。以给事中致仕。

【郭皇后】（1012—1035）宋仁宗后。应州金城人，平卢节度使郭崇孙女。天圣二年立为皇后，然颇见疏。尚、杨二美人俱得宠信，后数与之忿争，遂触怒仁宗，宦官阎文应因与帝谋废后，宰相吕夷简亦极力赞成。明道二年，诏以无子废之，封净妃、玉京冲妙仙师，赐名清悟，居长乐宫。景祐元年，出居瑶华宫，又赐号金庭教主、冲静元帅。后帝念之，有意召还。二年，属小疾，遣文应挟医诊视，数日暴死。次年，追复皇后。

【郭源明】（1022—1076）宋东平须城人，初名元赓，字永叔，后更名，字潜亮。郭劝子。仁宗嘉祐二年进士。知萧山县，有惠政。累迁殿中丞、太常博士。英宗治平二年，御史知杂事吕诲等以奏弹中书议追崇濮安懿王典礼非是被黜，以源明补监察御史里行，源明乞免除命，请追诲等，遂听免。神宗立，以荐擢知华州，以事免。后以职方员外郎知单州卒。

【郭逵】（1022—1088）宋河南洛阳人，字仲通。郭遵弟。仁宗康定中，为真定兵马监押，谕降保州叛卒。权忻州，据理拒绝契丹求天池庙地。为荆湖北路钤辖兼知澧州，平定溪蛮彭仕羲。以军功迁为礼宾使，徙荆州南路钤辖，知邵州。英宗治平二年，同签书枢密院，旋出领陕西宣抚使，判渭州。神宗即位，徙镇鄜延，挫西夏易地谋。熙宁九年，

交趾李乾德陷广南的邕州等地，召为安南行营经略招讨使兼荆湖、广南宣抚使，复邕、廉等州，以无全功贬。哲宗立，复左屯卫大将军致仕，起为广州观察使。奉祠卒。善用兵，为一时宿将。有《五原集》《兰江集》《节制集》《奏议》《对境图释》。

【郭遵】宋开封人，家世以武功称。少隶军籍，稍迁殿前指挥使。真宗乾兴中，改左班殿直、并代路巡检，徙延州西路都巡检使。元昊寇延州，遵入敌阵，所向披靡。既深入，为攒兵注射，马仆被杀。

【郭赞】（？—1128）宋内江人。哲宗元符末应诏上书，慷慨言天下事，不报。后为汝阳县丞。高宗建炎年金兵陷蔡州，守臣乘间而逃，独赞朝服诟叱不肯降，遂被杀。

【郭忠孝】（？—1128）宋河南人，字立之，学者称兼山先生。郭逵子。受《易》《中庸》于程颐。以父荫补右班殿直。第进士，换文资。不忍去亲侧，多仕于河南管库间。徽宗宣和间为河东路提举，坐废格盐法免。钦宗靖康初，召为军器少监，力陈追击之策，不获用。改永兴军路提点刑狱，措置保甲。金

人再犯京师，忠孝分兵走太行，破之。及犯永兴，城陷死。有《兼山易解》《四学渊源论》《中庸说》。

【郭思】（？—1130）宋河南温县人，字得之。郭熙子。神宗元丰五年进士。历官通义大夫。徽宗宣和中为秦凤路经略安抚使，历帅三路。高宗建炎中以徽猷阁直学士提举嵩山崇福宫致仕。工杂画。有《瑶溪集》。

【郭执中】（？—1136）宋秀州华亭人。哲宗元符末应诏上书言事切直，徽宗崇宁初蔡京籍为元祐党人，遭禁锢居同谷二十年，因家其地。高宗绍兴初，金人犯成州，执中集乡豪守御，金遣人来招，立斩其使。张浚在川陕，以执中知嘉州。五年以左朝奉郎直徽猷阁行兵部员外郎，旋加都督府参议军事充秘阁修撰，擢徽猷阁待制、枢密都承旨。

【郭孝友】（1086—1162）宋吉州龙泉人，字次仲。徽宗政和间进士。高宗绍兴初历礼部员外郎，广东、广西提点刑狱公事。以司封郎中为起居舍人、权工部侍郎。时秦桧与金约议和，以孝友同舍生，冀其助己，乃私访之，孝友曰："议和本非至计，因遂销兵，如后患何！"桧不怿。寻诏除敷文阁待制致仕。

【郭浩】（1087—1145）宋德顺军陇干人，字充道。郭成子。徽宗时充环庆路第五将部将，与西夏战有功，累迁中州刺史。高宗建炎初，知原州，升本路兵马钤辖，知泾州、权主管鄜延路经略安抚。时金、西夏二敌交侵，浩与对垒一年，敌不能犯。知风翔府，退保和尚原，金人至，浩与吴玠随方捍御，蜀以安全。绍兴中屡破金军。官至金、房、开、达州经略安抚使兼知金州，枢密院都统制。卒谥恭毅。

【郭雍】（1091—1187）宋洛阳人，字子和，号白云先生。郭忠孝子。传其父学，隐居陕州长杨山中。孝宗乾道中，旌召不起，赐号冲晦处士，命所在州郡岁时致礼存问，封颐正先生。对《易》学发明精到。淳熙初，学者集其父子与二程、张载、游酢、杨时七家为《大易粹言》。又有《郭氏传家易说》。

【郭知运】（1132—？）宋临安盐官人，字次张，自号息庵老人。幼刻志向学。高宗绍兴二十一年进士。秦桧强与为姻，知运勿乐，遂停婚。仕至荆州守。倦于荣利，卜居双庙之西。有《猥稿》(《咸淳临安志》卷六七)。

【郭澄】(1150—1179)宋婺州东阳人,字伯清。郭良臣子。良臣筑西园书院,延吕祖谦等为师,澄受业其中,常以善身迪族衣被乡闾为念。以任补将仕郎,调南昌、黄岩主簿,皆不行(《东莱文集》卷八墓志铭)。

【郭昱】宋汾阳人。五代后周显德中进士。入宋,献书于宰相赵普,自比巢由,朝议恶其矫激。后复伺普,望尘自陈。太祖开宝末,普出镇河阳,昱诣薛居正极言谤普,居正奏之,诏署襄州观察推官。潘美镇襄阳、讨金陵,以昱随军。昱中夜被酒叫号,因遣还。后坐盗用官钱除名。太宗雍熙中卒。

【郭信】宋京师人。或云郭熙之裔。徽宗建中靖国初补画院赐绯待诏。工画道释,落笔细秀,山水得李成法,气象清旷。

【郭浒】宋德顺州中安堡人。从军,积官至武经郎,为泾原第八副将。金兵犯陕西,渭帅以下叛降,独浒不屈,称病去。帅恶忌之,傅致以罪,下狱被杀。

【郭象】宋和州人,字伯象,一作次象。由进士历官知兴国军。著《睽车志》,记鬼怪神异,多高宗建炎、绍兴及孝宗乾道、淳熙间事,间录汴京旧闻。往往缘饰附会,多涉荒诞,实意主劝戒。

【郭峻】宋虔州零都人,字次山。性洞达。神宗熙宁进士。调南丰尉。时夏侯俏为令,讼满庭不决,峻为代决,呼囚数十坐庭下,以片言折之,囚皆自服。历秘书郎,崇仁令,知洪州,发奸擿伏。元丰中金枢密院事。

【郭应祥】(1158—?)宋临江军新淦人,字承禧,号遁斋。孝宗淳熙八年进士。尝官楚越间。有《笑笑词》。

【郭汝贤】宋建州浦城人,字舜卿。第进士。知福清县,当官不私,邑人信爱。徽宗宣和初通判兴化军,权郡事。郡有围清塘,周三十里,溉田数千顷,岁久不修,汝贤鸠工增筑,民赖其利。后以朝请大夫知琼州,降伏反叛酋豪,州境以宁。以功增秩奉祠。

【郭粹中】宋武夷人。尝从吕祖谦讲学,官至龙游尉。弟郭敏中主江山簿,郭允中、郭时中皆应进士。

【郭磊卿】（1186—1239）宋台州仙居人，字子奇，号兑斋。郭晞宗子。宁宗嘉定七年进士。理宗端平初拜右正言，擢右史，弹劾权倖无所避。时与杜范、徐元杰诸贤，号端平六君子。官终起居舍人。卒谥正肃，一作忠肃。有《兑斋集》（《宋元学案》卷六九、《景定严州续志》卷二）。

【郭阗】宋广州番禺人，字开先。理宗淳祐四年进士。度宗咸淳间知平江府，莅事廉明。擢监察御史。论广州置买银场，以盐科配，暨征榷诸弊罢之。既没，广人以配享崔与之、李昴英。卒年六十六（《宋诗纪事补遗》卷七七、《万姓统谱》卷一一九）。

【郭焕】宋邠州人。善拓写，文同曾赞其画有尺寸甚可爱。

【郭允升】宋泰和人，字彦信。徽宗政和间进士。历知零陵、安化县，当地土族俱归服，邑境安定，民有"蛮服虎藏"之谣。

【郭咨】宋赵州平棘人，字仲谋。聪敏过人。

第进士。历大理寺丞、知济阴县，迁殿中丞、知馆陶县。仁宗康定西征，谘上战略，献拒马枪阵法。擢通判镇戎军，历知丹、利、潞州。时三司议均田租，召还，谘陈均括之法四十条。复上平燕议，帝壮其言。又请自巩西山七里店孤株岭下凿七十里，导洛水入汴，可以四时行运，诏往计度，未及论功而卒。

【郭绪】宋蒲城人，字天锡。幼岐嶷，读书如素习。晚调上杭尉。留意邵雍象数之学，兼取扬雄所拟烈山易，以章会统元推之，久而成书，名《易春秋》，按图布卦，计二十万言，二十卷，综之以图。孝宗隆兴初上于朝，方议推恩而卒。

【郭铁子】宋太原榆次人。工画山水，学李成。善锻铁作方响，故号铁子（《画继》《图绘宝鉴》）。

【郭琮】宋台州黄岩人。幼丧父，事母极孝，绝饮酒茹荤者三十年，以祈母寿。母年百有四岁，耳目不衰，饮食不减，乡里异之。太宗至道三年诏旌表门，除其徭役。明年母无疾卒，琮哀号几于灭性。

【郭颐】宋严州寿昌人，字养正，号固斋。第进士。从吕祖谦游。官至军器监主簿。

【郭靖】宋人。高桥土豪巡检。宁宗时吴曦叛宋降金，四州之民不愿臣金，弃田宅，携老稚，顺嘉陵而下，曦尽驱惊移之民使还，皆不肯行。靖时亦在遣中，至白崖关，告其弟郭端曰：吾不忍弃汉衣冠，愿死于此，为赵氏鬼。遂赴江而死。

【郭士宁】宋人。尝官四川茶马司干办公事。所著《平叛录》，记平吴曦事，表彰忠义之士，较史为详。

【郭知章】（1039—1114）宋吉州龙泉人，字明叔。郭知微弟。英宗治平二年进士。历知海州、濮州，提点梓州路刑狱，以荐为监察御史。哲宗亲政，上书请增谏官。迁殿中侍御史。究《神宗实录》诬罔事，请究治吕大防等。又请复元丰役法。历左司谏、中书舍人。报聘于辽。徽宗立，曾布用为工部侍郎，知太原府，召拜刑部尚书，知开封府，为翰林学士。旋入党籍。政和四年卒。

【郭知微】宋吉州龙泉人，字介卿。知章兄。神宗元丰八年进士。哲宗元祐二年试经明行修高等。授桂阳令，三年无警，去，官民常思之。后峒民啸聚，当路抚之，峒民称使郭知微再来，即归农。时知微已卒，当路遣其幼子登仕郎郭懈至邑，峒民始散。

【郭熙】（约1000—1090）宋河阳温县人，字淳夫。画家及画论家。神宗熙宁初为图画院艺学，翰林待诏。工绘山水寒林，学李成。施为巧赡，位置渊深，巨幛高壁，多多益壮。曾于高堂素壁，作长松巨木，千态万状，独步一时。年老落笔益壮。有画论《林泉高致》。

【郭溥】宋蔡州东阳人，字伯广。郭良臣侄。创南湖书院。

【郭僎】宋开封祥符人，字同升。官滨州招安丞、亳州蒙城丞。钦宗靖康初，辟权咸平县丞，有政绩。会金兵大全，力不敌，走南京从赵野乞师，不从，恸哭而归。寻知宣城县。苗傅、刘正彦之变，说郡守刘珏，请募勇士倍道赴难，揭榜复用建炎年号。权浮梁宰，未行时，有贼张顶花者，已逼县境，僎径就道，至县，约束吏士，誓以死战。贼闻之伪降，入邑为变，僎端坐公署，骂不绝口，遂遇害。

【郭震】宋成都人，字希声。博学能诗，才识过人。太宗淳化四年，诣阙上书，言蜀中利病。有《渔舟集》。

【郭希朴】宋成都华阳人，号有道。博极群书，晚精于《易》，能前知死期。任玠以方汉郭太。李畋为《知命录》载其事。有《养闲亭诗》。

【郭应龙】宋临江军新淦人，字承云。孝宗淳熙十四年进士。官南丰令，知建康军，仕至湖南安抚司参议。诗词高古。尝作《书史素臣》，集句三百余首，为人传诵。家居授徒，登科仕者甚众。

【郭良臣】宋婺州东阳人，字德邻。官将仕郎。为张九成弟子，与吕祖谦友善，创西园书院，延师教授，如从弟郭钦之石洞书院之规。卒年五十二。

【郭稹】宋开封祥符人，字仲微。世寓郑州。第进士。历官集贤校理、河阳通判，入为三司度支、户部判官，累迁尚书刑部员外郎，同修起居注。仁宗康定元年使契丹，契丹厚礼之，与同出观猎，延稹射，一发中走兔，众皆愕视。尝与王尧臣、宋庠等修《崇文总目》。累官龙图阁直学士、权知开封府。文思敏捷，尤刻意于赋，又好聚古书画。

【郭黄中】宋邛州人，字方叔。郭正孙子。曾往来魏了翁之门。父殉难，一门遇害，独黄中免。为新都令，以学行著。

【郭天信】宋开封人，字佑之。以技隶太史局。徽宗为端王时，天信密白王当有天下。徽宗即位，因得亲昵，不数年，至枢密都承旨、节度观察留后。政和初，拜定武军节度使、祐神观使，颇与闻外朝政事。见蔡京乱国，每托天文以撼之。京党因劾天信漏泄禁中语，累贬行军司马，窜新州，数月卒。

【郭奉世】宋人。知永新县。时泰和县民苦其令，诉诸上司，欲得奉世治其邑。漕檄已往，而永新民不可，奉世乃寓两县之佛舍而兼治。徽宗时，为京东属郡官，进万缗羡余，户部聂昌请赏之，京东转运副使向子韶劾之，以为开聚敛之端。高宗建炎初以徽猷阁待制知密州。又曾为集英殿修撰（《建炎以来系年要录》卷七、《万姓统谱》卷一一九）。

【郭祥正】宋太平州当涂人，字功父，自号谢公山人，又号漳南浪士。少有诗名，极为梅尧臣所赏叹。举进士。神宗熙宁中，知武冈县，签书保信军节度判官。王安石用事，祥正奏乞天下大计专听安石处画，神宗异之，安石耻为小臣所荐，极口陈其无行。时祥正方从章惇辟，以军功为殿中丞，闻安石语，遂以本官致仕去。后复出通判汀州，元丰七年坐事勒停。知端州，又弃去，隐于县青山卒。能诗。有《青山集》（《续资治通鉴长编》卷二四四、卷三四四）。

【郭叔云】宋潮州揭阳人，字子从。初见朱熹，求格致之要。又质《礼经》所疑二十余条，退而汇诸家之说，定为一编，藏于家。家有宗会楼，以为岁时会合宗人之所，又有食燕堂，为祭后与族人馂之地，陈淳为作二记。

【郭若虚】宋太原人，郭守文曾孙。神宗熙宁七年为西京左藏库副使、泾州通判，副宋昌言使辽，坐事降官。八年为文思副使。元丰中，著《图画见闻志》，自唐会昌历五代至宋熙宁，名人艺士，流派本末，记载赅备。

【郭忠顺】宋人，字移可。以荫得官，主程

乡簿，改连江，与朱乔年为忘年交。任南康县丞，张九成谓其博闻强记，喜与之游。后知襄阳县，金人寇边，荆鄂两军戍唐邓，馈运凡二十六万斛。诸司交章论荐，升奉化尹，有善政。通判太平州。

【郭茂倩】（1041—1099）宋郓州须城人，字德粲。太常博士郭源明子。元丰七年为河南府法曹参军。通音律，善汉隶。所著《乐府诗集》，总括历代乐府，解题征引浩博，援据精审，宋以来考乐府者无能出其范围。

【郭元迈】（？—1136）宋吴人，字英远。博通经史，入太学。高宗建炎二年，以上舍生应募，补右武大夫、果州团练使，充军前通问副使，随正使魏行可使金。至金，上书乞归徽、钦二帝。金人留之不遣，元迈不肯髡发投降，后卒于金。

【郭正孙】（？—1231）宋邛州临邛人，字兴祖。第进士。历通判全州，知长宁军、文州、嘉定府，所至皆著能声。除太府寺丞，知兴元府兼利州路安抚使。理宗绍定四年，蒙古军入犯，遂殉难。

【郭隍】（1245—1306）宋元间福州长乐人，字德基，号梅西。太学生，深经术。宋亡，居乡讲学。元初举遗逸，授泉山书院山长，迁兴化路教授，改吴江州，再调兴化，未行，卒。学者私谥纯德先生。为人易直修洁，诗文平和沉深，不以琢镂为工。有《梅西先生集》。

【郭居仁】宋资州人，字允蹈，号湛溪。理宗宝庆、绍定年间侨居江陵，与别之杰论川蜀古今盛衰治乱之迹。至端平年间收集辑录史传中有关蜀地资料，撰写《蜀鉴》。

【郭钦止】宋婺州东阳人，字德谊。郭良臣从弟。从张九成游。轻财乐施，辟石洞书院，延名师以教子弟，拨田数百亩以赡之，后进多所成就。助县学财创书阁，又置书籍输之。

【郭用孚】宋建州建安人，字仲先。尝从苏轼游，声誉籍甚。神宗熙宁间为德清簿，迁知闽县。居母丧，哀毁笃至，庐墓三年。郡守欲荐，力辞。服阕，以朝散郎通判兴国军。

【郭待诏】宋赵州人，佚其名。每以界画自矜。

【郭道卿】宋孟州温县人，字仲常，郭思子。官至郡守。颇有家学，善画马。

【郭游卿】宋河南温县人，字季能，一作季熊。郭道卿弟。官渠州守。继家学，善画马。

【郭成范】宋人。受业于戚同文，有文名。为仓部员外郎，掌安定公书记，辞疾，以司封员外郎致仕卒。

【郭崇仁】宋太原人，字永年。郭守文子，真宗郭皇后弟。太宗淳化四年补左班殿直，迁东头供奉官、阁门祗候。契丹入寇，赍密诏谕河北诸将，还奏称旨。累迁崇仪副使兼阁门通事舍人。后擢捧日天武四厢都指挥使。改磁州防御使卒。虽外戚，朝廷未尝过推恩泽，曾为解州团练使十年不迁。

【郭袭】辽人。景宗即位，召对称旨，拜南院枢密使。曾上书谏帝游猎。拜武定军节度使，卒。

【郭世珍】辽潞阴人。景宗时为太尉、司徒。圣宗统和初，从承天太后攻宋。辽军俘获甚众。世珍言："降卒皆有父母、妻子，不无怀土之情，驱而之北，终不为用。"太后从之，纵数万人。

【郭长倩】金文登人，字曼卿。登熙宗皇统六年经义乙科。仕至秘书少监，兼礼部郎中，修起居注。所撰《石决明传》为时辈所称。有《昆嵛集》。

【郭用中】金平阳人，字仲正。世宗大定七年进士。历浮山主簿、陕州录事。工诗。有《寂照居士集》。

【郭宝玉】金元间华州郑县人，字玉臣。通天文、兵法，善骑射。金末封汾阳郡公，守定州，成吉思汗六年，以全军降蒙古。劝成吉思汗颁新令。条画五章，如蒙古、色目每丁起一军，汉人三丁签一军等。从木华黎取金高州、北京。十三年，从哲别灭西辽。十四年，从成吉思汗西征。随哲别、速不台深入里海一带。授断事官。军还后卒于贺兰山。

【郭药师】金渤海铁州人。为辽东饥民组成的"怨军"统帅。辽亡，归宋，与王安中俱守燕山。金完颜宗望军至，拒战兵败，乃降金，太宗授以燕京留守，赐姓完颜氏。从攻宋，尽以宋朝虚实告宗望，故宗望能悬军深入，直抵汴京。海陵立，诏复本姓。

【郭安国】（？—约1161）金渤海铁州人。郭药师子。累迁南京副留守。性轻躁，无方略。海陵攻宋，使领武捷军都总管，为前锋。及海陵被杀，以为众所恶，亦遭杀。

【郭企忠】金人，字元弼。辽末，为天德军节度副使，降金。太宗时为猛安，从破宋雁门，又镇压杨麻胡等于五台。官至权沁州刺史。卒年六十八。

【郭文振】金太原人，字拯之。章宗承和二年进士。累官辽州刺史，深得众心。宣宗兴定中，权元帅左都监，行河东北路元帅府事，招降太原东山二百余村。寻与张开合兵收复太原。封晋阳公。然地方残破实难据守。元光二年，移守孟州，又移卫州。

【郭俣】（？—1223）金泽州人，字伯有。世宗大定二十二年进士。调长子主簿。历太常博士、左司都事，御史台举才干可用，迁平阳府治中。宣宗时积官河北西路转运使，致仕。

【郭德海】（？—1234）金元间华州郑县人，字大洋。郭宝玉子。通天文、兵法。金末为谋克。降蒙古后曾从哲别西征。又从元帅阔阔入关中，引轻骑直捣风陵渡而还。窝阔台汗时，破南山八十三寨，陕西平。假道汉中，入河南，提孤军屡破金军。会拖雷大军，破金军于三峰山。取申、唐二州。官至有监军。

【郭邦彦】金阳翟人，字平叔。宣宗兴定五年进士。为永城主簿。以退让见称，有诗名。

郁郁不自聊，年未四十而卒。

【郭宣道】金邢州人，字德明。工诗。宣宗贞祐间，客南阳。后殁于兵。

【郭蛤蟆】（1192—1236）又名斌，金会州人。世为保甲射生手，与兄郭禄大俱以善射应募。夏人攻会州，城破，兄弟俱被擒。后兄被杀，蛤蟆逃归。后屡败夏兵，攻取会州。累迁元帅左都监，兼行兰、会、洮、河元帅府事。金亡，自凤翔突围至会州，坚守不降，矢尽自焚死。

四、元、明、清、民国

（公元 1271—1949 年）

【郭荣】元顺德邢台人，号鸳水翁。通五经，精于算数、水利，与刘秉忠友善，使其孙郭守敬从秉忠学，遂至成名。

【郭奎】元明间庐州府巢县人，字子章。元末从余阙治经，阙屡称之。朱元璋起江淮，

奎归之，从事幕府。朱文正为大都督开府南昌，命奎参其军事。后文正未得封赏，态度失常，得罪太祖，奎连累坐诛。有《望云集》。

【郭守敬】（1231—1316）元顺德邢台人，字若思。从祖父郭荣习数学、水利，又为刘

秉忠弟子。世祖中统三年，因张文谦荐见元世祖，建议引玉泉山水以通中都 (后改大都) 与通州间水运。任提举诸路河渠。至元元年，修复中兴路唐来、汉延等果次年，升都水少监。十三年，受命与王恂等制订《授时历》。修造简仪仰仪、圭表、景符等仪器。十六年，任同知太史院，在全国设二十七观测站，以实测材料证实南宋杨忠辅岁实 365.2425 日之说。十七年，《授时历》制订完成，颁行全国。二十八年，任都水监，开通通惠河，使大都与通州间得以通航。三十一年，复任知太史院事。

【郭豫亨】元初人，号梅岩野人。性爱梅花，见古今诗人梅花杰作，必随手抄录而歌咏之，编成《梅花字字香》二卷 (《元诗选二集》卷一七、《元诗纪事》卷二二)。

【郭敏】元汴梁杞县人，字伯达。幼读书，长好丹青。官州伴。工画人物山水，花草墨竹臻妙。

【郭翼】(1305—1364) 元昆山人，字羲仲，号东郭生，又号野翁。少从卫培学，工诗，尤精于《易》。以豪杰自负。尝献策张士诚，不用，归耕娄上。老得训导官，与时忤，偃蹇以终。有《雪履斋笔记》《林外野言》。

【郭钰】(1316—?) 元明间吉安吉水人，字彦章。元末隐居不仕。明初，以茂才征，辞疾不就。生平转侧兵戈，流离道路，目击时事阽危之状，故诗多愁苦之词。战乱残破郡邑事实，言之确凿，尤足补史传之缺。有《静思集》。

【郭山甫】元末濠州人。传朱元璋未达时，相其状貌，以为贵不可言。使其子郭兴、郭英从元璋渡江起事效力，并以女侍元璋。明朝建国，山甫以子、女故，追赠营国公。

【郭子兴】(? —1355) 元末濠州定远人。江淮地区红巾军领袖。本曹州人，其父娶定远邑中富室瞽女为妻，遂家定远。入白莲教，散家财结豪杰，响应刘福通起事。攻据濠州，自称元帅。朱元璋隶其部下为九夫长，子兴以义女马氏嫁之。后子兴得元璋助攻取滁州、和州。为人骁勇善战，而与其他将帅孙德崖等不和，终以愤恨卒于和州。明初追封滁阳王。

【郭子昭】元汝南人。受业于金履祥。讲肄有条理，夜则执经问难。仕为御史掾。

【郭嘉】（？—1358）元濮阳人，字元礼。泰定三年进士，授彰德路林州判官。累官广宁路总管。顺帝至正十八年，为红巾军所围，力战而死。

【郭景星】元镇江丹徒人，字元德。性仁孝。由淮海书院山长累官台州路黄岩州判官。卒年七十九。有《寓意斋文稿》。

【郭景祥】元明间凤阳府人，字仲德。初从朱元璋渡江起事，典文书，佐谋议。后入为大都督府参军。性直，遇事敢言，太祖甚信之。终官浙江行省参政。

【郭庸】（？—1368）元蒙古部人，字允中。由国学生登第、累官陕西行台监察御史，劾知枢密院事也先帖木儿丧师。官至参政中书，明兵入京城，不降死。

【郭槩】（1322—1383）元明间浙江仙居人，字德茂，号畅轩。少勤学，不仕于元，隐居教授为业。明洪武三年被荐，出知饶阳县。

邑大治。后坐事免。逻者途中遇之，搜箧中，惟所著文稿数十卷。既归，贫甚。卒，门人私谥贞成先生（《万姓统谱》卷一九）。

【郭麟孙】元平江路人，字祥卿。博学工诗。为钱塘吏，调江东，归吴卒。有《祥卿集》。

【郭狗狗】元平阳翼城人。父郭宁为钦察先锋使首领官，戍大良平。宋兵来攻，全家被俘。将杀宁，狗狗年五岁，请代死，宋将奇而全其家。

【郭居敬】元漳州龙溪人，字义祖。博学能文。性笃孝。亲殁，哀毁尽礼。尝取虞舜以下二十四人孝行事迹，序而诗之，以训童蒙。虞集、欧阳玄欲荐于朝，力辞不就，隐居乡里，以处士终。有《百香诗》。

【郭真顺】明潮州府揭阳龙溪都人，女诗人，潮州周伯玉妻。通经史，精数学，善诗文。避元末乱，居于乡间。明兵下岭南，指挥俞良辅奉命征诸村寨，真顺作诗以献，良辅览诗喜，所居溪头寨因得保全。后与夫偕隐。

【郭亮】（？—1423）明庐州府合肥人。任永平卫千户。靖难兵起时，降燕王，即命为守将。既而辽东镇将吴高，都督杨文攻永平，亮坚拒之。成祖即位，以守城功，封安成侯。永乐中守开平，以行为不检闻。谥忠壮。

【郭资】（1361—1434）明河南武安人，字存仁。洪武十八年进士。累迁北平左布政使。建文初，阴附燕王朱棣。及靖难兵起，资先降。燕王转战三年，资为筹划军饷，出力至多。及成祖即位，擢户部尚书。洪熙初以太子太师致仕。宣德四年复起为户部尚书，奉职益勤。卒谥忠襄。

【郭敦】（1370—1431）明山东堂邑人，字仲厚。洪武间举人，入太学。授户部主事。迁衢州知府。在任禁民祀淫祠，革除陋俗。宣德初累进至户部尚书。陕西旱，命与张信同整饬庶务。凡奏陈免欠赋、振贫乏、考黜贪吏、罢不急之务等十数事，悉得施行。年余召还，在部亦有所兴革。敦自身廉洁，同官有为不义者，辄厉色待之。卒于官。

【郭镇】（1372—1399）明凤阳府临淮人，字彦鼎。郭英子。洪武中尚永嘉公主。好学工诗，处事勤勉。建文帝时，奉命赴辽东赏

军，还卒（《献征录》卷四）。

【郭端】明初人，字季正。少颖敏，稍长就学，日诵数千言。永乐二年以贡生入国子监肄业。授行人司行人，迁监察御史巡按广西。劾奏镇守太监雷春横暴不法事，置春于法。累迁山东按察司佥事等职。卒于京师。

【郭浩】（？—1449）明河南孟县人，由贡士入仕，历工部主事。从英宗北征，死于土木堡之役。

【郭济】（1389—？）明河南太康人，字泽民。博览典籍，诵习经史。年二十，永乐六年乡试第一。历任大名府训导。任满，荐升左春坊司谏。累迁为行人，两次出使交趾。宣德十年奉敕升镇江知府。在任政绩卓著，有誉于时。

【郭容】（1434—1485）明山西浑源州人，字子仁。成化元年举人。会试不第，侨寓京师，时对客高谈阔论。十九年，帝召见便殿，问黄白之术（炼金术），辞不知。授宁海知州，条具利民化俗十六事，请于监司行之。

【郭登】（？—1472）明凤阳府人，字元登。郭英孙。幼英敏，及长博闻强记，好谈兵。景泰初以都督金事守大同。自土木堡兵败后，边将畏缩，不敢接敌。登侦知敌踪后，以少胜多，军气为之一振。捷闻，封定襄伯。登治军纪律严明，料敌制胜，动合机宜，一时称善。谥忠武。

【郭玺】（1435—1475）明广平府永年人，字文瑞。天顺八年进士。授工部主事。为人正直，宦官王顺恃宠，嘱以私事，玺叱之。转兵部武库司主事，迁武选司员外郎，为政公允，门无私谒。后以疾乞归。

【郭绪】（？—1508）明河南太康人，字继业。成化十七年进士，授户部主事。尝督饷二十万于陕西给军。主者云有羡余，不受，悉还之。历迁云南参议。时孟养宣抚思禄与孟密宣抚思撰构怨，思禄越金沙江夺孟密地十三处。弘治十四年，朝议命绪等往抚。绪单骑往，晓以祸福。思禄遂归侵地。后迁四川督储参政。正德二年致仕归。有《抚蛮录》《学吟稿》。

【郭钺】（1441—1509）明庐州府合肥人，字彦和，一字汝器。沉着果毅，有将略。袭彭城卫指挥使。成化初参与镇压广西瑶、僮等族起事。后为张懋所举，驻扬州备倭寇。弘治中镇守广西，任副总兵。擢总督漕运。在任尝浚通州河二十里，置坝，令浅船搬运，岁省白银数万。凡军民利病多数陈奏于朝。故总督漕运达十三年不易。正德初召佐后府，寻卒。

【郭桂】（1458—1516）明陕西咸宁人，字时芳。弘治三年进士。授安丘知县，拒县中富豪赂，且以法惩之。历湖州通判、泰州知州、开封知府、平阳知府。官至山西布政司右参政。

【郭东山】（1470—1530）明山东掖县人，字鲁瞻，号石崖。弘治九年进士。授山阴知县，历监察御史。正德二年，巡按宣大，为刘瑾党羽构陷下狱免归。瑾败，复起四川按察金事，参与镇压廖麻子、喻老人等起事。官至四川布政司右参政。

【郭勋】（？—1542）明凤阳府人。郭英六世孙。袭封武定侯。性凶悍，狡猾多智。正德间镇两广。入掌三千营。世宗即位，掌团营。

"大礼"议起，勋测知上意，支持张璁尊世宗生父为皇考之议。遂得宠幸，督禁军。恃宠擅作威福，肆意虐民网利。京师店舍属勋者多至千余处。言官交章弹劾，帝置勿治。后以疏中用语"强悖无人臣礼"被责，廷臣乘机揭发其罪状，乃下锦衣狱，死于狱中。

【郭灌】（1471—约1545）明江西庐陵人，字达诚，号一庵。弘治十八年进士。授刑部主事，冤狱多所平反。历署员外郎，有清介声。出为宁波知府，改潮州知府。能约束权费，不私商税。以不善阿当事者，遂辞归。

【郭维藩】（1475—1537）明河南仪封人，字价夫，号杏冈、杏东。正德六年进士。选庶吉士，授翰林检讨。嘉靖初擢侍讲学士，视南京翰林院事，筹资修整荒废之院廨。进侍读学士，以颂瑞失当，免官归。后召还，官至太常少卿兼侍读学士。

【郭弘化】（1481—1556）明江西安福人，字子弼，号松厓。嘉靖二年进士，授江陵知县。迁御史。十一年上疏请罢广东采珠及苏、松、常、镇、应天五府造砖之役。忤旨，废黜为民。卒于家。

【郭原】明河南兰阳人。永乐时以举人入仕，授四川监察御史。为人端庄谨慎，正直不阿。虽故人不敢以私事请托。官终陕西按察副使。

【郭弼】（1481—1556）明江西安福人，字松崖。由进士授江陵知县，擢御史。嘉靖初，极论营造、采珠之害，力请停之，被削籍归。

【郭鋆】（1498—1563）明山西高平人，字允重，号一泉。嘉靖十一年进士。由行人授工科给事中，历户科都给事中，累疏建白，切中时艰。升太常少卿提督四夷馆，率教师督译生勤习艺业。累官至工部左侍郎。有《一泉稿》。

【郭宗皋】（1499—1588）明山东福山人，字君弼。嘉靖八年进士。授刑部主事。擢御史。累官右佥都御史，巡抚大同。寻进兵部右侍郎，总督宣、大、山西军务。俺答数犯大同，虽杀伤相当，而总兵官战死，致被弹劾，杖一百，戍陕西靖虏卫。隆庆初，起复任刑部右侍郎，迁兵部尚书，参赞机务。以年老致仕。谥康介。

【郭爱】明凤阳府人，字善理。宣宗时被选

入宫为嫔。入宫仅三旬而卒。贤而有文，且自知将死，书骚体诗以自哀。

【郭鎜】（1500—1573）明山西高平人，字允新，号三泉。郭鋆弟。嘉靖十四年进士。选庶吉士，授翰林检讨，进修撰，预重修《大明会典》。历国子监祭酒，官至南京工部右侍郎。有《国学文集》。

【郭凝之】明杭州府海宁人，字正中。天启间举人。官至兖东兵备副使。有《孝友传》《明孝友传》。

【郭汝霖】（1510—1580）名或作世霖。字时望，号一厓，明江西永丰人。嘉靖三十二年进士。授吏科给事中，上平倭十事。奉使封琉球王，馈金不受。任顺天府丞，上疏请发内帑，宽征徭役，以解畿辅民困。官至南太常卿。隆庆元年致仕。著有《石泉山房集》。

【郭朝宾】（1513—1585）明山东汶上人，字尚甫，号黄涯。嘉靖十四年进士。授户部主事。历浙江按察使、布政使、右副都御史巡抚浙江，浚陂塘，平反冤狱。万历时官至工部尚书。

【郭铁】明浙江金华人。宋郭钦止后裔。钦止曾筑石洞书院，延名师教授其中。后人来此多有题咏。正德中，铁取当时诸人碑刻题咏及志铭状序哀挽诸作汇编为书，称《石洞遗芳》。

【郭郛】（1518—1605）明陕西泾阳人，字惟藩，号蒙泉。嘉靖三十七年举人。官马湖知府。少与吕潜同学，虽不及吕柟之门，亦秦中笃学之士。

【郭应聘】（1520—1586）明福建莆田人，字君实，号华溪。嘉靖二十九年进士，授户部主事。历广西布政使。隆庆间参与镇压瑶、僮等族起事。进右副都御史，巡抚广西，总督两广军务。寻为南京兵部尚书。在南京时，与海瑞均自奉俭约，致士大夫不敢侈汰，官场风气为之一变。卒谥襄靖。

【郭谏臣】（1524—1580）明苏州府长洲人，字子忠，号方泉，更号鲲溟。嘉靖四十一年进士，授袁州司理。严世蕃在家乡分宜贪得无厌，往往假督抚之势强行索取，谏臣不阿不惧以处之。后内迁吏部主事。隆庆初屡陈时政，多所持正。官终江西参政。所作诗婉约清雅，有《郭鲲溟集》。

【郭遇卿】（1527—1607）明福建福清人，字建安，号肖云。幼孤，事母至孝。嘉靖末，从戚继光平倭寇，后从至蓟门。以功历官至都指挥使。后以母老乞归。有《龙洞集》。

【郭子章】（1542—1618）明江西泰和人，字相奎，号青螺，自号嫔衣生。隆庆五年进士。累迁至贵州巡抚。万历二十七年与李化龙等平播州杨应龙，以功进太子少保、兵部尚书。博览典籍，著述甚多。有《平播始末》《郡县释名》《阿育王山志圣门人物志》《嫔衣生马记》《豫章诗话》等。

【郭惟贤】明福建晋江人，字哲卿。万历二年进士，知清江县，迁南京御史。上书请召用吴中行、赵用贤等，忤宦官冯保，谪江山县丞。后还故官。复因疏救主事董基忤上意，调南京大理评事。后历升户部左侍郎，未至卒。

【郭维经】（？—1646）明江西龙泉人，字六

修，号云机。天启五年进士，授行人。崇祯时迁南都御史，丁忧去职。起复后闻北京为李自成所破，力主立福王。福王即位，进应天府丞，迁大理少卿，左佥都御史，命专督五城御史，察非常，清辇毂。寻为张拱日、朱国弼以他事劾罢。唐王召为吏部右侍郎。清军围赣州，王命维经为吏兵二部尚书，总督东南各省军务往援，城破，自焚死。

【郭登庸】明浙江山阴人，字汝徵。正德九年进士。嘉靖时出任湖广提学副使。为人严正刚介，人无敢以私事干谒。终官佥都御史。

【郭鼎忠】（1542—1602）明江西泰和人，字荩忠。嘉靖四十三年举人。万历中铨授亳州知州，以行乡约、彰孝顺化民俗。丁忧后，改知睢州，修先贤祠，筑号房供庠生习业。历归德府丞，官至广西浔州知府。弛河关之禁以利通商。

【郭文周】明福建福安人，字景复，号东山。嘉靖二十三年进士，授中书舍人，改御史，巡按广东。为人正直。复命后，世宗命再往，粤人益肃然。后为顺天府丞。尝弹劾赵文华，忤严嵩，乃致仕归。有《东山诗文集》《按

粤封事》等。

【郭永清】明湖广巴陵人。永乐十九年进士。历官工科给事中。有逸才，善诗，多隽语。后出使外国，受辱不屈死。有《黄源稿》。

【郭民敬】明山西山阴人，字子庄。嘉靖二十六年进士。授行人。迁寿光知县，以治绩第一擢监察御史，巡按四川。贪官污吏闻风设法离任。在官布衣粗食。性孝友，家资分予诸弟侄，己一无所取。

【郭尚宾】明广东南海人，字朝谔。万历三十二年进士，授安吉推官。迁刑科给事中。遇事敢于诤谏，尤愤宦官横行不法。因劾税使李凤等不法事，谪官。光宗时起复，累迁至刑部右侍郎，因不阿附魏忠贤，削籍归。崇祯初为兵部右侍郎，卒。

【郭正域】（1554—1612）明湖广江夏人，字美命。万历十一年进士，授编修。博通典籍，曾为光宗讲官。累迁礼部侍郎。尝上疏议夺黄光昇、许论、吕本谥号。终不行。忤首辅沈一贯。后妖书事起，或引正域将置之死，以举朝不平，且无佐证，得免。卒于家。

【郭都贤】明湖广益阳人，字天门。天启二年进士。崇祯中官至兵部侍郎，后见义军四起，南都政局浊乱，知势不可为，乃剃发为僧，隐于玉沙湖，号顽石，又号些庵。种菊自娱。竟客死。性恬退谦和，工诗文，擅书法，兼能绘事，写竹尤妙。有《补山堂诗集》《些庵杂著》。

【郭濬】明浙江海宁人，字士渊。宋濂弟子，与方孝孺友善。洪武中以秀才贡入太学肄业。尝上书论时政甚切，召对忤旨，令在太学读书三十年，方许任用。因与学官不合，受诬论死。

【郭恕】明广平府鸡泽人，字安仁。永乐时举人。初授思南府推官，历知湖州府。为政明恕，冤狱多所平反。擢御史，迁山西参议。奉命守雁门，积军粮，抚士卒，要害重镇赖以无虞。致仕归，生活俭素如寒士。

【郭应响】明福建福清人，字希声。万历三十四年举人。崇祯中官郿州兵备副使。时陕西农民军蜂起，攻郿州，应响拒之，被杀。

【郭琏】明保定府新安人，字时用，初名进。

永乐初以太学生入仕。擢户部主事。仁宗即位，累迁至吏部侍郎，兼詹事府少詹事，更名琎。宣德初升吏部尚书。识进士李贤有辅相器，授吏部主事，后果为名相。琎本人以威望轻，又权出内阁，政绩平平。正统中，因其子郭亮受贿为他人求官，被劾，致仕。

【郭铨】明广平府威县人，字时选。郭瑞子。成化五年进士。户科给事中。忠贞谨慎，谏台驰名。卒于官。

【郭琥】明陕西永昌卫人，字宗器，明朝抗倭驱虏四上将之一。嘉靖中以总旗从军，征讨积功至指挥佥事。任镇番守备。城临敌境，前守者率闭门以备敌，琥莅任，击退敌军，开关任人出入耕牧，而率兵加强戒备，累擢古北口副总兵。在任整修塌陷边垣，开垦塞下荒田。后历大同总兵进都督。皇帝敕封子孙五代世袭都指挥使，十一年进左都督，致仕。

【郭正中】明浙江海宁人，字大来，号黎眉。初名凝之，天启四年（1624）甲子举人，通天文历数、壬遁奇门、三略六韬之术。天启四年中顺天乡试举人。被推举纂修历法，而

所言皆关时政，罢归。崇祯时以边才起为沂州兵备副使，史可法举荐监淮扬诸路军，守邳、宿。后为刘泽清忌，劾之罢归。有《圣学正宗》《景行录》等。

【郭彦仁】明庐州府无为人。少勤学，有勇略。元末归附朱元璋，长于吏事，以忠谨受知于帝。李文忠用兵浙西，彦仁为参谋。金华苗将叛杀胡大海，彦仁往讨，抚金华民。后从文忠平浙西，克杭州，皆有劳绩，升严州知府。

【郭棐】（1529—1605）明广东南海人，字笃周，号梦菊。幼从湛若水学，与闻心性之旨。嘉靖四十一年进士，授礼部主事。穆宗即位，次日传封七夫人御札将出。棐谏诤，事乃罢。后终官光禄寺正卿。有《粤大记》《岭海名胜记》《四川通志》等。

【郭智】明太平府芜湖人，字懋明。永乐十九年（1421）进士。任监察御史。正统初累迁至都察院右佥都御史，抚镇陕西宁夏。整顿边务，治事切实。当时以为得人。

【郭循】明江西庐陵人，字循初。永乐十九年（1421）进士。宣德中官刑部主事。谏拓

西内皇城修离宫，忤帝意，下狱。英宗即位，得释，复原官。擢广东参政。景泰时卒。

【郭瑄】明广平府威县人。永乐十八年（1420）举人。任户部主事。累迁为刑部郎中。审理明允，门无私谒。

【郭天中】明福建莆田人，字圣仆。幼孤，性孝，不事生产，专精书法。故友扬州知府杨嘉祚赠以数千金，天中以之购歌姬数人及书画古物，其余散给贫寒亲友，随手而尽（《古今图书集成》字学典卷一二五）。

【郭绍仪】明浙江平湖人，字汾仲，一字丹葵。天启五年（1625）进士，授当涂知县。累迁至南京湖广道御史。有青蒲草（《明诗纪事》辛集卷八）。

【郭符甲】（1605—1648）明末福建晋江人，字辅伯。崇祯十六年（1643）进士，授南京户部主事。乞假归。时清兵南下，举兵山中，相应郑成功，战败，死。乡人葬之于海岛中，清乾隆年间追谥节愍（《静志居诗话》卷二一）。

【郭逊】明陕西静宁州人。成化间从总督项忠镇压石城满四起事。后授秦州卫镇抚。屡从征战有战功，历升都指挥金事、明威大将军（《古今图书集成》氏族典卷五三二）。

【郭存谦】明保定府雄县人，字仲恭。万历三十五年（1607）进士。授山东潍县知县。岁饥，仿义仓法，设永惠仓以资赈饥。擢吏部主事，历进文选司郎中。以奏事忤权贵归。后复起，累擢光禄少卿。天启时有为魏忠贤立碑颂德者，存谦拒署名，故久不得迁。崇祯初，官至光禄卿。卒年八十八（《雍正畿辅通志》卷七四）。

【郭宗昌】明陕西华州人，字允伯。崇祯间尝应召入都，以国事紊乱，乃归家著书。工篆刻，为当时第一，又善鉴别书画金石。有《涉园杂著》《松谈阁诗稿》《金石史》《印史》等（《古今图书集成》文学典卷一一六）。

【郭宗磐】（1541—1607）明福建晋江人，字渐甫，号鹏海。隆庆五年（1571）进士。授新安府推官，擢升刑部广东司主事，均有政绩。清康熙御制《周易折中》多采其说。万历中撰《重订易学说海》（《四库全书总目》卷八）。

【郭师古】明扬州府如皋人，字时用。万历五年（1577）进士。历迁户部郎中，出知广州，后调补陕西巩昌知府。时陕西边境紧急，师古乃上安边策，所论甚切，擢甘肃兵备道。至任教练士卒，整饬纪律，修筑边墙，敌不敢窥。迁陕西左参议，为忌者所诬，乃罢归。有《百将传》《筹边记略》《八阵图说》（《古今图书集成》氏族典卷五三三）。

【郭如星】明河南新安人，号方壶。万历十七年（1589）进士。累官吏科都给事中。疏罢织造中官。后以疏言建储事，辞过激切，谪为边远地典史，卒官（《雍正河南通都》卷五九）。

【郭师惠】明福建上杭人，字和宇。善弈。万历末，游历都会间。辑有《手谈集》（《乾隆福建通志》卷六一）。

【郭光复】明湖广武昌人。曾任扬州知府。时扬州沿江临海，屡被倭寇侵扰。光复以为必得其实情，始可筹备御之策。乃考集所闻撰《倭情考略》（《四库全书总目》

卷一〇〇）。

【郭德成】明凤阳府人。郭兴弟。性嗜酒，淡于利禄。两兄在元末明初随朱元璋转战沙场，以功为列侯，妹封宁妃，而德成仅止骁骑舍人。自以庸暗无能不欲为高官。后酒醉失言，惧而自剃其发，太祖称之为疯汉。胡惟庸党事起，坐死者甚众，而德成竟以此得全。

【郭良翰】明福建莆田人，字道宪，郭应聘子。万历中以荫官太仆寺寺丞。有《周礼古本订注》《明谥纪汇编》（《四库全书总目》卷一八）。

【郭之奇】明广东揭阳人，字仲常。崇祯元年进士。累迁至詹事府詹事。后隐居南交山中，结茅屋数椽，著述其中。有《稽古篇》一百卷（《古今图书集成》氏族典卷五三三）。

【郭守真】（1606—1708）法号静阳子，江苏丹阳人。东北道教龙门派开山祖师。崇祯三年（1630），24岁的郭守真由江南到辽东游历，在九顶铁刹山潜心修行，学道、修道、悟道、传道近 80 载，终于使九顶铁刹山名扬四海，使三教堂（太清宫）成为道教一方丛林。

【郭金台】（1610—1676）明末清初湖南湘潭人，字幼隗，本姓陈，名湜，字子原。明崇祯副贡，南明隆武举人。当是时，溃卒狷獗，积尸盈野，百里无人烟。金台请督于帅，力率乡勇，锻矛戟，峙刍糗，乡人全活者数以万计。后隐居衡山，授徒自给。有《石村诗文集》《五经骈语》《博物汇编》（《碑传集》卷一二四）。

【郭履跣】明末清初湖南衡阳人，字季林。崇祯十五年举人。明亡后隐居石狮岭，足不入城市。所作诗，甚为王夫之所称。所著《涉园草》今佚。

【郭一鹗】清河南洛阳人，字汉冲。顺治六年（1649）进士，由给事中历官广东左布政使。适逢推行海禁，强迫沿海居民内迁。一鹗倡僚属出俸安插，全活甚多。有《太极图解》等。

【郭础】清扬州江都人，字石公，号横山。顺治九年（1652）进士，官至顺德府知府。好收藏书画，工诗文，擅书法，喜画山水。有《画法年纪》。

【郭棻】（1622—1690）清直隶清苑人，字芝仙，号快庵、快圃。顺治九年（1652）进士。授检讨，历赞善。康熙间历官大理寺寺正、内阁学士。奏疏多直言，如停止圈田后仍有私圈之事，皆直陈不讳。工书法，与沈荃有南沈北郭之称。卒谥文清。有《学源堂集》等。

【郭琇】（1638—1715）清山东即墨人，字瑞甫，号华野。康熙九年（1670）进士。授江南吴江知县，有循吏之名。内调为御史，擢金都御史。劾明珠、余国柱，直声震天下。后为左都御史，以故罢官，废置十年。再起为湖广总督，旋又因故夺官。

【郭人麟】清福建福清人，字嘉瑞，号药邨。康熙二十九年副贡。性笃孝，工诗赋古文，行草绘事，咸为当世所重。晚益嗜书，闭户体玩，著述日富。有《药邨外集》《药邨词谱》《学语集》等（《福建通志》）。

【郭雍】清福建福清人，字仲穆，号书禅，又号约园。康熙五十二年举人。有《约园诗钞》。

【郭士云】清福建晋江人，又名士昙，字漳绿。康熙五十三年举人。画山水、人物俱能传神。壮岁往京师，纵游吴、越、齐、鲁间，每追忆所游处，摹写其状。绘毛羽尤细腻分明，与陈岳相仿佛。

【郭彭龄】（1654—1722）清江苏扬州人，字商山。康熙五十三年举人。治经学，精于《易》兼善诗文。有《印山堂行稿》《芝堂诗集》《易义》《环山楼选》等。

【郭嗣龄】清江苏江都人，字引年。康熙五十四年进士，授松江府学教授，罢官归。有《古文偶存集》《玉山诗集》《印山堂经义稿》。

【郭一裕】清湖北汉阳人。雍正初入赀为知县。乾隆中官至云南巡抚。首建制金炉进贡之议，令属吏压价购金，吏民怨恨，乃先行疏劾。事露，坐夺职，发军台效力。乾隆时其纳赎。

【郭赵璧】清福建侯官人，字名瑾。乾隆元

年举人。有《瑜斋诗草》。

【郭起元】清福建闽县人，字復斋。诸生。乾隆初以贤良方正为安徽舒城知县。后历知盱眙、泗州、宿虹，皆河淮泛滥之区。力除积弊，修筑堤堞，以所经历著《水鉴》，又有《介石堂诗文集》（《清史列传》卷七二）。

【郭植】清福建古田人，字千岸。乾隆七年（1742）进士。尝主广东粤秀书院。有《经史问》《月坡诗集》（《四库全书总目》卷一二六）。

【郭焌】（1714—1755）清湖南善化人，字昆甫，号壶庄。乾隆九年（1744）举人，官国子监助教。少负文名，长于八股制艺。著有《罗洋诗文草》等，于诗、古文之外，尤关心经世致用之学，性严谨，重气节，后以贫病卒（《国朝耆献类征初编》卷一四五、《国朝先正事略》卷四〇）。

【郭世勋】（？—1794）清汉军正红旗人。乾隆间由笔帖式擢吏部主事，累任知州、安徽布政使、湖南布政使、广东巡抚、署两广总督。以拒绝英国"贡使"商人在黄埔造房居住之请，控制对外出口，受高宗嘉奖。

【郭毓圻】清江苏吴县人，字匏雅，后号狷甫。乾隆三十年（1765）顺天举人，官国子监典籍。性恬淡，工山水，师董源，能鉴古。卒年七十余。有《春草闲房集》。

【郭麐】（1767—1831）清江苏吴江人，字祥伯，号频伽，晚号蘧庵、復庵。一眉色白，人称"郭白眉"。诸生。屡试不第，遂专力于诗古文，醉后画竹石乃其一绝。诗词清隽明秀，尤善言情。有《灵芬馆集》等。

【郭继青】（？—1831）清浙江定海人。行伍出身。嘉庆二十一年，奉旨接替陈梦熊，于台湾地区担任澎湖水师协副将，随李长庚攻蔡牵于闽浙洋面，旋随王得禄击杀牵，官至金门镇总兵，是清治台湾时期扼守台湾海峡的重要武将。

【郭继昌】（1788—1841）清直隶正定人，字厚庵。行伍出身。嘉庆间参与镇压白莲教起事，累擢参将。道光间参与平定张格尔之乱。官至广东陆路提督。

【郭桐】（？—1849）清江苏吴江人，字琴材或作琴才。幼年即嗜画，从父游历四方，受钱杜、改琦、汪鸿等人指点，善人物花卉，山水仿沈周、文征明，画梅颇得金农倔强之趣。

【郭婆带】名学显。清广东番禺人。海盗，婆带为乳名。好读书，船中藏书颇多，船头榜"道不行，乘桴浮于海；人之患，束带立于朝"二句。嘉庆十四年（1809），受两广总督百龄招抚，率众投降。不受官职，在广州买屋居住，教诸子读书。

【郭楠】清福建龙溪人，字玉峰。善画，能为米家山水。

【郭肇】清浙江诸暨人，字怀初，一字复亭，号东埠居士。诸生。因足疾难涉仕途，转精诗文，有《东埠诗文钞》。又于读书著述之余，收集乡邦文献，辑有《诸暨诗存》十六卷。

【郭鳌】清湖南常宁人。郭亮生子。业医，传其父业。卒年九十。有《济世验方》（《国朝耆献类征初编》卷四八三）。

【郭尚先】（1786—1833）清福建莆田人，字兰石。嘉庆十四年（1809）进士。授编修。道光间官至大理寺卿。工书，善画墨兰。有《芳坚馆印存》《增默庵遗集》《芳坚馆题跋》。

【郭沛霖】（1809—1859）清湖北蕲水人，字仲霁，号雨三。道光十八年（1838）进士。授编修。咸丰间官至淮扬道兼盐运使。坐事革职，充定远军营文案。捻军破城时战死。有《日知堂集》等。

【郭凤沼】清浙江诸暨人，字集公，号澹门。道光二十年（1840）举人。长考据，工诗。以母老绝意仕进。家多藏书，闭门校勘。有《函雅堂集》《六国宫词》《中庸说解》《楚辞注解》《诸暨青梅词》《翦灯词选》。

【郭敏磐】清山东历城人，字小华，号云门外史。嘉庆九年（1804）举人，官益都教谕。善隶书，为桂馥弟子。工山水，阮元称为山左第一（《清画家诗史》）。

【郭士琼】清湖北江陵人，字非赤，号涤山老人。善画山水，笔力苍劲。长于巨幅长卷。为人淡泊。卒年九十余（《国朝画识》）。

【郭元釪】清江苏江都人，字于宫，号双村。出身盐商家庭，广有资产，以诸生参与修《佩文韵府》等书，授中书。又以一己之力，编撰《全金诗》，体制大备。有《一鹤庵诗》（《国朝耆献类征初编》卷一四三）。

【郭吉桂】清安徽全椒人，字香生。贡生。工诗书，画学倪瓒，喜作枯木竹石。

【郭居鼎】清福建海澄人。由岁贡历官户部郎中。幼失父母，因乱与兄郭居昌相失。居鼎跋涉访求，历时两年，行数千里，与兄同归，分产共之。邑海塘决口，捐千金兴筑。雍正初，入祀乡贤。

【郭松林】（1833—1880）清湖南湘潭人，字子美。咸丰间随曾国荃转战各省，破安庆，擢参将。同治初从李鸿章破苏常。后率所部武毅军镇压东西捻军。官至直隶提督。卒于官，谥武壮（《续碑传集》卷五二）。

【郭亮生】清湖南常宁人。自幼研习岐黄医术，医术精湛。有《痘麻心经》。

【郭祖翼】清湖南善化人，字苣东。诸生。有《雨福山房賸草》。

【郭振遐】清山西汾阳人，寄居扬州，字中洲。诗人。性狂纵，以大禹、颜回自比。有《禹门集》（《四库全书总目》卷一八五）。

【郭柏荫】（1807—1884）清福建侯官人。字远堂。道光十二年（1832）进士，选庶吉士，授编修。历任御史、给事中等职。咸丰三年（1853）会办福建团练。同治二年（1863）任江苏代理巡抚，参与镇压太平军。同治六年（1867）任广西巡抚，同年迁署湖广总督，剿灭湖北的遣散兵勇的兵变，并改革盐政。同治十二年（1873）以病请辞。

【郭鼎京】清福建福清人，字去问。工书画。能写千竿竹于一幅。尤精小楷，于高不逾尺横不过二尺之纸，写《楚辞》全文，笔笔仿欧阳询。有《绵亭诗集》。

【郭景昌】清奉天人，字旭瑞。有《吉州人文纪略》。

【郭瑞嘉】清安徽全椒人。善画竹，解风水术。

【郭嵩焘】（1818—1891）清湖南湘阴人，字筠仙，号伯琛，晚号玉池老人。筑室名养知书屋，人称养知先生。道光二十七年（1847）进士。丁忧归。咸丰初力赞曾国藩出办团练，献编练水师议。授编修。同治间任广东巡抚，以与总督瑞麟处事每有出入，几得罪。光绪元年（1875）以兵部左侍郎任驻英公使，兼使法国，在外力求了解外情。奉使三年，以病辞归。主讲城南书院。力主办铁路，开矿务，整顿内务。对外交涉，能援国际公法，与外人据理直争，而不尚意气。时人不明外情，多指为媚外。有《礼记质疑》《养知书屋集》及日记、奏疏等。日记多载国外见闻，尤足珍贵。

【郭昆焘】（1823—1882）清湖南湘阴人，原名先梓，字仲毅，号意城，晚号樗叟。郭嵩焘弟。道光二十四年（1844）举人。会试两次下第，遂绝意科举。咸丰间参湘抚张亮基、骆秉章等幕府，文檄函牍，调发兵食，均能应机立办，因荐进内阁中书四品京堂。有《云卧山庄诗文集》《说文经字正谊》。

【郭锦章】清江苏元和人，字牧石，号远驭。画花卉妍雅，秋虫尤精，五色蝴蝶，活泼生动，笔致精妙。多不著款，惟兼用牧石、远驭图章而已。

【郭云深】（1820—1900）清直隶深县人，字峪生。武术家。李洛能弟子。生活于同治、光绪间。精形意拳，善用形意之崩拳，与人交手均用此手法，无不获胜。享年七十余，授徒甚众。

【郭人漳】（？—1922）清湖南湘潭人。字葆生。郭松林之子。以世荫得道员。历任山西道台、江西和两广巡防营统领。在山西任内时，因贪污去职。曾与革命党人黄兴、赵声相往还。1904年因万福华谋刺广西巡抚王之春案被捕，后得保获释。1907年任广东巡防营统领，受令镇压饮、廉农民抗税斗争。革命党人欲利用农民斗争发动起义，约其阵前倒戈，响应起义，其表面答应，临事背约，导致起义失败。后任新军协统等职。

【郭公接】（？—1911）清末广东大埔人，字守毅。光绪三十一年（1905）留学日本，加入同盟会。先后就学于理化专科学校与体育学校。两年后回国参加饶平浮山圩起义，事败逃亡。宣统二年（1910）赴北京，营救黄复生、汪精卫未成。宣统三年（1911）参加黄花岗之役，事败避走香港。转往吉隆坡。不久因车祸死亡。

【郭宝臣】（1856—1918）清山西临猗人。乳名杆杆，艺名元元红。少年学商于襄陵面行。后遇山陕梯子（又称蒲州梆子）艺人老元儿红张世喜，拜其为师，工老生。1876年到北京入源顺和班。1888年起，领衔义顺和班。嗓音洪亮，唱腔高亢清越，说白爽利，吐字清楚流畅。与京剧老生谭鑫培齐名，为京中山陕子之冠。擅长剧目有《浔阳楼》《空城计》《摘星楼》等。

【郭子彬】（1860—1932）清末著名企业家、慈善家。生于广东省潮阳县铜盂镇(今属潮阳区)铜钵盂村。少年时往上海当学徒，后创办鸿章布厂。1914年后，布厂扩大为纺织厂，增办鸿章纱厂，鸿裕面粉一、二、三、四厂及鸿裕银行。1923年捐巨资创办潮阳铜盂公学。先后为潮阳县东山中学、六都中学、潮光学校、汕头市大中中学、潮安县城(今属湘桥区)韩山师范学校、金山中学等校捐赠图书、仪器，赠建教室、实验室、宿舍；资助创办上海复旦大学心理学院。1925年再捐资 5 万大洋，建造复旦大学子彬院。创办"双百鹿斋"，聘请学者收集、校勘潮籍先贤遗著，重新出版了明代隆庆《潮阳县志》（林大春编著）、《东涯集》（翁万达）及《井丹诗文集》（林大春）等书。倡建潮汕山庄。

【郭坚忍】（1870—1940）清末江苏扬州人。原名宝珠，字韵笙。女。早年在扬州创办幼女学堂。辛亥革命后，又创办扬州女子公学，任校长。曾带领学生积极参加和响应护法运动、五四运动、五卅运动和北伐战争。毕生从事妇女解放运动，长期任中国红十字会扬州分会副会长、扬州妇女会会长。1940 年在江苏江都病逝。

【郭绪栋】（1860—1925）山东胶县人。字梁丞。少孤贫，自力于学，沉醉于兵家书籍的研读。曾在张勤果军中任中营文案，后任天津巡警总局文案，陆军第三、四镇书记官，并结识吴佩孚。民国后，任济南商埠局局长兼市政公所总办。吴佩孚任两湖巡阅使时，去洛阳任幕府秘书长，1922 年曾授济南道道尹，但未赴任。曾一度告假还乡，吴佩孚任直鲁豫巡阅使后，再度应招去洛阳吴幕府。死后追赠陆军上将。

【郭宗熙】（1878—1934）湖南长沙人。字桐伯。清末进士，授翰林院编修。后赴日本法政大学学习。曾任奉天提学使署检事、珲春副都统、延吉道尹、吉林省教育司长、吉林巡按使等职。1916 年 7 月任吉林省长。后曾任京师图书馆馆长、中东铁路督办公署顾问。

【郭典三】（1882—1911）广东嘉应州（今梅县）人，辛亥革命先烈。早年毕业于韩山师范学校。后秘密从事革命活动。1908 年赴云南参加河口起义。起义失败后去越南，被法国殖民当局拘捕，押送至新加坡释放。后在新加坡为华侨开办学校、阅书报社、体育会、自治会。1911 年参加广州起义。同年 5 月到香港，曾参加谋刺广东水师提督李准和广州将军凤山。武昌起义爆发后，相继在高州、廉州和潮汕地区起兵响应，不久在赴揭阳接受清军巡防营投降时被杀。

【郭松龄】（1884—1925）奉天（今辽宁）沈阳人，字茂辰。早年加入中国同盟会。1913 年到北京入将校研究所和陆军大学学习。后历任奉天讲武堂教官、奉军第六旅旅长、第六师师长、第三军副军长、东北陆军第六师师长。1925 年 11 月，与冯玉祥秘密结盟，通电反对张作霖，并将所部改称东北国民军，向沈阳进攻。后因日本军队出面干涉，兵败被俘，即被枪杀。

【郭承恩】（1884—1946）广东潮阳人，字伯良。毕业于英国谢菲尔德大学，历任上海圣约翰大学教授、校长、总工程师、沪杭甬铁路管理局局长、上海兵工厂厂长、军政部兵工署副署长、财政部中央造币厂厂长。

【郭唯灭】（1885—1925）广东广州人。1911 年 7 月，任广州《天民报》主笔，因倡言革命，旋被清政府查封。后另创《中原报》，自任发行人兼编辑人。民国后，以《中原报》抨击袁世凯，二次革命后被封禁。1922 年受聘为《广州现象报》总编，支持孙中山，反对滇、桂军阀，该报一度风行，销售过万。1924 年广州商团叛乱时报馆被毁。1925 年孙中山病逝后，亡走海外，不久病死。

【郭兰枝】（1887—1935）浙江嘉兴人。字起庭。擅长书法、山水画和篆刻。曾客居上海 10 年，得上海收藏家庞元济赏识，饱览

庞氏珍藏历代名迹，摹古几可乱真。

【郭继枚】（1893—1911）清末广东增城人。生于霹雳务边府（今马来西亚）。在坝罗育才学堂学习。宣统二年（1910）加入同盟会。三年春参加广州起义，随黄兴攻督署，后退至大南门，苦战牺牲。为黄花岗七十二烈士之一。

【郭应清】（1893—？）广东潮阳人。青年时代赴香港求学，先后在香港书院和香港大学读书。1918 年赴英国伦敦大学留学，在学期间被留英学生推选为学生会秘书兼任中英杂志编辑，并曾到德、法等国学习考察。1924 年毕业于伦敦大学，获得法学学士和政治经济学硕士学位。回国后一生从事教育事业，曾任苏州东美大学法律系教授，1926 年出任汕头私立大中中学校长（今汕头市第四中学），连任校长 20 多年之久，对汕头地区教育事业发展做出了重大的贡献。

【郭隆真】（1894—1931）直隶（今河北）大名人，原名淑善，回族，女。1913 年到天津入直隶第一女子师范学校学习。1919 年五四运动时，参与发起组织天津女界同志

会，是天津学生爱国运动领导人之一。后与周恩来等发起组织觉悟社。1920 年赴法国勤工俭学。1923 年加入中国社会主义青年团。同年转入中国共产党。1924 年赴莫斯科东方大学学习。1925 年回国后，在北京主持创办缀云女校，编辑《妇女之友》。后曾被捕入狱。1929 年到东北开展工人运动，任中共满洲省委委员、省委职工运动委员会书记。1930 年任中共青岛市委常委、宣传部长，同年 11 月 2 日在青岛被捕。1931 年 4 月 5 日在济南就义。

【郭钦光】（1895—1919）海南文昌人，字步程。曾就读于广东初级师范学校。1915 年积极参加反对签订"二十一条"的群众运动。1917 年考入北京大学。1919 年 5 月 4 日与北大学生一起上街游行示威。在冲向赵家楼搜寻曹汝霖的过程中，受到曹宅卫兵的推打，加之又目睹军阀当局对爱国学生实行镇压，因而激愤不已，当场呕血不止，5 月 7 日，因病重不治在北京逝世，激发了全国学生的义愤，从而将爱国学生运动推向了高潮。

【郭俊】（1897—1927）湖北安陆人。又名自，

字宇安。早年入保定陆军军官学校。1921 年加入中国共产党。后在北洋政府湖北驻军中任职。1924 年 1 月赴广州，参加筹办黄埔军校，任区队长。曾参加平定广州商团叛乱和第一、第二次东征。1926 年 6 月任国民政府第一兵站监，同年 9 月任国民革命军第一军第六团团长。1927 年 1 月 29 日在浙江衢州与孙传芳部作战时牺牲。后被国民革命军总司令部追授为中将军衔。中华人民共和国成立后被人民政府追认为革命烈士。

【郭则沄】（1882—1946）福建闽侯人，字啸麓，号蛰云。清光绪二十九年（1903）进士。既是清末民初政坛活跃人物，也是京津文坛核心人物。历任浙江温州、处州兵备道。1912 年后任袁世凯总统府秘书。1916 年 5 月至 1918 年任铨选局局长。1918 年 10 月至 1921 年 12 月任国务院秘书长。1921 年 12 月任侨务局总裁。1922 年 6 月去职。

【郭芬】（1900—1928）湖北浠水人，字涤尘。1922 年加入中国共产党。第一次国内革命战争时期任武汉各院校学生自治会联合会主席。1926 年赴日本留学。1927 年回国后任汉阳兵工厂中共组织领导人。1928 年 3 月

因叛徒出卖，被国民党政府逮捕，4月21日在汉口被害。

【郭文焕】（1900—1941）福建福安人。原名培文。1929年加入中国共产党。后任中共福安县委组织部长兼中心区委书记、福安中心县委组织部长。七七事变后，曾多次与国民党当局谈判闽东红军的改编工作。1938年任中共闽东特委秘书长。1939年任中共东特委书记、福建省委委员。同年9月在周宁被国民党当局逮捕，遭酷刑逼供。1941年2月1日在三元（今三明）狱中病逝。

【郭伯和】（1900—1927）四川南溪人。1922年考入上海大学。1924年加入中国共产党。曾任上海大学学生会主席。1925年参加五卅运动。同年10月任中共上海小沙渡部委书记。1926年任中共上海闸北部委书记。1927年在上海工人第三次武装起义中，参加部署和指挥闸北地区的战斗。"四一二"反革命政变后，留在上海坚持斗争，任中共闸北部委书记、中共江苏省委组织部长。同年6月被捕，7月31日在龙华就义。

【郭翼棠】（1900—1928）四川万源人。原名翼唐。又名揖唐。1925年考入成都私立志诚法政专门学校。1926年加入中国共产党。曾领导组织进步学生团体锐社，并先后任中共成都市委青委兼工委书记、川西特委工委委员。1928年初领导成都市郊独轮车工人和长机工人两次罢工。同年在成都"二一六"惨案中被杀害，年仅28岁。

【郭振才】行伍出身，早年入北洋军。1916年后归于直系河南地方部队。逐级升迁，历任连长、营长等，后任河南第三混成团团长、豫东镇守使、河南保卫军第十二军军长等职务。以保境安民为名，多次参与军阀之间的混战。1927年6月，被北伐军俘虏。

【郭瀛洲】（？—1933）奉天（今辽宁）本溪人，字仙桥。早年从军，入吉林部队，归于北洋军阀奉系。曾任陆军第二十八师五十六旅一一〇团团长、第五十六旅旅长、吉林第六混成旅旅长等职。在锦州驻防多年，倚仗权势，霸占地产3000余亩。多次参与奉系军与其他派系军阀之间的混战，1933年在锦县病死。

【郭希鹏】（1890—1969）辽宁盖平人，字鼎九。北洋军阀奉系将领。早年毕业于东北讲武堂，后入日本骑兵专校学习。历任骑兵团长，步兵旅长，代理绥远都统，晋北警备司令。1928 年获金质奖章，晋级至中将衔。1931—1946 年，历任骑兵军 3 师师长，骑兵军军长，绥东骑兵司令，第三集团军副总司令。1949 年 1 月，在北平迎接和平解放。后任辽宁省政协委员，辽宁省参事室主任。

【郭华宗】早年投入北洋军，为直系军阀孙传芳的部属。1926 年 12 月，出任安国军第一军第四师师长，在江、浙、赣等地与进行北伐的国民革命军对抗。次年，转投国民党政府，历任第四十七师副师长、第四十三师师长、第五十二师师长等职。

【郭奉恩】(1900—1941) 山西汾阳艾子村人，汾阳王郭子仪后裔，汾阳历史文化名人郭汝茂之长子。1936 年冬参加红军。1938 年 1 月，日寇入侵汾阳，郭奉恩接受抗日政府领导的安排，回到艾子村担任村长兼小学校长。他多次领导教员中的抗日积极分子，开展抗日宣传工作，并组织大家破坏敌人的军事设施。1940 年 8 月，他组织人员将一批白布、食盐、粮食等紧张物资秘密运送给抗日政府。

因汉奸告密，于 1941 年 11 月 11 日遭到日本宪兵抓捕，敌人将郭奉恩和几位战友列为共产党首要分子，随后押往太原秘密杀害。这起事件史称"仁岩惨案"。《解放日报》称这一惨案为汾阳事变。据幸存的战友回忆，郭奉恩在狱中受尽了敌人各种酷刑折磨，但他始终坚贞不屈，直至以身殉国，牺牲时年仅 41 岁。中华人民共和国成立后，被人民政府追认为革命烈士。

【郭亮】(1901—1928) 湖南长沙人。1920 年 6 月参加新民学会。同年加入中国社会主义青年团。1921 年冬加入中国共产党。后在湖南从事工人运动，曾任中共湘区区委执行委员兼工农运动部长、湖南工团联合会总干事。1926 年 8 月任湖南省总工会委员长。1927 年 4 月在中国共产党第五次全国代表大会上当选为中央委员。后任中共湘南临时省委代理书记。曾参加南昌起义。同年 11 月任中共湖北省委书记。1928 年 2 月到岳州（今岳阳）任中共湘鄂特委书记。同年 3 月被国民党政府逮捕，30 日在长沙就义。

【郭一清】(1903—1930) 江西信丰人。

1925 年加入中国共产主义青年团。1926 年加入中国共产党。曾任中共信丰县委宣传部长。1928 年领导信丰暴动。1929 年领导信丰槎子圩农民暴动。后任赣西红军第十九纵队纵队长、红五军军部政保大队党代表、红五军五纵队一支队党代表、红三军团八军一纵队政委。1930 年 7 月在平江牺牲。

【郭好礼】（1905—1943）山东临清人。曾任临清县县长。1937 年七七事变后，组织地方抗日武装坚持斗争。1940 年参加八路军，后加入中国共产党。任冀南军区第一军分区参谋长兼路南支队司令员、分区副司令员兼参谋长。1943 年 2 月，在反"扫荡"突围时牺牲。

【郭滴人】（1907—1936）福建龙岩人，原名尚宾。1926 年到广州入第六届农民运动讲习所学习。同年加入中国共产党。后到龙岩等地从事农民运动，任中共龙岩县支部组织委员。大革命失败后，参加领导后田暴动。1928 年后，任中共龙岩县委书记、闽西特委书记、国家政治保卫局福建分局局长、福建省苏维埃政府执行委员兼文化部长、中共福建省委常委、省委组织部长。1935 年随中央红军长征到达陕北后，任中共陕北省委宣传部长、中央局组织部干部科长。1936 年 11 月 18 日在保安病逝。

【郭纲琳】（1910—1937）江苏句容人，女。1929 年入上海中国公学预科学习。1931 年加入中国共产主义青年团。同年加入中国共产党。1932 年 4 月到上海法南区共青团区委主管妇女工作。1933 年任共青团无锡中心县委书记、共青团上海闸北区委书记。1934 年 1 月因叛徒出卖被捕。1937 年 7 月在南京雨花台被国民党政府杀害。

【郭子明】（1899—1936）陕西渭南人。1925 年加入中国共产党。黄埔军校毕业后，参加北伐战争。1929 年参加领导大冶兵暴。后任红五军五纵队二支队大队长、鄂东南红军独立第三师七团政委和师长、鄂东南苏维埃政府执行委员和军事部长、红十六军政治部主任、湘鄂赣省苏维埃政府执行委员、湘鄂赣军区参谋长。1934 年 10 月中央红军主力长征后，留在根据地参加组织湘鄂赣地区的游击战争。1936 年 4 月在浏阳小河区战斗中牺牲。

【郭凤韶】（1911—1930）浙江临海人，又名晓生、问樵，女。1925 年加入中国共产主义青年团。1928 年夏转入中国共产党。1929 年春到南京，考入陶行知创办的晓庄乡村师范学校。1930 年任南京反帝自由大同盟女工委员。同年 9 月被捕，26 日在南京雨花台被国民党政府杀害，年仅 19 岁。

【郭寿天】（1911—1939）山西襄汾人，抗日英烈。又名福兴。早年在襄汾任教。1937 年加入中国共产党。同年任中共襄陵县委书记。1938 年兼任襄陵抗日游击支队政治部副主任。同年冬任山西政治保卫队第二支队三大队指导员。1939 年任山西新军二一三旅五十八团政治部主任。同年 9 月 1 日在汾河东与日伪军战斗中牺牲，年仅 28 岁。

【郭铁坚】（1911—1941）黑龙江依兰人，抗日英烈。原名成文。1935 年加入中国共产党。同年 8 月参加东北人民革命军，任第三军一团游击连连长。1936 年所部划归东北抗日联军第九军，后任东北抗日联军第九军一师政治部主任、二师师长。1939 年任东北抗日联军三路军九支队政委。1941 年

8 月在黑龙江讷河与日军作战时牺牲。

【郭国言】（1912—1942）湖北黄陂人。1930 年参加中国工农红军。1931 年加入中国共产党。1933 年任红三十一军九十一师营教导员。1934 年任红九十一师二七一团政委、团长。1935 年 5 月随红四方面军参加长征。后任八路军一二九师三八六旅七七二团副团长和团长。1940 年任太行军区第三军分区司令员兼山西决死队第三纵队副司令员。1942 年 2 月在山西武乡阻击日伪"扫荡"时牺牲。

【郭猛】（1913—1943）江西吉水人。原名光昭。1929 年加入中国共产党。1930 年参加中国工农红军。曾在红一方面军任连指导员、团政委。1934 年中央红军主力长征后，留在湘赣边坚持斗争，任游击支队第三支队政委。1938 年任新四军吉安办事处主任。1940 年任新四军一支队二团政委、苏北指挥部二团政委。1941 年任新四军一师二团政委。1943 年 1 月 17 日在苏北地区与伪军战斗中牺牲。

【郭征】（1915—1939）江西泰和人。1930

年参加中国工农红军。曾入红军学校学习。毕业后任红军营长、团长。后参加长征。抗日战争爆发后，任八路军一二〇师司令部科长。1938 年随八路军一二〇师主力到冀中参加创建抗日根据地。1939 年任八路军一二〇师独立第一旅参谋长。同年 9 月在陈庄战斗中牺牲。

【郭企之】（1915—1939）直隶（今河北）南宫人，原名福记。1930 年加入中国共产党。1931 年负责南宫共青团工作。1938 年任南宫县战委会组织部长、宣传部长。同年任冀南行政公署巡视团团长，到曲周帮助工作。后被选为曲周县县长。1939 年 2 月被捕。同年 3 月 29 日在曲周被日军活埋牺牲。

【郭守桢】（1916—1943）江西莲花人，抗日烈士。1981 年参加中国工农红军。曾在红一方面军任连长、营长。1934 年中央红军主力长征后，留在根据地坚持斗争。1936 年加入中国共产党。抗日战争爆发后，随部改编为新四军。1940 年任苏中军区独立团政治处主任。1943 年 8 月 10 日在东台殷家灶袭击日军运粮船队时牺牲。

【郭继成】（1919—1943）山西定襄人。1938 年参加晋察冀边区游击六大队，任排长。后加入中国共产党。1939 年任中共定襄县抗日二区区委书记。1940 年任定襄县基干游击队政委。1942 年改任定襄县基干游击队大队长。1943 年 10 月在定襄芳兰镇侦察敌情时遭到日伪军袭击后跳井牺牲。

【郭继胜】（1921—1948）山东微山人。1941 年参加八路军。1945 年加入中国共产党。历任班长、排长、连长、营长等职。解放战争时期，曾在山东泰安战斗中带一个连率先冲进城内，在开封战役中，指挥突击队攻击敌指挥机关，迅速歼灭国民党政府军事指挥部之敌，被授予"华东战斗英雄"称号。1948 年 11 月在淮海战役董庄战斗中，率部追歼逃窜的国民党军 181 师，不幸被流弹击中牺牲。

【郭立吉】（1923—1947）山东高青人。1940 年参加八路军。1942 年加入中国共产党。1945 年在田柳庄战斗中活捉伪军团长，被授予"人民功臣"称号。抗战胜利后随部开赴东北，任东北民主联军六纵副连长。曾因战斗勇敢，爱护战士，被授予"四平保卫战模范"和"爱兵模范"称号，获英雄奖章。1947 年 12 月 27 日在新民县万金台战斗中牺牲。

【郭步陶】（1879—1962）四川隆昌人。原名成爽，后改名惜，字步陶。1910 年入上海《通信晚报》，任见习编辑。1911 年进入《申报》任编辑。1917 年进《新闻报》，任编辑主任、主笔。1930 年起兼任复旦大学新闻系教授。1937 年上海沦陷后，因《新闻报》屈从日本方面新闻检查，愤而辞职，从此离开报界，几遭杀害，后转赴香港。抗战胜利后，回到上海，恢复《新闻报》业务。1962 年 10 月病逝。著有《编辑与评论》《时事评论作法》等书，前者被称为我国第一部评论学方面的专著。

【郭春瑞】（1927—1948）河北乐亭人，战地摄影师。1943 年参加八路军，同年加入中国共产党。后到晋察冀画报社任摄影记者。日本投降后随军进驻东北参加过保卫四平、三下江南等战役。1948 年参加辽沈战役攻打锦州，在拍摄突击场面时，被两个暗藏的匪徒刺中右腹，抢救无效，于 1948 年 11 月 12 日殉职。代表作品有《拉林二区春耕贷款》《1947 年 4 月我军解放东北公主岭后群众观看我东北民主联军布告》等。

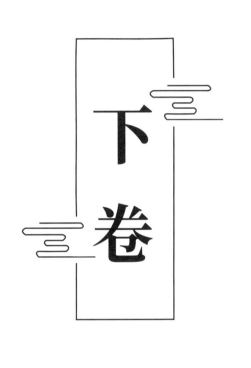

第七章　当代人物篇

一、东　北

黑龙江省

【郭炳宇】（1924—）教授，原松江省农业专科学校讲师，哈尔滨市呼兰一中教师。张仲景国医大学、中科院老专家，研究发展部顾问，中国科协咨询服务中心"生物、电子、医学专家组"组长。主要从事"医药电子化"的研究，根据粒子"场"学说，创立了融中医理论、西医生理解剖、生物量子、化学量子和电子技术为一体的新技术。

【郭绍仁】（1929—）河北昌黎人，中共党员。毕业于哈尔滨建工学院，教授级高级工程师。原任鹤岗市城市规划局总工程师，兼任中国建筑学会会员、东北城市规划学会代表、省学会委员、市学会常委、市经济学会常委、省城乡规划设计院技术顾问等。在五十年的

城市规划建设事业中，励精图治，竭尽全力，发挥应有的主导作用，屡受褒奖。荣立两小功一大功，获得省、市级先进工作者，当选为人大代表，获"优秀共产党员"称号。

【郭大彬】（1930—）黑龙江黑河人，中共党员，国家一级编剧，毕业于黑龙江艺校编剧班。任职于黑龙江齐齐哈尔市文联，兼中国戏剧家协会理事，黑龙江戏剧家协会副主席。1949 年开始从事文艺工作，曾先后任黑河文工队创作组长、队长，1957 年调入齐齐哈尔市评剧团做专职编导，40 多年来，发表和演出的剧本达 40 余部。其作品有评剧《八女颂》《岭上春》及电视连续剧《黑土》《人法情》《月缺月圆》等。

【郭玉】（1932—）黑龙江呼兰人，研究员，

黑龙江八一农垦大学植物科技学院栽培研究室主任。长期从事农业研究与实践，走产学研相结合的道路，凭着严谨的科学态度、执着的专业追求，先后成功地主持了国家"六五""七五""八五""九五"三江平原科技攻关重大课题。自1983年以来主持与参加17项科研项目，获国家、省部级奖14项，其主持的7个项目中，6项获奖。撰写大量具有理论指导和实际应用价值的文章。1986年获黑龙江科技进步二等奖，1994年获黑龙江省重大经济效益二等奖，并列入国家"九五"期间重点推广项目，国家"七五"三江平原区域综合治理研究，1996年获国家科技进步二等奖；大豆高产合理群体结构研究，1991年获黑龙江省科技进步三等奖；国家"八五"三江平原低温地农作物机械化增产高效配套技术研究，1998年获黑龙江省科技进步三等奖，同年低温地农业综合发展研究（第二名）获国家"八五"科技攻关重大成果奖。被评为国家"七五"科技攻关突出贡献者，全国"五一劳动奖章"获得者，黑龙江省农场总局终身教授。享受政府特殊津贴。

【郭秀文】（1932—）河南省灵宝县人，高级工程师，现供职于黑龙江哈尔滨第一机器制造厂理化计量检测中心，系中国兵工学会会员，中国机械工程热处理学会会员，中国科普作家协会会员。从事金属材料理化检测工作，在长期的生产工艺和科研工作中，坚持走自学成才之路。参与和主持过多项重大的生产工艺和新技术开发工作，取得重大科研成果10余项，其中离子共渗工艺与设备、坦克齿轮气体碳氮共渗机理的研究、提高扭力轴寿命新技术、真空离子化学热处理多用炉的研制及其应用4项，分别获得国家、部、省级奖。先后两次进京参加在北京人民大会堂召开的授奖大会，受到党和国家领导人的接见。1986年名列黑龙江省自学成才标兵榜首，同年被推选为黑龙江科技精英，是全国自学成才奖获得者。获哈尔滨市自学成才标兵、省级劳动模范、全国自学成才优秀人物称号。

【郭鹏程】（1933—）浙江鄞县人，毕业于沈阳农学院，现任沈阳农业大学教授，辽宁省土壤学会副理事长。曾担任《中国农业百科全书农业化学卷》编委会副主任、副主编，《植物营养与肥料》《植物营养原理》（教材）副主编。获1989年农业部和1992年化学工业部科技进步二等奖、1989 年辽宁省政府科技进步三等奖。发表论文 20 余篇，编著出版了《农业化学》《植物营养原理》等著作。

【郭恒】（1934—）生于陕西蒲城，祖籍河南南阳，毕业于西安美术学院国画系，东方书学院院长。创办并供职于《青少年书法报社》，原《青少年书法报》社总编辑。兼擅诗词、书法、绘画、篆刻、文赋，长于篆、草体书及山水、花鸟，系中国书法家协会会员、中国硬笔书法家协会会员、中华诗词学会会员、神龙印社社长、佳木斯美术家协会常务理事、国画会及书法家协会顾问，任多家专业报刊特邀通讯员及编委，曹光山、大别山、王羲之研究会等诸多书画院（会）名誉院长，郑州艺术院、湖南第一师范等数十家书画印文化社团艺术顾问。

【郭长裕】（1934—）辽宁兴城人，1960 年天津大学有机化工系本科毕业，佳木斯造纸股份公司第一副总工程师、高级工程师。中国造纸学会硫酸盐法制浆专业委员会副主任委员。在硫酸盐法制浆技术及理论方面有较深的研究。其中，20 世纪 80 年代初创造了 H—因子计算尺，1986 年主持引

进压力精选机的项目，使筛选水平提到 20 世纪 80 年代国际水平，1990 年担任置接洗技改项目负责人，使该公司筛选达到 20 世纪 90 年代国际水平。主要著有《硫酸盐法连续蒸煮技术与装备》。发表论文有《木片蒸汽装锅器的理论计算和应用》《连续蒸煮 H 因子的计算和控制》等。擅长解决硫酸盐法制浆技术问题。1990 年由轻工业部授予全国轻工行业"先进科技工作者"称号。1994 年被佳木斯市科协授予"十大科技金星之一"的称号。

【郭丽芝】（1935—）女，黑龙江哈尔滨人，中共党员，副研究员，毕业于阿城师范学校。历任黑龙江省宁安县渤海小学教导主任、副校长、校长，黑龙江省教育学院初教部数学教研室主任、黑龙江省教育学会小学数学教学专业委员会副主任兼秘书长。从事教育事业 40 余年，多次被评为优秀教师、先进工作者，从 1989 年到 1995 年连续被评为优秀共产党员。从 1982 年以来，致力于小学数学三算结合教学研究与实验，参编有《义务教育小学数学实验课本（三算结合）》《黑龙江省小学数学补充教材》《小学数学学习指要》。

【郭清津】（1935—）生于黑龙江省五常县，教授，笔名青非、享邑。1962 年 8 月毕业于哈尔滨师范学院中文系。1956 年考入哈尔滨师范学院（今哈尔滨师范大学）中文系。毕业于现代汉语研究班，1962 年到齐齐哈尔师范专科学校（今齐齐哈尔师范学院）中文系任教，1994 年晋升为教授。曾任齐齐哈尔师院中文系汉语教研室主任，兼任黑龙江省语言学会理事。从事高等师范教育 30 多年。曾担任"古代汉语""训诂学""中文工具书"等课程的教学工作。教学经验丰富，专业基本功扎实。

【郭长明】（1935—）黑龙江呼兰人，中共党员，大学学历。黑龙江结核病防治所主任，主任医师。黑龙江防痨协会常务理事。毕业于哈尔滨医科大学。长期从事结核病预防与治疗工作，积极推行 BCC 接种，减少 14 万肺结核病人，指导黑龙江省三次结核病流行病学抽样调查。主要论文有《黑龙江结核性脑膜炎多发原因初步分析》《黑龙江 41 县结核性脑膜炎调查分析》等。1994 年被国家评为全国边远地区优秀医学科技工作者。1992 年开始享受政府特殊津贴。

【郭长源】（1938—）黑龙江佳木斯人，高级工程师。1983 年以来，发表论文有《施工企业技术进步系数、技术进步影响率计算方法研究》《路基施工中的土石方合理利用》《多层砖房抗震验算的一个简便方法》《怎样做好林业基本建设调度工作》《路基预留沉落量计算方法研究》《数理统计方法在检评混凝土质量中的应用》等 40 多篇管理、技术性论文。

【郭重雄】（1938—）河北乐亭人，毕业于哈尔滨工业大学，教授。曾任哈尔滨工业大学航天工程与力学系空间环境工程教研室主任，黑龙江省声学会理事。从事教学和科研工作近 40 年，培养了大批本科毕业生，指导博士及硕士研究生十多人。1989 年参加哈工大航天工程与力学系的创建工作并首创中国第一个"空间环域工程专业"，为中国航天工业系统培养设计和试验人才，参加过中国最大的空间环境模拟器的方案市定和设计工作。参编《空间环境工程学》一书，在国内外学术杂志和学术会议上共发文 30 多篇，其中有些论文被 EI 检索评为优秀论文。曾获得航天工业部"标准化先进工作者"称号。

【郭廷翘】（1939—）福建福安人，毕业于南开大学化学系，现任东北林业大学化学系教授，硕士生导师。长期从事高等学校教学与科研工作，在有机合成、香料、表面活性剂等领域都有较深的研究。其中"生皮净洗剂的研究"于1991年获林业部科技进步三等奖，"水文地质孔的破壁解堵研究"获中国煤田地质总公司科技进步三等奖。完成了"烷基樟脑烯醇衍生物系列香料""龙脑烯基甲基环己醇檀香香料""松果腺素的合成""乙酸异丁酸蔗糖醋"等多个项目的研究。发表论文30多篇。1996年参加第28届国际化学奥林匹克竞赛选拔与培训中国代表队工作，为国家争得荣誉，得到国家教委表彰。1993年获国务院政府特殊津贴。

【郭干城】（1940—）河北安因人，别名马可，大学学历。哈尔滨医科大学肿瘤病防治研究所教授，哈尔滨市精细溶剂厂厂长，中国发明协会会员。1965年毕业于黑龙江大学，长期从事肿瘤病防治研究工作。主要发明有"无致癌性硝基涞稀释剂的生产方法"等。曾获省部级奖8项，国家级奖4项。被国家授予"有重大贡献者"称号。

【郭礼】（1941—）中共党员，高级工程师，毕业于东北林学院，曾任塔河林业厅局筑路处主任。中国林学会会员，1992年获大兴安岭地委、行署、林管局扎根边疆、扎根基层优秀知识分子表彰奖励。从事筑路施工机械管、用、养、修工作30多年，在对筑路施工机械运行中出现的疑难故障的判断、维修方面有独到的见解，具有较深造诣。先后研制出立式缸压力机、路面刮平机及绞盘式推土机改制成液压推土机，经多年使用，效果良好，取得显著的经济效益。

【郭健】（1941—）女，天津人，哈尔滨船舶工程学院副教授，1963年毕业于河北大学数学系。历任哈尔滨市第三十四中学、第六十八中学教师，哈尔滨船舶工程学院五系、六系教师，基础部教师，副教授。发表论文有《Fuzzy拓扑环》《加强宏观指导，进一步提高教学质量》等4篇。科研项目"国家718工程27分系统277乙计算机系统"获1979年省科技成果三等奖、1980年国防科委重大科技成果奖。1987年被评为哈尔滨市教书育人优秀教师。

【郭光灿】（1942—）籍贯福建惠安，第三世界科学院院士，中国科学院院士，中国科学技术大学、哈尔滨理工大学教授。现任中国科学院中国科学技术大学量子信息重点实验室主任、物理系教授；中科院方向性项目首席专家，国家科技部"973"项目"量子通信和量子信息技术"首席科学家。北京大学物理学院、中科院及北京大学超快光科学和激光联合中心双聘院士。华南师范大学双聘院士。2015 年 8 月，郭光灿及中科院量子信息重点实验室李传锋研究组，在固态系统中首次实现对三维量子纠缠态的量子存储，保真度高达 99.1%。2017 年 9 月，郭光灿院士加盟哈尔滨理工大学理学建设队伍。2018 年 2 月，郭光灿院士团队在半导体量子芯片研制方面再获新进展，创新性地制备了半导体六量子点芯片，在国际上首次实现了半导体体系中的三量子比特逻辑门操控，为未来研制集成化半导体量子芯片迈出了坚实的一步。

【郭长军】（1950—）辽宁海城人，高级经济师，毕业于中共黑龙江省委党校（研究生）。现任黑龙江高维企业集团公司总裁，系中国民主建国会中央委员会委员、民建黑龙江省委副主任委员、政协黑龙江省委常务委员、黑龙江中华职业教育社副主任委员。1968 年响应国家知识青年上山下乡的号召，到中国人民解放军黑龙江生产建设兵团六师二十七团七连工作，1972 年返城从事建筑行业、房地产综合开发、建筑装饰装修等经济产业。1993 年，组建黑龙江省高维集团有限公司。1995—1998 年先后完成了首都人民大会堂黑龙江议事厅、钓鱼台国宾馆总统楼、五号楼和甘肃九泉卫星发射基地等重点项目的建设和装饰装修工程，荣获建设部中国建筑装饰协会评定的"全国信得过建筑装饰施工企业"称号，1996 年荣获黑龙江省建委授予的"优秀企业家"称号和黑龙江省人民政府授予的突出贡献奖。主要著作有《科技论文的写作技巧》，主要论文有《浅谈房地产价值分析基础》《浅谈房地产开发企业资金运作》等。

【郭振】（1954— ）中共党员，哈尔滨商业大学国际贸易学学科带头人，现任哈尔滨商业大学经济学院副院长，国际经济与贸易研究所所长。国际贸易学省级重点学科带头人，产业经济学科博士生导师。目前为哈商大产业经济学博士点学科梯队成员。1999 年 1月被黑龙江省委、省政府授予黑龙江省有突出贡献优秀中青年专家称号，2008年被授予黑龙江省宣传文化系统"六个一批"理论专家人才称号，2001年1月被黑龙江省人事厅批准为国际贸易学省级学科带头人，享受省政府专家津贴和省级学科带头人津贴。主持和参加国家社会科学基金项目、国家软科学研究项目、省自然科学基金项目、省社会科学基金项目、省软科学攻关项目、国内贸易部项目、中国商业联合会项目、省教育厅项目等多项。发表论文60篇，出版著作和教材10部。荣获国家国内贸易局和全国商业科技进步二、三等奖各2项，省社会科学优秀科研成果一等奖（第一完成人2项，第二完成人1项）、二等奖（第二完成人）1项、三等奖2项。

【郭振岐】（1955—）山东省莘县人，教授级高级工程师，1984年10月加入中国共产党。毕业于东北林业大学。现任黑龙江省鹤北林业局党委书记。黑龙江省林木遗传学会会员、中国林学会会员，黑龙江省林业科协会会员，黑龙江省林学会理事。自参加工作以来，组织并完成了全国性的合江林区森林病虫害普查及第四次更新造林普查工作。1993年完成的"合江林区四大农作物大面积高产攻

关"荣获黑龙江省森林工业总局科学技术进步二等奖；1994年完成了"引进沙恢复采金迹地营造多效林"项目，获黑龙江省森林工业总局科学技术进步二等奖：1995年完成的"低产次生林先造后抚理论与技术的研究"项目获国家科技成果奖；1994—1998年，领导完成了中芬技术合作庆林示范林场项目，取得了"沼泽、水湿地保护改造与利用技术"等14项科技成果。在1993—1995年被总局评为"拔尖人才"，被黑龙江省森林工业总局授予"八五"期间省绿化奖章。1989年参与撰写《合江体区森林植物检疫对象普查情况分析》，获佳木斯市林学会优秀论文奖，编写完成《森林可持续经营技术》一书，在国内外公开发行。鹤北林业局被中组部、中宣部、国家经贸委、全国总工会授予全国思想政治工作优秀企业荣誉称号。

【郭成宇】（1959—）女，全国人大代表、齐齐哈尔大学食品与生物工程学院副院长，教授，硕士生导师，齐齐哈尔大学饮品研发中心负责人。先后获得全国模范教师、全国教育系统巾帼建功标兵、齐齐哈尔市劳动模范等荣誉称号，并获齐齐哈尔市五一劳动奖章。在完成教学任务之余，积极开展科学研究，

为企业提供科技服务，在饮料产品的研究和开发方面逐步形成特色与优势，在全国饮料界享有盛誉。

【郭莲花】（1961—）女，湖南涟源人，黑龙江省社会科学院经济学研究所企业经济研究室副主任，副研究员、硕士学位研究生导师。1979—1983年在东北师范大学政治系学习。1983—1986年在黑龙江省教育行政干部学院工作。1986—1989年在黑龙江省社会科学院研究生部学习，获硕士学位。从事科研工作以来，曾先后参加过省级课题3项，院重点课题4项，所级重点课题4项。研究领域主要包括宏观经济学、市场经济体系及企业改革与发展等。著作有《黑龙江省市场经济体制发育中的市场体系研究》《黑龙江工农业波动》《黑龙江省经济可持续发展研究》。

【郭吉平】（1962—）女，大学文化，佳木斯大学信息中心实验室主任，副教授，民进佳木斯市委委员。1983—1986年在佳木斯市电子仪器厂工作；1986—2000年在佳木斯大学工作。曾先后获省、市级教学、科研及科技进步奖9项，发表专业论文16篇，主编（主审）计算机教材3部。

【郭凤】（1962—）女，东北石油大学教授。大庆市、黑龙江省教学能手，大庆石化总厂优秀教育工作者、十佳青年科技标兵、青年岗位能手、双文明建设先进工作者标兵、"三八红旗手"，大庆石化总厂百名标兵，大庆市劳动模范。近年来主持和参加了省部级、市局级教研教改项目10余项、科研项目10余项，其中获黑龙江省高等教育教学成果一等奖1项，获黑龙江省高等教育学会教学成果二等奖1项，获大庆石油学院优秀教学成果1项，获得黑龙江省科技进步二、三等奖各1项，获得大庆市科技进步二等奖2项。

【郭爱云】（1963—）女，中共预备党员，法律本科学历。黑龙江省嫩江县人民检察院控申接待室主任。1985年考入嫩江县人民检察院，先后在公诉科、民事行政检察科、控告申诉检察科工作，历任书记员、助理检察员、检察员、控申举报接待室主任，涉检信访工作中做出了突出成绩。被黑龙江省黑河市检察院树为全市检察机关"十优标兵"，并两次被评为优秀接待员，两次荣记个人三等功。2010年获"全国先进工作者"称号。

【郭政】（1963—）教授，博士生导师，现任哈尔滨医科大学生物信息学系副主任。科研方向为生物信息学与系统生物学，主要研究领域包括癌症等复杂疾病功能模块化的遗传亚型识别、基因与蛋白质功能预测、基因调控与代谢网络重建。在国内较早涉足生物信息学领域，自1999年以来，先后承担4项国家自然科学基金课题及黑龙江省科学攻关项目等20项课题，发表论文100余篇，获省部级奖6项，厅局级奖8项。主编《计算分子生物学与基因组信息学》等7部。主持研制的人类遗传群体与家系资料分析系统(PPAP)与遗传优生计算机咨询等70多个分析程序，已推广到中国科学院生物研究所与遗传研究所、中国医学科学院（协和医大）遗传研究所、中国医学科学院（协和医大）放射病研究所、中国医学科学院心血管病研究所、北京大学、复旦大学等40余个单位，并已成功地应用于30多项国家自然科学基金课题与博士论文的数据信息分析工作。获得过省科技进步奖二等奖，主持过三项国家自然科学基金项目和国家"863"计划项目、国家杰出青年基金项目等。

【郭孟秀】（1965—）出生于黑龙江省虎林县，现为黑龙江大学满族语言文化研究中心副主任，黑龙江省满语研究所副所长，《满语研究》副主编，博士生导师，研究员。兼任黑龙江省满通古斯语学会秘书长，中国阿尔泰学会理事，中国民族理论学会理事，黑龙江省民族学研究会副理事长，黑龙江省历史学会常务理事，大连大学中国东北史研究中心客座教授。1988年毕业于天津南开大学图书馆学专业。2004年毕业于黑龙江大学中国少数民族语言文学专业，获硕士学位，2009年毕业于黑龙江大学哲学学院，获文化哲学博士学位。所属学科为二级学科中国少数民族语言文学（满通古斯语族），主要从事满语濒危研究、满文文献研究、满通古斯语族诸民族历史与文化研究。自2000年以来，于《民族研究》、《阿尔泰学报》（韩国）、《满语研究》等中外学术期刊发表学术论文30余篇，出版学术专著（合著）3部。主持、参加国家社科基金项目3项，省级项目8项，主持完成重大横向课题《满族文化抢救开发研究》，获黑龙江省社会科学优秀成果奖、省高校社会科学优秀科研成果奖多项。

【郭淑华】（1967—）女，长春人，中共党员，高级教师。现任黑龙江省牡丹江市平安小学校长，黑龙江省教育学会会员，牡丹江市青联委员。全国特级教师。1987—1998年先后10次获区级优秀辅导员、优秀教师、优秀教师标兵、劳动模范、十大杰出青年、优秀共产党员、电化教学能手、最佳教师、省级教学十佳教师称号，获省"神内良一"振兴教育奖。组织辅导学生参加各种比赛，其中获市级奖50人次。撰写论文12篇，3篇被评为优秀科研成果，编写《小学数学教案设计》一书；在国家级刊物上发表教案设计1篇。

【郭龙江】（1973—）中共党员，博士、教授，硕士生导师。现为黑龙江大学计算机科学技术学院教师，黑龙江省计算机学会数据库专业委员会委员，中国计算机学会会员。主持黑龙江省教育厅一般项目1项、黑龙江大学青年基金项目2项；作为主要项目参加人参与并完成国家杰出青年基金项目1项、国家"973"计划项目1项（其中1项在研）、国家"863"计划项目2项、国家自然科学基金项目2项（其中1项在研）。参与黑龙江省自然科学基金项目1项、黑龙江省教育厅一般项目1项、黑龙江省新世纪高等教学改革项目1项、哈尔滨市科技攻关计划项目1项、哈尔滨市科技局项目1项。荣获校优秀科研成果奖一等奖1项，省教委科技进步奖一等奖1项，省科技进步奖一等奖1项，国家科技进步二等奖1项。2005年被评为黑龙江大学第五届校中青年骨干教师。

【郭跃东】（1978—）博士，中科院东北地理与农业生态研究所研究员，研究方向为湿地生物地球化学循环（湿地碳循环及其水环境变化，湿地生态水文过程），主要从事湿地生态系统生物地球化学循环和湿地生态水文过程方面的研究。先后主持和参加完成了国家自然科学基金重点项目、国家"973"计划项目及中国科学院知识创新工程重大项目等多项研究课题，在国内外重要期刊和国际会议上发表论文10余篇。

【郭盛磊】（1979—）博士，黑龙江中医药大学药学院副教授。2001年毕业于哈尔滨师范大学生物系，2004年获东北林业大学生态学硕士学位，2012年获东北林业大学博士学位。2014—2015年作为访问学者赴美国休斯敦大学访学1年。2017年，黑龙江珍宝岛药业股份有限公司博士后工作站博士后。主持"十三五"国家重点研发项目"东北森林区道地林药资源生态开发利用技术研发与示范——子课题"1项，黑龙江省自然科学基金"桦木醇资源分布规律的研究"1项，省博士后基金"刺五加林下生态种植关键技术研究"1项，参与国家自然科学基金4项。获黑龙江省科技进步奖1项，发明专利1项，发表论文30余篇，其中SCI收录3篇。在黑龙江省道地优势中药资源开发与利用领域具有丰富的研究经验。

【郭延宁】（1985—）博士，哈尔滨工业大学控制科学与工程系副教授，博士生导师。研究方向包括深空探测制导与控制、最优控制、航天器姿态控制、执行机构控制分配等，作为负责人主持2015年国家自然科学基金青年项目、国家"973"计划项目子课题、哈尔滨工业大学科研创新研究基金、哈尔滨工业大学重点实验室开放基金各1项，参与完成国家自然科学基金2项，承担航天院所横向课题若干。获2013年度黑龙江省教学成果二等奖及哈尔滨工业大学2013年研究生教学成果一等奖。

辽宁省

【郭大鸣】（1894—?）本名郭瑞龄，字鹤皋，沈阳市人，国立北京大学法科法律门毕业，北京中央新闻社总编辑。历任北京大学教授、北京中央新闻社总编辑、黑龙江督军署军法课一等课员、科长，镇威军骑兵集团司令部军法处长，中东铁路路警处技士，中东铁路督办公署咨议。1923年9月，受张学良和其长兄郭松龄之托，来哈尔滨经办滨江粮食交易所并创办《松江日报》，任该报社长。1925年11月，郭松龄发起反奉倒戈，利用该报配合反对张作霖的宣传。后倒戈失败，《松江日报》停刊。后来离开哈尔滨去新疆，投奔盛世才。曾担任新疆维吾尔自治区副主席。

【郭维城】（1912—1995）少将，辽宁义县人，满族，15岁离开家乡来到沈阳，在东北大学附属高中读书。在东大附中，郭维城等7位同学创办了文学刊物《冰花》。由于《冰花》具有强烈的革命倾向性，刚发行几期，便被中共满洲省委书记刘少奇发现。刘少奇组织他们参加"读书会"，学习马列主义，并给予具体的帮助和指导。1934年，郭维城进入东北军，担任张学良的少校秘书。负责给张学良做记录、发布新闻等工作。解放战争时任齐齐哈尔护路军司令员、第四野战军兼中南军区铁道运输司令员等职。1955 年被授予少将军衔。

【郭峰】（1915—2005）曾化名郭风、高翔，吉林省德惠县人。中国共产党优秀党员，忠诚的共产主义战士，原中顾委委员、中共辽宁省委第一书记。1928 年就读于长春私立自强中学，1931 年 2 月考入吉林省立第一师范，1932 年考入吉林省立第一中学。1933 年 4 月加入中国共产主义青年团。1935 年冬，作为学生抗日救亡骨干，参加了著名的"一二·九"学生抗日救亡运动。1936 年 5 月，调入中共北平西区区委做共青团工作。1936 年 8 月由中共北方局选调到东北军做地下党工作，化名高翔。同年 10 月由共青团员转为中共正式党员并任东北军学兵队地下党支部书记，后派往东北军 53 军开展工作。"西安事变"期间在东北军 53 军军部及所属第 119 师做地下党工作，并在 119 师教导营任教官。1937 年 3 月至 7 月成为东北军 53 军工委领导成员，负责基层党的工作。同年 10 月，在冀西民

训指导特派员办事处工作。后任冀西游击队第四大队政治指导员。1938 年 1 月，任冀西游击队总队政训部主任。1940 年 5 月，冀西游击队改编为 129 师第 11 旅，任旅政治部主任。1941 年 5 月至 1943 年 6 月，任太行一分区副政委、政委，太行一地委书记等职。在抗日战争期间一直战斗在敌后太行山，给日伪军以沉重打击。在担任冀西游击队领导工作期间，克服各种困难，依靠人民群众，发展武装力量，抗击日寇侵略，有力地领导了游击队开展斗争，为创建冀西游击队，坚持冀西抗日根据地做出了重要贡献。1945 年 10 月，郭峰同志奉命从太行山返回东北，由中共中央东北局分配去吉黑边区做开辟新区工作。先后任吉黑边区纵队副政委、吉江省委委员兼吉江行署主任。1947 年春，调任辽吉省第三地委书记兼军分区司令员。辽吉省第二地委与第三地委合并后，调任辽吉省委民运部部长、秘书长、省委常委。在解放战争中，他为坚持辽吉边区的对敌斗争做出了重大的贡献。1948 年 11 月，东北全境解放，郭峰同志任辽北省委副书记、书记。1949 年 5 月，辽北、辽西合并组成辽西省委，任省委书记、省军区政委。1952 年 7 月任中共中央东北局组织部副部长、部长、东北

局委员。"文化大革命"期间，受到迫害和"审查"，1978年1月恢复工作，任辽宁省财贸办副主任、党组副书记。从1979年1月起，先后任中共辽宁省委书记兼沈阳市委第一书记、中共辽宁省委第二书记、第一书记、中顾委委员，中共辽宁省委顾问委员会主任。1985年6月因年龄原因，主动提出退出领导岗位。离休后，曾担任全国和辽宁省党建研究会顾问、辽宁省关心下一代委员会名誉会长和辽宁省委老干部工作领导小组顾问等。

【郭卓】（1923—2003）女，笔名郭以哲，辽宁沈阳人。中共党员。1947年毕业于国立东北大学中国文学专业，1948年参军。历任第三野战军政治部文工团创作员，华东军区体工队女子排球队队员，中国作协文学讲习所学员，《文艺月报》《上海文学》《收获》杂志编审。1949年开始发表作品。1979年加入中国作家协会。著有长篇小说《雪花飘》《我走过的路》《0∶3与3∶0》《一个冬天，又一个冬天，春天来了！》等。作品《祸起萧墙》《人生》《美食家》《烟壶》《一路风尘》获全国第二、三、四届中篇小说奖。

【郭仲文】（1924—）辽宁海城人，民盟成员，大学学历。辽宁省丹东制药厂研究所副所长，教授级高级工程师。中国药学会会员。长期从事医药研制。研制药品有"吩噻嗪""盐酸异丙嗪""盐酸两氧异丙嗪"，使工厂能成功研制投产。发表论文7篇，主要有《"异丙嗪"的提纯》《"两氧异丙嗪"中间体变质复制》等，多次获省、市科技奖。

【郭协取】（1926—）女，江西省德安县人，中共党员、离休干部（正处级）、原技术职称为高级工程师。1946年夏考入国立中央大学理学院物理系。1949年6月参军，分配在第二野战军文工团，从事文艺工作。1950年6月经组织批准，到东北参加工业建设，分配在沈阳有色金属加工厂，从事技术工作。1977年1月在厂办工人大学任教时，获得沈阳市先进教师和辽宁省优秀教师称号。1978年12月当选为沈阳市第八届人民代表大会代表。1980年9月当选为沈阳市苏家电区第九届人民代表大会代表。1984年12月撰写的《稀土元素对铅黄铜组织与性能的影响》被评为1984年重有色金属材料与加工专业会议优秀论文，被推荐参加1987年11月在印度召开的国际铜业学术会议。1988 年参加翻译的由 C.R. 布鲁克斯所著的《有色金属的热处理组织与性能》一书，由冶金工业出版社出版。1990 年 1 月，领导并参加研制的"热交换器用耐蚀铜合金"由中华人民共和国专利局授予专利权，成为发明人之一。

【郭文镕】（1928—）生于上海，教授级高级工程师，上海大同大学机械工程系毕业。1952 年首任沈阳第三机床厂设计科六角车床设计组组长兼主任设计师。沈阳自动车床研究所计算室主任、技术顾问。沈阳第三机床厂科学技术协会学术委员会主任委员。沈阳市机床学会学术委员会副主任委员。1964 年参与解决第一台自行设计六角车床关键技术问题。1983 年最早组织实施多种国产数控车床倾斜床身结构的有限元分析计算，并据此对国家金牌产品 Ck3263A 型数控车床床身设计提出一项建议，保证了该车床床身足够刚度。获得奖项有辽宁省机械工业委员会 1988 年科技进步三等奖、机械工业机床科技情报网 1985—1986 年度优秀情报成果一等奖，辽宁省机械工程学会 1980 年优秀论文证书与奖章。撰有科技论文十余篇。

【郭若非】（1932—）黑龙江哈尔滨人，国家一级舞美设计师，原任职于辽宁歌剧院，享受国务院颁发的政府特殊津贴。在舞台艺术工作上有较高的造诣，特别是在舞台照明、造型艺术、幻灯翻拍、彩色影片冲洗方面做出了突出贡献。1977—1978 年与人合作研制成功"紫外线灯"，填补了我国舞台美术的一项空白，荣获全国科技大会奖；与人合作研制的"塑料画幕"荣获文化部奖励；1982—1983 年的"彩色幻灯翻拍新工艺"获文化部科技成果奖；1992 年为歌剧《归去来》作的灯光设计，获文化部"灯光设计文化奖"。还培养了一批年轻的舞台工作骨干力量，其中有一些是国家二级舞美设计师，成为单位的业务骨干。

【郭智添】（1933—）福建省龙岩市人，毕业于苏联第聂泊尔彼得洛夫斯克矿业学院，高级工程师。曾任核工业东北地质局总工程师，兼任中国地质学会前寒武纪委员会委员，辽宁省地质学会理事。长期从事放射性地质和贵金属矿产的地质找矿、勘探和科研工作。并侧重区域成矿地质条件及变质岩型、火山岩型铀、金矿床的研究，曾为国家探明和发现多处矿床。1982—1985 年，参加国际地科联研究工作，提交了基础研究资料及论文。在国内外杂志上发表过《连山关铀矿床地质特征及成矿模式》等 10 多篇论文。为《赛马碱性岩与成矿矿业作用》一书的作者之一。曾主持或参加过多项地质矿产项目研究，获部级、省级科技奖 5 项。

【郭大森】（1933—2011）原名郭恩泽，辽宁新民人，中共党员。我国著名儿童文学作家，享受政府特殊津贴。1956 年开始发表作品。1982 年加入中国作家协会。著有儿童小说《爷爷》《草原上的湖》《老猎人和他的孙子》，童话合集《天鹅的女儿》，中篇童话《天池云女》，中短篇童话集《蓝灯》，中篇儿童小说《辽河甩弯儿》，长篇童话《小霞客东北游》《绿旋风》，写真童话故事集《风花雪月·鸟兽鱼虫》《云雾雷雨·春夏秋冬》《江河湖海·草木庄稼》等，另有《郭大森散文评论集》《郭大森童话小说集》。作品曾获第二次全国少儿文艺创作奖、《上海童话报》全国童话名家邀请赛金翅奖、冰心儿童图书奖、中国图书奖、吉林省长白山文艺奖。他从 1956 年开始发表作品，一直到临终，50 多年的时间，从未停止创作。

【郭宝昆】（1934—）大学文化，任职于鞍山冶金设计研究院，教授级高级工程师、中国金属学会矿业学术委员会名誉主任、东北大学硕士生兼职导师。1965 年被评为冶金部先进标兵。一直从事矿山建设设计和研究工作，是溜井专家，对溜井和大型振动给料机等问题颇有研究，并成功用于太钢、本钢、鞍钢等大型工程共 30 多项，太钢峨口铁矿平溜井工程获冶金部优秀设计奖和全优工程奖。有 40 多篇论文在国内外发表，其中《露天矿酮溜进系统设计和实践》在第一届国际矿山规划和开发技术讨论会上发表，编著和合著有《溜井技术讲座》《冶金矿山地下破碎系统设计》《露天采矿手册》等。主要研究散体在溜井中移动规律、拱的传递速度及传递规律、大型振动给料机的性能研究。

【郭清富】（1935—）黑龙江双城市人，1960 年毕业于东北工学院轻金属冶炼专业。东北大学教授，辽宁省冶金系统高级技术职称评审委员会委员，轻金属冶金学术委员会镁专业委员会委员。1960 年毕业后留校任教至今，历任助教、讲师、副教授、教授、硕士研究生导师。长期从事轻金属冶炼专业的教学及科研工作。任职期间，曾有多项科研成果获奖。"白去石热法炼镁技术开发"于1995年获吉林省科技进步三等奖，1996年获吉林省乡镇企业技术进步特等奖。"五氧化二锑生产工艺"1994年获吉林省科技进步三等奖、乡镇企业技术进步一等奖。

【郭国勋】（1935—）黑龙江省爱辉县人，教授，博士生导师。1957年8月毕业于东北师范大学政治系，后分配到沈阳师范学院工作，一年后转至辽宁大学至今。先后任教研室主任、系主任，兼任辽宁大学校学术委员、学位委员，科协副主席，全国哲学应用研究会会长，辽宁省哲学学会会长，中国马哲史学会常务理事，辽宁社科院特邀研究员。主要著作有《新时期的哲学探索》《哲学应用的理论与实践研究》《应用哲学导论》《马克思、恩格斯选集简介》《列宁选集简介》《人生知识大辞典》《现代哲学探索》等。

【郭有】（1936—）祖籍河北迁西县罗家屯，出生于吉林省柳河县。1960年毕业于沈阳农学院，曾任辽宁省农业区划研究所教授级高级工程师，辽宁省生态学会、农业区划学会常务理事，从事农业化学、农业区划及生态经济学研究工作。1980年以前主要进行

植物营养与施肥方面研究，1981年以后主要进行农业区划及生态经济方面研究，1996年退休后至今从事农村建设项目咨询工作。曾发表《高粱吸肥特性研究》《辽宁省农村生态经济系统评价及生态经济分区研究》等20余篇科技学术论文，参加编著《中国高粱栽培学》《中国土壤》《辽宁农业区划》《辽宁土壤》等。参与主持或主持完成的"辽宁农业区划""梗型水稻氮素施肥技术研究""松辽平原农业发展项目（辽宁部分）可行性研究""辽宁省农村生态经济分区及其建设对策研究"等项科技成果，获省部级一等奖一项、二等奖三项、三等奖五项。1992年主持完成的"鹅绒皮技术开发研究"成果编入《中国"八五"科学技术成果选》《世界优秀专利、技术精选》（中国卷），1999年以来，主持完成数十项农村、农业建设项目规划及可行性研究报告。1983年被辽宁省政府授予"农业区划先进工作者"称号；1993年享受政府特殊津贴。

【郭思忠】（1937—）中共党员，毕业于中国医科大学，曾任中国医科大学二院泌尿外科主任，现为著名专家、教授，主任医师。兼任中华医学会辽宁分会泌尿外科副

主任委员；辽宁结石专业委员会副主任。多年来撰写论文数十篇，首创膀全切后用ROUX—Y，乙状结肠尿流改道新式手术80余例，几乎无并发症，为病人解除终生带尿袋的痛苦。在国内首先开展经腹肾癌根治术，大大延长了生存期。国内最早开展阻断肾带，冰水降温在热缺血时限内肾实质劈开取出巨大崎型结石数十例病人，达到满意效果。在东北地区首先开展对失去手术机会的前列腺增生病人，不开刀运用网架植入术200余例收到较满意效果。运用祖传中医精华治疗泌尿系结石。

【郭大顺】（1938—）河北省张家口人，1965年毕业于北京大学历史系。1968年分配到辽宁省博物馆。1983—1994年任辽宁省文化厅副厅长兼辽宁省文物考古研究所所长。1998年退休。现为辽宁省文物考古研究所名誉所长、辽宁省文物局专家组组长、中国考古学会常务理事。先后主持了小河沿、石棚山、东山咀、牛河梁等著名的红山后及红山文化时期遗址考古发掘工作。主要论著有《文明曙光期祭祀遗珍——辽宁红山文化坛庙冢》、《考古文物之美1》（1994）、《牛河梁红山文化遗址与玉器精粹》（1997）、《大南沟——后红山文化墓地发掘报告》（1998）、《东北亚考古学研究——中日合作研究报告书》（1997）、《追寻五帝》（2000）及论文百余篇。被称为红山文化第一人。

【郭宝林】（1938—）辽宁黑山人，毕业于沈阳农业大学，高级农经师，原任辽宁省农业经济学校函授部主任，中国农经学会会员，辽宁省成人中专教育研究会理事。20世纪60年代大学毕业后在黑山县农业局、黑山县委农工部从事农村经济及管理工作26年，对农村经济有深刻的了解，撰写的《从七九年分配决算中看到的问题》发表在《农业经济丛刊》中；撰写的《贯彻党的教育方针、办出成人中专特色》收入《科学中国人优秀论文集》。多次被农业部、辽宁省人民政府、省农业厅、锦州市人民政府评为先进工作者。

【郭熹明】（1938—）生于上海，1960年毕业于河海大学（原华东水利学院），分配到沈阳电力学院任教。20世纪80年代，领导、组织、参加完成了全国第一套火力发电厂模拟培训系统。获得"水利电力部劳动模范""国家教委劳动模范""辽宁省劳动模范""沈阳市劳动模范"等荣誉称号，并获"人民教师奖章"，1993 年被评为教授级高级工程师。

【郭东斌】（1939—）辽宁辽中人，中共党员。1960 年 9 月从沈阳工业大学保送入伍，1962 年 7 月毕业于海军工程学院无线电工程系声纳专业。1962 年至 1964 年在南京工学院（现东南大学）无线电工程系声呐专业进修学习，毕业后回大连海军工程学院任教。1969 年调入武汉海军工程学院（现武汉海军工程大学）任教，1974 年调入太原海军电子工程学院任教，1985 年调入大连陆军学院任教，曾任大连陆军学院技术基础教研室主任、教授，正师级（副军职待遇）。1999 年 7 月退役，任大连新世纪外国语学院教务处长，2001 年任大连艺术职业学院教学督导、基础部主任，2002 年任大连艺术职业学院商务学院院长，2004 年任东北大学大连艺术学院国际商务系主任。兼任东北地区高校电子技术研究会副理事长，沈阳军区高级专业技术职务评委，大连电子学会理事等职务。2008 年 8 月任东北大学大连艺术学院学术委员会副主任，终身教授。

【郭东亚】（1939—）辽宁铁岭人，中共党员。1963 年毕业于辽宁大学数学系，长期从事教学工作。辽宁省沈阳市第五十一中特级教师，先后任班主任、工会主席、教导主任、副校长等职。中国科学技术协会会员，沈阳数学会会员。发表有《深化教学研究，提高教学质量》《浅谈数学教学中思维能力的培养》等论文。1986 年被评为省优秀教师，1989 年被评为全国教育系统劳动模范。

【郭爱克】（1940—）辽宁沈阳人，神经科学和生物物理学家，中国科学院院士，中国科学院生物物理研究所研究员。1965 年毕业于莫斯科大学，1979 年获慕尼黑大学自然科学博士学位。2003 年当选为中国科学院院士。现任中国科学院生物物理研究所和中国科学院上海生命科学研究院神经科学研究所研究员。从事视觉信息加工、神经编码和计算神经科学研究。从基因—脑—行为的角度，研究果蝇的学习、记忆、注意和抉择机制。开创了果蝇的两难抉择研究，为理解抉择的神经机制提供了较为简单的模式生物和新范式；确立果蝇视觉记忆的短 / 中 / 长时程等多阶段记忆模型，再次证实了学习 / 记忆的分子和细胞机制的进化保守性；揭示了果蝇的类注意状态，并发现某些记忆基因突变导致注意状态缺陷；在视觉图形—背景分辨的神经计算仿真和复眼的颜色以及偏振光视觉的生物物理机制方面也有重要研究成果。

【郭守财】（1940—）高级畜牧师，毕业于沈阳农学院，现任辽宁省鞍山市农林牧业局处长，鞍山市畜牧兽医学会副理事长兼秘书长。从事畜牧医工作 35 年，主持"猪的经济杂交组合选育"试验，1983 年获鞍山市科技成果三等奖。参与研究并获奖的科研项目有："辽宁省塑料饲养禽综合配套技术"，1984 年获农业部丰收二等奖；"畜牧业 111 工程"于 1992 年获辽宁省科技进步二等奖；"高锌鸡蛋培育及应用的研究"于 1992 年获辽宁省科技进步三等奖。参与主持"商品瘦肉型猪配套技术"于 1993 年获农业部丰收三等奖，"高锌鸡蛋培育及应用的研究"于 1993 年获鞍山市科技进步三等奖，主持的"农村商品瘦肉型猪生产配套技术"于 1997 年获鞍山市农业技术推广二等奖。1989 年被辽宁省政府防治地方病领导小组评为"布病防治工作"先进工作者。1990 年被农业部畜牧兽医司评为养猪配套技术推广工作先进工作者。1984—1990 年被评为辽宁省畜牧系统先进工作者。

【郭守昌】（1941—）辽宁锦州人，毕业于辽宁大学，现任锦州市委党校副教授。1987 年发表的论文《试论市场经济是经济改革的目标模式》，于 1994 年被辽宁省第四届社会科学学术成果评奖委员会评为一等奖。20 世纪 90 年代，先后发表了《对非完全信息价值的分析》《关于加速信息产业发展及其对策的思考》等文章，对中国新兴的信息经济科学和信息产业的发展起到了推进作用，文章受到省级奖励。《对完全信息价值的初步研究》一文入选中国经济出版社出版的《当代管理艺术文集》第三卷。被首届《当代领导者管理艺术丛书》优秀论文评审委员会评为一等奖。

【郭家琪】（1942—）辽宁沈阳人，中共党员，高级统计师，毕业于辽宁财经学院。曾任营口市冶金劳动工资员，营口铁合金厂、营口钢厂供销负责人。营口市统计局干部、副科长、科长，农村社会调查队副队长，营口市统计学会、营口市农经学会理事。现任辽宁省营口市农村社会经济调查队队长。1961 年参加工作以来，曾从事工业、物资、农业、人口、劳动工资、基本建设等专业统计工作，在第三次全国人口普查和第一次全国农业普查工作中负责全地区的组织协调工作。在工作中撰写各种统计分析、统计信息、统计培训资料、农村基层统计业务教材等近百篇，部分资料多次获省、市专业评比奖励，并在有关刊物上发表。

【郭廷标】（1942—2009）出生于福建省惠安县，1965年9月参加工作，1970年1月加入中国共产党，福州大学化学化工系物理化学专业毕业。1985年3月起，先后担任鞍山市委常委、副市长，辽阳市市长、丹东市市长。在此期间，他注重发挥计划、财政、金融、税务等经济杠杆作用，推动经济发展和城市建设，为搞活经济、推进改革开放做出了重要贡献。自1992年3月起，先后担任辽宁省副省长，省委常委、常务副省长。与省政府领导班子一起团结带领广大干部群众，坚定不移地贯彻落实中央和省委的决策部署，狠抓全省国有企业改革，积极推进企业制度创新转变。2003年1月，任辽宁省人大常委会副主任。2004年2月，当选为第九届辽宁省政协主席。在职其间曾获得多项荣誉。

【郭怀深】（1943—）高级工程师，北京矿业学院毕业，从事10余年的机械设计工作。曾担任铁法矿务局科研所副所长，机电总厂经营副厂长，党委书记。有多篇论文发表，其中有获辽宁省生产委员会、企业管理委员会联合颁发的一等成果奖，中国煤炭管理现代化部级优秀成果二等奖。

【郭文生】（1946—）辽宁沈阳人，中共党员，辽宁大学化学院教授，中国发明协会会员，辽宁省化学会理事。曾担任第24—25届中国化学会理事。1970年毕业于南开大学化学系，1980年考取上海师范大学化学系研究生，师从马岳民教授，从事手性膦铑络合催化剂的固相化及其在不对称催化氢化中的应用研究，1982年获得硕士学位，1985年赴日本爱媛大学工学部留学，客座研究员，在国际著名学者F.Toda教授指导下从事超分子化学研究。1986年回国，1990年晋升为副教授，1993年破格晋升为教授。先后主持国家自然科学基金课题4项，目前承担的国家自然科学基金课题是"利用分子识别从一种挥发油中分步选择分离出数种化学成分的研究"，主持完成国家教育部优秀年轻教师基金1项和教育部科技研究重点项目1项；10多年来，国内外发表论文60余篇，

SCI收录20余篇。曾荣获"全国优秀教师""辽宁省劳动模范""沈阳市科教工委优秀共产党员"称号。享受国务院政府特殊津贴。

【郭秉权】（1946—）辽宁阜新人，1967年毕业于辽宁省林业学校森林保护专业，辽宁省西丰县林业局高级工程师。中国林学会、昆虫学会会员。20世纪60年代毕业后一直从事森林病虫害防治以及国有林场苗圃管理研究工作。在森林病虫害防治检疫方面有精深的研究，取得多项成果。其中1990—1991年主持研究的"伊藤厚丝叶蜂生物学特性及防治技术的研究"课题，于1992年获辽宁省政府物质科技进步三等奖，市科技进步一等奖。1982—1989年主持"西丰县森林病虫鸟类调查与综合管理的研究"课题，于1990年获铁岭市科技进步二等奖。1980—1986年主持"落叶松鞘防治试验"课题。于1988年获铁岭市科技进步三等奖。在工作中多次被省、市业务主管部门评为先进工作者，1987年以来多次被县委、县政府评为优秀知识分子。1993年被县委、县政府评聘为县拔尖人才。

【郭继业】（1948—）辽宁沈阳人，中共党员，高级统计师。毕业于辽宁财经学院。现任辽宁省农村能源办公室副主任。发明了节能新型炕灶，含54种104张结构图，40余万字资料，经县地、省和国家主管部门的领导、专家多次鉴定，得到了肯定。在多种刊物上发表了几十篇论文，撰写了几种专著，印发资料数十万份，为全省举办了160多期技术培训班，培育骨干8000余人次；多次参加全国节能改灶经验交流会；多次被农业部抽调到黑龙江、青海、北京等16个省份去考察、交流、传授经验。荣获多种奖励和荣誉称号。

【郭玲华】（1948—）女，中共党员，初中学历，大连造船厂船体车间三工段九班班长。从事电焊工作27年，攻克很多技术难关，被誉为"大船的女铁人"。其电焊技术达到国家标准，郭玲华先后获得"美国ABS船级社证书""日本TSGS证书""英国劳氏船级社证书""中国ZC船级社三级证书""挪威船级社证书"。1991年被评为辽宁省特等劳动模范，1992年被评为全国生产能手并获全国"五一劳动奖章"，1993年当选第八届全国人大代表并获得"全国先进女职工"称号，1994年获"全国十大杰出职工"光荣称号，1995年作为中国政府代表团唯一的工人代表出席第四次世界妇女大会，同年荣获"全国劳动模范"称号。

【郭立春】（1952—）高级工程师，毕业于沈阳工业大学，历任开原市环保节能设备厂厂长；开原市立达机械厂厂长。多年从事科技开发与新产品研制工作。他研制的 SGJ 系列和 5SH 系列粮食干燥机，采用多次换向，多次缓苏，双层塔顶的结构，解决了高水分粮一次降至安全水分的难题，而且烘后粮优于国家标准要求，降水均匀，色泽不变，具有国内同类产品的先进水平。他参与开发的新产品曾获第二届国际新技术名优产品博览会金奖，并获两项国家专利，他本人被授予辽宁省"八五"科技进步先进个人，领导的企业曾获农业部全面质量管理达标证书。

【郭晓军】（1953—）女，辽宁大学副教授，1978 年毕业于辽宁大学哲学系，1987 年毕业于北京中华全国律师函授学院律师专业。先后任辽宁大学马列教研部哲学教师，党委宣传部副部长，马列教研部党总支书记，统战部部长，数学系党总支书记。校工会委员，理论学习指导委员会成员，中共辽宁大学纪律检查委员会委员。曾获辽宁大学"优秀共产党员"称号，沈阳市普法教育先进工作者，辽宁省、沈阳市宣传、统战工作先进工作者；获辽宁大学思想品德课优秀教案奖；多篇论文获省、市统战理论研究优秀成果奖、特别奖；《高校国防教育学生管理》一书获辽宁省高教研究优秀学术成果三等奖；《做好党外人士的举荐安排工作的理论探讨》获全国统战理论研究优秀成果优秀奖；主持编写的著作《风雨同舟》填补了全国高校统战理论的空白，受到中央统战部领导的好评。

【郭玉清】（1954—）女，辽宁大连人。1970 年由济南军区前卫歌舞团特招入伍，国家一级演奏家。随团出访过美国、意大利、墨西哥等几十个国家，为周恩来、朱德、邓小平等老一代中央领导人演出并合影。演奏在国内外曾多次获大奖。现为"中国书画艺术进万家工程"辽宁省组委会副主任，中国书画院书法研究员，中国书画院书法研究院副院长，齐鲁书画院书法师。多年潜心研究书法技艺，并专攻隶书，颇有建树，独成一家。其隶书遒劲有力，刚中带柔，柔中带刚，琴寓于书画中，情凝于笔锋中，自然大气浑然天成，逐步形成了传统与个性军旅女书法家的独特风格。

先后在"纪念建军八十周年书法大赛"中荣获一等金奖,在"辉煌中国老年书法大赛"中荣获金奖,中国书画院举办的第三届"金鼎奖"书画大赛中荣获银奖。曾被多家团体授予国际最具影响力书法名家等荣誉称号。作品被中国文艺出版社出版和收藏。

【郭书信】(1955—)辽宁辽阳人,工程师,毕业于中共辽宁省委刊授党校。现任辽阳市文圣三建公司总经理,兼任辽阳市文圣区人大常委、辽阳市人大代表,辽阳市建筑协会副会长。1992年创建辽阳市文圣区第三建筑安装工程公司以来,带领干部群众团结一致、共同奋斗、艰苦创业,在短短的几年里,公司连年超额完成上级下达的各项经济指标,并逐年递增,取得了可喜的经济效益和社会效益。公司先后多次被市、区人民政府评为先进单位,省、市重合同、守信誉先进单位,市安全生产先进单位等。个人连续被评为区特等劳动模范、市优秀企业家、市劳动模范,辽宁省劳动模范,辽宁省五一劳动奖章获得者。

【郭晓钟】(1958—)湖南常宁人,沈阳军区总医院消化内科主任、主任医师、教授。1998年毕业于瑞士泊尔尼大学,医学博士,第四军医大学博士生导师,沈阳军区总医院博士后导师。技术5级,文职3级。兼任第八届国家自然科学基金生命科学部学组成员,中华消化病学会委员,全军消化疾病专业委员会副主任委员,中华消化病学分会胰腺病学组成员,中国医师协会消化分会委员,国家卫生部重点项目评审委员会委员,全军科技成果评审委员会鉴定专家,辽宁省消化病学会副主任委员,沈阳军区消化病专业主任委员,辽宁省医学会第五届理事会理事,辽宁省科学技术委员会科技成果奖评审专家等,享受国务院政府津贴。获得全国优秀党员荣誉称号,荣立一等功一次。先后获得及完成国家自然科学基金等20项,胰腺疾病的研究在国内外有一定学术影响,先后在CancerRes等国际杂志发表论文100余篇,经SCI检索已被美国、英国、法国、德国等国引用近500次。

【郭明义】(1958—)辽宁鞍山人,1980年6月加入中国共产党,1977年1月参加工作,中央党校大学学历,全国五一劳动奖章获得者,辽宁省特级劳动模范。先后荣获矿业公司先进生产者、模范共产党员称号,鞍山市优秀义工、道德模范、特等劳动模范称号，辽宁省道德模范提名奖、希望工程突出贡献奖、全国无偿献血奉献奖金奖获得者，2008年7月1日，齐大山铁矿党政工做出《关于开展向郭明义同志学习活动的决定》。2009年7月29日，鞍钢集团矿业公司做出《关于开展向郭明义同志学习活动的决定》。2010年8月4日，中共鞍山市委作出《关于开展向郭明义同志学习活动的决定》。2010年9月21日，获中共辽宁省委授予的"优秀共产党员"称号，后获中共中央组织部授予的"全国优秀共产党员"称号。2011年2月14日，荣获2010年感动中国人物。2012年3月2日，获中央精神文明建设指导委员会授予的"当代雷锋"荣誉称号。2012年11月14日，当选为中国共产党第十八届中央委员会候补委员。2013年10月22日，当选为全国总工会兼职副主席。

【郭东明】（1959—）1982年毕业于大连工学院机械工程系机械制造专业，1984年12月获大连工学院机械工程系机械制造专业工学硕士学位，1992年3月获大连理工大学机械制造专业工学博士学位。国家杰出青年基金获得者（2003），2009年1月获国家技术发明一等奖。2014年2月起任大连理工大学校长，中国工程院院士，机械工程学院教授、博士生导师，大连理工大学现代制造技术科研创新团队负责人，"973"项目首席科学家，教育部高等学校工程训练教学委员会主任委员。中国机械工程学会副理事长，辽宁省机械工程学会副理事长，重庆大学机械传动国家重点实验室学术委员会委员，清华大学摩擦学国家重点实验室学术委员会委员；辽宁省学位评定委员会学科评议组成员；教育部科技委工程学部委员；辽宁省留学归国博士联合会副主席。《机械工程学报》《工业工程》等杂志编委，《中国机械工程》杂志编委会副主任。国家自然科学基金机械学科专家评审组成员。

【郭洁】（1963—）女，辽宁台安人，法学硕士，产业经济学博士，辽宁大学法学院副院长，教授，博士研究生导师。先后被聘为中国经济法学会理事、中国民法学会理事、中国环境资源法学会理事、辽宁省首届中青年法学专家。最高人民法院《农村土地承包法》司法解释咨询专家、国家社科基金项目评审专家、辽宁省哲学社会科学基金立项和评审专家。主持教育部、辽宁省社会科学基金项目等省级项目 12 项，在省级以上学术刊物发表论文 36 篇，包括在法学国家级核心刊物发表 14 篇，出版个人专著 3 部。曾经三次获得辽宁省哲学社会科学优秀成果一等奖，两次获得辽宁省哲学社会科学学术年会论文一等奖，辽宁省社会科学优秀成果二等奖、辽宁省教委人文社会科学三等奖各一次。曾获辽宁大学 A 类青年骨干教师称号。

【郭兴家】（1964—）辽宁葫芦岛人，辽宁大学化学科学与工程学院副教授，美国伊利诺伊大学访问学者。主要从事分析化学教学及光谱分析方面研究工作。曾在《原子与分子物理学报》《光谱学与光谱分析》等刊物上发表多篇论文。

【郭新闻】（1967—）教授，博士生导师，《石油学报》编委，精细化工国家重点实验室副主任，大连理工大学工业催化系主任兼化工学院副院长，辽宁省百千万人才工程百人层次，教育部"新世纪优秀人才"人选。主要从事环境友好催化技术及新材料的应用基础研究。丙烯环氧化和环己酮氨氧化新催化材料、低碳烃类气相氧化新型催化材料，被列入国家重点基础研究（"973"）项目子课题和教育部重点科技项目。发表文章 50 余篇，SCI 收录 10 余篇，并申请专利 3 项，参加编写专著 1 本。

【郭洪波】（1968—）硕士研究生学历，教授级高级工程师，中共党员。曾先后任辽宁能源投资（集团）有限责任公司总经理助理兼资产管理部部长、副总经理、董事兼副总经理、总经理兼副董事长兼党委副书记等职。现任辽宁能源投资（集团）有限责任公司董事长兼党委书记。

【郭斌】（1969—）祖籍辽宁义县，2006 年获中国医科大学药理学博士学位，教授，主任药师，现任辽宁医学院附属第一医院副院长。中国医药学会生物化学与分子生物学专业委员会常务委员、中国中医药学会继续教育分会常务委员、辽宁省中药学会理事、辽宁省生物技术协会专家智囊团专家、辽宁中医杂志编委、辽宁省药品采购目录评审专家、辽宁省医院制剂评审专家、辽宁省药品不良反应评审专家、辽宁省医学伦理委员会委员。主要从事海洋药用资源的开发研究，研究领域涉及天然药物学、药物化学和药理学，主要进行海洋药用资源的开发及活性成分的提取、分离、纯化、质量标准拟订，应用高通量药物筛选技术对采集到的海洋生物提取物进行大规模、高效率、有秩序、多模型、多靶点的活性筛选，保证海洋生物资源的持续与有效利用。近年来在国内外学术刊物上发表论文30余篇，其中SCI收录5篇，完成科研项目6项。

【郭放】（1975—）女，英国卡迪夫大学博士、博士后。辽宁大学研究员，博士生导师。辽宁省百千万人才工程百人层次，辽宁大学辽河学者，第二梯队学术带头人，辽宁省高等学校优秀青年学者。研究方向为固态超分子化学及其晶体工程，主要包括超分子及其药物分子的晶体生长、同质多晶、结构与性能关系研究；"二次球"配位超分子化学；超分子化学的固态合成；有机化合物的粉末衍射结构测定。先后承担国家自然科学基金3项，承担辽宁省优秀人才青年学者资助计划、教育部回国留学人员基金等项目的研究工作。在 *J.Am.Chem.Soc.,Chem.Commun.,Cryst.Growth & Des.,J.Phys.Chem.C,Dolton.Trans.、Inorg.Chem.,* 等国际期刊发表SCI论文60余篇。国内授权发明专利2项。曾荣获辽宁大学振兴奖，辽宁省自然科学学术成果奖多项。

【郭玲玲】（1978—）出生于辽宁省沈阳市，吉林大学哲学社会学院毕业，2006年6月开始从事教育工作。现任辽宁大学哲学与公共管理学院副教授。学术论文有《生存论视阈中伦理对象的拓展》《发展伦理学的实质》《自然主义环境伦理学的伦理基础与环境问题的解决》《环境危机的解决：从传统人道主义到新人道主义》《从生态伦理学到环境伦理学》《生存论视域中的消费主义》《西方自然主义环境伦理学代表人物及思想》《环境伦理学的人学基础》《论分众传播的产生及发展》等。

【郭跃】（1988—）女，辽宁鞍山人，前中国女子乒乓球运动员。6岁开始打球，1996年进入省体校，2000年入选国家队，2004年第47届世乒赛女团冠军成员，成为中国乒乓球历史上最年轻的世界冠军。2008年北京奥运会和2012年伦敦奥运会连续两届获得乒乓球女子团体赛冠军。2014年12月，郭跃出任辽宁女乒教练员。

【郭劲岐】（1992—）生于辽宁沈阳，中国国家田径队男子跳高运动员。2011年获田径大奖赛冠军，2014年获全国田径锦标赛冠军，2015年获中日韩田径对抗赛亚军，2015年1月5日国家体育总局竞体司发布通知授予其"运动健将"称号，2016年获世界田径挑战赛北京站第三名，2017年以2.28米的成绩打破辽宁省男子跳高纪录，成为"国际健将"。

吉林省

【郭鸿才】（1919—）毕业于佳木斯医科大学，曾任佳木斯医大助教、附属医院医师，长春市儿童医院名誉院长。著作有《乳幼儿急性消化紊乱》（吉林人民出版社1968年版、1985年版）、《儿内科急症二十讲》（吉林科技出版社1988年版）、《优生优育二百问》（吉林省及北京市计生委宣教中心1985年联合出版，获全国优秀协作组荣誉证）等。1991年获国务院颁发的"有突出贡献的专家学者"证书，1993年获吉林英才奖章，2000年被评为长春"资深名医"。享受国务院政府特殊津贴。

【郭华林】（1934—）山东诸城人，中共党员，高级经济师。曾任吉林省四平市运输管理处副处长，四平市道路运输协会副会长，协会秘书长。长期从事交通运输管理工作，主要参加2000年交通运输发展大纲项目的研究。获省科委优秀学术成果奖。1996年，主持编写了《四平公路主枢纽总体布局规划》《四平公路主枢纽总体布局》专题论证报告，经省市有关单位专家、学者、领导评审为优秀科研成果。

【郭孔辉】（1935—）福建福州人，中国工程院院士，教授。现任吉林大学汽车学院名誉院长、汽车动态模拟国家重点实验室主任。1956年毕业于吉林工业大学汽车拖拉机专业，分配到第一机械工业部北京汽车拖拉机研究所，1958年随单位迁到长春，1991年被评为博士生导师，1993年10月调吉林工业大学任副校长，1994年当选为首批中国工程院院士。先后主持完成多项中国汽车行业的基础性科研项目和一汽新型汽车的开发研制工作。被汽车界誉为将系统动力学与随机振动理论引入汽车振动与载荷研究的领先学者，中国汽车轮胎力学的主要奠基人，中国汽车操纵稳定性、平顺性领域的主要开拓者和带头人。

【郭长海】（1936—）河北东光人，大学文化，长春师范学院中文系教授。著有《秋瑾事迹研究》（东北师范大学出版社 1987 年版）、《秋瑾》（中国历代名人丛书，天津新营出版社 1992 年版）、《近代革命先驱者诗选》（长春出版社 1992 年版）、《中国艳情小说大观》（吉林文史社 1994 年版）等。

【郭长龄】（1937—）河北徐水人，毕业于吉林电气化高等专科学校，高级工程师，现任职东北电力设计院。中国发明协会、电机学会、情报学会会员。《汽轮机技术》编委、《电力情报》通讯编辑。获国家级、省部级成果奖六项：《富拉尔基第二发电厂一期 3×200MW 机组工程设计》获国家优秀工程银质奖和水电部优秀工程设计奖；《哈三工程 600MW 机组加热生水用抽汽参数的选择》获吉林省优秀学术论文二等奖；《风扇磨褐煤制粉系统调研报告》《近期引进机组热机部分技术特点续编》《火电工程热机主要数据汇编》分别获全国水利电力科技情报成果二等奖两项，三等奖一项；《褐煤制粉系统干燥剂及风扇磨选择在工程中的应用》

获全国水利电力科技成果推广奖二等奖。发表论文 35 篇，已有 11 项发明获得专利权。

【郭凤鸣】（1938—）吉林九台人。1963 年毕业于吉林农业大学园艺专业，同年就业于吉林省蔬菜科学研究所，历任所科研专职干事、科研所副科长、研究室主任等职，现任吉林省蔬菜花卉科学研究所副所长、中国园艺学会会员、长春市园艺学会常务理事。从事蔬菜育种工作，先后 11 次主持省级课题的研究工作。主持选育出吉杂 1~5 号、吉丰等黄瓜系列新品种。1993 年吉丰黄瓜获省科技进步三等奖，1994 年吉杂 3 号黄瓜获省科技进步三等奖，并获专利一项。代表性著作有《蔬菜育苗技术》《蔬菜高产栽培技术》等。发表论文 30 余篇。1989 年被长春市人民政府授予"劳动模范"称号，1993 年荣获吉林省委、省政府颁发的"吉林英才奖章"，享受国务院颁发的政府特殊津贴。

【郭树德】（1938—）吉林敦化人，祖籍山东省昌邑县望仙埠，1963 年毕业于吉林农业大学畜牧系，高级畜牧师。曾任敦化市草原管理站站长、敦化市鱼用饲料厂技术顾问、敦化市泰丰肉业有限公司技术顾问、兼任敦化市科技咨询服务中心畜牧业专家。从事畜牧技术推广工作 30 余年，曾参加过州农业干部培训班、省草原饲料师资培训班、全国草原建设训练班。自 1980 年以后，从事草原饲料工作，1994 年获农业部推广氨化饲料部级先进个人称号。撰写《关于利用烤烟楼生产氨化饲料的研究》刊于《中国畜牧杂志》。参与主持高寒山区精养鲤鱼配合颗粒饲料研制，1992 年通过省级鉴定，并获吉林省乡镇企业优秀新产品一等奖、省乡镇企业技术进步二等奖、省政府授予优秀新产品三等奖。多次获全省畜牧系统先进个人、州科教兴农先进个人、市优秀科技工作者称号。

【郭经华】（1940—）天津人，中共党员，高级工程师，毕业于天津纺织工学院。现任职于吉林省纺织工业设计研究院。系中华全国集邮联合会荣誉会员、学术委员会委员、吉林省集邮协会常务理事、长春市集邮协会副会长。从事化学纤维的科研、测试、信息和技术开发工作，参与国家、部、省多个科研项目并获奖。1988 年，获省"依靠科技，振兴吉林"活动一等奖，先后被评为省先进科技工作者、省一等先进科普工作者。曾任吉林省纺织工程学会科学普及委员会主任，

《吉林纺织》《化学纤维》主编，参与编写《英汉纺织工业词汇》。著作有《中华人民共和国邮票鉴赏大典》《吉林省集邮史》等。

【郭春光】（1940—）吉林公主岭人，中共党员，毕业于东北电力学院热能动力工程专业，教授。曾任东北电力学院成人教育处副处长、处长，长春水利电力高等专科学校党委书记、校长。系吉林省工程热物理学会理事，国家教育部普通高等工程专科教学改革咨询评议委员、电力高科奖学金评审委员会委员。长期从事高等学校的教学、科研和管理工作。主要科研成果有"电站机械设备可靠性研究""火电厂高效风机的研究"。获 1988 年吉林市劳动模范称号。著述参编高等学校专业教材《工程流体力学》；主编热动专业大学函授教材《工程流体力学》；参编《电力工业可靠性概要》等。

【郭海鳌】（1941—）辽宁黑山人，中共党员，吉林省四平市农业科学院研究员。1964 年毕业于沈阳农学院。1973 年起从事玉米育种研究。1980 年主持育成玉米杂交种四单 8 号，获得良好的经济效益。获国家二等发明奖 1 项，获农业部一等奖 1 项、二等奖

1 项、三等奖 2 项。1980 年、1997 年两次被评为国家级有突出贡献中青年专家。首批"五一"奖章获得者，1989 年被评为全国先进工作者。

【郭喜庆】（1945—）辽宁抚顺人，大学文化，吉林省长春市中心医院副院长、普外科主任，主任医师，中华医学会吉林省外科学会常委，白求恩医大兼职教授。1969 年 8 月毕业于白求恩医科大学医疗系，从事普外科工作 30 余年，在普外科常见多发病、危急重症抢救诊治方面积累了丰富的经验，取得了较好的成绩；对微波刀在外科肝胆病人中应用经验较多，获卫生局新技术三等奖；在外科病人肠外营养应用方面取得突出成绩，获长春市科委新技术推广一等奖，组建省内首家肠外营养研究室。1995 年被评为长春市岗位明星。2000 年被评为长春名医和吉林省第六批有突出贡献的中青年专家。

【郭成林】（1949—）吉林集安人，毕业于长春中医学院，副主任医师。从医 30 余载，尤其擅长中医内科，在中医治疗糖尿病、冠心病、肝病、肾病、胃病等方面有独到之处。利用长白山所产的中草药配方，在防治艾滋病方面有一定的成果。此外，还利用中药制成保健酒、保健茶、保健背心等，都有防病治病的效果。工作中不断总结经验，撰写了大量论文，在省级以上刊物和学术会议发表交流的有 30 余篇，编著了《中药临证实验录》和《张氏医方》两书，被评为通化市有突出贡献的专业人才。

【郭洪茂】（1955—）吉林榆树人。吉林省社会科学院日本研究所所长，副研究员；满铁资料馆馆长；中国日本史学会常务理事。论文《试析三国干涉还辽事件对远东国际关系的影响》，获吉林省第三届社会科学优秀成果二等奖；论文《论日寇浙赣细菌战及其后果》，获吉林省第四届社会科学优秀成果一等奖；著作有《中日关系史》（合著，全三卷，副主编）、《日本侵华与中国抗战研究》（主编）等。

【郭晓梅】（1957—）女，吉林怀德人，中共党员，毕业于吉林医学院，副教授，副主任医师。曾任中国健康教育协会会员，吉林省四平市健康教育分会主任委员，四平市健康教育所所长，《四平卫生报》编辑部主任兼副主任，现任四平市中心血站书记、第一副站长。长期工作在医疗预防及健康教育工作的第一线，有着丰富的实践经验。撰写的论文《四平市小学健康教育实践研究》，被《中国健康教育》杂志、《中国学校卫生》杂志、《健康报》等多家报纸、杂志刊登，该研究成果作为软科学，被吉林省科学委员会评为省级研究成果，属国内领先水平。所领导的健康教育所在历年的省、市评比中均获先进；连续多年被评为省、市先进个人，并荣获二、三等功各一次。

【郭淑芹】（1963—）女，正高级会计师。现任吉林敖东药业集团股份有限公司董事；吉林敖东延边药业股份有限公司董事长兼总经理、党委书记。全国三八红旗手。注重科技创新和管理创新，不断提高产品质量标准及科技含量，并将 GMP 和 ERP 信息化管理系统有机结合，加强企业管理，在公司内全力推行"准时制"生产方式以及现代营销模式，全面提升员工素质，使公司得到快速发展，使股民利益和企业利益得到根本保障。

【郭宏华】（1964—）女，吉林长春人，中共党员，吉林大学中日联谊医院消化内科教授，主任医师，博士学位。1983 年考入原白求恩医科大学医疗系，毕业后一直从事消化系统疾病的研究，能熟练掌握消化系统疾病的诊断及治疗技术，对临床疑难病症有自己独到的见解，特别擅长消化系统病毒性肝炎和原发性肝癌的诊断及治疗。参加多项国家自然科学基金、省市科委及吉林大学科研项目，主要研究方向为慢性肝病及消化道肿瘤的临床诊断、治疗研究，研究成果相继获吉林省科技进步二等奖及吉林大学医疗成果二等奖，发表学术论文 20 余篇。

【郭建华】（1967—）山东东平人，理学博士，教授，博士生导师。现任东北师范大学副校长，党委常委。国务院学位委员会学科评议组成员，国家杰出青年科学基金获得者，教育部"长江学者奖励计划"特聘教授，"新世纪百千万人才工程"国家级人选，教育部新世纪优秀人才，国务院政府特殊津贴获得者。毕业于北京大学，曾应邀在美国耶鲁大学、中国香港大学、中国香港中文大学等国际知名院校短期工作和访问，先后获国家教委科技进步奖二等奖和第四届全国统计科学技术进步奖一等奖。系国家社会科学基金学科规划评议组成员，中国现场统计研究会副理事长，中国数学学会常务理事，国际生物统计学会中国分会 (IBS-China) 副理事长，全国统计教材编审委员会第六届委员会委员，吉林省现场统计研究会理事长，吉林省数学学会常务副理事长，美国 SCI 期刊 *Communicationsin Statistics* 编委，*Frontiersin Genetics* 副主编，国内核心期刊《高校应用数学学报》《应用概率统计》等编委。研究领域为生物信息学、生物医学统计、观察研究中的因果推断和建模、Bayes 网络。

【郭锐】（1978—）吉林长春人，吉林大学行政学院国际政治系副教授，硕士生导师，法学博士，吉林大学朝鲜·韩国研究中心、吉林大学行政学院东北亚战略与政策研究所兼职研究人员。2008 年度中国教育部人文社会科学重点研究基地重大项目"朝鲜半岛政治经济走势与我国半岛战略研究"子课题负责人；2009 年度中国教育部哲学社会科学研究重大课题攻关项目"中国东北亚战略与政策研究"参与人；2010 年度中国海洋发展研究中心青年项目"韩国海洋安全战略研究"主持人。

【郭伊楠】（1978—）吉林长春人，博士，副教授，吉林农业大学经济管理学院财务管理系教师，兼任经济管理实验教学中心副主任。主讲企业财务管理学、证券投资学等课程。2008 年获得吉林农业大学青年教师课堂教学竞赛一等奖，2009 年获得吉林农业大学优秀教学质量奖，2014 年获得第二届吉林省高校青年教师课堂教学竞赛一等奖、2016 年获得首届吉林省高校教学新秀奖。2017 年在吉林省首批获得 ISW 资质国际认证，2018 年成为在东北地区高校首位获得 FDW 资质国际认证的高校教师，同时获得 ISW 引导员资格。还曾获得长春市中省直优秀会计工作者（教学科研系列）称号，获中国高教学会年度杰出创意创业名师奖。指导学生在学科竞赛和创新创业竞赛中获得省级奖项超过 100 项，其中国家级奖项超过 20 项。先后为一汽集团、北车集团、森工集团等企业做过财务管理、风险管理、项目管理等方面的多场专业报告和多次相关管理咨询。

【郭天宝】（1979—）中共党员，吉林财经大学国际经济教研室主任，副教授、硕士生导师。长春市二道区政协委员、吉林省商业经济学会理事兼副秘书长。研究方向为农产品国际贸易、国际经济合作、国际市场营销、大学生创新创业教育。2012 年获得"BCC 全球职业生涯教练"资格认证；2013 年获校青年之星、优秀共产党员、优秀毕业论文指导教师、就业先进个人、三育人标兵等称号。2013 年获吉林省优秀教学成果奖一等奖。吉林省第二届"春苗科研人才"称号。

【郭威】（1979—）吉林大学建设工程学院油页岩基地副主任，博士，副教授。吉林大学青年科技工作者协会理事，《探矿工程（岩土钻掘工程）》期刊审稿人。主持国家自然科学基金 1 项，同时还主持、参与了多项国家级科研项目，使吉林大学冻土带天然气水合物钻采技术领域从无到有，开辟了一个新的研究领域，取得了卓越的成绩。曾获得 2012 年国土资源科学技术二等奖，2013 年国土资源科学技术一等奖。

【郭智奇】（1980—）内蒙古赤峰人。博士，教授、博士生导师。现任教于吉林大学地球探测科学与技术学院地球物理系地震教研室。主要从事勘探地球物理学领域中的岩石物理、各向异性地震正反演、油气储层预测等方面的教学与科研工作。"非常规油气储层预测地球物理关键技术及应用"获中国地球物理学会科学技术奖、科技进步三等奖，第六届刘光鼎地球物理青年科学技术奖，"复杂介质地震波传播理论与成像"获吉林省科学技术二等奖。

二、华　北

北京市

【郭麟阁】（1904—1984）河南西平人，1928 年毕业于中法大学，后赴法国留学。获博士学位，回国后，相继在中法大学、西安临时大学、辅仁大学、北京师范学院任教，并从事法国语言文学的翻译和研究。中华人民共和国成立后，任北京大学西语系教授兼法语教研室主任、民盟中央委员、全国政协委员。著有《法国文学论集》《大学法语课本》《法语文体学》，主编《法汉成语小词典》等。

【郭味蕖】（1908—1971）山东潍坊人，早年在上海艺术专科学校学习西画，毕业后在北京故宫博物院从事国画研究。1959 年起任中央美术学院国画系花鸟科主任。对金石、书画、考古、鉴别悉心研究。善画花卉鸟虫，画风秀丽清新。作品多次在国内外展出。著有《宋元明清书画家年表》《写意花鸟画创作技法十六讲》等，出版有《郭味蕖画集》等。

【郭可诠】（1910—1987）北京人，毕业于天津工商大学，曾赴法国留学。回国后任国民党资源委员会油矿局业务处长、中国石油公司协理和代总经理。中华人民共和国成立后任水电科学院副总工程师、水电部北京设计院副总工程师、民革中央候补委员、第六届全国政协委员。

【郭士魁】（1915—1981）北京市人，中共党员，早年曾在北京药店当学徒，随名医赵树屏学医。后就学于北京国医学院、北京中医讲习会等。1941 年在北京开业行医。中华人民共和国成立后，任中医研究院心血管病研究室副主任，中医研究院西苑医院副院长、副研究员，中华全国中医学会理事，并当选为第五届全国政协委员。获 1978 年全国医药卫生科学大会奖。著有《活血化瘀文献选辑》《杂病证治》等。

【郭象贤】（1920—）山西文水人，北京农业大学农业经济管理学院教授。毕业于北京大学农经系。长期从事农业地理学的教学与研究工作，致力于我国粮食生产布局的研究。主要著作有《农业区划》（合作，农业出版社 1982 年版）、《农业区域与布局》（合作，北京农业大学出版社 1986 年版）。论文有《试谈农业区的形成和演变》（载 1984 年《全国农业区划研究论文集》）等。

【郭祥】（1921—）出生于安徽省来安县，1940 年参加革命，1941 年 4 月加入中国共产党。曾任张山乡农抗秘书、张山乡区治安员、来安县公安局副局长、解放军某部团政治处保卫股股长等职。中华人民共和国成立后历任解放军二十五军七十四师干部管理部副部长、二十四军七十四师政治部主任及副政委、北京军区第五工委政委、六十六军政治部副主任、北京军区后勤部副政委等职。在解放战争和抗美援朝战争中立三等功三次，在参加十三陵水库建设中立二等功一次。

【郭郛】(1922—)江苏泰州人，1946年毕业于南京大学生物系。中国科学院动物研究所研究员、山东农业大学、湖南农业大学、中科院研究生院教授。从事昆虫学、昆虫生理学、动物学史的研究。进行过中国大害虫东亚飞蝗的系统研究，1982年研究成果获国家自然科学二等奖（负责人之一），在昆虫内分泌学、昆虫资源学、昆虫细胞学领域进行了系统研究。对家蚕和飞蝗内分泌系统及其激素以及外源激素的作用进行深入的研究，开辟激素调节昆虫生长发育、生殖的新领域。在飞蝗中探索出丸激素的作用。从百万蚕中分离出脑激素，几纳克就可以诱导无脑蛹进行变态，这一成果获中科院科技成果三等奖（1984年）。代表作有《昆虫的变态》、《昆虫的激素》（合著）、《昆虫学实验学技术》（合编）、《中国飞蝗生物学》、《中国飞蝗生物学》（合著）、《中国动物学史》（合著）、《山海经注证》。发表论文70余篇。获国家为科技人员颁发的特殊津贴。

【郭春华】(1923—)江苏南京人，农业部中国农村经济研究与技术开发中心高级农业经济师，中国农垦经济研究会理事长。1946年金陵大学农经系毕业。1974年赴美国留学，获威斯康星大学硕士学位，后转入路易斯安那大学攻读博士学位。1950年回国。先后在农业部从事国营农场管理和农垦经济研究工作。曾任农垦部政策研究室副主任兼国营农业经济研究所所长，农垦部情报中心主任，农牧渔业部中国农垦经济研究所负责人等职。20世纪40年代中至50年代初，撰写了《明清两代之土地政策》《中国自耕农、半自耕农和佃农的经济状况与地位之比较》等论文。20世纪50年代初至60年代中，参与编写了《国营农场定额管理》等小册子，参与制订全国国营农场的年度计划和长期计划，编写了《国营农场计划讲义》等内部教材。20世纪80年代初，倡议建立"农垦经济学"，创建了农垦经济研究所，1983年应邀参加联合国粮农组织在罗马召开的关于农产品价格政策的国际专家磋商会议，发表了题为"中国的农产品价格政策"的论文。同年任《当代中国的农垦事业》（中国社会科学出版社1986年版）的副主编。1988年参与《苏联东欧国营农场的发展和改革》（对外贸易教育出版社1988年版）的审稿和撰稿。合作编译有《走向世界——跨国营销与国际市场》（中国工人出版社1991年版）。

【郭钤新】（1925—）河北邯郸人，1949 年夏毕业于北京大学医学院医学系。前中和医院（现北京医科大学人民医院）内科主任、教授及主任医师。1955 年起兼任病理科主任。1985 年美加州大学 Dawi 医学院病理系及教学医院访同进修，1990 年底离休。从事综合内科临床工作，成为当时国内医院由临床医师兼作病理的先行者。1958 年起担任医疗系学生的内科教学工作，并创建了基础内科教学小组。发表论文约 160 篇，编写基础内科实习指导四种，参与编译编写《医学检验技术》及《物理诊断学》两种高级临床参考专著。为《临床与实验病理学杂志》编委。北京市公安局法医咨询及卫生技术鉴定咨询专家组成员，中华医学会及中国体视学学会会员。

【郭毅生】（1926—）四川威远人，北京中央民族学院历史系教授，中国太平天国研究会主席。1952 年北京大学历史系毕业，1955 年中国人民大学研究生毕业。主要从事中国近代经济史、中国历史地理的教学研究。著作有《太平天国经济制度》（中国社会科学出版社 1984 年版），《太平天国历史地图集》（主编，地图出版社 1989 年版），《太平天国经济史》（广西人民出版社 1991 年版）等二百万字。论文有《天朝田亩制度的历史背景及其实质》（《历史研究》1981 年第 3 期），《太平天国"有佃交粮"考略》（《近代史研究》1982 年第 3 期）等。

【郭寿康】（1926—）天津市人。中国人民大学法律系教授、法律系知识产权教学与研究中心主任，中国国际经济法学会副会长，国际促进知识产权教学与研究学会副主席，中国版权研究会副理事长，中国工业产权研究会常务理事，中国国际法协会理事，国际保护工业产权协会中国分会理事，中国国际经济与贸易仲裁委员会仲裁员，美国《世界知识产权杂志》顾问，英国《世界专利》杂志编委，法国《东欧社会主义国家知识产权文献通讯》编委。1948 年北京大学法律系毕业，1952 年同系硕士研究生毕业。先后执教于中国人民大学、北京大学等。1984 年在联邦德国马普研究院外国和国际工业产权与版权研究所研究进修。1985 年在美国哥伦比亚大学法学院、1986 年在美国乔治城大学国际法研究所和美国洛杉矶加州大学法学院研究进修，曾应邀赴英、美多所大学讲学。现专业为国际经济法，研究重点为国际知识产权法和国际技术转让法。主要论著有《国际技术转让》(主编，法律出版社 1989 年版)、《民法原理知识产权篇》(法律出版社 1993 年第一版，1986 年第二版)、《保护工业产权巴黎公约发展新阶段》(《中国国际法年刊》，1983 年)、《中华人民共和国专利法起草与颁布》(德、英文版，1985 年)、《伯尔尼公约与中国》(美国哥伦比亚大学法学院《法律与文艺》1986 年秋季号)、《对中国版权立法的一些意见》(瑞士联邦比较法研究所《比较法丛书》第 8 种《中国经济法》，1987 年)。

【郭健】(1927—)山西人，中国社会科学院世界历史研究所译审。1949 年毕业于山西大学，现从事英语专业翻译工作。1961—1969 年在中央编译社任总编室编辑、翻译组长，1978—1988 年在社会科学院世界历史研究所任副译审、译审。1989 年离休。先后参加了《新编剑桥世界近代史》《简明不列颠百科全书》等世界名著的翻译和校订工作。具有扎实的世界史知识，能够纠正难度很大的错误译法，译文准确，能保持原作风格，文字流畅。

【郭道晖】(1928—)湖南湘阴人，著名法学家、法治思想家，中国法学会法理学研究会顾问，尊称"法治三老"之一。名门之后，曾祖父郭仑焘，与大哥郭嵩焘和二哥郭昆焘，并称"湘阴郭氏三杰"。曾任清华大学党委常委兼宣传部长、哲学讲师、全国人大常委会法制工作委员会研究室副主任、中国法学会研究部主任、《中国法学》杂志社总编辑，南京大学等十多所高校兼职法学教授，中国法制新闻工作者协会副理事长，中宣部、司法部特聘的法制宣传高级讲师团讲师，国家社会科学规划委员会国家基金课题评审组成员，法哲学社会哲学国际协会(IVR)会员、中国分会副会长。任中国法学会法理学研究会顾问，北京大学宪法学行政法学博士生导师组成员、公法研究中心客座研究员，湖南大学教授兼《岳麓法学评论》主编，最高人民检察院专家咨询委员会委员。著有《中国法律制度》、《民主·法制·法律意识》、《当代中国立法》(四卷，国家"八五"重点课题)、《走向民主法治新世纪》、《法理学精义》等著作 20 多部。

【郭培兴】(1929—)江苏张家港人，研究生毕业，研究员、教授。长期从事国际贸易，特别是国际商品市场研究，曾参加国内外多项主要国际经济贸易问题或有关国际联合项目的专题研究与探讨。发表大量论文，如《世界商品市场发展的十大趋势》等，并参撰《中国大百科全书》《中国利用外资基础知识》《当代中国对外贸易》等重要著作。1992 年起享受政府特殊津贴。

【郭德庵】（1930—）生于中国陕西华县。1953 年毕业于北京中央美术学院雕塑系。1953 年受聘于清华大学建筑学院。副教授，已退休。现为中国美术家协会会员，北京市水彩画学会会长，曾为中国建筑工业出版社《建筑画》杂志编委。其作品曾在《人民日报》、《水彩选集》、《建筑画》、《建筑学报》、第五届《亚细亚水彩画作品》等报刊上发表，参加全国第六、七届美展和杭州1986 年、1989 年和 1990 年全国水彩画大展。作品《中华摇篮》获北京庆祝建国 35 周年文艺作品征集乙等奖，被市美协收藏。1987 年 7 月北京风情展《樱桃沟》被市美协收藏。全国水彩画大展中，《雨润南国》获佳作奖。作品还曾在日本、美国、澳大利亚等国参展，并参加第二届和第五届亚洲水彩画展。1990 年 11 月 24 日在北京当代美术馆举办"郭德庵溶剂水彩画展"。

【郭文卿】（1930—）毕业于中国人民大学，中国科学自然资源综合考察委员会研究员，长期从事工业开发学、区域经济学的实践与理论研究。1984 年任工业布局室主任，1990 年任《自然资源译丛》主编，1980—1988 年参加国家计划委员会重点支持的中国南方山区考察研究，共同完成"中国亚热带东部丘陵山区自然资源合理利用与治理途径"，获中国科学院科技进步一等奖；主编由科学出版社出版的《中国亚热带东部地区工业开发研究》。1990 年接受福建省计划委员会委托，完成福建沿海外向型经济发展与腹地关系、闽台经济互补前景两项专题考察研究，主编《台外向区位型经济前景》，1990 年获中国科学院科技进步三等奖。主编《大福州地区外向型经济发展与投资环境综合研究》（为中国科学院区域开发前期第一期特别支持项目，中国科学技术出版社）。主持国家自然科学基金支持项目"中国不同资源类型山区工业开发模式"，与人共同主编《中国山区工业开发研究》（《自然资源》1997 年第 3 期）、《中国山区工业开发研究专辑》（科学出版社）。共同负责完成中国科学院区域持续发展研究中心第三期特别支持项目《中国沿海地区 21 世纪持续发展》，任副主编。主持完成《中国沿海开放城市投资环境综合评价系统》，入载《中国的投资环境》（香港京港学术交流中心出版）。享受国务院颁发政府特殊津贴。

【郭春林】（1931—）河北秦皇岛人，中共党员，教授级高级工程师。毕业于北京科技大学。任北京有色冶金设计研究总院项目总设计师。全国冶金系统设计院采矿业务建设网秘书长，中国矿业协会矿业高级咨询专家。40 余年来共完成工程设计、科研、规程、标准及采矿业务建设专题等 33 项，其中参加和主持高难阶段工程设计及施工图设计 21 项，部级科研课题 2 项，"机械化盘区式下向水平分层胶结充填采矿方法试验"荣获中国有色金属工业总公司科技进步一等奖，该成果为金川二期建设规模奠定了基础，并为金川二矿区走向世界先进采矿行列迈出了重要一步。参编《有色金属矿山生产技术规程》，主编《有色矿山井巷设计规范》《冶金矿山采矿术语标准》，发表论文及日英俄等国译文 22 篇，其中《混合井若干问题的商榷》及《机械化盘区式下水平分层胶结充填采矿方法在金川的应用》分别于 1986 年及 1991 年全国采矿学术大会上发表，后者被有色金属学会评选为优秀论文。在推动中国冶金矿山技术进步，提高设计质量和速度，统一矿山用语等方面成绩卓著，贡献突出。

【郭书田】（1931—）内蒙古丰镇人。农业部政策体改法规司司长、农业政策研究会秘书长、高级经济师，中国农业经济学会常务理事，中国畜牧经济研究会副理事长，中国农村社会学会研究会副会长，中国经济管理学会、中国生态农业研究会常务理事。20 世纪 50 年代在高等农业院校从事教育行政工作，20 世纪 60 年代以后从事农民与农村经济发展战略与政策研究。主要著作有《中国农垦农工商联合企业》（黑龙江人民出版社 1983 年版）、《家村发展新阶段——问题与探求》（与牛若峰合编，农业出版社 1985 年版）、《中国当代农垦事业》（副主编，中国社会科学出版社 1986 年版）、《中国生态农业》（主编，中国展望出版社 1988 年版）、《黄土高原综合治开发》（与张文庆合编，中国展望出版社 1988 年版）、《短缺与对策——中国粮食问题研究》（主编，中国人民大学出版社 1989 年版）、《中国粮食：多角度研究与思考》（中国农业出版社 1990 年版）。近年来主要论文有《关于我国畜牧业中长期发展的研究报告》《中国畜牧经济发展战略》（中国展望出版社 1988 年版）、《合作经济：取向、原则与变迁——对合作运动史的思考与现实选择》（《改革》1989 年第 1 期）、《二元社会结构：城乡关系·工业化城市化》等。

【郭衍莹】（1931—）山东蓬莱人，中共党员，研究员，1952 年毕业于北京大学电机系。先后在通信兵电子研究所航天部航天科工集团二院从事航天测控、雷达、测试和通信等领域的科研工作。1960 年被选为全国青年积极分子。曾获国防科工委科技进步一等奖一次（第一负责人）、二等奖二次和三等奖多次，是航天部部级有突出贡献专家；国务院特殊贡献津贴专家。著作有《空间跟踪和通信用地面发射机系统设计》等专著两种，合著一种。发表学术论文 40 余篇。退休前任研究所总工程师；退休后曾任航天部多个研究所工程技术顾问，大学客座教授。为中国电子学会会员，美国 IEEE（电气和电子工程师协会）高级会员。

【郭宗彦】（1932—）辽宁沈阳人，毕业于莫斯科建筑工程学院水力系，教授级高级工程专家学者。为我国水利水电事业做出了巨大贡献。

【郭海】（1934—）北京人，1964 年毕业于北京广播电视大学。原任职于北京大学化学学院，教授级高级工程师。从事天然药物研究 20 余年，致力于传统中医药与现代生命科学相结合领域的研究。在国内外发表论文多篇。1989 年、1997 年曾分别应邀赴美国 UTMB 大学及沙特国王医学院进行科学研究与学术交流，获国家教委科学进步重大贡献二等奖、北京大学科学技术成果二等奖、首届世界华人医学大会"孙思邈杯"一等奖及创新发明奖（香港）、第五届世界传统医学大会一等奖（美国）等。

【郭学增】（1934—）北京人，中共党员，毕业于 1958 年苏联莫斯科石油学院采矿系，现任石油大学（北京）石油工程系教授（博士生导师）、美国石油工程师协会会员、《石油钻探技术》编委。1958 年 9 月—1962 年 2 月在新疆石油管理局机动室从事国产 D2-16810 型电动钻具的研制工作。完成了地面实验阶段成果。1962 年 3 月—1984 年 9 月在华东石油学院钻井教研室任实验室主任。其中 1966 年前阶段，从事 BS-4 型、BS-5 型高压泥浆仪器的研制工作；至 1976 年间从事 70 型泥浆仪器的研制工作：1976—1984 年在校从事教学和继续工程教育工作，在此期间曾两次赴美国接受联合国开发署资助的技术培训，并承担了石油大学"六五"科技攻关项目的研究工作。1984—1988 年在石油大学北京研究生部任副主任。在此期间，与中原油田合作从事石油天然气总公司重点项目"钻井数据实时采集与处理系统"的研制工作，并利用世界银行贷款赴德进修三个月。1988—1990 年先后带领 10 余名博士、硕士研究生在新疆塔里木盆地建立科研教学基地，从事产、学、研一体化和高校科研成果生产转化的探索工作。专著有钻井工程师进修丛书《最优化钻井理论基础与计算》（石油出版社 1987 年版），获得国家经委、计委、科委和财政部颁发的科技攻关先进奖，石油天然气总公司的科技进步二等奖；石油天然气总公司铁人科技进步铜牌奖等。

【郭广民】（1934—）山东梁山人，中共党员，大学学历，中国石油化工第二建设公司档案室主任、高级工程师。南京市科技档案协会会员。1963 年毕业于北京电力学院，1964 年入清华大学工程物理系进修，1968 年由水电部电力科学研究院调到核工业部西南反应堆工程研究设计院工作，曾任反应堆物理教研室主任。1998 年调往石油部第二工程公司，历任施工研究科科长、技术科副科长、档案室主任等，发表有《推广应用 Ir-192r 探伤机》等论文多篇。

【郭洪泽】（1934—）河南滑县人，中共党员，高级经济师，原任机械部教育局副局长。新修订的等级标准为建立科学的技术工人培训体系奠定了基础。负责组织在全国最先开展评定工人技师职称和建立工人技师评聘制度的试点推广工作，指导制定了机械行业第一部工人操作技能训练大纲，主持编写了第一套《工人高级操作技能训练辅导丛书》《机电工业考评技师复习丛书》和《机械工业工人中级操作技能考评试题集》，还参与了统编机械工人操作技能培训教材的领导工作，热心提倡并多次参与组织全国性和待业内的工人技术比武大赛，努力促进国际合作，引进德国"双元制"办学模式，借鉴德国焊接技术培训经验，提出在机械行业建立三级焊接培训体系，并主持实施。

【郭联苏】（1934—）山西文水人，教授级高级工程师，1958年北京航空学院六系导弹专业毕业。原在北京航空航天大学机械厂工作，北航机械厂高级职称评审委员，从事教学、科研及新产品开发工作。1980年，主持北航为高空无人驾驶侦察机画横线的大型、高精度MJ—2数控绘图机研制项目。1986年，获国家四项专利产品：煤气快热淋浴器，蓝天牌饭道式煤气灶热水器，花盆外套，不漏水的精致花盆。1989年，获北京市科技贡献奖。1993年，主持我国高空无人驾驶侦察飞机钣金的主要生产工艺，解决多年遗留的照相机舱玻璃口框装不上课题。发表论文《MJ-2数控绘图机及其简便程序》《蓝天牌煤气转灶热水器热性能的研究》《无人机钣金件化学铣削工艺分析》等。

【郭信章】（1934—）浙江诸暨人，中共党员，国家级研究员。1959年清华大学工程物理系毕业；1960—1976年在核工业部参加原子弹、氢弹研制，曾获核工业部金质奖章；1976—1981年在清华大学核能研究所参加高温核反应堆发电的研究，任硕士生导师；

1981—1995年调北京太阳能研究所工作，进行太阳能反光膜、吸收膜的研究；参加国家"七五""八五"攻关项目，获北京市科技成果一、二、三等奖，发表论文30余篇，获专利6项，享受国务院特殊津贴。

【郭世贤】（1935—）河北冀县人，中国社会科学院世界经济与政治研究所副研究员。1961年毕业于北京对外贸易学院国际金融专业。1979年以来一直从事国际金融研究工作，涉及国际货币体系、国际收支、国际储备、货币汇率、国际金融市场、货币危机、股票市场、日元国际化以及国际利率等。与人合著《八十年代世界经济展望》（中国展望出版社1983年版），《2000年中国的国际环境》（中国社会科学出版社1987年版）。合译《世界货币秩序问题》（中国金融出版社1989年版）、《美国和英国货币趋势》（即将出版）。发表论文30余篇，主要有《马克思的货币理论与当代现实》（1987年）、《马克思的股票理论与当代现实》（1988年）、《战后国际储备的重大变化及未来趋势》、《国际金融市场的新特点及前景》（1989年）等，均发表在《世界经济》杂志上。

【郭长水】（1935—）河北枣强人，北京市长阳农场退休干部，北京市劳动模范。中国老年书画研究会会员，卿云书画联谊会会员。参加第五届国际书画作品展览获金奖，参加第二届世界华人艺术大展赛获奖。多次参加国内外书画大展大赛多次获奖，作品入编 20 多部大画册。国际美术家联合会、世界书画家协会等 16 单位授予"世界书画艺术家名人"称号，并获"世纪功勋艺术家"称号。

【郭松义】（1935—）浙江上虞人，中国社会科学院历史研究所研究员、教授、博士生导师，中国社会史学学会第二、三届副会长，中国经济史学会第二届常务理事，中国档案学会第二届理事，中国商业史学会常务理事，中国家谱研究会理事。1960 年北京大学历史系毕业。曾任社会史研究室主任、清史研究室主任。先后参加过由郭沫若主编的《中国史稿》的编写，参加"曲阜孔府档案"的整理和研究，多卷本《中国封建社会经济史》清代分卷主编，以及《中国政治制度通史》《中国经济通史》（均系国家社科基金项目），个人著作有《伦理与生活——清代的婚姻关系》《辽东移民中的旗人社会》等。研究领域为中国经济史、社会史，清代农业、商业、财贸、婚姻家庭，以及国家经济政策等方面。出版专著 13 部（包括大中型合作项目），论文近百篇。1992 年获得国家特殊津贴。

【郭伯生】（1936—）北京人，中共党员，大学学历，中国稀土开发公司总工程师，教授级高工程师。中国稀土学会、中国有色金属学会会员，中国稀土专家组成员。1979 年起组织了全国稀土农用协作网，获得近 100 项科研成果。1986—1990 年在约 1 亿亩土地上推广稀土"常乐"产品，稀土农用研究成果 1988 年获国家科技进步二等奖。荣获国家"六五"攻关先进个人称号。1990 年被授予国家有突出贡献的专家称号。

【郭锦桴】（1936—）福建漳州人，1960 年厦门大学中文系毕业。中国人民大学中文系教授、现代汉语专业硕士研究生导师、中国语言应用研究会理事。历任中国人民大学对外汉语教学中心副主任、中文系语言学教研室主任、北京人文函授大学秘书系主任。长期从事汉语言文化的教学和研究，主要专著有《汉语与中国传统文化》《中国女性禁忌》《中外广告妙语赏析》《秘书学概论》等。

发表论文数十篇，《中国女性禁忌》一书曾荣获北方 15 省优秀图书奖、河北优秀图书奖。世界汉语学会、中国语言学会、中国汉语方言学会、中国语言应用研究会、国际中国语言学会（美国）会员，1997 年应聘赴日本东海大学任教，主编《当代汉语新词典》。

【郭旭东】（1936—）福建莆田人，毕业于北京地质学院，曾任职于中国科学院地质研究所研究员。中国第四纪研究委员会主办《中国第四纪研究通讯》主编。30 多年来先后参加西北黄土高原及西藏珠穆朗玛峰地区科学考察、南海大陆架矿产调查、北京第四纪地质与环境地质等 20 多项重大综合性科研任务。在黄土沉积韵律、冰川与冰缘、冰期与气保、海面变化与海底地貌、陆架起源与演化、新构造运动与地震预报、环境地质等领域做了大量研究。1986 年获中国科学院科学技术进步奖特等奖和国家自然科学二等奖。1991 年应邀赴美，在该国石油地质学家协会 75 周年学术年会上做报告。撰写的《北京西山上升及其对自然环境的反馈作用》首次定量计算了北京西山第四纪不同时期上升的速度和幅度，引起社会各界的高度重视，

《人民日报》《中国地质矿产报》《中国科学报》及欧洲的荷兰、比利时等先后作了报道。《天旋地动理论的基本构思》首次提出地震成因与原始太阳表面核爆炸作用有关，现在地震是原始太阳表面核聚变作用在地壳下面的继续等创新理论，对今后地震预报将产生深远的影响，被美国评为 20 世纪全世界有影响的 500 位著名科学家之一。

【郭柏灵】（1936—）福建龙岩人，中共党员，计算数学专家，1958 年毕业于复旦大学数学系。历任助教、助理研究员、副研究员、研究室主任。任北京应用物理与计算数学研究所研究员、博士生导师，国家自然科学基金会数学专家组评委。2001 年 11 月当选中国科学院数学与物理学部院士。在非线性发展方程方面，对力学及物理学中的一些重要方程进行了系统深入的研究，其中包括 Landau-Lifshitz 方程、Benjamin-Ono 方程等非线性发展方程的大初值的整体可解性、解的唯一性、正则性、渐近行为以及爆破现象等，给出了系统而深刻的数学理论。在无穷维动力系统方面，成功地研究了一批重要的无穷维动力系统，给出了有关整体吸引子、惯性流形和近似惯性流形的存

在性和分形维数精细估计等理论，提出了一种证明强紧吸引子的新方法，并利用离散化等方法进行理论分析和数值计算，展示了吸引子的结构和图像。先后在国内外重要杂志上发表论文 240 多篇（其中 100 多篇为 SCI 收录），出版专著 7 部。曾获得国家自然科学一等奖（集体）和三等奖（个人）。1994 年、1998 年两次获国防科工委科技进步一等奖（个人）。曾任数学会理事（1988—1995），任北京市数学会常务理事、副理事长（1996—），并担任《偏微方程》《计算数学》《数学研究》《北京数学》等杂志的编委、副主编等职。发表论文 200 余篇，其中 74 篇被 SCI 收录，出版专著 7 部。

【郭士伦】（1937—）河北河间人，中国原子能科学研究院研究员，山西师范大学名誉教授。任国际原子核径迹学会主席，中国固体径迹探测器专业委员会名誉主任，英国《辐射测量》杂志编委，中国科技考古学会理事，中国陨石学和天体化学专业委员会委员，第四纪年代学委员会委员，《原子能科学技术》和《人类学学报》编委，1991—1994 年任中国核物理学会理事。2002—2004 年任《日本辐射研究》杂志编委。郑州大学核物理专业毕业。1961 年在中国原子能科学研究院从事核物理和核武器设计需要的裂变参数测量和研究。1964 年参加第一次核武器试验。1965 年起开始固体核径迹研究，创立了用古灰烬测定考古年代的方法。1982—1984 年在美国加利福尼亚大学（伯克利）物理系做访问学者。1984 年、1985 年、1988 年和 1900 年在马堡大学作访问教授。任项目负责人和分项目负责人的"固体径迹探测器及其应用""我国核武器燃耗测定"分别获 1978 年全国科技大学奖。"反应堆裂变径迹法的建立""广西百色古人类遗址和我国南方红壤年代的裂变径迹法测定"分别获核工业部科技进步奖。"裂变径迹法测定水中铀含量""国产石鹰 1.2（SY-1，SY-2）型 CR—39 固体径迹探测器""U-238 裂变碎片角分布研究"分别获国防科工委和中国人民解放军科技进步奖。在国内外杂志上发表学术论文 170 余篇。

【郭浩明】（1937—）女，湖南长沙人。主任医师。毕业于山西医学院公共卫生系，现任北京朝阳门医院主任医师，兼任中国协和医科大学基础医学院客座教授，曾任朝阳门医院预防保健科主任、副院长，系中华预防医学会北京分会第一届理事会理事，东城区政协第七届委员会委员，北京第九届、第十届人民代表大会代表。从 1989 年承担中国协和医科大学、北京医科大学、中医药联合大学在校生和国内研究生社区卫生服务课，1991 年北京市卫生局医教处批准该院系协和医科大学教学基地，被协和医科大学基础医学院聘为客座教授，1982 年创建体弱儿门诊，发扬祖国医学在脾胃方面的特长，用药物治疗与指导喂养相结合、中西医结合、防治结合、管理与地段儿保医生结合的方法，取得了明显的社会效益。出版了专著《学龄前期儿童家庭护理指导》并发表医学论文多篇。其中，"基市基层医院职能的探索与实践"于 1988 年获东城区科学进步一等奖，其成果在全国推广；"朝阳门社区人群疾病综合防治研究"于 1988 年被评为东城区科技献礼项目。1991 年完成两部医学专题录像片的撰稿编导和制作工作，并通过专家评审，作为规划医学视听教材向全国推广应用，获北京市卫生鼓励奖。1993 年被北京市东城区委、东城区卫生局授予系统优秀知识分子称号。

【郭俊义】（1937—）山东淄博人，1959 年毕业于山东大学，曾任中国国际工程咨询公司专家委员会委员。中国发展战略学研究会、中国软科学研究会等五个学术团体常务理事、学术委员会副主任。从事管理学、思维科学、人工智能等研究工作。工作成果得到国内外专家认可。被国内外多所名牌大学聘为教授、终身教授、名誉校长，担任多所机构的研究员、总工程师、经济技术顾问。著有《计算机模拟理论、方法及其应用》《系统工程》《太玄经与智能计算机》《广义量化引论》《"易经"应用大观》等六部专著。

【郭静萱】（1937—）女，教授，博士生导师，毕业于北京医学院。曾任北京医科大学内科主任医师，北京医科大学第三医院心内科副主任、老年医学科主任，中华医学会中华心血管学病杂志编委，北京医科大学学报编委，中国老年保健协会理事。卫生部药品评审委员会委员，国家新药研究基金评审专家，卫生部远程医疗会诊专家，政府特殊津贴享受者。专业特长为心血管专业，介入性心脏病学（冠状动脉造影、冠脉球囊成形术、冠脉支架术、冠脉激光成形术、直管内超声等）、激光心血管重建术、人工心脏起术及电生理检查、急性心肌梗死的急诊溶栓治疗和高血压治疗。曾获北京市及卫生部科学技术二等奖、全国医药卫生科技成果优秀奖，参著《介入性心脏病学》《心脏病学》《血管医学》《免疫学》，论文 120 篇。

【郭金鼓】（1937—）福建石狮人，大学文化，教授。曾任北京语言大学汉语教学督导组组长、菲律宾侨中学院客座教授，系中国教育学会对外汉语教学研究会会员。已发表的主要学术论文有《科技汉语教学初探》（对外汉语教学研究会第一次学术讨论会文集 1983 年 6 月）、《科技汉语的特点》（第一届国际汉语教学讨论会论文 1985 年 8 月）、《语言能力相差悬殊的双方实现交际的可能性》（《语言教学与研究》1993 年第 1 期）、《菲律宾华校华语教学的性质与特点》（《华文教育》1994 年第 11 期）、《闽南方言与普通话语音对比及华语语音教学》（菲律宾《世界日报》1995 年 8 月）、《漫谈菲律宾华校华语教学法》（《海外华文教育》1997 年 12 月）等。已出版的著作有（《华语教学门外集》（1996 年 11 月）、《现代华语基础知识》（1998 年 2 月）、《菲律宾华校小学华语课本教师手册》（全套 6 册，1996 年 10 月）（以上著作均由菲律宾华文教育研究

中心出版）。1993 年被评为北京市优秀教师。

【郭成彬】（1937—）河南新乡人，1962 年于苏联列宁格勒电工学院物理系超声专业毕业，获硕士学位。现任中国科学院声学研究所研究员、中国机械工程学会常务理事、无损检测学会副理事长，国际无损检测委员会常委、《无损检测》杂志主编。主要研究检测超声、超声脉冲引起的结构噪声，超声成像系统、电脑化超声检测仪器和系统声自动无损检测系统、无损检测系统计算机自动化。完成并已在工矿企业投入进行的主要研制项目管材计算机自动化超声检测系统、棒材品粒度计算机自动化超声检测装置、层压玻璃钢超声检方超声探伤仪、液晶超声探伤测厚仪、齿轮焊缝自动超声探伤设备、粗晶材料超声探伤方法、超声合成孔径聚焦成像系统等近 20 项。发明专利 4 项。在《声学学报》等国内外杂志发表论文 30 多篇，其中（超声被在各向异性多品金属中的散射）首先提出结构噪声的扩散特性和利用结构噪声测量吸收系数的可能性。享受政府特殊津贴。

【郭平伸】（1938—）吉林人，中共党员，博

士学位，首都师范大学生物系主任、教授。中国生物学会常务理事，中国遗传学会常务理事。先后两次赴美学习，长期从事数量遗传学、群体遗传学、植物育种理论等学科的研究工作，主持国家自然科学基金项目3项，北京市科委及市基金项目4项。出版专著有《数量遗传分析》《遗传学》等10部，发表论文有《小麦杂种群体的基因效应与杂种优势》等30余篇。培养硕士生20余名，博士生数名。

【郭齐家】（1938—）湖北武汉人，1960年毕业于北京师范大学教育系本科，北京师范大学教育系教授、博士生导师。中华孔子学会副会长，河南洛阳大学东方文化研究院院长。长期从事中国传统文化教育的教学和研究。所著《中国教育思想史》获全国第一届优秀教育图书一等奖及全国首届优秀教育理论著作优秀奖，1990年台北五南图书出版股份有限公司出版了繁体本；所著《中国古代学校》《中国古代考试制度》，入选《中国文化史知识丛书》；还著有《中国古代教育家》和《中国古代学校和书院》；合著有《简明中国教育史》《中国远古暨三代教育史》《陆九渊教育思想研究》等。主编有《中外教育名著评介》《中国小学各科教学史丛书》《中华人民共和国教育法全书》《中华人民共和国职业教育法实务全书》等。

【郭恩池】（1938—）字墨公，号书馨，别署墨香阁。现任中国民族书画院常务副院长、教授。中国书法艺术家协会常务理事，中国书法家协会理事，从长城到奥林匹亚活动中国书画艺术委员会主席、秘书长，五洲书画研究会常务副主席、分会主席，北京同心轩书画社名誉社长、总顾问。著有《郭恩池楷书浅析》《郭恩池行草书楹联》等著作。

【郭有声】（1939—）笔名谷声，编审。卫生部直属人民卫生出版社副社长兼副总编辑、中国出版工作者协会理事、中国版协科技出版工作委员会秘书长、中国编辑学会理事和中国科普作家协会会员。20世纪60年代初毕业于中国医科大学医疗系，曾做过内外科临床医师和全国高等医药院管理工作。20世纪80年代初走上编辑工作岗位。著有《简明青少年保健常识》《中国民俗医话》《老年健康必读》《古今养生长寿诗词歌诀》等著作10余部，在《健康世界》《大众健康》《家庭医生》等杂志上发表医学科普文章百余篇，并获中华医学会颁发的优秀医学科普论文证书。1992 年起享受国务院颁发的政府特殊津贴。

【郭安定】（1939—）山西太原人。曾任《今日中国》（1952 年宋庆龄创办的对外发行的综合杂志，有英、法、德、西班牙、阿拉伯、汉语等文版）副总编辑，中国外文局翻译系列高级职称评审委员会主任，全国翻译系列高级职称评审委员会副主任，全国翻译专业资格考评中心法语专家委员会主任委员，国务院新闻办公室互联网新闻研究中心审核员。1962 年毕业于北京外国语学院法语系。1981—1983 年留学法国，获法国文学博士学位。1985 年被文化部高级职称评审委员会评定为译审。在对外传播数十年的工作中，用中文、英文及法文撰写、翻译、审定大量对外宣传文稿，特别是写出多篇"编译合一"的稿件，对外国读者针对性强，受到中外人士广泛好评。其他作品有《萨特研究》（博士论文，用法文撰写，收藏于法国国家论文档案馆）、《西藏人谈西藏》等；译成中文出版的法国文学作品有《萨特文集》（合译）、《威尼斯的冬天》、《三仲马传》、《春归意大利》、《诺尔马或无尽的流亡》、《欧洲书简》、《诺阿、诺阿》、《苏丹港》、《妖魔的狂笑》等。1992 年起，因为发展我国新闻事业做出突出贡献，获国务院特殊津贴及证书。

【郭崇洁】（1939—）女，北京人，中共党员，教授（硕士生导师）。1963 年毕业于北京医科大学，任首都医科大学解剖学系副主任、组胚教研室主任，北京解剖学会常务理事、副秘书长，中国解剖学会组委员会委员，《中国组织化学与细胞化学杂志》编委，北京女教授联谊会理事，政府特殊津贴获得者。从事组织学胚胎学教学与教研工作 30 余年。在教学中注重教学改革及教学研究，教学效果良好，曾获 1993 年度北京市卫生系统医学院校优秀教师奖励。科学研究主要侧重于发育神经学和实验肿瘤学领域有关成果分别获得北京市科技进步奖及卫生局科技成果奖。参加组胚统编教材、协编教材及多部专著编撰，专业译著的校译工作。20 世纪 80 年代末赴美国得州大学休斯敦医学中心研修两年。论文有《在视神经髓鞘形成期、从轴突至少突胶质细胞的关系及轴胶连接的发育》《荧光染料在视神形成期从轴突少突胶质细胞的扩散》《有髓神经纤维的结旁区和轴胶连接》《人肝癌细胞与成纤维细胞共育时几种生长因子的表达》等。

【郭淑珍】（1939—）女，陕西榆林人，大学学历，邮电部数据通信技术研究所高级工程师。1965 年毕业于北京邮电学院无线电系，与郭津秋合作研究汉字输入与交换技术近 20 年。发明的"声韵声声"输入汉字法获国家专利；"声韵部形方法""交换码"分别获邮电部科技成果一等奖，国家科技进步一等奖，被称为中文电报的重大改革。

【郭廷结】（1939—）无党派民主人士，国务院参事。1998 年 7 月被聘任为交通部科学研究院研究员，交通部专家委员会委员。任参事之前，是交通部科学研究院研究员兼副总工程师，长期从事交通科技信息和软科学研究工作，先后荣获省部级科技奖励（三等奖以上）9 项，其中获国家科技进步一等奖 1 项，省部级科技进步二等奖 3 项，并获人事部"中青年有突出贡献专家"称号，享受政府特殊津贴。

【郭念筠】（1939—）女，湖南湘潭人，1965 年毕业于北京中医大学中医系，主任医师、教授。历任北京中医医院主任医师、教授、教育处处长、老年人病科主任等职。系北京老年协会常务理事，中国抗衰老科学技术协会理事，北京念筠白癜风研究所及治疗中心主任，美国世界传统医学科学院士，研究生导师。长期从事临床教学、科研工作，不仅继承中医医学的精髓，而且大胆创新，在临床与理论研究方面取得丰硕成果，善于运用中医、中西医结合的方法治疗疑难病症，对老年病、心脑血管、呼吸系统、消化系统、关节病、免疫性疾病、肝血管瘤、癫症等均有很高的治疗水平。经过 30 年潜心研究在国内外首次创立白癜风的病机系肝肾虚损所致，采用滋补肝肾治本的方法，独创郭氏治本消白丸，达国内领先水平，国际先进水平，获北京市科技成果奖一等奖、国际功勋金奖。在临床及教学方面获北京市科技成果奖 7 项，国际金奖 3 项。在国内外发表论文 30 多篇，参编《实用中医学》《抗衰老途径探秘》《现代难治病中医诊疗学》等 5 部著作，自 20 世纪 80 年代始国内外已有 40 多种国家级报纸杂志，以不同的题材形式对其医术进行了报道。多次应邀赴日本、瑞士、中国香港、新加坡、美国等地讲学，得到各界高度评价。得到美国休斯敦市政府授予"荣誉市民"及"亲善大使"称号，同年美国俄克拉荷马州授予议会荣誉证书及州荣誉证书。

【郭冬乐】（1939—）江西吉安人，中国社会科学院财贸物资经济研究所研究员，中国商业经济学会理事。曾任罗马尼亚研究会副总干事。1961年武汉大学毕业后在中国科学院经济研究所工作，1970年6月—1982年1月在罗马尼亚布加勒斯特大学贸易经济系进修学习。回国后历任商业研究室副主任、《财贸经济》编辑部主任。研究领域主要是商业经济学和市场流通、需求理论。先后参加了"六五"国家重点科研项目"社会主义商品经济论""2000年中国经济"，"七五"国家重点项目"社会主义市场体系模式研究"（总协调人）。主要著、译《商业经济学》（副主编、中国展望出版社1986年版），专著《中国居民商品需求》（中国展望出版社1989年版），发表论文近百篇，与人合写的《对供销合作社所有制性质问题的探讨》（《财贸经济》1983年第9期）获1985年中国商业经济学会优秀论文一等奖。

【郭正田】（1940—）浙江温州人，中共党员，大专学历，中国国际图书贸易总公司高级经济师，长期从事中国对德国的书刊发行工作。撰写有关汽车和邮品文章100余篇，包括连载文章《汽车画传》《摩托车画传》和《名车与邮票》，编写出版《世界汽车邮票图集》《世界汽车博览——德国画册》，其中《世界汽车邮票图集》的出版，引起国内外广泛反响。参与编写《中华世界邮票目录》和《中国集邮百科全书》。合译出版《中国名贵花卉》《汉英法德日俄对照集邮小词典》。1994年赴德参加中国邮票展览会，并应德国集邮研究会约请将德文《集邮小词典》译成中文。

【郭晨】（1940—）原名郭柱香，江西信丰人。中国作家协会会员、中国报告文学会理事、中国纪实文学会常务理事、中国电影家协会会员。现为《中国工人》杂志社名誉主编、编审、作家、编剧。1992年被评为国务院特殊贡献专家，获得政府特殊津贴。擅长纪实文学和重大革命历史题材传记和影视创作。出版过《这就是彭德怀》《同舟共济》《红都风云》《蒋经国的传奇》《贺子珍》《李立三》等12部长篇传记作品。参与编剧历史巨片《开国大典》，获1998年度金鸡奖最佳编剧奖。独立或与人合作编剧电视连续剧《特殊加队》（6集）、《遵义会议》（7集，获"全国五个一工程奖"）等。电视专题片《世纪行——四项基本原则纵横谈》撰稿人之一。1991年，受中央对外宣传小组之约，撰写了长篇电影纪录片剧本《风景这边独好》，对世界各国宣传中国共产党71年的光辉历程。

【郭启宏】（1940—）广东潮州人，当代著名剧作家，1961年毕业于中山大学中文系。先后在中国评剧院、北京京剧院、北方昆曲剧院任编剧、副院长，现为北京人民艺术剧院一级编剧，兼任中国戏剧家协会理事、北京戏剧家协会副主席等，受聘为中国戏曲学院客座教授、广东韩山师范学院客座教授等。16岁开始发表作品，迄今已发表各类作品500余种，累计500余万字。有26部（篇）作品获53项国家级或北京市级奖，其中有文化部最高奖文华剧作奖、中国戏剧最高奖曹禺戏剧文学奖、中国电视艺术最高奖飞天奖、北京文学艺术最高奖老舍文学奖、北京舞台艺术最高奖金菊花奖、中国话剧个人成就最高奖话剧金狮奖以及诗歌、小说、散文、论文、广播剧等方面的多种奖项。主要作品有话剧《李白》《天之骄子》，昆曲《南唐遗事》《司马相如》，京剧《司马迁》，评剧《评剧皇后》等，结集《郭启宏剧作选》，小说有《白玉霜之死》《潮人》《殇之雄》等，散文集有《四季风铃》等。戏剧界称其为中国当代戏剧创作"三驾马车"之一。

【郭怡琮】（1940—）山东潍县人，擅国画，1962年毕业于北京艺术学院美术系。现任中央美术学院教授、博士生导师、中国美术家协会理事、中国画艺术委员会主任、全国政协第八、九届委员。在花鸟画理论上见解独特，相继提出"大花鸟精神""重彩写意""技法重组"等主张。在中国大陆和台湾地区及美国、法国、日本、加拿大、肯尼亚等地多次举办个人画展。曾获"文化部优秀美术作品奖""中日水墨画特别优秀奖"等。出版有《中国近现代名家画集：郭怡琮》等多部画集。编著有《中国画教材》《郭味花鸟画技法》《白描花卉写生》《中国画花卉技法》《花卉写生教程》《花鸟画创作教学》等。

【郭燕燕】（1940—）女，河北人，中共党员，教授（博士生导师），1965年毕业于北京医学院。任北医大第一医院妇产科主任。政府特殊津贴享受者。从事妇产科医、教、研工作多年。重点研究及从事妇科肿瘤诊治。合编专著 3 部，主编 2 部；发表《卵子未成熟畸形胎瘤 33 例》《卵巢肿瘤合并症的处理》《卵巢恶性肿瘤雌、孕激素受体的研究》《子宫内膜癌 153 例分析》《子宫内膜癌雌、孕激素受体定位研究》《子宫内膜癌雌、孕激素受体及临床意义》等论文 18 篇。

【郭兴华】（1941—）山西定襄人，毕业于北京艺术学院美术系。任北京师范大学艺术学院美术系教授、研究生导师、中国美术家协会会员、中山书画社副社长。1963 年于北京艺术学院毕业后一直从事美术教育工作。教学成绩显著，1987 年获北京市先进教育工作者称号，1996 年获北京师范大学优秀教学成果奖。教学工作之余，坚持美术创作。有数十幅作品在国内外出版发行。其中国画《岛上的云》和《长岛渔帆》获优秀作品奖，并被美术家协会收藏；1991 年人民美术出版社出版的《郭兴华画集》收入中国画作品 49 幅；1999 年在北京国际艺苑美术馆举办的郭兴华画展，展出作品 60 余件。2000 年天津人民美术出版社出版的《郭兴华画集》收入动物画作品 30 余幅，2000 年获北京师范大学优秀教学成果一等奖。1992 年发表

了三篇旅欧散记《西斯廷教堂观画》《拜谒文森特凡高墓》《莫奈的花园》。

【郭继周】（1941—）北京人，中共党员，主任医师。1965 年毕业于首都医科大学。曾任职于北京同仁医院耳鼻咽喉头颈外科、北京市婚前检查专家指导组、北京市职业病诊断鉴定委员会。从事临床工作 30 余年。主要从事听力重建耳显微外科工作及先天性小耳畸形的外耳整形，外耳道及中耳成形工作。参编及参译了《耳鼻咽喉科问答》《实用耳鼻咽喉科手术图谱》《实用围婚医学与保健》等。其《植入式人工中耳听器——GW-Ⅰ型的研制及动物实验研究》《正常家兔听性脑子反应测试的研究》《人工中耳听器离体状态下的声学特性》，"植入式人工中耳听器 GW-1 型的研制及动物实验研究"于 1995 年获北京市卫生局科技成果一等奖，1998 年获国家科学技术委员会科技成果奖。

【郭书春】（1941—）山东胶州人，毕业于山东大学数学系，分配到《新建设》杂志社工作。1965 年 12 月调中国科学院中国自然科学史研究室（今自然科学史研究所），从事数学史研究。1978 年 5 月升为助理研究员，

1986 年 6 月晋升为副研究员，1990 年 9 月晋升为研究员。长期从事中国数学史研究。1992 年起享受政府特殊津贴。1993 年被国家学位委员会批准为博士生导师。曾任数学史天文史研究室主任、自然科学史研究所学术委员会副主任、所工会主席、中共自然科学史研究所党委委员、全国数学史学会副理事长、理事长。被评为中国科学院优秀教师。

【郭荣良】（1941—）湖南益阳人，民盟盟员。1964 年毕业于武汉水利电力学院河川枢纽及水电站建筑专业，分配在原水电部昆明勘测设计院水能规划设计室工作。1972 年调入北京农业机械学院（现中国农业大学东校区）水利系任教，副教授。主讲"高等数学""水电站""水力学""水力学与水机械""流体力学与流体机械""流体力学"等课程。编著《水力学及水力机械》（吉林人民出版社1983 年版）等。主要论文有《喷灌系统防止有害水击启闭时限的计算与研究》（《喷灌机械》1987 年第 5 期）、《行喷式喷灌机喷灌强度和均匀度的计算》（《喷灌技术》1990 年第 3 期）、《中喷 ZPY 组合成长喷管金属摇臂喷头的设计特点和性能》（《喷灌技术》1994 年第 6 期）、《防城港粮食中转仓钢筋砼群仓结构平面有限元分析》（《理论与应用力学学报》1997 年第 1 期）、《灰色组合模型及其应用》（《河南科技》1996 年第 5 期）等。

【郭宝森】（1942—）河北容城人，高级经济师，毕业于中国逻辑与语言函授大学中文系。曾任北京市光环电信集团董事长兼党委书记，系北京电信管理局企协理事。热爱电信企业的经营管理工作，具有强烈的事业心和进取心。1981 年 5 月参与筹备组建北京市电信安装公司（现北京市光环电信集团）之后，始终作为该企业的一把手从事经营管理工作。在他的带领下，企业总产值已从 35 万元发展到 3 亿元，业务收入达 1 亿元，利润 1000 万元，职工队伍达 2000 余人。企业不仅拥有了自己的办公大楼，还拥有职工宿舍楼，初步进行了现代企业制度改造，具备了一级资质等级证书，通过了国际质量体系论证，为北京市电信建设事业做出了突出贡献。

【郭德宏】（1942—）山东昌邑人，1967 年毕业于山东大学历史系。曾任《红旗》杂志社编辑室副主任，《中共党史研究》杂志副主编，中共中央党史研究室一研部主任，中共中央党校中共党史教研部主任、教授、博士生导师，现任中国现代史学会会长。对中国共产党历史、中国现代史有比较深入的研究，共发表论文 250 多篇，出版专著、合著 10 余部，主编及参与编写著作 9 余部，获各种奖励 20 余次。其中《中国近代现代农民土地研究》被认为是这方面的权威著作之一；合著《王明评传》（新版改为《王明传》）是第一部利用大量档案资料比较客观地反映王明一生的著作；主编的《红军长征史》1997 年同时获中共中央宣传部"五个一"工程奖和"国家图书奖"。1992 年开始享受国务院颁发的专家津贴。

【郭志达】（1942—）女，河北冀县人，中共党员，毕业于第二军医大学。任空司门诊部内科副主任医师，中华医学会员。长期在诊疗工作第一线，对内科门诊工作积累了丰富的临床经验。几十年如一日，无一例漏诊、误诊，被称为"检查阳性率高、诊断符合率高、抢救成活率高"的好医生。多次获嘉奖和"优秀党员"称号。发表论文《过量蜈蚣引起不良反应》一文，给医学界补充了新理论，提出了新课题，为卫生部门权威人士所重视，

对医药卫生事业做出了贡献。被《中国优秀论文大全》（中华篇）、《中国医学亲论丛书》、《中国医药学术文库》选编入书。获《中国中医药优秀论文学术文库》优秀论文一等奖。1998 年被编入《中国名医临证精华》。1998 年获全军医疗成果三等奖。

【郭金铭】（1942—）天津人，现为北京市宣武区少年美术馆馆长，中国人才研究会艺术家学部委员、中国书法家协会会员。多年来，致力于书法教学，从加强学生脑、眼、手配合功能的训练入手，突破汉字"五关""三法"，讲练结合，伴之以"入静法"等多种手段，达到培养学生兴趣，提高书写水平的目的。香港回归盛典时，其作品《满堂和气生嘉祥》作为北京市礼品赠董建华先生，先后 20 次受到宣武区表彰，五次受到北京市表彰，1991 年荣获首都"五一劳动奖章"，同年被评为北京市特级老师，1992 年获得全国少年儿童校外教育先进工作者称号。1994 年被宣武区委、区人民政府授予"十佳"优秀教育工作者称号。1997 年被国务院评为享受政府特殊津贴专家。

【郭道夫】（1943—）重庆人，国家统计局《中

国信息报》社社长，研究员，记者，学者。1964 年毕业于西南财经大学（原四川财经学院）。历任北京经济学院助教、讲师、研究所长。先后创办《经济与管理研究》杂志并任主编，创办《中国信息报》并任总编辑、社长，创办《中国国情国力》杂志并任社长兼主编，1987 年评定为研究员。发表文章 200 余篇，出版书籍 10 余种。其作品曾获中国新闻三等奖，首届北京市哲学社会科学二等奖，中国产业新闻一等奖，中国经济新闻一等奖。近 10 年从事"开发信息资源，服务市场经济"的工作，《中国信息报》和《中国国情国力》杂志成为系统发布中国社会、经济、科技、文化重大信息的权威性媒体，发布了一系列导向性、实用性较强的重大信息。

【郭振江】（1943—）山西汾阳人，1969 年毕业于首都医科大学医疗系，现任北京中医院骨科主任。主任医师。北京中西结合学会骨伤科委员会委员，中国养生工程研究学术委员会委员，研究员，日本按摩疗法联合会理事。从事中西结合骨科医疗事业近 30 年，曾先后到中医研究院、协和医院、积水潭医院进修，积累了丰富的理论知识和临床经验。

用中西结合的方法治疗慢性骨折，著有《慢性骨折合并髁脱位的治疗》《开放性骨折的中医内治法》《正骨按摩施术十四法》《中医骨科内治八法》等论文。参与研制的"腰背止痛垫"获北京市中医管理局学术成果二等奖。现主要研究腰椎间盘突出症及股骨头无菌性坏死的防治工作。多年来从事教学工作培养了大量的中外进修人员。1994 年受卫生部委派赴乌拉圭"中国医疗中心"工作。除上述职务外，还担任北京中医教学会理事，北京中医学会骨伤分会副主任委员，1999 年 7 月，因与德国合作在人工关节置换方面成绩突出，应邀赴德参加学术交流活动，擅长用中西结合的方法治疗骨伤各种疑难杂症。

【郭之虞】（1944—）江苏常熟人，中共党员，北京大学教授，博士生导师。1968 年毕业于北京大学技术物理系，1981 年在北京大学获理学硕士学位。现任北京大学重离子物理研究所所长、重离子物理教育部重点实验室主任、中国粒子加速器学会理事长、中国核学会理事、中国第四纪科学研究会第四纪年代学专业委员会副主任等职。长期从事加速器物理与技术、现代核分析技术以及核术应用等方面的研究，1996 年出任国家攻关项目"夏商周断代工程"专家组成员、国家自然科学基金重大项目主持人，为建立夏商周三代的年代框架做出了重要贡献。相关成果先后应邀在第 8 次国际加速器质谱大会和 21 届国际科学史大会上作大会特邀报告，并担任了第 8 届和第 9 届国际加速器质谱大会国际顾问委员会委员。近年来致力于 RFQ 加速器和中子照相技术的研究，任国家"973"项目"加速器驱动洁净核能系统的物理及技术基础研究"专家组成员。先后发表文章 70 余篇，参与多本专著的编写，曾获教育部科技进步一等奖、北京市科学技术奖二等奖，获得国务院颁发的政府特殊津贴。

【郭继华】（1945—）清华大学物理系教授。1970 年清华大学自动控制专业毕业，1980 年清华大学光学专业硕士毕业。1985 年 7 月至 1987 年 11 月及 1996 年 11 月至 1997 年 11 月在美国访问学者，其他时间均在清华大学工作。主要从事光学干涉精密测量及近场光学的科研工作和光学、电子学教学工作。1981 年获北京市科学技术进步一等奖，国家发明三等奖，1992 年再次获国家发明三等奖。同殷纯永教授一起提出精密测量的适应原则，目前正在编著《干涉测量中的创新》一书。主要著作有《晶体光学原理》（国防工业出版社 1990 年版）、《精密光电仪器设计》（机械工业出版社 1994 年版）、《现代干涉测量技术》（天津大学出版社 1998 年版），分别获 2004 年度、2007 年度国家发明二等奖。

【郭顺才】（1950—）北京人，中共党员，毕业于吉林职业师范学院。现任北京冶金设备研究设计总院信息资料所所长、党支部书记，副研究馆员。系中国档案学会会员、冶金档案学会科研分会理事，北京时代学人文化研究院研究员，北京三联创新管理科学研究院高级研究员。1989 年起历任院档案科科长，情报研究室、档案室主任，党支部书记，主要负责图书、档案、资料、专业杂志的编辑、发行等管理工作。2000 年 7 月任信息资料所所长、党支部书记。1982 年担任冶金部团委委员时，作为列席代表参加了共青团十一届代表大会。1987 年 3 月被冶金部指派参加全国人大六届五中全会的服务工作，任大会派驻广东代表团秘书，圆满完成了任务。在工作中曾被冶金部授予"优秀转业团干部"称号。曾被冶金设备研究院评为优秀党员、优秀小组长、院先进工作者。

【郭三堆】（1950—）山西泽州人，大学学历，研究员。任中国农业科学院生物技术研究中心分子生物学研究室主任、研究员、博士生导师，系中国农业学会理事、中国生物工程学会理事、中国农业生物工程学会理事、北京市遗传学会副理事长、中国遗传学会会员、中国遗传学会微生物专业委员会委员、中国生物学会会员。享受国务院政府特殊津贴。全国劳动模范。主要从事生物工程技术研究工作。在"六五""七五""八五"期间，作为重要科技骨干和负责人完成省级和国家级"枯草芽孢杆菌高效表达载体构建""棉花抗虫基因工程研究""甘蓝等蔬菜抗虫研究""高效杀虫生物农药工程菌的构建""抗虫转基因棉花培育"5个课题。参加"863"计划"抗虫玉米研究"，辽宁省、新疆维吾尔自治区联合攻关项目等9个项目和课题。特别是在主持"抗虫棉研制"的工作中，研制成功了"中国单价抗虫棉"，使中国在国际上成为居美国之后、能独立自主研制成抗虫棉的第二个国家，并获得我国自己的专利知识产权。在从事生物工程技术研究20多

年中。获中国农科院科技进步一等奖2项，省部级科技进步二等奖3项，申报国家奖1项，申请专利5项，获中国专利1项，共11项成果。被评为国家级有突出贡献中青年专家，国家第二层次优秀科技人选。发表研究论文50多篇，专著1种。指导培养硕士生15人，指导培养博士生6人，博士后1人。为中国农业生物技术的发展和培养人才做出了贡献。

【郭镇之】（1951—）女，江苏镇江人，中国著名的新闻学者，清华大学新闻与传播学院教授。1985年9月入中国人民大学研究生院，为最初一批中国新闻学博士研究生，师从著名中国新闻史专家方汉奇教授，研究中国电视史。博士论文《中国电视史稿》为首部研究中国电视历史的著作。1989年1月获法学（新闻学）博士学位。代表作《中国电视史》为博士论文的修订文本，1991年由中国人民大学出版社出版，1993年获中国社会科学院新闻研究所建所15周年学术评选学术专著一等奖。1999年该书获中国广播电视学会第三届广播电视学术著作评选二等奖。

【郭成喜】（1951—）教授。1981—1997年

在中国船舶科学研究中心从事科研和研究生教学工作，从 1997 年开始在西安建筑科技大学从事教学和科研工作。1991—1993 年受国家教委公派先后在波兰 LODZ 大学和 SCCZECIN 工业大学做访问学者。先后讲授过《计算结构力学》《高等钢结构》《钢结构》等课程。多年从事包括重大国防科研课题在内的科研工作（其中获部级三等奖一次，厅局级奖四次），涉及固体力学、结构力学、计算力学、钢结构疲劳性能、钢构件可靠性等诸多领域，具备深厚的理论功力。授课理论脉络清晰，表述深入浅出，尤其长于循循善诱。已出版的著作有《土木工程专业毕业设计指导》《土木工程专业课程设计指导》《钢结构·钢结构基础》《钢结构·房屋钢结构设计》《钢结构学习辅导和习题精解》。

【郭清华】（1952—）女，北京人，中共党员，1978 年毕业于北京广播学院新闻系。中央电视台海外中心海外专题部副主任，主任编辑。中国都市人类学会常务理事，中国纪录片学术委员会副秘书长，中国民族学会影视人类学分会副秘书长，中国电影电视摄影师学会理事。以电视专题片和纪录片为主，其中《改革希望之光》《中国人的新生育观》获全国对外宣传节目三等奖，《西藏大祈愿》《在共和国的史册上》获全国对外宣传节目二等奖。《时代之子：郭沫若》获全国对外宣传节目优秀奖，《一个工作妇女的一天》获全国对外宣传节目三等奖，《北京世界妇女的盛会》《难忘北京 NGO》《90 亚运》《最后的山神》获第 30 届亚广联大奖，《西藏的故事》获全国对外宣传节目一等奖。

【郭怀成】（1953—）北京人，1987 年毕业于北京大学（硕士研究生），北京大学环境学院教授、博士生导师。现为中国海洋湖沼学会水环境分会常务理事，中国水环境学会理事、《环境科学学报》编委、九三学社资源与环境委员会委员等。1980 年以来，参加并负责完成的科研课题有“北京城区近郊区地下水硬度升高机制研究”、“伊洛河水质评价和管理规划研究”、“京津唐地区水资源开发对环境的影响”（国家“七五”攻关课题）、“九江市龙开综合整治规划研究”（国家“七五”攻关课题）、“中国高等环境教育发展战略研究”（世行贷款项目）、“洱海流域可持续发展的综合环境规划”（UNEP 项目）、国家“十五”重大立项“受污染城市水源修复技术与工程示范”“城市篇的系统识别理论与生态调控机理"（"973"项目）等 30 余项，其中获部委级科技进步二等奖 2 项，国家、省、部级科技进步三等奖 4 项。在国内外核心学术刊物和国际会议上发表论文 100 多余篇，编著教材《环境科学基础教程》《环境规划学》。

【郭富民】（1954—）陕西汉中人，中央戏剧学院戏剧文学系资深教授、博士研究生导师。汉中师范学院（现陕西理工大学）中文系 77 级本科，中央戏剧学院戏剧文学系 88 级硕士。历任中央戏剧学院戏剧文学系副主任、影视学院院长、图书馆馆长等职。长期担任文化部、北京市文化局高级职称评审委员会和多种艺术奖项评审委员。曾参与第一版《中国大百科全书·戏剧卷》的撰写和编辑工作。为全国各地大学和政府机构做戏剧专题讲座数十次。著有《中国现代话剧教程》《插图中国话剧史》《世界当代文学史》《民国话剧史》等专著，有《开拓当代戏剧的新边疆》《形象的进化与结构的进化》《小剧场艺术的当代震荡》《新国剧构想》等数十篇论文。另有传记文学《元首传》《世界史通俗演义·当代卷》和诗歌、小说、散文数十篇。此外有话剧《断腕》《一个无政府主义者的意外死亡》《绿水青山》，音乐剧《美人鱼》《上海卡门》，电视剧《李子秀》《共和国反贪风云》，电影《山雨》等十几部戏剧影视作品。在中央戏剧学院数十年传道授业，培养了大批戏剧影视专业人才，话剧《断腕》《一个无政府主义者的意外死亡》和所提"新国剧"主张等，都产生了深远的影响。

【郭英德】（1954—）福建人，文学博士。现为北京师范大学文学院教授、北京师范大学文艺学研究中心副主任，兼任北京大学中国古典文献学研究中心、复旦大学中国古代文学研究中心等国家教育部重点研究基地的学术委员会委员。1996 年被评为北京市"培养跨世纪理论人才百人工程"入选者，2000 年被评为国家教育部人文社会科学跨世纪优秀人才。长期从事中国古代文学、中国古代戏曲、中国古典文献学、中国古代文化、中西文化比较等方面的研究。曾获首届国家社会科学基金项目优秀成果奖、中国高校人文社会科学研究优秀成果奖、北京市第六届哲学社会科学优秀成果奖、北京市教学名师奖、宝钢优秀教师奖等。

【郭健】（1956—）北京人。1982 年 12 月毕

业于原北京医科大学基础医学系，获医学学士学位。1988 年 7 月毕业于北京协和医科大学研究生院，临床化学专业，取得医学硕士学位。毕业后，被分配到卫生部临床检验中心工作，现任中心副主任兼特检室主任，研究员、硕士研究生导师。同时应聘担任中华医学会检验分会第五届委员会委员兼秘书，《中华检验医学杂志》第五届编委会副总编辑，中华医学会北京分会检验专业委员会副主任委员，中华医院管理学会临检专业委员会常委，第二届全国临床检验标准委员会秘书长，第二届全国医用临床检验实验室和体外诊断系统标准化技术委员会副主任委员，《中国临床实验室》编辑部主任。曾于 1997 年赴日本 SRL 临床检验所学习分子诊断技术和商业实验室管理，2000 年赴苏黎世大学医院学习基因多态性检测技术及医学实验室管理。2000 年以来，发表论著文章 9 篇，参与编写学术著作 4 部，同时参与了全国卫生行业标准的编写工作。

【郭树清】（1956—）内蒙古乌兰察布市人。1984 年 4 月加入中国共产党，1974 年 8 月参加工作，中国社会科学院马列所法学专业毕业，研究生学历，法学博士，研究员。任中国证监会主席、党委书记、中国人民银行货币政策委员会委员。

【郭庆光】（1956—）山东人。1982 年毕业于中国人民大学新闻系。2009 年调入清华大学新闻与传播学院，任教授、博士生导师。兼任国务院新闻传播学科评议组成员、全国考试委员会新闻类专业委员会主任、北京市网络协会监事长等学术职务。曾任中国人民大学新闻学院院长。主要著述有《传播学教程》《实证分析：战后日本人的中国观》《大众传播、信息环境与社会控制》等。《传播学教程》（"九五"国家级重点教材）于 2000 年获北京市第六届哲学社会科学优秀成果二等奖。《传播学的研究对象与基本问题》（论文）于 2000 年获第七届中国人民大学优秀科研成果奖。

【郭东】（1957—）北京人，高级经济师，全国劳动模范。国家开发银行党委书记、行长。历任国家开发银行兰州市分行副行长、山西省分行副行长、国家开发银行总行业务发展局副局长，2008 年开始担任国家开发银行重庆分行行长、分行党委书记。上任之际，也是重庆经济实现大发展大跨越的重要时刻，曾被评为"2009 年度十大重庆经济年度人物"。

【郭夏】（1957—）北京人，新生经济学创始人，毕业于北京大学和中共中央党校。任中国新生经济研究院院长，兼任中央党校超越之路课题组特邀研究员、北京大学中国战略研究中心研究员，担任多家创新型企业和公益组织的经济顾问。经过 30 多年潜心研究和 3 年多闭关著述，于 2010 年完成了经济学理论创新力作《解码经济》，创立了中国经济学家原创的新生经济学。新生经济学的理论新意主要体现在以下几个方面：3G 经济学。如果把英国的古典经济学看作第一代经济学（1G 经济学），把美国的现代经济学看作第二代经济学（2G 经济学），中国原创的新生经济学则是在古典经济学和现代经济学思想成果基础上创新形成的第三代经济学（3G 经济学）。

【郭巧】（1957—）女，河北人，博士，联合国咨询工作专家，北京市信息化专家，国防科工委信息化专家，北京理工大学教授，博士生导师。信息科学与技术学院学科带头人、现代教育技术与网络信息中心主任，IEEE 会员，亚太地区高速互联网组织成员，中国互联网协会会员，中国信息协会信息安全专业委员会委员，全国高等院校信息化研究会常务理事，教育部现代远程教育协作组成员，中国人工智能学会智能控制与智能管理委员会委员，中国电子学会理事，中国电子学会青年学术工作委员会委员，中国电子学会理事，中国电子学会青年学术工作委员会委员。1982 年毕业于哈尔滨工业大学，获工业学士学位；1986 年毕业于哈尔滨工业大学，获工学硕士学位；1990 年毕业于北京理工大学，获工学博士学位。1990—1992 年在中国科学院系统科学研究所博士后流动站工作，1992—1994 年在美国俄亥俄州立大学以博士后身份从事客座研究，回国后在北京理工大学工作。1998—1999 年以高级访问学者身份在美国斯坦福大学从事客座研究。目前已培养博士研究生 16 人，硕士研究生 42 人。为博士研究生和硕士研究生开设学位课、专业课和专业基础课 5 门。以项目负责人身份完成国家自然科学基金项目 3 项、国家自然科学基金重点项目 1 项、国防预研项目 1 项，发表学术论文 70 余篇，其中有 19 篇文章由 EI 和 SI 收录，并有 3 篇学术论文分别于 1985 年、1993 年、

1998 年由中国仿真学会及北京理工大学评选为优秀学术论文和优秀学术论文一等奖。1999 年出版学术专著一部，该专著获北京理工大学"九五"学术专著出版基金资助，获 1996—1997 年度北京理工大学"三育人"优秀教师称号。

【郭汉生】（1957—）河南人，1981 年毕业于河南师范大学，1991—1996 年留学联邦德国，并获物理学博士学位。现任北京工业大学副教授、硕士生导师，美国现代科学学会会员。长期致力于科学理论和实验技术研究，在表面物理、薄膜工艺、材料现代分析方法和超高真空技术方面造诣很深，有多项科研成果问世。曾两次应日本无机材料研究所邀请进行合作研究，对碱金属离化物在硅表面的吸附形态和机理有深入研究，对冲激光射和沉积过程的研究取得新颖成果。几年来发表科学论文近 40 篇，多数发表在重要的国际专业杂志上，并被 SCl、EI 等重要索引收录。出版专著一部；参与过三种书的编写；曾获省部级二等奖 1 项、开发科技产品 1 项。

【郭军】（1959—）吉林舒兰人。曾任北京邮电大学信息与通信工程学院执行院长、教授、博士生导师、校学术委员会计算机与控制学科组副主任。2012 年起任北京邮电大学副校长。系北京市政协委员、北京市高级知识分子联谊会理事、北京市海淀区人大代表、中国高等教育学会常务理事。研究领域为基于整形变换的手写汉字识别方法，在 IEICETransaction、电子学报等国内外学术杂志上发表 10 多篇相关论文。在对日本国家标准汉字数据库 ETL9 的测试中获最高识别率，在 1995 年和 1998 年国家"863"举行的两次全国评测中分别获得识别率的第一名和第三名。邮电部科技进步二等奖、北京市科技进步三等奖、北京市优秀青年骨干教师、北京市青年学科带头人、国务院政府特殊津贴、中国电子学会高级会员、IEICE 会员。

【郭松江】（1959—）黑龙江哈尔滨人，毕业于中国人民解放军南京外语学院，获学士学位。毕业后到全国海拔最高的边防检查站新疆红其拉甫边防检查站工作，历任翻译、边检处处长。1988 年调公安部边防局工作，任正营职参谋。1990 年转业到中央纪委、监察部外事局工作。历任外事局办公室副主任、亚非处处长、副局级专员、副局长等职务。其中，1994 年 8 月—1995 年 10 月公派赴英国留学，获硕士学位。于 2001—2004 年赴西藏自治区工作，任西藏纪委常委、监察厅副厅长兼监察综合室主任。2007 年 6 月，参加组建国家预防腐败局工作，同年 9 月任中央纪委预防腐败室（国家预防腐败局办公室）任副局级专员。2008 年，任研究实施联合国反腐败公约领导小组办公室副主任，联合国反腐败专家。2018 年，任中央纪委、国家监察委员会国际合作局检查监察员。在部队期间多次荣立三等功，在中央纪委工作期间，荣获数次嘉奖。

【郭惠民】（1961—）中共党员，毕业于北京国际关系学院英语系。现任国际关系学院副院长，教授，研究生导师；享受国务院特殊津贴专家；中国国际公共关系协会常务理事、副秘书长；国家职业资格工作委员会公关专业委员会副主任；国际公关协会（IPRA）会员。长期从事传播学、公共关系学和市场营销学的理论研究、教学和实践活动，为国内最早投身公关事业的学者之一。1990 年以访问学者身份赴英国，成为担任"世界最佳公关案例金奖大赛"的第一位亚洲评委。十多年来在国际公共关系、危机管理、整合营销（品牌）传播等研究课题上有较多成果，著述颇丰。主要著作有《国际公共关系》、《公关员职业培训和鉴定教材》、《中国优秀公关案例选评》（四册）和《海外公关译丛》。发表学术论文数十篇，其中《中国公共关系咨询业市场——国际化和本土化》为 1997 年 4 月在台湾举行的"海峡两岸公共关系学术暨实务研讨会"演讲论文，被《中国名牌》《公关世界》等多家刊物转载，入编《中国新时期社会科学成果荟萃》；"中国公关市场发展趋势"（英文稿）1997 年发表于美国的《公关报道》杂志。郭惠民教授还热衷于体育运动，获得北京市高校校长网球赛冠军。2008 年被选为奥运会火炬手。

【郭凤梅】（1961—）女，中共党员。北京王府井女子百货商厦有限责任公司副经理。2010 年荣获"全国劳动模范"称号。她刻苦钻研业务技术，利用业余时间参加了成人大专教育的学习，从一名普通的员工成为一个懂珠宝知识和管理经营的部门负责人。她注意对市场的调查和研究，及时向企业领导提出合理化建议，不断调整经营品种，想方设法扩大经营面积，使企业效益逐年增加，年年超额完成任务。仅 2004 年，在有限的经营场地创出 5300 万元的好成绩。

【郭国庆】（1962—）河北阜城人，经济学博士，中国人民大学商学院教授、博士生导师，中国市场营销研究中心主任。第七届全国青联委员；第八、九、十届全国政协委员。1983 年毕业于中国人民大学贸易经济专业，同年考取该校硕士研究生，主攻国际市场营销理论。1986 年留校任教。主要著作有《市场学习指南》（吉林人民出版社 1987 年版），《市场学原理》（中国展望出版社 1987 年版），《乡镇企业市场营销》（科普出版社 1989 年版），《市场学》（中国和平出版社 1990 年版）等。主要译著有《创业之路》（民族出版社 1988 年版），《市场营销问答》（世界图书出版公司 1990 年版）等。发表论文百余篇，主要有《论开拓日本市场策略》（《江苏对外经贸论坛》1986 年第 3 期），获 1988 年中国人民大学优秀科研成果奖，《弱胜与强克弱竞争术》（《国内外经济管理》1988 年第 13 期），获有奖征文一等奖。

【郭中雁】（1962—）浙江仙居人，1986 年毕业于浙江大学力学系，中共党员。现任建设部综合勘察研究设计院高级工程师、土木工程—岩土工程专业全国注册工程师。曾任建设部综合勘察研究设计院深圳分院办公室主任，技术部经理，香港基期土力公司项目经理，东莞兆旌建材厂项目经理、厂长，中期（天津）海河大桥项目经理，北京中源大通房地产开发有限公司副总经理。参加建设部科研项目——柱基动力测试科研工作。参加国家"七五"攻关项目——城市地质灾害防治的科研工作。参加国家"863"课题——国家重大建设项目动态监测与评价信息系统的科研工作。参加工作以来，多次获得建设部综合勘察研究设计院的先进工作者和优秀共产党员的称号。

【郭锐】（1962—）四川绵阳人，祖籍山西汾西。北京大学中文系教授，博士生导师。北京大学汉语语言学研究中心专职研究员，北京大学中国语言文学系副系主任，分管中文系研究生院。专著《现代汉语词类研究》于 2004 年获北京大学第九届优秀成果一等奖。专著《现代汉语词类研究》于 2004 年获北京市第八届哲学社会科学优秀成果一等奖。入选教育部 2004 年度"新世纪优秀人才支持计划"。

【郭武仁】(1963—)浙江诸暨人，中共党员，海军大校，正师职。1986年毕业于海军工程大学，2003年获硕士学位，历任海军某部处长、装备部副部长、总工程师、装备部部长，国防大学教官，海军某研究所所长等职。期间，组织参与了多项国家、军队重大军事演习和任务保障，主持了多项重点装备科研任务，荣立三等功2次；获军队科技进步二等奖2项；出版著作1部，发表多篇获奖论文。2011年以来，先后被聘为中国环境科学学会国防环境分会常务理事，中国核能动力学会船用核动力专业委员会理事，中国人民解放军总装备部军事核安全技术专业组专家，核反应堆系统设计技术重点实验室学术委员会委员、顾问，核安全与仿真技术国防重点学科实验室学术委员会委员，中国计算机仿真应用协会副理事长。

【郭焕成】(1963—)山东聊城人，研究员、博士生导师。毕业于南京大学地理系经济地理专业，分配到中国科学院地理研究所经济地理室工作，曾任农业地理室、乡村地理室主任，经济地理部副主任。兼任中国科学院农业研究委员会委员和乡村发展联合研究中心副主任，中国地理学会持续农业与乡村发展专业委员会主任，中国土地学会和农业资源区划学会常务理事，北京地理学会理事长，北京土地学会副理事长，北京城市科学研究会理事。《经济地理》《农业资源与区划》杂志编委，《北京土地》主编。北京师范大学、同济大学、聊城大学兼职教授。长期从事农业地理与乡村地理研究。2000年以来，主持开展了农业可持续发展战略、土地利用规划、观光休闲旅游农业及乡村社会经济发展研究。撰写了《土地利用调查与制图方法》《中国农业类型分类研究》《黄淮海地区乡村发展研究》《乡村地理学的性质、任务与途径》《观光农业地方研究》，研究成果先后获得科技进步二等奖1项，中国科学院科技进步一等奖2项，北京大学科技工作者进步二等奖2项、三等奖1项。近年来多次主持海峡两岸观光休闲农业与乡村旅游发展学术研究活动，负责主编多项观光休闲农业与乡村旅游地展论文专著，对开展海峡两岸农业与地理科技合作交流，推动中国观光休闲农业与乡村旅游地理发展做出贡献，是中国农业地理、乡村地理和观光休闲农业地理研究领域的学术带头人。

【郭定辉】(1964—)四川乐至人，中共党员，北京航空航天大学数学与系统科学学院教授。参与多个合作项目，共在国内外刊物发表 26 篇科技论文，其中 11 篇被 MathematicReviews 评论过，多篇收入 SCI 或 EI 检索系统以及《中国数学摘要》。荣获第四届北京市青年教师论文二等奖；北京市科技论文二等奖、北航科技进步三等奖（参与者）、"西飞"奖学金三等奖、北航教学集体三等奖、北航优秀教材奖（集体）等多项荣誉。撰有《关于一类算子的不等式及其应用》等 26 篇科技论文，合著有《现代数学基础》等著作。

【郭丽双】（1964—）女，东方美亚投资有限公司董事长。中国光彩事业促进会第四届理事会理事，北京市政协委员，北京市商会副会长，北京市工商联副主席，北京市顺义区工商联副主席。2017 年 9 月 26 日，被北京市工商联第十四届执行委员会第一次全体会议选举为北京市工商联副主席。公司成立"中国救灾孤儿院"，使多批孤儿脱离贫困，并救助在校特困大学生百余名；曾获全国三八红旗手称号。

【郭剑飞】（1964—）安徽宿松人，研究员，毕业于中国人民大学国际政治系。任职于中国人民解放军总装备部宣传部，从事思想政治教育与宣传、研究工作，贡献突出。著有《国防与科技》《校园文化学》《邓小平新时期军队现代化建设思想研究》《科学社会主义理论与实践》等书，共计 80 万字。有 20 多万字的论文发表。先后获"为国防科技事业献青春"贡献章一枚，获优秀团干部、优秀党员、学雷锋先进个人、基层文化活动先进个人等荣誉，并多次获嘉奖。提出并实践"诗化教学"的教学方法，得到领导、同行和学生们的肯定，先后主讲过《国际关系》《科学社会主义》《当代世界社会主义》《中国社会主义建设》《中国革命史》等课程，在理论宣传、理论学习、理论研究方面付出努力。

【郭伟】（1966—）中国人民解放军总医院教授。1990 年第三军医大学毕业后于中国人民解放军总医院普通外科工作，1996 年于军医进修学院硕士毕业，2000 年参加欧洲腔内血管外科学习班，2003—2004 年在澳大利亚纽卡索医学院及悉尼大学进修血管外科。现任中国人民解放军总医院血管外科主任，教授、主任医师、博士生导师，是"总后十大学习成材标兵""总医院学科带头人苗子"等。《中国实用外科杂志》编委，《血管外科杂志》编委，《中华外科杂志》《中华医学杂志》《中华普通外科杂志》特约审稿，是国际腔内血管外科学会会员、亚洲血管外科学会会员、全国血管外科学组委员、全军血管外科学组副组长、北京血管外科学组常委等。近年来发表论文80余篇，参与编写的专著8部，主编1部。获北京市科技成果一等奖一项，军队科技成果奖3项，国家专利4项，国家及省部级课题多项。

【郭胜利】（1969—）河北栾城人，中国科学院水利部水土保持研究所研究员、博士研究生导师，中国科学院长武黄土高原农业生态试验站副站长。1995年参加工作以来，以土壤学和生态学的专业知识为基础，结合西部地区干旱少雨而水土流失严重的现实，主要进行流域土壤碳氮循环研究。在水土流失治理与区域碳循环机理方面，先后获得国家自然科学基金、中组部与科学院"西部之光"人才培养计划项目、中科院重要方向性项目资助。

【郭玉庚】（1970—）辽宁沈阳人，中共党员，

北京市公安局海淀分局民警，中国政法大学硕士研究生毕业。1989—2004年，曾在武警部队北京总队服役，担负过中央首长驻地警卫任务，负责过省部级"双规"勤务，参加并组织世界妇女大会驻地警卫和现场处置任务，在部队历任班长、排长、中队长、教导队长、大队长等职，所带部队荣立集体二等功1次和集体三等功3次，所任职部队被评为先进党支部和党委。2005年转业来到北京市公安局海淀分局预审处从事刑事和经济案件审理工作，所负责的案件"零投诉"，所审理案件百分百处理。2016年因工作突出，被借调到公安部专案组工作至今。荣立个人二等功1次，三等功8次，全国武警部队优秀干部，全国武警部队学雷锋标兵，全国武警部队优秀四会教练员，武警部队北京总队优秀机关干部和优秀党员。由于热爱法律工作，业余时间从事法律援助，同时还从事国家政策咨询、金融咨询和投融资工作。

【郭彩云】（1970—）女，山西晋城人，民建会员，经济学硕士，高级审计师、注册会计师。现任国家审计署政研室主任、贵州省黔东南州副州长（挂职）。曾获全国三八红旗手称号，为第十一届全国青联委员、北京市

西城区第十四、十五届人大代表。

【郭艳】（1971—）女，安徽舒城人，中国社会科学院文学博士，北京师范大学博士后，现为鲁迅文学院副研究员，鲁迅文学奖评委。从事中国现当代文学史研究与当代文学批评。已在《中国现当代文学丛刊》《南方文坛》《天涯》《小说评论》《当代文坛》《新文学史料》和《文艺报》等核心报刊上发表论文几十万字。发表书评、随笔和中短篇小说十几万字，出版长篇小说《小霓裳》。完成博士后出站报告《亚文化视域中的"80后"青年写作》，主编《21世纪中国文学大系——2007年青春文学卷》等。

【郭健】（1973—）北京儿童医院主任医师。1992—1997年于哈尔滨医科大学学习，1997—2000年在大连医科大学获得临床医学硕士学位，2002—2005年就读于中国医学科学院阜外心血管病医院心脏外科，从师于阜外心血管病医院小儿中心主任、博士生导师刘迎龙教授，在阜外医院接受小儿先天性心脏病的诊治训练。参加各种心脏外科病手术2000余台，独立完成各类先天性心脏病手术700余台，对先天性心脏病的诊治有一定的临床经验。曾经参与国家自然科学基金及北京市科技计划项目等课题，作为第一作者在国内核心杂志发表论文数篇，并参与多部小儿先天性心脏病专著的编写。

【郭剑锋】（1976—）山东夏津人。2007年12月于浙江大学机械与能源学院现代制造工程研究所获得工学博士学位。2008年1月—2009年12月，清华大学自动化系CIMS中心博士后。2009年8月—2010年3月NEC中国研究院访问学者。2010年3月至今工作于中国科学院科技政策与管理科学研究所能源与环境政策研究中心，副研究员，硕士生导师。主持国家自然科学基金面上项目1项、国家科技支撑项目子课题2项，中科院研究所重点课题1项，博士后基金项目1项，企业委托课题1项；曾主持完成中国博士后科学基金1项，中方第二负责人完成欧盟第六框架项目1项，参加完成国家自然基金项目1项，国家"863"计划项目2项。获得已授权发明专利2项，计算机软件著作权7项。已发表论文近40篇，高水平SCI刊物论文4篇，其他国际国内高水平论文10余篇。擅长技术领域语义网、知识工程、数据挖掘、决策支持系统。

【郭恩娟】（1977—）女，中共党员。本科学历，现任中国邮政集团公司邮票印制局质量管理部副主任、工程师。局工会女工委主任。1998 年毕业于北京印刷学院，同年到邮票印制局制版中心工作。2010 年任制版中心主任。2014 年 12 月调入邮票印制局质量管理部工作，任质量管理部副主任。获得"全国劳动模范"、"全国三八红旗手"、"中央国家机关优秀（杰出）青年"、首届信息产业部直属机关"十大杰出青年"、国家邮政局直属机关"优秀共产党员"、邮票印制局"先进工作者标兵"等荣誉称号。制版中心团队获得交通运输部全国"青年文明号"、中央国家机关团工委市级"青年文明号"、信息产业部直属机关"青年文明号"、中国邮政集团公司"青年文明号"、中国邮政集团公司"五四红旗团组织"、全国国防邮电产业"模范职工小家"等荣誉称号。2017 年当选党的十九大代表。

【郭瑞鹏】（1978—）山西襄汾人，中共党员。解放军合肥炮兵学院本科毕业，并被保送攻读本校军事运筹专业硕士研究生，后又攻读北京理工大学管理学博士学位，现为国防大学军事管理学院军民融合发展研究中心副研究员。长期从事国防经济、军民融合和国民经济动员管理方面的理论研究和大课教学。率先在学校重要班次组织实施了军民融合案例研讨教学，教学方式和效果受到学员充分肯定。他多次走访国家部委和军委机关，深入地方和企业搞调研，收集整理了大量的一手材料，编写《钓鱼竿企业"参军"的困惑》《"北斗"卫星导航的喜与忧》，军民融合典型案例在教学中得到成功应用。承担和参与完成国家和军队重点课题 30 余项，撰写咨询报告多份，其中 3 份报告获得国家领导人批示。参与《国家统筹经济建设和国防建设协调发展"十二五"规划》起草论证和第三方评估、《国家军民融合发展"十三五"规划》起草论证、《国家军民融合发展战略》预研、军民融合法规制度建设等项重大任务。兼任国家国防经济与安全委员会专家、中国科学学与科技政策研究会军民融合专业委员会副主任，《军民融合》《中国国防经济》《数字国防》杂志编委。2009—2010 年，担任联合国驻利比里亚军事观察员。曾荣立三等功一次，获联合国和平勋章，享受军队专业技术人才三类岗位津贴，被列为国防大学首批"新苗"培养对象。

天津市

【郭钧】（1920—1978）四川富顺人，生于成都市，原名荆荣，自幼喜爱美术。1938年任中华全国木刻界抗敌协会成都分会理事，同年加入中国共产党。1939年去延安，入鲁迅艺术学院美术系学习。中华人民共和国成立后，历任天津人民美术出版社社长、天津美协副主席。曾当选为天津市人大代表、政协委员。美术作品主要有版画《慰问》《生产》，年画《分果实》等。

【郭逸尘】（1920—）河北博野人，笔名洛金等。新蕾出版社编辑、副编审，中国作家协会天津分会会员、天津市陶行知研究会理事、中国解放区文学研究会会员。著有《在列车开动之前》《虎帮》《不期而遇——忆赵丹》《鱼魔》等中、短篇小说、诗歌及评论文章。曾编辑、出版文艺读物、少儿读物130余部，其中获全国及省市优秀图书奖者15部：《少年鲁迅的故事》获全国优秀少儿读物评选一等奖，市优秀图书编辑一等奖；《别了，远方的小电》获全国优秀少儿图书奖；《甜葡萄工园发生的故事》获全国优秀图书奖；《神马萨日勒》《顽石点头》《塞外莽林》《作家的童年》《失踪的马队》《金疙瘩》等均获省市级以上优秀图书奖。为纪念世界反法西斯战争的抗日战争胜利五十周年，还主编了《不能忘啊！——侵华日军在南京、潘家峪等地的暴行》一书。

【郭士浩】（1921—）天津人。南开大学教授。经济系经济史、经济学说史教研室主任。1945年天津工商学院商学院毕业，翌年调入南开大学任教。1953—1956年为中国人民大学研究生。主要论著有《启新洋灰公司史料》（主持编写，三联书店），《旧中国开滦煤矿的工资制度和包工制度》（合编，天津人民出版社1983年版），《旧中国开煤矿工作状况》（人民出版社1985年版），《唐代的庄园》（载《中国封建经济关系的若干问题》，生活·读书·新知三联书店1958年版），《早期开平煤田的开发》（《南开学报》1980年6期），《试论成本学的理论体系》（《财政研究》1985年第2期），《试论审计方法》（《审计研究》1985年第3期）等。

【郭克坚】（1925—）湖南湘潭人。中共党员，高级经济师。毕业于南开大学。曾任天津市商业委员会科技处处长。天津市食品协会副秘书长，天津市技术经济研究会理事，沙市企管协会理事，天津商经学会理事，天津市城建学院、财经学院、南开大学兼职副教授，四川宜宾地区科技顾问。现从事养殖业研究。长期致力于科技理论研究与发明创造，理论功底深厚、实践经验丰富。十几年来，先后有多篇论文和多项科研成果问世，并产生较好的社会与经济效益。

【郭庆先】（1929—）山东蓬莱人。九三学社社员。大学学历，副教授。历任南开中学、南开女中、南丰路中学数学物理教员，南开女中教研室组长，中医学院医用物理学教授、医用物理教研室主任，中国生物医学工程学会医学物理学会中医专业协作组委员。长期从事医学教学与研究工作。曾筹建过南开女中物理实验室、天津中医学院医用物理实验室等。与全国12所高等教学中医院校有关人员联合编著《中医工程学概论》，由上海中医学院出版社出版发行；中医专业适用的《物理实验讲义》，在该校使用。先后在全国会议上交流论文《物理与针灸的关系》《中医专业应开设医用物理选修课》等。

【郭文】（1932—）女，河北保定人。1948年入中央美术学院学习，1950年参军，1951年任人民美术出版社编辑。1960年后历任吉林艺专、长春电影学院美术系、东北师大艺术系教师，天津美术学院教授。擅长美术教育、西方美术史。著作出版有《达·芬奇》《米开朗基罗》《拉斐尔》《德加》《劳特累克》《米莱》《世界美术史全集·中世纪基督教美术》第五卷；《西方美术史要》《美国现代绘画》《古典、近代、现代西洋美术巨匠》等。

【郭最缺】（1933—）女，河南开封人。1956年毕业于东北化工学院。高级工程师。中国金属学会会员，冶金部高效钢材协会金属制品学组委。长期从事金属制品生产技术、研究和管理工作。主持多项科技研究项目，并多次获奖。1984年获冶金部新产品二等奖和国家金龙奖。"超长钢丝绳"和"镁青铜绳"于1984年均获冶金部新产品二等奖，"冷轧变形钢丝"和"无粘接预应力钢筋"分别获1992年和1994年天津市优秀新产品二等奖。发表论文主要有《轮胎用钢帘线试验研究总结》。合写《国外金属制品情报汇编》《全国金属制品考察报告》等。1985年被授予国防科委、国家计委、经委、科委组织管理国防军工协作工作先进个人称号，获一等奖。享受国家特殊津贴。

【郭鸿懋】（1934—）天津人，南开大学教授，经济学系社会主义经济学教研室主任，中国技术经济学会经济研究会常务理事，天津城市经济学会秘书长，天津商业经济学会副理事长。1952年毕业于天津津沽大学会计财政学系。曾执教于天津师院、河北大学。长期从事政治经济学和社会主义产业结构理论的教学与研究工作，现致力于社会主义城市宏观经济运动理论的研究。主要著作有《政治经济学（社会主义）》（主编，南开大学出版社1987年版）、《横向经济联合问答240题》（合作，北京航空学院出版社1987年版）等。主要论文有《试论积累与消费最优比例的标志》（《南开学报》1981年第3期）、《新的技术革命与沿海中心城市产业结构的转变》（《南开学报》1984年第6期）等。

【郭成有】（1937—）辽宁黑山人，高级工程师，原任职于天津市冶金局。从事专业技术管理工作多年，具有一定的专业理论和实践经验。主持参与的项目专题有耐海水腐蚀平台用钢、海水淡化装置、栅网纲带、双金属管、电渣重熔管钢、纯铁、焊丝钢、低温钢、硅钢带、耐海水腐蚀钢种腐蚀速度的测定。1979年获得冶金部科技二等奖，1986年荣获天津市质量标兵称号，1987年荣获冶金局局级科技先进个人称号。1990年获局级质量标兵称号。论文有《海水对钢材腐蚀速度测定的方法与结果》《耐海水腐蚀钢的论述》等。

【郭善儒】（1938—）河北高阳人，天津理工学院副院长、教授。天津市物理学学会理事、中国气功科学研究会理事、天津市人体科学学会副理事长、天津市气功科学研究会副理事长、中国健身气功会常委兼科学委员主任。享受国务院颁发的政府特殊津贴。从事物理教学、科研工作。主持投掷运动选材与训练测试仪，1989年获第三届天津发明展优秀发明奖，第四届全国发明展铜奖。另主持螺旋理论研究、人体抗寒功能开发研究、抗寒功能状态下人体体表温度的研究、鼎炉研究及在抗寒功能开发中的应用、人体生命逆过程的研究及开发等科研项目。运动速度光电测试仪，获国家专利。1990年，获第二届国际专利及新技术新产品展银奖。

【郭世余】（1944—）女，天津人，大学文化，天津中医学院副教授、副主任医师、文献中心文献研究室主任。大学毕业后一直从事医疗、大学教学、科研（中医文献）等工作。论文《中国针灸史》在《人民日报》（海外版）刊登，被天津广播电台新闻联播报道，为国内新编大专院校针灸教材的重要参考书之一，曾在天津市少年儿童爱国主义教育展览会展出，起到对少年爱国主义教育的作用。在本科班教学，主讲过"子午流注""针灸史""针灸学"，给学位研究生教学主讲过"目录学""文献学"；给留学生主讲过《难经》《灵枢》《素问》，获留学生好评。1986年曾任针灸系86级班主任，该班荣获天津市先进班集体荣誉称号，本人荣获学院先进工作者称号。

【郭美美】（1945—）女，天津人，天津评剧院演员，国家二级演员。中国评剧艺术发展促进会理事，中国戏剧家协会会员，天津戏剧家协会会员。曾在40多个剧目中担任主要演员，其中在20余个剧目中任领衔主演。

代表剧目有《茶瓶计》《喜荣归》《春草闯堂》《无双传》《花为媒》《花木兰》《黄姐》《刘胡兰》《江姐》《南方来信》《社长的女儿》《红花曲》《沙家浜》《向阳商店》《杨三姐告状》《包公三勘蝴蝶梦》等，其中戏曲电视连续剧《村南柳》（饰凉药）获1999年度全国戏曲电视连续剧蓬勃奖，天津市戏曲电视剧一等奖。天津电台、中央电台均在戏曲专题中介绍其艺术特色，部分代表剧目全剧、选场、选段在天津及中央电台、电视台录音、录像。参加全国振兴评剧交流汇演，演出的《村南柳》获天津市文化局颁发的演员鼓励奖。

【郭福成】（1955—）河北人，副主任医师，天津市汉沽区中医医院副院长。多年来，运用书本知识及老中医的宝贵经验，结合工作实践，对于三叉神经痛、中风偏瘫、坐骨神经痛、血管性头痛、脾胃病及其他一些神经系统疾病形成了一套独特的治疗风格，并成功地动用了动脉注射疗法治疗周围血病。在专业期刊多次发表学术论文，包括有"泻头部三经五行治疗血管世头痛""小周天针法治疗下垂60例""天鼎穴的临床应用""饿虎扑食法治疗胸痹33例"等，分别发表在《针灸临床杂志》《上海针灸杂志》《天津中医》等杂志。曾被区青联授予"汉沽区十佳青年科技标兵"，市青联"青春献八五优秀青年"光荣称号。并被评选为汉沽区针灸学科学带头人。

【郭富常】（1955—）中共党员，教授，硕士生导师。1978 年毕业于北京农业大学园艺系，后于天津农校任教，1985 年公派赴日本留学，1988 年和 1991 年分别在日本高知大学、爱媛大学取得农学硕士和博士学位后回国，回国后创办了经济自理全民性质的天津市园艺工程研究所并任所长，2002 年 11月参加筹建天津大学农业与生物工程学院，2003 年 9 月调入天津大学，现任天津大学农业与生物工程学院院长。主要研究方向为植物生体信号的传导、蔬菜栽培生理。主要学术成果主持完成番茄落花落果生理机制等12 项科研成果，获奖成果两项，与西北农业大学联合，指导硕士研究生 4 名。社会和学术团体兼职天津市科协常委、天津市政府农业技术顾问、中国园艺学会理事、中国植物生理学会理事、天津市园艺学会副理事长、天津市自然基金评审专家、天津市留学生协会副会长、天津市专家协会副秘书长、天津农学院客座教授、西北农林科技大学硕士研

究生导师等。

【郭宝印】（1956—）天津人，中共党员，任天津市西青区政协副主席，西青区李七庄街王兰庄村党支部书记、村委会主任，天津市津兰集团董事长兼总经理。自 1978 年任职以来，四十年如一日，不计个人得失，不顾身患重病，带领"两委"班子成员、党员、群众艰苦创业、顽强拼搏，把一个贫穷落后的王兰庄建设成为经济发达、文明富裕的社会主义新农村。他是共产党员实践"为人民服务"宗旨的模范，也是新时期基层党员干部的杰出代表。2005 年被评为"全国劳动模范"。

【郭久苓】（1957—）女，天津武清粮油集团有限公司总经理。2005 年全国劳模，廉洁奉公，乐于奉献，始终如一，任劳任怨，在粮食行业奋战了 28 年，以廉励己的工作备受称颂，成为干部职工的楷模。

【郭太现】（1962—）中共党员，博士研究生学历，中海石油（中国）有限公司天津分公司副总经理、党委副书记，高级工程师。2001 年天津市优秀共产党员。2002 年全国

海洋石油工业劳动模范。2004 年中国海洋石油工业优秀共产党员；中央企业优秀共产党员。2010 年获"全国劳动模范"称号。

【郭宏】（1964—）中共党员，博士，教授，硕士生导师，天津农学院动物科学系党支部书记，天津农学院动物分子育种与转基因创新中心实验室学科带头人。现任中国畜牧兽医学会动物遗传育种学分会会员、中国科学基金研究会会员、中国西门塔尔牛育种委员会理事、中国畜牧业协会牛业分会理事、天津市饲料工业协会理事、天津市科技特派员和天津农学院教学督导组组长等职。内蒙古自治区"321"人才工程人选。2008—2013年，主持国家重大专项、国家自然科学基金和市级课题 10 余项。发表学术及教改论文近 40 篇，SCI 收录 12 篇，申请国家发明专利 10 项，已授权 4 项。《德州肉驴引种与生产技术规范》和《香猪引种与健康养殖技术研究》。先后被 Animal Genetics、Molecular Biology Report、Biochemical Genetics、Achieve of Animal Breeding、South African Journal of Animal Science、Journal of medicine and medical sciences、International Research Journal of Plant Science、African Journal of Biotechnology、Iranian Journal of Applied Animal Science 等国外 12 个 SCI 期刊和中国《畜牧兽医学报》等三个国内一级学报聘为特邀审稿专家。

【郭义】（1965—）甘肃礼县人，现任天津中医学院针灸系系主任、教授、研究员、博士生导师。1987 年本科毕业于甘肃中医学院，1990 年硕士毕业于天津中医学院，2005 年博士毕业于天津大学，1996—1999 年四次赴日本讲学，1999 年 8 月至 2001 年 8 月在日本铃鹿医疗科学大学东洋医学研究所工作，任主任研究员，中国针灸学会实验针灸学会分会刺络原理研究会主任委员，天津市中医药学会中青年专业委员值班副主任委员，天津市体视学会理事，甘肃郑氏针法研究会理事，日本国铃鹿医疗科学大学东洋医学研究所主任研究员（1999 年 8 月—2001 年 9 月）。第八届全国青联委员，第九届天津市青联委员，第十届天津市青联委员。1995 年被中国中医药学会授予"中国首届百名杰出青年中医"称号，1995 年被天津市政府授予"天津市十大青年科技先锋"称号，1996 年被卫生部授予"第二届全国青年医学科技之星"称号。天津市"八五""九五"立功奖章获得者。

【郭志刚】（1966—）中共党员，硕士研究生，天津胸科医院心血管外科三科主任，主任医师。2000 年、2002 年天津市劳动模范，2007 年全国医德标兵。享受国务院特殊津贴。1999 年赴澳大利亚进修学习。回国后，在平凡的医疗工作中，以坚持不懈的努力，克服各种困难，引进开展了多项医疗新技术，采用国际上先进的非体外循环心脏不停跳冠脉搭桥手术，克服了传统搭桥术给病人机体带来的重大创伤，使病人由原来平均需要输血 800 ～ 1200 毫升减至基本上不需输血，住院天数由原来的 15 天减至 7 ～ 8 天，为心血管外科技术的提高探索了一条科学的新路。迄今已独立完成 3800 余台冠脉搭桥手术，成功率达到 99% 以上，已达到发达国家同类手术的先进水平。

【郭葳】（1968—）女，中共党员，正高级讲师，天津市第一商业学校校长、党委副书记。兼任中国职业技术教育学会商科专业委员会副主任、中国职业技术教育学会商科专业委员会中专研究会副会长、全国商业职业教育教学指导委员会委员。1990 年毕业于天津师范大学，先后任教师、经营教研室副主任、主任，2003 年 10 月担任校长助理，2004 年 8 月担任副校长，2004 年 10 月担任校长，带领天津市第一商业学校先后荣获全国教育系统先进集体、全国职业教育先进单位、黄炎培职业教育奖"优秀学校奖"、全国五四红旗团委等荣誉。个人获评全国"三八红旗手"，2007 年被评为全国优秀教育工作者，2009 年 9 月，获评中国职业教育百名杰出校长荣誉称号，2016 年 11 月，获评黄炎培职业教育奖"杰出校长奖"。

【郭淑卿】（1976—）女，副教授，博士毕业于天津大学结构工程专业，主要研究方向为结构抗震减灾及防护工程，结构无损检测。近五年发表科研论文 9 篇，其中 EI 收录 1 篇。主持与参加国家自然科学基金项目 2 项，教育部青年基金项目 1 项，校级高层次人才项目 1 项。

内蒙古自治区

【郭老虎】（1907—1980）内蒙古宁远（今

凉城）人，1950 年加入中国共产党。历任金星农业生产合作社主任、人民公社副社长，凉城县革委会副主任。第三届全国人大代表。1952 年领导创办金星农业生产合作社。长期带领群众修水库、开渠道、造梯田，引洪澄淤，植树造林，发展生产。1951—1958 年，郭老虎先后被评为凉城县农牧林劳模、增产救灾模范、绥远省农牧业劳模、凉城县劳模、内蒙古爱国增产增畜劳模、内蒙古爱国斗争劳模、凉城增产劳模、全国农业劳动模范等。

【郭居珍】（1934—）山东梁山人。中共党员。中国建设银行内蒙古分行投资研究所所长，研究员，中国投资学会常务理事，内蒙古大学兼职教授。主编和参加编写了 10 余部专著，其中《投资学》（合著）由内蒙古大学出版社出版，1989—1991 年被国家教委列为全国高校通用自编教材，全国 20 多所大学采用。1993 年经国务院批准享受政府特殊津贴。

【郭金荣】（1935—）内蒙古赤峰人，中共党员，大专学历，内蒙古赤峰市农业科学研究所室主任，研究员。中国昆虫学会会员。内蒙古植保学会会员。获省、市级科技进步奖

的成果有 8 项，主要主持"赤峰地粘虫发生规律及其防治研究"课题，1987—1989 年主持"赤峰市农田地下害虫种类、分布及防治研究"课题，1992 年获内蒙古星火科技三等奖。在省级以上刊物发表学术论文 20 多篇。编著科普著作 3 种。

【郭永芳】（1935—）河北人，教授，毕业于哈尔滨工业大学。原任职于内蒙古林学院。现任教于内蒙古自治区青城大学工民建专业。长期从事高校校工民建专业及相关教材的研究编著与教学。理论知识全面，教学经验丰富。翻译论著《物理常数》《铝合金性能测定》《钢筋混凝土结构设计与施工》等四篇近百万字的资料；1979 年为《内蒙古林学报》撰写了科普文章《断裂力学浅谈》。主编教材有内蒙古林学院内部使用的《材料力学简明教程》，其内容对林业工程结合紧密，且对提高学生学习效果具有明显的成效。另一部教材《工程结构》是林业部森林工程专业"八五"教材规划之一，由东北林业大学出版社出版，并获第三届全国普通高等林业院校优秀教材提名奖。

【郭进志】（1935—）呼和浩特人，中共党

员，毕业于内蒙古工学院，高级工程师。曾任五二四厂总工程师、总经济师、经营厂长、厂长。政府特殊津贴享受者。其组织领导核电厂核岛部分辅助设备的研制工作和核聚变"托可马克"装置的研制工作，为国家的核电事业和核聚变的研究做出了贡献。

【郭秉仁】（1937—）内蒙古包头人，1957年到内蒙古第一机械制造厂当工人，后调任包头市内燃机配件厂厂长、高级工程师。1961年加入中国共产党，1985年创部优产品，使内燃机配件厂很快发生了巨大变化，产品远销国内外，1990年内燃机配件厂晋升为国家二级企业。1986年、1989年郭秉仁两次被自治区政府授予劳动模范称号，1989年被授予全国劳动模范称号。

【郭朝洪】（1940—）河北卢龙人，内蒙古有色地质勘查局情报室主任，高级工程师。中国有色金属学会、中国地质学会、中国矿业协会会员，《中国矿业报》特约记者，《中国有色金属报》通讯员，《矿产地质文摘》通讯编辑、文摘员，《内蒙古有色地质》责任编辑。

【郭媛华】（1943—）女，吉林德惠人，内蒙古农牧学院副教授、硕士生导师。1984—1995年任动物医学系寄生虫学教研室主任。现任中国畜牧兽医学会寄生虫病学会理事、内蒙古鲁医学会理事。内蒙古寄生虫病研究会常务理事兼副秘书长。1985年获内蒙古农牧学院"教学质量优秀奖"。主持和参加多项国家级、自治区级科学研究，取得6项科研成果。在国际、国家及省级不同杂志上发表论文44篇，其中《鸡球虫裂殖子感染作用的研究》1989年获内蒙古自治区自然科学优秀论文一等奖；《呼和浩特地区鸡球种类的研究》于1989年获内蒙古自治区自然科学优秀论文二等奖。

【郭志鉴】（1944—），福建晋江人，特级教师，1968年8月毕业于厦门大学化学系。现为内蒙古自治区特级教师，学术专业委员会委员，自治区高评委委员，包头市中学化学教学研究会理事长，包头市化学会理事。治学严谨，一丝不苟，成绩显著，所带学生高考平均分居包头市第一或第二，名列内蒙古前茅。参与内蒙古化学会组织的中学化学竞赛辅导教材的编写、审核工作，并任包头地区化学竞赛辅导班教学工作。多年来参与包头市高考模拟考试化学科命题工作，参与优质课及学科带头人评课工作。曾被评为自治区优秀教师、包头市劳动模范、包头市先进工作者、包头市优秀班主任等。

【郭鸿源】（1945—）辽宁盖县人，中共党员，大学学历，东北电管局哲里本电业局局长，高级经济师。内蒙古电机学会常务理事，内蒙古哲盟科协副主席。《内蒙古商报》特约记者，内蒙古哲盟作家协会会员及名誉主席。1970 年毕业于北京水利电力学院。历任哲里木电业局科长、副局长、局长。所在电业局被命名为东北电网一流供电企业，曾获内蒙古自治区劳动模范和全国"五一劳动奖章"。

【郭仁昭】（1947—）内蒙古凉城人，教授，乌盟电大副校长。系内蒙古作家协会会员，中国写作学会内蒙古分会理事，中国修辞学会终身会员，中国毛泽东诗词研究会会员，中国科技研究交流中心研究员，中国人文科学院研究所研究员，中央电大学刊《广播电视大学学报》编委，内蒙古组织部人才研究所特邀研究员。1965 年集宁师范学院毕业后，在凉城中小学任教 10 年。

1974—1977 年在内蒙古师院中文系学习 3 年，担任院广播台总编，中文系写作组组长。1977—1986 年在乌盟日报社工作，担任编辑、记者，《采访与写作》刊物主编，群工科负责人。1986—1994 年在乌盟盟委政策研究室工作，任科长、研究员，《调研通讯》刊物主编。1994 年后在乌盟电大工作，一直主管学校的教学工作。出版的《中国艺术宝典》，被中国科学技术情报学会学术委员会评为新时期全国人文科学优秀学术成果一等奖，被世界文化艺术研究中心评为"国际优秀论文奖"。

【郭怀德】（1953—）内蒙古包头人，中共党员，高级经济师。毕业于中央党校函授学院。任包头市九原区后营子乡乡长兼包头市艺术摄影学会副会长，九原区摄影协会主席，中国摄影家协会会员。1989 年、1990 年连续两年被授予包头市"金鹿"文艺创作奖。摄影优秀作品入编《中国摄影家》光盘，个人被编入《中国摄影家全集》。

【郭生】（1955—）吉林长岭人，中共党员，内蒙古民族师范学院化学系教研室主任，教授。1978 年毕业于内蒙古民族师范学院。

完成的"开发麦饭石基础性研究"（国家科委课题）于 1991 年通过国家鉴定，"华北、东北地区高师有机化学标准化试题库的研建"于 1996 年经河北省科委鉴定，获河北省教学成果一等奖。撰写的《合成 a—酮酸新方法》发表于《有机化学》（1995 年），被 C.A. 收录；《2-（N- 邻苯二甲洗亚胺甲基) 丙烯酸的合成》发表于《化学试剂》（1995年），被 C.A. 收录；《B- 羟基酸甲已酯的合成》发表于《吉林大学学报》（1995 年）；《麦饭石提取物对 Fridel-cafes 反应堆的催化影响》发表于《化学世界》（1997 年）。曾获 1993 年度、1994 年度内蒙古民族师范学院优秀教学质量奖。

【郭仕臣】（1955—）山西人，主任编辑，高级政工师，1974 年 8 月 24 日加入中国共产党。毕业于内蒙古师范大学函授中文系。曾任旗交通局副局长。市物价工商局局长，外事处副处长，市委常务副书记兼政法委书记、市公安局党委书记，地区报社社长、总编辑。任乌盟土地管理局党委书记、局长，兼任内蒙古自治区新闻理论协会副会长。曾获得自治区工商管理系统"十大标兵局长"称号；任《乌兰察布日报》社长、总编辑时，荣获

全国报业管理先进个人、全区报业管理先进个人称号；于 1998 年 7 月任乌盟土地管理局局长，1999 年 7 月完成了乌盟土地管理系统的垂直管理，荣获全国土地资产先进个人。撰写的《共产党人要有正确的世界观、人生观和价值观》在《实践》杂志 2000 年第 1 期上发表，并被《中国发展研究理论丛书》编纂委员会评为"优秀社科论文一等奖"，被世界文化艺术研究中评为优秀论文一等奖；《高楼百丈基础起》被编入《中华新世纪文典》，被《中国改革发展研究文库》编辑委员会评为改革开放理论成果一等奖。

【郭维生】（1962—）内蒙古杭锦后旗人，中共党员，现任内蒙古大学理工学院教授、硕士生导师，学校学科与师资队伍建设办公室副主任。内蒙古自治区"321 人才工程"二层次人选。1981—1988 年内蒙古大学物理系学习，先后获学士学位、硕士学位，毕业后留校任教至今。1997 年晋升副教授；2002 年获理学博士学位。主要从事生物物理中有关生物分子马达的研究。关于生物分子马达的研究处于国内先进行列，研究成果"肌肉收缩的化学动力学理论"获 2003 年"内蒙古自治区青年科技奖"。

【郭长庆】（1962—）工学博士，教授。现为内蒙古科技大学科学技术研究中心常务副主任，硕士生导师。系中国金属学会耐磨材料学术委员会委员，内蒙古机械工程学会热处理分会常务理事，《内蒙古科技大学学报》编委，江苏省高层次创新创业引进人才，镇江市能丰电冶复合材料有限公司总工程师。先后完成科研课题 10 多项，获内蒙古科技进步三等奖 1 项，包头市科学进步奖 1 项，出版教材 1 部，发表学术论文 30 余篇，其中 SCI、EI 收录 10 多篇。

【郭亚明】（1962—）女，河北平山人，中共党员，内蒙古师范大学文学院教授。现任中国现代文学研究会理事。1984 年 7 月毕业于北京师范大学中文系，获文学学士学位，2007 年获得内蒙古师范大学文学硕士学位。1999 年评为副教授，2007 年评为教授。研究方向为中国现当代文学。科研成果有《评〈中国新时期小说主潮〉》获中国社会科学院文献信息中心优秀论文奖；《新时期小说创作论稿》获第八届哲学社会科学奖三等奖，《心灵的守望与诗性的飞翔——新时期女性小说论稿》获第八届内蒙古师范大学哲学社会科学奖三等奖，《心灵的守望与诗性的飞翔——新时期女性小说论稿》获第二届内蒙古自治区政府哲学社会科学优秀成果政府奖二等奖等。

【郭海涛】（1965—）内蒙古大学教授。1997 年 9 月—2003 年 7 月哈尔滨工程大学水声工程专业博士，2003 年 8 月—2006 年 3 月天津大学信号与信息处理专业博士后，2013 年 12 月—2014 年 12 月美国密歇根大学安娜堡分校公派访问学者。主要研究方向为图像处理、模式识别、信号处理、海洋声学探测、无损检测等。主持国家自然科学基金项目一项，主持和参与其他科研项目近 10 项，发表论文 40 余篇（其中 SCI 检索 1 篇，EI 检索 14 篇）。

【郭占林】（1968—）教授，主任医师，硕士生导师，任内蒙古医学院附属医院胸心外科副主任。中华医学会胸心外科分会全国青年委员、中国医师协会胸外科分会委员、内蒙古医学会胸外科学组副主任委员、内蒙古医学会胸心外科分会常委。《中国肺癌杂志》《内蒙古医学杂志》编委。1991 年自内蒙古医学院本科毕业分配至内蒙古医学院附属医院后一直从事胸心外科临床及科研工作。

1995—1998 年于内蒙古医学院攻读并获外科学硕士学位;2002—2005 年于四川大学华西临床医学院攻读并获胸心外科学临床医学博士学位。近年来,曾主持两项内蒙古自然科学基金。2005 年主持的科研成果"胸腺瘤和重症肌无力的外科治疗、围术期处理及预后"通过内蒙古科技厅的鉴定。目前主要从事胸外科临床工作。现在研究方向为"电视胸腔镜和微创手术在胸外科疾病诊治中的应用""肺癌和食管癌的基础与临床"。

【郭立华】(1972—)女,内蒙古赤峰人,博士,副研究员,1997 年毕业于内蒙古农业大学草原系,获得农学硕士学位。2003年 6 月毕业于中国农业大学生物学院,获理学博士学位,2003 年 7 月—2005 年 3 月在中国农业大学植物保护学院从事博士后科研工作。2005 年 4 月—2006 年 4 月因获得日本 GOHO 基金资助,在日本冈山大学资源生物科学研究所做博士后科研工作。研究方向为微生物分子生物学与基因工程,目前主持和参与各类研究课题 3 项,发表研究论文10 余篇,其中 SCI 源 5 篇。

【郭伟】(1976—)女,博士,副教授。

1998 年 7 月毕业于辽宁大学环境科学专业;2002—2007 年在中国科学院生态环境研究中心攻读环境科学硕博学位,2007 年 6 月获环境科学理学博士学位;同年 7 月进入内蒙古大学环境与资源学院从事教学和科研工作。主讲《生态环境影响评价》和《清洁生产》本科课程。主要研究方向为土壤环境污染防治技术的研究及应用。

【郭喜】(1978—)内蒙古准格尔旗人。北京大学管理学博士,美国杜克大学访问学者,自治区"草原英才"入选者;内蒙古自治区高等学校"青年科技英才支持计划"入选者;现为内蒙古大学公共管理学院教授、博士生导师,内蒙古大学科技处处长。研究方向为公共政策、公共经济、公共财政、社会保障等。著作《当代中国被征地农民养老保障研究》(中国社会科学出版社),主编《内蒙古自治区城乡统筹协调发展及其政策研究》(内蒙古大学出版社)。2011 年,获内蒙古自治区"第四届哲学社会科学成果政府奖";2016 年,获内蒙古自治区"第五届哲学社会科学优秀成果政府奖"。

【郭二玲】(1982—)女,呼和浩特市玉泉区司法局法律援助中心律师，"1+1"中国法律援助优秀志愿律师。她3岁失去双手，凭着坚强的毅力，完成小学到大学的学业，获得了法律专科和汉语言文学本科学历。2009年，她通过国家司法考试，取得法律执业资格证。2010年，她响应中国法律基金会和共青团号召，参加"1+1"中国法律援助志愿者行动，主动签订了3年最高的服务期限。曾荣获呼和浩特市"2009年度司法行政系统先进个人"，并先后获得"全国优秀律师""全国妇女创先争优先进个人""中国法律援助志愿者行动优秀律师"等多项殊荣。被誉为草原上"最美律师"。

河北省

【郭芳】(1908—1980)直隶（今河北）正定人，1926年加入中国共产党。曾任共青团井陉县委书记、中共正定县委书记、直中特委组织部长、冀中七地委副书记、八地委副书记、十一地委书记。中华人民共和国成立后，任中共石家庄地委书记兼军分区政委、世界和平理事会理事、河北省政协副主席、中共河北省委农工部副部长、副省长、省人大常委会副主任、全国政协委员。

【郭寿山】(1909—1966)直隶（今河北）宣化人，艺名金铃黑。1924年入德胜戏班学晋剧，原攻青衣，后改学花脸。在北京、张家口一带演出。曾因主演《金铃寺》出名。中华人民共和国成立后，参加张家口市晋剧社。1956年加入中国共产党。同年任张家口市晋剧团团长。曾当选为河北省政协委员、河北省文联常委。"文化大革命"初期曾受到迫害。1966年9月4日逝世。擅演剧目及扮演的主要角色有《青风寨》中的李逵、《铡美案》中的包拯、《打金枝》中的郭子仪。

【郭卓辛】(1912—1984)河北安次人，1931年参加宁都起义，1932年加入中国共产主义青年团，同年转入中国共产党。曾任红五军团十三师三十七团团部指导员兼技术书记。1934年10月参加长征。后任西路军红三十军团政治处组织股股长、山东军区独立旅政治部副主任和主任、鲁中军区第三军分区政治部主任、徐州警备区政治部主任。中华人民共和国成立后，任中国人民解放军第三十二军九十六师政委、第三十二军政治部副主任、南京军区炮兵政委。1955年被授予少将军衔。

【郭健】（1917—1990）河北定县人，1937年加入中国共产党，1938年参加八路军，毕业于解放军空军学院。历任八路军排长、连长、副营长、营长、团参谋长，冀中军区第7军分区司令部作战科科长、军分区副参谋长；冀中军区第11军分区参谋长，冀中军区独立9旅参谋长，华北第7纵队19旅参谋长，中国人民解放军69军205师参谋长，华北军区独立206师副参谋长，华北军区空军预科总队教育长，空军17师参谋长，空军5师13团团长。1951年参加中国人民志愿军入朝作战，任志愿军空军5师第一副参谋长兼团长、师参谋长。回国后，任解放军空军副师长兼参谋长、师长，解放军空军学院训练部部长，空军副军长，兰州军区空军参谋长，中国民航总局副局长，南京军区空军副司令员。1955年授衔为解放军空军上校，1960年晋升为空军大校。被授予二级独立自由勋章、二级解放勋章、二级红星功勋荣誉章。

【郭小川】（1919—1976）河北丰宁人，原名郭恩大，笔名有郭苏、伟倜、晓船等。早年参加爱国学生运动，开始写诗。1939年参加八路军，同年11月加入中国共产党。

1941年初到延安。抗战胜利后，从事地方行政工作和新闻工作。曾任丰宁县县长、《群众日报》副总编、《天津日报》编辑部主任等职。中华人民共和国成立初期曾与陈笑雨、张铁夫以"马铁丁"笔名合作写作杂文"思想杂谈"，发表以后对思想建设起了很好的作用。历任中共中央中南局宣传处处长等职。1955年调中国作协，任党组副书记、《诗刊》编委等职。1962年10月，任《人民日报》特约记者。20世纪五六十年代所写《致青年公民》《投入火热的斗争》《甘蔗林，青纱帐》《团泊洼的秋天》等政治抒情诗是人们争读的优秀诗作。生平诗作编入《郭小川诗选》。

【郭玉峰】（1919—2000）河北海兴人，1938年参加八路军，同年加入中国共产党。中华人民共和国成立后，任六十四军一九一师政治部主任，军政治部副主任、主任，军副政治委员兼政治部主任，军政治委员。1964年晋升为少将军衔。1966年任中共中央组织部业务组组长，中央组织部部长。

【郭恩志】（1926—1991）直隶（今河北）任丘人，战斗英雄，1945年参加八路军，次年加入中国共产党。曾任晋察冀野战军排长、解放军第十九兵团连长。参加了大同、太原等战役。1951 年参加抗美援朝，任中国人民志愿军 19 兵团 63 军 188 师 563 团 8 连连长。同年 6 月在第五次战役铁原阻击战中，带领全连奋战四昼夜，打垮了优势敌人 15 次攻击，以伤亡 16 人的代价，毙伤美军 800 余人。1952 年被中国人民志愿军总部授予"一级战斗英雄"称号，立特等功，并获朝鲜民主主义人民共和国二级自由独立勋章。回国后，历任副营长、副团长、副师长。第一至三届全国人大代表。

【郭景儒】（1935—）河北正定人，中国原子能科学研究院研究员。中国核化学和放射化学学会理事，放射分析化学专业委员会主任。长期研究裂变化学和放射分析化学。与他人合作完成的《裂变燃耗放射化学诊断方法》获国家发明二等奖，《中子诱发铀 -235、铀 -238 裂变产额测定》获国家科技进步二等奖，《六氟化铀产品中的杂质分析方法研究》获国家科技进步三等奖。在国内外学术刊物发表论文 60 余篇，与他人合著《裂变产物分析》。

【郭秋良】（1936—）河北衡水人，一级作家，1961 年毕业于河北师院中文系。中国作家协会会员，中国散文学会理事、承德市文联主席、河北省文联副主席。从事文学创作 40 年来，在《散文》（月刊）、《散文选刊》、《长城》、《人民日报》、《光明日报》、《文论报》、《名作欣赏》等报刊上发表散文、小说、评论百余万字，出版有长篇历史小说《康熙皇帝》（百花文艺出版社 1985 年版）、散文集《热河冷艳》（百花文艺出版社 1985 年版）、长篇历史小说《康熙皇帝演义》（花山文艺出版社 1985 年版）等。曾获红烛奖、一等长城奖、河北散文名作奖、文学创新奖、河北省社会科学优秀成果奖，两次获河北省文艺振兴奖并记省级三等功、两次获华北区文艺理论奖及获全国艺术科学规划领导小组"先进工作者"称号。

【郭金鹏】（1936—）河北满城人，河北医科大学教授。1960 年于河北师大化学系本科毕业后，一直在教学第一线，曾多次被评为先进工作者，教学优秀工作者。结合教学和科研实践，撰写教学、科研论文 30 余篇，其中国家级论文 8 篇，两篇被收入 CA，四篇获石家庄市化学会优秀科研成果奖，两篇分别获校教学论文二、三等奖。在教学工作中一贯认真备课，钻研教法，教学效果好，深受学生欢迎。对本专业教材体会较深，曾多次参加全国性高等教材的讨论和编写工作，主审《无机化学》（抗生素专业），审阅《医用基础化学》（供医学、儿科、口腔、卫生专业，广东科技出版社 1984 年版）。

【郭桂启】（1938—）山东文登人，1963 年毕业于山东大学无线电技术专业。曾任河北冀诚电子有限公司执行董事，教授级高工。30 多年来先后承担国家重点科研项目 20 多项，其中 10 项获国家级和省部级科学成果奖，6 项获个人证书，是我国著名遥控技术专家，多次立功受奖。1978 年主持研制成功 100ＭＨＺ 数字式频率计，为国内领先水平，获省优秀产品奖，1979 年评为河北省国防工业战线"先进工作者"，1985 年为发射我国第一颗同步通信卫星做出重大贡献，荣立电子工业部一等功，1991 年被评为河北省"优秀专家"，同年又被评为"国家级专家"，享受政府特殊津贴待遇。1995 年研制成功"国际Ｃ频段统一测控系统"，国内先进，获国家科技进步二等奖。

【郭淑贤】（1938—）女，河北承德人。中共党员。1954 年到承德人民广播电台当播音员，任播音组长、承德地区电视台总编室主任。参加工作 4 年多时间里，电台只有她一个播音员，既是播音员，又是编辑、记者。1960 年被河北省政府授予省先进工作者称号，同年在全国"文教群英会"上被授予"全国先进工作者"称号。

【郭连璧】（1940—）河北承德人，承德市地方病防治所主任医师。省医学会卫生分会常委，省预防医学会理事和承德市预防医学会秘书长，以流行病和放射学为专长。主研"有机态晒制剂硒酵母及其防治大骨节病实验研究"获省卫生厅科技进步一等奖、省和部级三等奖以及国家成果证书。主研"承德地区大骨节病流调""亚硒酸钠防治大骨节病Ｘ线效果观察""大骨节病防治效果Ｘ线判定标准的研究""新生儿先天性甲低筛查"均获地区科技进步二等奖。主研"硒蒜"已通过技术鉴定，被评为国际先进水平；"中国农村消除碘缺乏病干预措施实施研究"也已通过技术鉴定，认定总体水平国内先进、部分研究国内领先。编写《预防医学》部分章节，《承德地区科学技术志》卫生科技部分；

主编《地方病资料汇编》三集。曾在北京"环境生命元素与健康"国际学术研讨会交流汇编论文 2 篇；在国家级和地方级杂志公开发表论文数十篇，被评为市级专业技术拔尖人才，自然科学领域学术带头人，市科技献策团和专家协会成员，享受国务院颁发的政府特殊津贴待遇。

【郭桂伦】（1940—）河北昌黎人，中共党员，高级经济师。1966 年毕业于北京石油学院。1968 年 1 月—1970 年 2 月在大港油田工作，1970 年 2 月—1984 年 12 月先后在胜利石油管理局运输处（公司）任计划科科长、二大队教导员、副经理等职，1984 年 12 月至1987 年 2 月在胜利石油管理局机关运输处任处长。1987 年 2 月至 1990 年 7 月在胜利石油管理局物资供应处任党委书记，兼任职工中专党委书记。1990 年 7 月，任胜利石油管理局劳动工资处处长，并被选为中共胜利石油管理局第二届委员会党委委员。

【郭励生】（1941—）河北昌黎人，毕业于唐山矿冶学院，教授级高级工程师。曾任邢台显德汪矿行业（集团）有限责任公司副总经理、总工程师，兼任中国煤炭工业技术委员会常委，煤炭工业水害防治专业委员会副主任，机电一体化专业委员会副主任，中国矿业协会理事，河北省专家献策团专家，享受政府津贴。长期从事煤炭开采生产技术工作，在矿井设计、生产、建设、水体下采煤、复杂条件下采煤、巷道快速掘进、通风安全、围岩加固等方面经验丰富。主持巨厚冲积层下缩小煤柱、煤巷锚杆成套支护技术、下组煤承压开采技术等 12 项研究，获国家科技进步奖 1 项煤炭部科技进步特别奖 1 项、一等奖 1 项、二等奖 3 项，省科技进步 4 项，并先后两次获河北省长特别奖，1985 年获中国科学技术发展基金会孙越崎能源大奖。河北省有突出贡献专家、省级优秀专家。在国家级刊物上发表 11 篇论文，著有《煤锚杆支护》一书。

【郭东旭】（1941—）河北威县人，中共党员，1964 年毕业于河北大学历史系，任河北大学宋史研究中心教授、研究生导师。长期从事中国古代法律史、宋史、燕赵法律文化史的研究和培养博士、硕士研究生工作。主要学术著作有《宋代法制研究》，1997 年河北大学出版社出版，1998 年获河北省社会科学优秀专著二等奖；《宋朝法律史论》，

2001年河北大学出版社出版。主编《四部精华·史部》（文白对照），1995年河北人民出版社出版；《中国改革通史·宋代卷、综合卷》（10卷本），2000年河北教育出版社出版；参著《宋朝典制》，1997年吉林文史出版社出版。发表学术论文50余篇，其中《宋代立法简论》载1992年《国际宋史研究会论文选集》，1984年获河北省社科优秀论文二等奖；《关于王安石变法研究中的几个问题》，载《中国史研究》1989年第4期，1992年获河北省教委社科优秀论文一等奖。

【郭士先】（1941—）河北固安人，中共党员，研究员。1968年毕业于中国科学技术大学，曾任河北省科学院应用数学研究所第二研究室主任。完成项目"圆柱与圆锥相贯多通管接头的计算机轴助设计"，获1989年河北省科学院科技进步一等奖。2001年完成该软件的版本升级，发表相关论文8篇；《化工施工技术》获中国未来研究会颁布的新世纪优秀学术成果二等奖，并转载于《2002年中国未来发展研究报告》，获北京精英文化发展中心颁发的一等奖，主持主研"计算机管理信息系统"，为多用户局域网，获

1997年河北省科学院科技进步二等奖。

【郭进福】（1942—）河北顺平人，毕业于保定医专，任河北省保定市第二医院信息科主任、副主任医师、副教授。从事临床及管理工作30余年，熟练掌握内科基础理论及操作技术。在以针灸为主、中西医结合治疗"先天性脊椎裂并尿便失禁"疑难病方面有所专长，具有较丰富的经验，曾荣获市级科技奖。在国际、国家及省级刊物发表医学论文20余篇，其中《中西医结合治疗先天性脊椎裂并尿便失禁》获"国际优秀医学论文"奖。

【郭俊元】（1943—）高级工程师，毕业于唐山矿冶学院。现任邯郸市焦窑煤炭集团有限公司总经理，中国煤炭工业企业管理协会高级顾问。自1985年任职以来，把年产21万吨的矿井改造成为年产30万吨的部特级质量标准化矿井。特别是1989年以来，积极探索新形势下企业改革与生存发展的新途径。企业先后获省、市重合同、守信用企业，省工商银行特级AAA信用企业，省建设银行特级AAA信用企业，省标兵企业，省先进企业，省质量效益型先进企业，全国煤炭

工业二级企业，全国煤炭工业 50 家最佳效益企业等省部以上 60 多项荣誉称号。个人也先后获河北省劳动模范、河北省改革模范、全国煤炭工业优秀矿长、全国煤炭工业优秀企业家、全国煤矿十佳矿长、全国"五一"劳动奖章和国家有突出贡献技术人员等荣誉称号，享受国务院颁发政府特殊津贴。

【郭连增】（1943—）河北唐山人，中共党员，毕业于河北师范学院数学系，高级教师，现任河北省唐海县四农场中学数学特级教师。从教 20 多年，一直在中学任教数学课，教学成绩斐然，任班主任多年，摸索出以开展有益活动创先进集体等班主任工作方法。多次被评为县模范班主任，连续两届被评为唐海县优秀教师。1986 年获"河北省优秀园丁"称号。主持的课题"初中生数学学习方法及指导的研究"经申报被列为河北省教科"九五"规划省教委级立项课题。多次获县教科研优秀成果等奖，1996 年被评为唐海县首届十佳名教师。1994 年、1997 年两次代表唐县参加唐山市初中数学素质教学研讨会，在大会宣读论文并获论文一等奖。

【郭成志】（1944—）河北邢台人，中共党员，高级经济师，全国人大代表、河北省邢台县浆水镇前南峪村党委书记。1990 年至今兼任邢台县人大常委会副主任。曾多次被评为省农业劳动模范和省劳动模范、省优秀共产党员和优秀农民企业家。并于 1989 年被评为全国劳动模范。先后当选为从乡镇到全国五级人大代表。1993 年至今，连续当选为第八、九、十届全国人大代表。2006 年，被农业部等单位评为城乡一体化暨新农村建设功勋人物和中国十大农村带头人。

【郭地生】（1944—）天津人，中共党员，1967 年毕业于天津工学院。河北宣化化肥集团有限公司党委书记、副董事长、副总经理。高级工程师、高级政工师。中国公共关系协会理事。1993 年起享受政府特殊津贴，1995 年获河北省科委计算机网络管理信息系统科技成果奖，1994 年获中国化学工业部"全国化工优秀思想政治工作者"称号，1997 年获河北省委宣传部思想政治工作创新奖，1996 年获河北省委宣传部、省总工会、省计经委"优秀企业思想政治工作者"称号，1989 年获河北省张家口地区行署"优秀党委书记"称号。

【郭彩云】（1945—）女，中共党员，1970年毕业于河北医学院医疗系。现任邯郸市第三医院耳鼻喉科副主任、副主任医师，系河北省耳鼻喉科学会委员、邯郸市耳鼻眼科学会理事。擅长诊治耳鼻喉科急、危、重症及疑难病，具有熟练的专业操作技术。对呼吸道异物、耳廓软骨膜炎及中耳炎等病症，积累了较多诊疗经验。

【郭林书】（1946—）河北石家庄人，毕业于中国人民解放军重庆后勤工程学院，高级工程师。长期从事工程建设与建筑市场管理工作。参加过《建筑法》初稿的起草。组织并参加了全国第一部有关建筑市场综合性管理的地方性法规《河北省建筑市场管理条例》的起草论证工作。荣获过河北省人民政府授予的"市场建设先进工作者"称号。其编写的《对目前建筑市场管理中几个问题的浅思考》（《建筑》1994 年第 11 期）被评为1994 年"全国建筑市场理论与实践研讨会"优秀论文，入选建设部编印的第五辑《振兴建筑业研究参考资料》。

【郭献庭】（1947—）河北平乡人。曾任河北大学外国语学院党委书记，河北大学机关党委书记，教授。多年从事高校党政管理和教学工作。并出版译著，发表学术论文数篇。

【郭芯库】（1949—）河北武强人，中共党员，研究生、教授，现任河北省衡水广播电视大学常务副校长。历任河北省成人教育学会理事、河北省广播电视高等教育研究会常务理事、河北电大电化教育协会常务理事、中国"大地"书画院会员、中国管理科学研究院学术委员会研究员。多次被衡水地委、行署评为"改革先进分子""优秀教师""模范工作者""全省优秀教育工作者""全国燎原教育优秀革命者"，经常参加国家、省有关课题研究，51 篇论文在省、国家级刊物上发表，出版著作 3 部。

【郭大伟】（1951—）别名易扬，吉林人，中共党员，大学学历。中国石油天然气管道局纪委书记，高级政工师，河北省美术家协会会员，中国石油美术协会副主席。中国石油管道美协主席。陆续有作品在省级报刊上发表，多次参加各类画展。发表论文数篇，主编有《站队思想政治工作》一书，被授予"全国优秀党务工作者"称号。

【郭润民】(1951—)河北昌黎人。中共党员，研究员。世界华人交流协会名誉理事和世界华人交流协会国际杰出专家委员会常务理事。世界教科文卫组织专家成员，中国管理科学研究院学术委员会特约研究员，秦皇岛市博士专家联谊会会员。曾任县畜牧站副站长、科教股副股长。从事中西兽医临床，畜牧科技推广及研究工作，担任过县职中兼职教师，参加县畜牧资源调查与科技兴牧项目，获市畜牧资源调查与区划优秀科技成果1项，科技兴牧三等奖2项，科技成果推广先进个人各1项，其他荣誉奖5项。曾先后主持完成研究课题成果达国内领先水平3项。参加省博士资金资助课题，淡泉山羊良种基因改良本地山羊的研究获河北省山区创业二等奖（同科技进步奖），发表论文60余篇，入编《中国农业文库》《中华优秀论文精选》《中国新世纪精华文集》等。

【郭进考】(1951—)研究生学历。1978年12月入党，中共十七大代表。河北省石家庄市农林科学研究院名誉院长，研究员，河北省首席小麦育种专家，先后主持育成省级以上审定小麦新品种16个，获得32项（次）科技成果奖，其中国家科技进步二等奖2项，三等奖1项。1999年被评为国家级中青年有突出贡献专家；2004年被评为全国农业科技推广先进个人；2005年被评为全国优秀科技工作者、全国先进工作者；2008年荣获何梁何利基金奖；2011年被评为河北省优秀共产党员、全国粮食生产突出贡献农业科技人员。

【郭恩乐】(1952—)河北廊坊人，高级政工师，中共党员。1984年参加省自学考试汉语言文学专业，毕业后任职于廊坊市建筑机械厂。1999年被聘为中国国际中小企业经济论坛名誉教授，被中国科联经济发展研究中心聘为研究员。

【郭九德】(1953—)女，河北三河人，中共党员，现任三河市妇联主席、河北省妇女发展研究会理事、三河市委委员、三河市人大常委、廊坊市人大代表。1975—1987年在县政府农办、财办任材料员、财贸组组长，1987年至今在市妇联任副主席、主席。在妇联工作的11年间，市妇联多次被评为河北省、廊坊市先进妇联组织，个人两次被评为河北省优秀妇女干部、"三八红旗手"，两次被评为廊坊市优秀妇女干部、"三八红旗手"，曾三次获三河市政府记大功，两次记三等功，一次记功奖励，被市政府授予"模范工作者"称号，并多次被中共三河市委评为优秀共产党员。

【郭明】（1955—）河北大学附属医院血液科主任，主任医师，中共党员。现担任河北省医学会血液分会常委、河北省中西医学会血液分会常委、河北省医学会血液免疫学分会常委、河北省医学会淋巴瘤专业委员会委员、保定医学会内科分会副主任委员、血液分会主任委员。曾先后承担和主持了"自体骨髓移植治疗晚期何杰金氏病""HAD方案治疗成人急性髓细胞白血病""复发难治性急性淋巴细胞白血病治疗的临床研究""两种不同方案作为急性早幼粒细胞白血病缓解后治疗的临床研究"等科研课题，其中"河北省首例自体骨髓移植治疗晚期何杰金氏病""HAD方案治疗成人急性白血病的临床研究""两种不同方案作为急性早幼粒细胞白血病缓解后治疗的临床研究"分别获得河北省卫生厅和保定市科技进步奖。

【郭天林】（1955—）中共党员，高中学历，经济师，任邢台县浆水镇前南峪村党委书记兼前南峪农业开发有限公司经理，2015年全国劳动模范。带领全村社会总收入由2003年的1.08亿元增长到2014年的1.986亿元，集体纯收入由1260万元增长到3080万元，人均纯收入由3600元增长到10600元，实现了历史性突破。在他的努力下，开发出国家AAAA级旅游景区，山区一级公路、新抗大陈列馆已投入使用，温泉度假村即将竣工，上市公司正在运作中，景区荣获全国农业生态旅游示范点和全国红色旅游经典景区等。2013年，村被省委、省政府授予"美丽乡村"称号，村荣获"全国先进基层党组织""全国文明村镇"等70多项省部级荣誉。曾荣获县劳模、市五一劳动奖章、市劳模、省乡镇企业劳动模范、省劳模、省山区创业奖二等奖、省国土绿化突出贡献者等多项荣誉。

【郭淑芹】（1956—）女，河北蔚县人，中共党员。主任医师，教授，院长，保定市内分泌治疗中心主任，硕士研究生导师，保定市第一中心医院党委书记，保定市卫生局副局长，保定市内分泌治疗中心主任，省市学科带头人，保定市医学会内分泌学会主任委员，河北省医学会内分泌学会副主任委员。第二届中国女医师学会理事，河北省女医师学会副理事长，第十届全国人大代表，全国先进工作者。1975 年毕业于河北医学院医疗系，1989 年在北京协和医院内分泌科进修内分泌专业，对糖尿病和已发糖尿病并发（如早期神经系统合并症）心脑系统合并症，等方面有专长。先后获得"河北省思想政治工作创新奖"，河北省"十大女杰""巾帼建功明星""三八红旗手""保定市跨世纪人才"等荣誉称号。

【郭秋娥】（1957—）女，副主任医师，毕业于河北医学院。现任河北鸡泽县医院内科主任。鸡泽县政协常委，河北省急救医学会会员，鸡泽县医疗伤残鉴定委员会委员。从事心脑血管病临床 20 年，对治疗心脑血管病有独特见解。在省级以上医刊及全国性学术会议交流的医学专业论文 16 篇。其中，《桂茯通滞丸临床应用研究》于 1995 年 12 通过省级鉴定，达到国内先进水平。1996 年个人业绩选载于《中国当代医药名人》一书中，多次被评为县级市级先进卫生工作者及跨世纪科技拔尖人才。

【郭伏良】（1960—）博士，河北大学教授，语言学及应用语言学硕士点导师组组长，河北省语言学会副秘书长，中国对外汉语教学学会会员，中国对外汉语教学学会华北分会理事。1986 年 7 月硕士毕业留校，从事语言教学与科研工作，其中 2000 年 4 月—2002 年 3 月应邀赴日本爱知淑德大学讲授中国语言文化。1998 年获得河北省教委社会科学研究成果二等奖；1999 年获得山东大学首届优秀博士论文奖；2002 年获得河北省社科研究成果三等奖。

【郭建华】（1961—）女，河北武强人，研究员，河北省有突出贡献的中青年专家。长期从事植物营养与施肥方面的研究，研究领域涉及农作物平衡施肥技术，植物营养与环境胁迫，土壤养分的优化管理，施肥与环境，变量施肥等方面的研究。先后获省、部科技成果 10 余项，其中河北省科技进步二等奖 1 项，河北省科技进步三等奖 5 项，农业部一等奖 1 项。以第一作者先后在《植物营养与肥料学报》、《华北农学报》、《土壤通报》、《核农学报》、《农业现代化研究》、《磷肥与复肥》、《中国土壤肥料》等学术期刊和全国性的学术会议中发表学术论文 30 余篇。

【郭建仁】（1962—）河北宣化人，毕业于东北农业大学，中共党员。河北省宣化县东望山乡元子河村村民委员会主任。2009 年荣获河北省特等劳动模范。2010 年获"全国劳动模范"称号。2013 年，被选为全国人大代表。

【郭振华】（1963—）内蒙古人。1998 年 3 月毕业于日本秋田大学大学院，获硕士学位。毕业后，被聘为日本秋田大学研究员，并从事以环境和化工为主的研究工作。2001 年 7 月归国攻读博士学位，后任教于河北工业大学，从事环境、材料、化工方面的本科与研究生的教学工作，带领学生在全国大学生"挑战杯""节能减排"等的重大比赛中多次获奖。现主要从事教学工作和从事定量分析化学和生态环境领域的研究，以及相关生态材料的研究。归国后在新材料开发方面颇有造诣，现正承担国家"863"子项目中的"特殊功能新材料技术研究"工作。

【郭健】（1964—）河北邯郸人，1985 年 1 月加入中国共产党，1990 年 7 月参加工作，河北大学教育史专业毕业，研究生学历，教育学博士，教授，博士生导师。现任河北大学党委书记。中国高等教育学会高等教育学专业委员会理事、中国民办教育协会高等教育专业委员会副理事长、全国高等教育质量保障与评估机构协会理事。主要从事教育史与高等教育学等学科的教学与研究工作，研究成果先后获河北省社会科学优秀成果二等奖 1 项、三等奖 2 项，获河北省教学成果一等奖 1 项、三等奖 1 项，获国家级教学成果奖二等奖 1 项。

【郭瑞英】（1965—）女，河北廊坊人，中共党员，河北大学副教授。1988 年毕业于河北大学教育系，省心理学会会员和全国师专教育学学会会员。主要承担课程《教育学原理》《新课程与教学设计》《员工培训》《管理心理学》等。

【郭书彩】（1968—）女，博士。河北大学外语教研部教授，硕士生导师。主要研究方向为应用语言学、英语教育和外语教师发展。在《国外外语教学》《河北大学学报》《国家教育行政学院学报》等省级刊物公开发表学术论文 10 多篇，出版译著 4 部、教材 1 部、其他著述 7 部；主持及主研厅级及以上科研项目 12 项，曾获省级、校级优秀教学成果奖 3 项，厅级优秀社科成果奖 2 项。

【郭迎春】（1970—）女，副教授，博士学位，河北工业大学计算机科学与软件学院教师。2001 年获河北工业大学硕士学位，留校任教。2003 年在天津大学电信学院攻读博士学位。主要从事图像与视频的编码压缩，小波理论的分析。2006 年 12 月进入河北工业大学博士后流动站。2007 年 3 月至 9 月，加拿大皇后大学访问学者，研究图像和视频的质量评价。2010 年 1 月至 2011 年 12 月在美国内布拉斯加大学奥马哈分校攻读博士后学位，其间申请成功两项基金，主要研究方向是图像和视频的质量评价及其应用。在国际会议和国内核心刊物上发表论文 20 多篇，其中 EI 检索 18 篇。主持和参加了 6 项课题的研究工作。

【郭志义】（1971—）理学博士，河北联合大学医学实验研究中心副教授，硕士研究生导师。1994 年毕业于河北师范大学生物学系，2006 年毕业于中国协和医科大学基础医学研究所，获生物化学与分子物学专业博士学位，期间先后参与国家自然基金重大项目，国家重大科研计划"973"项目等研究。研究方向为肿瘤发生、发展以及侵袭转移和细胞发育分化的真核基因表观遗传调控机制，主要关注基因非编码区染色质高级结构以及非编码 RNA 对基因表达调控的影响。主持国家自然基金课题 1 项，河北省教育厅青年基金课题 1 项，同时参与国家"973"等项目的研究。发表通讯作者论文 8 篇，受邀综述 1 篇（Springer press），其中 SCI 检索 1 篇。

【郭晶晶】（1981—）女，河北保定人。前中国跳水队运动员，奥运会冠军。1988 年在河北保定开始了跳水训练，1993 年入选国家跳水队。1996 年，郭晶晶首次参加奥运会。2004 年，郭晶晶在雅典奥运会获得女子单人 3 米板与女子双人 3 米板两枚金牌，成为中国跳水的领军人物。第 29 届北京奥运会获得女子单人三米板冠军，并与吴敏霞搭档获得女子双人 3 米板冠军。

山西省

【郭宗汾】（1896—1969）河北河间人，字载阳，早年就读于清河陆军小学和中学。1916 年赴日本士官学校第十四期工兵科学习。1919 年回国，在晋军中服役，曾任参谋、参谋处长等职。1928 年任晋军第十九师师长。中原大战后，任国民党政府陆军第六十九师第二〇七旅旅长。抗战期间，任国民党政府军陆军第七十一师师长，1946 年任国民党政府军陆军第四十三军军长。后任国民党"华北剿总"副总司令，曾参加北平和平起义。中华人民共和国成立后，任全国政协委员、山西省体委主任。

【郭金顺】（1915—1982）山西高平人，曾用名郭应昌，艺名小红生。幼时随父学唱上党梆子，15 岁正式拜师攻生行，满师后即挑班唱戏。1954 年任长治专区人民剧团第一分团团长。1956 年赴京演出《雁门关》等戏。1960 年出席第三次全国文学艺术工作者代表大会。扮演过上党梆子《三关排宴》中的杨四郎、《挂龙灯》中的高怀德、《打金枝》中的唐代宗等。

【郭承基】（1917—1997）山西清徐人，中科院院士，地球化学、矿物学家。1943 年毕业于北京大学地质系。1947 年毕业于日本京都大学理学部地质矿物学教研室。1980 年当选为中国科学院学部委员（院士）。曾任中国科学院地球化学研究所研究员。参与开拓中国稀有元素矿物、地球化学研究领域。建立和拟定了稀有元素矿物化学全分析系统并被广泛应用。参与领导"白云鄂博矿床物质成分、地球化学及成矿规律的研究"，为矿山的合理开发及综合利用提供了依据。提出用云母类矿物划分花岗岩及花岗伟晶岩类型、地球化学作用的继承发展关系、离子分异与氧的作用、成矿作用的三多性（多来源、多阶段、多成因）、类质同象置换的有限性及分类多型演化等理论。代表作有《稀土矿物化学》《稀有元素矿物化学》和《稀土地球化学演化》等。1982 年、1989 年获国家自然科学奖二等奖。

【郭鸥一】（1926—）河北元氏人，山西财经大学教授。中国经济法研究会理事，山西省经济法研究会会长，中国商业法研究会常务理事。1949 年毕业于北平朝阳大学法律系，同年考入华北大学教育专业学习，1950 年12 月结业。先后在中央贸易部文化干部学校、为商业部五金局等单位工作。1960 年开始在山西财院任教。党的十一届三中全会后，致力于经济教学和研究工作。1985 年被评为山西省优秀教师。1992 年被国务院批准为享受政府特殊津贴专家主要研究深化改革中的经济法学。主要著作有《中国经济法概论》（主编，新华出版社 1989 年版），《经济合同基础知识》（中国商业出版社 1985 年版），《经济学》（合著，东北大出版社 1988 年版），《中国科技法讲座》（合著，国防工业出版社 1988 年版），《中国经济法概要》（主编，中国商业出版社 1990 年版）。主要论文有《我国专利法的几个主要原则》（《山西财院报》1984 年第 4 期），《增强企业活力的几个与法律有关的问题》（同前 1986 年第 1 期），《关于全民所有制工业实行承包经营责任制的几个法律问题》（《山西工商行政管理》1988 年第 9 期）等。

【郭守忠】（1928—2015）山西汾阳人。1945 年参加革命，曾先后担任汾阳县贾家庄党委书记、万年青公社主任、三泉公社党委书记、汾阳县委副书记、灵石县委书记、晋中财贸部副部长、晋中科委副主任、晋中地委农工部代部长等职。曾多次被评为县级、地级、省级先进工作者和劳动模范，并记功表彰。在职期间，光荣出席了全国农业学大寨会议和首届全国科学技术大会，并与党和国家领导人合影留念。1949 年 3 月，受中共汾阳县委委派，以土改工作组长的身份进驻贾家庄村，开始实行土地改革，成立合作社，团结带领当地群众改碱治水，平整土地。短短几年的时间，使贾家庄发生了翻天覆地的变化，粮食亩产由原来的几十斤猛增到几百斤，总产量也翻了几番。把贾家庄建成了全国的先进单位，受到山西省委、省政府的表彰，由他领导组建的贾家庄合作社被评为"全国模范合作社"。贾家庄人民把他的重要事迹陈列在村史博物馆里的显要位置，亲切地称他为"贾家庄精神"的创始书记。

【郭朴】（1929—）辽宁黑山人，满族，高级工程师，九三学社成员，毕业于中国矿业学院。曾任大同矿务局煤矿设计院副总工程师。现任大同矿务局老年咨询服务公司技术咨询部副经理。大同市矿区第二届政协委员、常委。九三学社大同市三支社第一届主任委员。长期从事煤矿机械设备的选择安装设计工作，先后参加过大同矿务局忻州、晋华富、四老沟、王村等大中型矿井的改建扩建总体设计。

【郭兰英】（1929—）山西平遥人，著名女歌唱家。曾是中央戏剧学院演员、中央歌舞剧院演员。八岁开始唱山西中路梆子，不久在山西太原开化寺戏园初次登台。十一岁随戏班到太原市演出，先后主演了《秦香莲》《李三娘挑水》《二度梅》等 100 多部传统戏，扮演角色唱作俱佳，在戏曲表演方面初露头角。1946 年秋离开戏曲团，参加华北联大文工团，开始从事新歌剧事业，把传统戏曲艺术中的唱功和做功融入新歌剧中。1947 年入华北联合大学戏剧系边学习参加演出。1948 年 8 月转入华北大学文工团。曾演出《王大娘赶集》《夫妻识字》《兄妹开荒》等歌舞剧。演唱的曲目还有《翻身道情》《妇女自由歌》《我的祖国》《南泥湾》《绣金匾》等。1949 年 4 月，随中国青年代表团参加了在匈牙利举行的第二届世界青年学生友谊与和平大会。1966 年获"全国劳动模范"称号。1982 年到中国音乐学院任教，1986 年在广东番禺郭兰英艺术学校任校长。1989 年荣获中国首届"金唱片奖"；2005 年荣获首届中国电影音乐特别贡献奖等。

【郭应禄】（1930—）山西定襄人。主任医师，教授，现任北京大学男科病防治中心主任、北京大学第一医院名誉院长、北京大学泌尿外科研究所名誉所长、北京大学泌尿外科医师培训学院院长、中国计划生育协会副会长、中国医师协会泌尿外科医师分会主任委员、中华医学会泌尿外科专科医师培训中心主任、中华医学会泌尿外科学分会名誉主任委员、中华医学会男科学分会名誉主任委员。中国工程院院士，我国泌尿外科和男科新一代学科带头人。主持研制成功中国第一台体外冲击波碎石（ESWL）样机并用于临床治疗肾结石；首创俯卧位行 ESWL 治疗输尿管结石，是中国 ESWL 领域的开拓者。他率先开展经尿道、输尿管镜、经皮肾镜和腹腔镜的微创手术，主编了第一部《腔内泌尿外科学》，为我国该领域的奠基人。曾参与国内首例尸体肾移植，主编了国内第一部肾移植专著《肾移植》，完成了首例同卵双生者之间的肾移植。他提出的腔内热疗 3 个温度段的概念及其临床应用标准。他还组建了国内第一个泌尿外科研究所；创建了腔内泌尿外科和体外冲击波碎石学组；创建了中华医学会男科学会。

【郭金华】（1930—）女，山西平遥人，1948 年加入中国共产党。1948 年任交城县横尖妇救会主任。中华人民共和国成立后，任山西交城横尖乡供销社业务员、县外贸局副局长。在横尖供销社期间，坚持货郎担下乡，收购到院，供应进家。1956 年被山西省政府授予"省先进生产者"称号，同年被授予"全国先进生产者"称号。

【郭润身】（1933—）山西属县人，山西医科大学第二医院皮肤性病科主任医师，教授。1958 年毕业于大连医科大学五年制皮肤性病专业。毕业后在山西医科大学第二医院皮肤性病科从事皮肤性病科的教学、科研及临床工作。擅长一般皮肤病及性病的诊治及医学真菌学。著有《卫生技术人员职称晋升复习题解·皮肤性病学》《临床真菌学》《太原地区病原真菌调查报道》《我国人群念珠菌带菌率调查》。论文有《中国第一例报道北美芽生菌病一例》《中药异构制斑素对白色念珠菌性碱酶影响的实验研究》《山西省麻风流行概况》《药物性皮炎 71 例报道》《地方性砷中毒皮肤病报道》等。

【郭新雨】（1935—1990）全国劳动模范，高级兽医师。曾任山西省农业厅畜牧兽医防疫站站长兼中国中医畜牧兽医学会理事长。1963 年于山西农学院兽医系本科毕业后，分配到省畜牧防疫站工作，历任副站长、站长等职。期间，在整顿全省畜牧兽医站和利用中草药治疗牲畜各种疾病等方面做出了突出贡献，荣获"全国劳动模范"称号。所承担的"中国中医学如何在兽医上的应用"课题及写的相关论著在全国兽医行业影响较大，被中国中医牧兽医学会推选为理事长。

【郭汉忠】（1936—）山西治西人，中共党员，毕业于中国人民大学，高级经济师。曾任中共山西省汾西县委办公室主任、宣传部副部长、政法委书记，现任临汾地区老年书画研究会常务理事，汾西县老书画研究会会长，汾西县老体协副主席，汾西县诗词学会副会长。1959 年出席山西省青年积极分子代表大会，获荣誉奖；1983—1985 年 3 次获"山西省模范报告员"称号；1988 年出席全国第二次成都普法会议，在大会上介绍经验；1992 年被评为山西省社会治安综合治理先进单位和模范政法委书记，获荣誉和物质奖，同时，主政的中共汾西县委政法委被临汾地委树为全区红旗政法委机关。1960 年撰写的《白龙建党经验》被中央组织部推广到全国。1963 年撰写的《畜牧业管理经验》，入编《山西省人民公社经营管理经验》一书，1972 年撰写的《沟坝地建设之我见》，入编《山西省水土保持经验汇编》一书，1979 年撰写的《包产到户好》被山西省委推广全省；1986 年撰写的《汾西二中普法经验》被全国最高检察院和省高检院组织推广；同年撰写的《法律服务与农业经济起飞》被司法部推广；1988 年撰写的《农村改革与农民学法》在全国第二次普法宣传会成都会议上印发。

【郭素英】（1937—）毕业于山西农学院，研究员，现任职于山西省农科院蔬菜所，中国园艺学会理事、山西省园艺学会副秘书长。从 1977 年开始主持 6 个科研项目，"中国秋冬萝卜核——胞质雄性不育系选育及应用"获 1989 年国家发明二等奖，"丰光一代萝卜""丰翘一代萝卜"分别获 1986 年和 1994 年山西省科技进步二等奖，"平朔矿区蔬菜基地建设"获 1988 年山西省科技进步二等奖。主要专利成果是"高产优质萝卜实用杂交制种技术"，1993 年 3 月 5 日获国家发明专利，为专利第一发明人，该专利成果获当代专利科技成果转让博览会金奖。1990 年国家人事部批准为有突出贡献的中青年专家，1991 年国务院批准为

享受政府特殊津贴专家。1996 年被评为山西省优秀专家。1997 年被评为山西省模范知识分子。

【郭健】（1937—）山西清徐人，中共党员。山西广播电视大学教授，兼《世界优秀华人教育专家名典》特约顾问编委、山西省有中国特色社会主义研究会理事。1966 年山西大学毕业后，先后任山西省静乐县、清徐县广播站编辑，清徐县委党校理论教员，太原市政协学委会办公室副主任，山西广播电视大学教学研究部副主任。1987 年开始从事山西广播电视大学教学工作。参与编写了新华出版社出版的《现代企业制度概要》、广播电视大学德育教材，先后在国家和省部级报刊发表论文 30 余篇。这些有一定理论指导和实际应用价值的论文发表后，引起了社会有关方面的热切关注，先后有 10 多篇分别被选入中国人民大学书报资料中心《科技管理与成就》《中国经济文库》《中国"八五"科技成果选》《中国"九五"科技成果选》等 27 种论文集。先后获省部级优秀成果或优秀论文奖。

【郭齐文】（1937—）山西榆次人，号半痴，

或署啜墨牛。1955 年参加工作，1961 年毕业于山西省教育学院文科函授专业。长期从事教育文化史志研究。曾任太谷县文化局副局长、县志办公室主任、县委统战部部长、县政协副主席、晋中地区史志研究院副院长，编审职称。著述有《书法家赵铁山》（山西人民出版社，获山西省劳动竞赛委员会记三等功）、《楷书行书技法要领》（山西教育出版社）、《兰草集》（山西北岳文艺出版社）、《太谷县志》（山西人民出版社，获山西省新编地方志二等奖）；在省级和国家级刊物发表地方志研究和晋商研究论文 20 余篇，《县志篇目设计刍议》获山西省地方志论文一等奖，《论晋商的人本思想及其对今日企业的启示》获山西省社会科学百部工程奖。书法作品多次参加国内国际展赛。1988 年应邀赴日本举办个人书法展览。1997 年参加山西省专家考察团赴美国考察。书法作品流传日本、新加坡、泰国、韩国、美国等国和中国香港、台湾地区，被有关部门收藏、个人求购或入碑刻石。书法入选《中国书法选集》《世界传世名画书法鉴赏》。诗歌入编《当代吟坛》《世界汉诗大典》《中国当代绝句精选》。中国书法家协会会员、中华诗词学会会员、中国商业史学会常务理事、晋商研究中心学术顾问、山西省书法家协会常务理事，晋中地区书协主席。

【郭保林】（1940—）山西长治人，高级工程师，1965 年加入中国共产党。1982 年任山西长治轴承厂厂长，任厂长以来，对企业内部进行配套改革，使亏损 20 万元的企业转盈，1983—1988 年企业利润由 52 万元增至 320 万元，增长 5.5 倍，年增 43.82％，上缴利税由 41.5 万元增至 314.5 万元，增长 6.6 倍，年递增 50.19％。1989 年被山西省政府授予"省劳动模范"称号，同年被授予"全国劳动模范"称号。

【郭竹青】（1940—）女，山西乡宁人。1964 年毕业于山西大学，分配至山西省教育厅工作。历任省高教（教育）厅高教处副处长、省高校工委统战部部长、省教育委员会人事处调研员。曾多次发表学术论文，编写过《山西省高校统战工作手册》，主编过《山西高校各界代表人士名录》。为山西高教、科研、学位、统战等工作做出了积极贡献，曾获山西省委授予的"先进统战工作者"称号。多年担任机关党委委员，被评为优秀共产党员。

【郭淑哲】(1941—) 河北新乐人，中共党员，毕业于山西省冶金专科学校。曾任淮海厂科研所设计室主任、副所长等职。高级工程师。先后完成十余项科研项目的设计与课题研究，其中有4种产品曾生产装备部队。获奖成果有"×××破甲弹"设计定型，获国家重大科技成果二等奖；"×××破甲弹及双层间隔靶"设计定型与生产装备，获机械委科技进步二等奖；"×××箔条干扰弹"设计定型与生产装备，获兵器总公司科技进步三等奖。在《弹箭技术》《兵工学报》《破甲文集》等刊物发表有关破甲方面论文十余篇。在《破甲弹、碎甲弹设计与制造实践》一书编写中担任副主编，并撰写了部分章节。曾被评为山西省优秀专家。1992年被评为国家有特殊贡献的优秀专家，享受政府特殊津贴。

【郭宏】(1942—) 曾用名郭富荣，女，汉族，山西文水人，大学学历，农工党员。现任山西医科大学第一医院、第二临床医学院主任医师、教授，中华医学学会和中华医学会心身医学学会等会员、中国心理卫生协会常务理事、山西省医学会行为医学专业委员会主任委员，山西省心理卫生协会理事长，是我国被国家认证的首批心理医生，是《中国行为医学科学》《健康心理学》《中华实用医学》（香港）等多家杂志编委。主审《青少年心理卫生知识问答》一书，参编目前国内最新版本的《中华现代行为医学》。1972年调回山西省肿瘤医院内科，1981年又调回母校山西医科大学医院内科，积累了丰富的临床教学与科研工作经验。成为心理卫生学、行为医学、心身医学的先驱，将西方医学与东方文化特别是中医药学相结合、与社会学相结合，特别是与心理学相结合，走出了一条整体医学的道路。承担了国家卫生部与省卫生厅继续医学教育项目《心理卫生学、行为医学、心身医学》的科研项目。《论当代医学模式误区》获省科协一等奖，《全社会应重视老化问题》获省卫生厅三等奖。她所领导的社团被评为山西省科协先进学会、中国科协"防治非典先进集体"，个人被评为中国科协优秀工作者、山西省科协以及中国心理卫生协会优秀工作者、山大医院先进社团工作者等荣誉称号。

【郭德生】(1942—) 山西榆次人，大学文化，中共党员。山西太谷纺织厂工会副主席、劳动争议调解委主任，省群众文化学会会员，高级政工师。参加工作 30 年来，他一直从事党的群众文化和企业工会工作，曾创作过《警钟长鸣》（小歌剧）、《还是只生一个好》（歌曲）、《纺织姑娘心向党》等文艺作品，为宣传党的政策起到了积极作用。1985 年被评为晋中地区优秀工会干部，1987 年被评为先进职工之友，1997 年 10 月被评为山西省企业劳动争议优秀调解员，获省级表彰。

【郭芳华】（1943—）湖北竹溪人。山西省农业科学院农业资源综合考察研究所副研究员。中国林学会、中国生态学会会员，山西省林学会理事。有（合著）《山西农业资源综合开发研究》（山西人民出版社 1992 年版）、《国土·开发·整治——晋城市国土经济研究》（山西人民出版社 1989 年版）等著作 4 部。主要论文《土地利用的预测型线性规划模型》发表于《中国土地科学》1989 年第 2 期，《晋城市适度人口与控制预测》发表于《中国人口·资源与环境》1992 年第 4 期，《寿阳试验区耕地生产力评价与开发途径研究》发表于《农业技术经济》1996 年增刊。此外，还有 10 余篇论文发表于国内其他杂志。

【郭彩萍】（1944—2019）女，山西文水人。中共党员。1961 年毕业于太原市艺校表演专业。山西省太原市实验晋剧院名誉院长。国家一级演员。中国人民政治协商委员会山西省委员会委员、太原市文联委员、太原市戏剧家协会副主席、中国剧协理事、中国表演学会理事。1992 年太原市中青年评比演出获优秀奖，1984 年获省振兴晋剧表演一等奖，1988 年获中国戏剧梅花奖，1991 年在北京参加亚洲传统戏国际研讨会展览演出《小宴》，获荣誉奖，1996 年参加在北京举行的第三届 Be Se To 戏剧节演出获纪念奖。曾先后应邀率团赴日本等国家和地区参加演出。1991 年被省委、省政府评为山西省优秀专家。1992 年享受国务院政府特殊津贴。

【郭蒲生】（1945—）山西临汾人。1967 年毕业于山西农业大学植保系，同年到繁峙县农业技术推广中心，历任站长、主任、县农牧局副局长等职。1983 年加入中国共产党。坚持开展农业技术责任承包，创办科技推广联合体，推广农业技术 23 项。到了 1988 年，全县增产粮食 370 万公斤，经济作物多创收入 3000 万元。投资 24 万元在全县兴建农机服务部 3 处。著有《谷子害虫综合防治》，并被译成英、法、日、德 4 种外文出版。1986 年被山西省政府授予"省劳动模范"和"省特级劳动模范"称号。1989 年被授予"全国先进工作者"称号。

【郭岐山】（1945—）高级工程师，毕业于北京林学院，现任太原市第三十七中学校长，太原市教育学会理事。从 1983 年起，一直担任中学校长。1986 年被评为山西省首批模范中学校长、山西省中小学先进思想政治工作者。1986 年、1996 年分别两次被评为太原市劳动模范。1996 年获山西省"五一"劳动奖章。由于工作出色，改变了太原市二十九中和太原市三十七中两个学校的面貌，三十七中学被命名为"山西省示范初中""山西省特色中学""山西省素质教育示范学校""全国现代教育技术实验学校"等。1998 年被太原市评选为"双十佳公仆"。编撰《转轨定向，全面实施素质教育》论文，被评选为山西省教育学院优秀论文并获太原市优秀论文二等奖；《发展小学特色，提高教育质量》的经验总结被选定为山西省现代教育技术会议交流材料。

【郭凤莲】（1947— ）女，山西昔阳人。1966 年 1 月加入中国共产党。1971 年至 1978 年历任昔阳县大寨村党支部书记、大寨公社党委副书记、中共昔阳县委副书记等职。1980 年后，任晋中地区果树科学研究所副所长、昔阳公路段党支部书记。1991 年 11 月回大寨，再任大寨村党支部书记，组建大寨经济开发总公司，担任大寨集团董事长，是新中国农村发展史上的一个代表人物。集体化时代，她是虎头山上战天斗地的"铁姑娘"，改革开放后，她带领大寨人二次创业，顺应改革的浪潮，勇闯市场经济的新道路。从当年"全国农业学大寨"到"大寨学全国人民"这样的转变郭凤莲和她的大寨做到了。她大力推进村办企业和第三产业的发展，走农工商一体化的路子。大寨企业经历了村办小作坊到规模化、专业化、品牌化发展的转变，如今的大寨，又实现了"小有教，老有靠，病有报"，呈现一片繁荣景象。是第五届至第十三届全国人大代表、中共第十届中央候补委员。1995 年获全国劳动模范称号，2009 年获全国五一劳动奖章，被授予第七届中国十大女杰荣誉称号，2015 年被全国妇联授予"全国三八红旗手"荣誉称号。

【郭有贵】（1948—）山西宁武人，经济师，毕业于中国农业广播大学，现任山西省石油煤焦管理站党支部书记。1966 年入宁武县阳方口工矿镇当通讯员，20 世纪 60—70 年代在乡镇任职期间工作成绩显著，多次被宁武县授予"劳动模范"称号；1983 年 11 月调山西煤炭运销系统后，多年来被忻州地区煤炭运销分公司评为先进工作者、优秀共产党员。1990 年 5 月，为了保证正在建造的阳方口煤炭集运站施工发煤两不误，在深入调查的基础上，提出用扣轨办法架简易桥的合理建议，5 月 17 日开始施工，仅用了 24 小时投资了 5 万元，就架成了钢轨浮桥，做到了发煤施工两不误，挽回经济损失 1918 万元，还保证了全县 246 座煤矿的正常生产和每天 1000 多车次的汽车煤运，使宁武县全年外销煤 193 万吨，收入 1.2 亿元，创历史最高水平。1991 年全国总工会、国家计委，授予其"全国合理化建议和技术改进活动积极分子"称号，1992 年获山西省劳动模范，忻州地区劳动竞赛委员会记特等功。

【郭俊华】（1951—）山西定襄人，1968 年太原第一机床厂任刨工，1989 年加入中国共产党。1984 年至 1988 年连续五年优质高产共完成工作时 53307 小时，5 年干了 21 年的工作量。先后改进 8 种工作夹具，10 种刀具。1988 年义务加班达 156 个班 1248 小时，1989 年被山西省政府授予特等劳动模范称号。

【郭贵春】（1952—）山西沁县人，中共党员，原山西大学校长。山西大学哲学系硕士研究生毕业，留学英国剑桥大学攻读科学哲学，先后赴美、日、英、德、俄、中国香港和中国台湾等著名大学应邀作高访、研究。历任哲学系副主任、校长助理、副校长、常务副校长、党委书记兼校长。曾任山西省人大常委会教育科学文化卫生工作委员会副主任、国家重点学科科学技术哲学首席科学家、国家普通高校人文社会科学重点研究基地科学技术哲学研究中心主任、教授、博士生导师、教育部社会科学委员会委员、教育部哲学教育指导委员会副主任委员、中国自然辩证法研究会副理事长、山西自然辩证法研究会理事长、《科学技术与辩证法》名誉主编，山西省科技专家协会副主席，是享受国务院政府特殊津贴专家。中共山西省委第八届委员会候补委员，山西省第九届省委委员，第十届全国人民代表大会代表。2005 年被评为

"山西省劳动模范"。

【郭海仙】（1953—）女，山西沁源人。1970年参加工作，1973年加入中国共产党，从1978年山西大学政治系毕业后到原山西矿业学院马列教研室从事思想政治理论课的教学工作至今，现为太原理工大学文法学院法学系教师。1995年11月晋升为副教授，2001年10月晋升为教授。从1996年至今还相继担任了一定的党务和行政职务。从1996年8月被任命为山西矿业学院经济贸易系党总支书记起，历任太原理工大学文理学院文科党总支书记、文学院教工党总支书记、《山西高等学校社会科学学报》副主编兼编辑部主任。2001年以后的科研成果主要有：独立编著出版《公共关系学》一书，发表论文2篇。主持山西省科技厅软科学项目2项；参与山西省科技厅软科学项目1项；主持山西省哲学社会科学"十五"规划项目1项；主持山西省社科联社会科学"十一五"规划2008—2009年度重点课题1项；参与其他课题多项。

【郭春根】（1954—）山西太谷人，高级经济师，毕业于山西财经学院，现任晋中地区供销社主任。1997年5月，荣获中华全国供销合作总社劳动模范称号。同年山西省劳动竞赛委员会荣记三等功。1997年，提升为山西晋中地区供销社主任。1998年实施了"一件大事八件实事"，3个市场实现了当年建设当年竣工运营。1999年又提出全区实施"八个一工程"目标计划。1999年上半年全区实现了扭亏，一举扭转了长期亏损的被动局面。

【郭玉明】（1954—）山西平定人，硕士研究生学位，毕业于太原理工大学。教授，博士生导师，山西省教学名师，山西省中青年骨干教师。现任山西农业大学工程技术学院院长。山西省农机学会副理事长，山西省农机协会、山西省农产品加工装备技术协会副理事长，山西省省委联系高级专家，中国农业工程学会、中国农机学会农产品加工专业常务理事，中国农业工程学会农机化电气化专业常务理事，中国机械工程学会包装与食品工程专业常务理事，山西省力学学会常务理事，山西省机械工程学会常务理事，国家一级学术期刊《农业工程学报》编委。2000年和2004年分别获省优秀教学成果二等奖1项，2005年获"山西省教学名师"奖，2007 年山西省教授协会授予"科教兴晋先进工作者"奖，2009 年 6 月获山西省高校科技进步二等奖 1 项，2009 年 8 月中国农业工程学会授予"科技发展贡献奖"和中国农业工程学会成立 30 周年"优秀学术论文"奖，2009 年 12 月获山西省科技进步三等奖 1 项。

【郭贵明】（1956—）副研究员。毕业于山西大学。现任职于山西省农科院植保所。从事农作物病虫害防治研究工作近 20 年，先后主持和参加了山西省科委重点项目 10 余项，发表研究论文 30 多篇，获省、部级科技进步奖 8 项。其中，作为项目第一主持人完成的"小麦吸浆虫综合防治技术及推广""山西省中部生态区主要粮食作物病虫害综合治理技术体系研究与推广"分别获山西省科技进步三等奖和二等奖；共同主持的"山西省麦田昆虫生态区划及综合治理""山西省马铃薯地下害虫区系调查及防治技术"分别获山西省和农业部科技进步三等奖；主持的"无公害苹果生产技术推广应用"项目，于 1998 年 12 月通过山西省科委组织的验收鉴定，被认为达到国内领先水平。先后获山西省农科院"先进工作者"称号多次，1992

年被授予山西省青年科技奖提名奖。

【郭爱民】（1956—）山西潞城人，中共党员，中共长治市晋东南师专纪律检查委员会书记，副教授。1972 年高中毕业，返乡后被推荐担任民办教师。1978 年参加高考，被录取到山西师范学院中文系学习，长期研究鲁迅小说和赵树理小说。先后讲授过《写作》《现代文学》《当代文学》《中学语文教学法》《鲁迅小说研究》等课程。曾先后有数十篇论文在省内外刊物上发表。其中《文化心理结构：不可改变的赵树理》一文被收入《赵树理研究文集》。

【郭金耀】（1956—）山西平遥人，民盟盟员，1982 年毕业于山西大学生物系。山西农业大学林学系森林植物学教研室副主任，副教授。中国植物学会会员，中国植物生理学会会员。论文有《柳苗对盐击的快速反应》《冬小麦增产的营养调控技术》《农业科技通报》《日本红叶小叶片中的红色素》《翅果油树》《世界农业》《杨树生理研究新进展》《晚播冬小麦安全越冬研究及其新措施》《一种简便易行的 CO_2 施肥试验法》《生色素种类的鉴别》等 30 余篇，部分论文被收入《中国当代农业成果选编》《中国当代农业文库》及多种国外权威刊物。现主要进行"活力王"的开发研究工作。

【郭兴银】（1956—）平遥煤化集团董事长。2017 年 7 月，当选山西省工商业联合会（总商会）第十二届执行委员会副主席。被授予"山西省劳动模范""全国五一劳动奖章"等荣誉称号。2010 年获"全国劳动模范"称号。

【郭学旺】（1956—）山西万荣人，笔名郭乐夫，中共党员，1982 年毕业于山西师范大学历史系。山西师范大学政治系副主任，教授。中国毛泽东思想研究会、中共党史学会、中国现代史学会、全国台湾研究会等会员，山西省中共党史学会理事。著作有《毛泽东与中国社会的变迁》（中国言实出版社），《台湾问题与两岸关系》（陕西人民教育出版社 1992 年版），获山西省人文社科著作一等奖，以及《毛泽东思想纲要》（贵州人民出版社 1991 年版）。先后发表国家级论文 10 余篇、省级论文 30 篇，主要有《邓小平与我国经济的三次重大调整》、《开罗会议后中国政府收复台湾的准备》（《台湾研究》1997 年

第 2 期）、《山西窄轨铁路成因考期》（《近代史研究》1998 年第 4 期）。

【郭新志】（1959—）女，山西稷山人，主任医师，毕业于山西医学院。现任山西省脑康复医院院长，中华全国青联委员，山西省青联副主席，中国青科协委员，省政协委员。享受国务院颁发的政府特殊津贴。潜心研制和探索了 18 年，攻克了以头针为主中西医结合治疗先天性小儿脑瘫和老年痴呆症等康复的医学理论与实践的高难度医学尖端课题。先后完成省部级科研项目 6 项，多次获省、国家级奖项，已在国内国际医学杂志上发表论文 50 多篇，其中 20 多篇获优秀论文一、二、三等奖。先后被授予"全国劳动模范""省特级劳动模范"称号，获全国先进女职工和中国第二届十大女杰提名奖，全国、省、市"三八红旗手"、十佳明星、山西省优秀医学专家等荣誉称号。

【郭政】（1960—）山西太原人，教授，博士生导师。1983 年 7 月获山西医科大学临床医学学士学位，1991 年 12 月获英国利兹大学麻醉学博士学位。1983 年起，先后任山西医科大学第二附属医院麻醉科

副主任、主任、副院长，1998 年 7 月—2000 年 9 月任山西医科大学副校长，2000 年 10 月任山西医科大学校长，山西医学会副会长。先后在 *Neuroscience*、*Pain*、*Br.J.Anaesthesia*、《中华麻醉学》等学术期刊发表论文 30 余篇，出版专著 2 部，曾获"山西省优秀归国留学人员"称号。作为山西省中青年学科带头人，承担了国家自然科学基金、教育部重点科学技术研究基金、卫生部科学研究基金等支持的多个项目。

【郭文亮】（1960—）山西五台人，中共党员，太原理工大学机械工程学院教授、博导，山西省人力资源和社会保障厅专家。1986 年获重庆大学硕士学位。1993 年被聘为副教授，1999 年被聘为教授。从事射流燃烧流场模型和实验研究，精密齿轮刀具设计理论和误差分析，清洁燃烧和节能汽车研究，燃料电池和催化剂包覆研究，新能源汽车及碳纤维车身设计。获山西省教学成果二等奖 1 项，获山西省科技进步二等奖 1 项，获国家实用新型专利 2 项，完成山西省自然科学基金 1 项，在国内外学术期刊和学术会议发表论文 30 余篇，EI 收录 8 篇，现主持山西省归国人员留学基金 1 项，校博士基金 1 项。

【郭健】（1961—）山东济南人。毕业于曲阜师范大学美术系，山西省美术家协会会员，全国美术教育研究会会员，国际美术家联合会会员。擅长中国山水画，多次深入太行山、吕梁山、泰山、长江三峡等名山大川写生、创作。作品被国内外单位及个人收藏。作品在省、市全国多种报刊发表。被国际美术家联合会等 16 个艺术团体联合授予"世界书画艺术名人"称号。作品及事迹收入《世界当代著名书画家真迹博览大典》《世界华人书画作品选集》《跨世纪著名书画艺术家精典》《世界名人录》等多部书籍。

【郭兴萍】（1961—）女，山西灵石人，中共党员，硕士研究生，主任医师。1983 年毕业于晋东南医专，同年在灵石县医院参加临床工作 6 年，于 1998 年特招入解放军五一七医院妇科任副主任。同年转业分配到山西省计划生育研究所任中心主任。从医近 20 年来，勤奋工作，认真钻研医术，先后获得国家专利 3 项。发表论文有《宫颈速效松弛管的临床价值》《一次性阴道上药器及直肠阴道灌洗器的研制》《中西医结合治疗不孕症 69 例分析》《中药灌肠治疗盆胶炎性色块的临床观察》《手术切口术流产法改进》。

在《人民日报》《科技日报》分别刊登了获得专利的事迹。

【郭正堂】（1964—）山西应县人。中国科学院地质与地球物理研究所新生代地质与环境研究室研究员，博士生导师。主持过3项国家自然科学基金面上项目，2项国家"八五"重大基金项目三级课题。目前主持国家"九五"重大基金项目二级课题"南方红土记录的古气候演化及南北气候对比"、国家杰出青年科学基金"晚新生代风化成壤过程反映的环境时空演化及其与全球变化的关系"、国家重点基础科研规划（973）项目专题"青藏高原隆升对周边地区环境的影响"。曾获中国地质学会青年地质科技奖、中国科学院青年科学家奖一等奖。在国内外发表科研论文60余篇。国际第四纪研究联合会（INQUA）古气候委员会副主席、国际地圈生物圈计划（IGBP）古全球变化（PAGES）科学指导委员会委员、"环球环境大断面（PEP-Ⅱ）"国际项目共同负责人、中国矿物岩石地球化学学会理事。现任全球变化中国委员会古全球变化工作组组长；中国第四纪研究委员会副主任委员、黄土专业委员会主任；《科学通报》《中国科学·地球科学》副主编；《第四纪研究》常务副主编及多家学术期刊编委成员。

【郭三娟】（1965—）女，山西临猗人。1984年考入山西大学教育系学习，先后获山西大学教育学学士学位、北京师范大学教育学硕士学位、北京师范大学教育学博士学位。1986年1月加入中国共产党。山西大学教育科学学院副教授，硕士研究生导师。主要从事中国教育史和高等教育学研究。主要科研项目"20世纪中国马克思主义教育学传统研究（国家哲学社会科学基金项目）"，"新教育"的生命价值（高等学校校内人文社会科学研究），"教师专业成长的叙事研究（山西省教育规划项目）"。

【郭玉晶】（1970—）山西临猗人。教授，博士生导师。1993年毕业于山西大学化学系；2001年在青岛科技大学获硕士学位，并在山西大学任教至今；2007年在山西大学获博士学位；2009年在中科院长春应用化学研究所电分析化学国家重点实验室从事博士后研究工作。主讲《分析化学》和研究生《现代电分析化学》课程，主要研究方向为电分析化学和超分子化学。主持国家自然科学基金 2 项，山西省自然科学基金 2 项，中国博士后科学基金 1 项。在 *ACS Nano*、*J.Mater.Chem.*、*Biosens.Bioelectron.*、*Electrochimica Acta*、*Sensor Actuat. B*、*Talanta*、*Electroanlysis*、*Dyes Pigments*、*Supramol.Chem* 等期刊上发表论文多篇。2014 年荣获山西大学首届"五四"青年奖章；2013 年，入选山西省高等学校中青年拔尖创新人才；2008 年，获山西省科技进步二等奖，同年，获山西省高等学校科技进步一等奖，"山西省青年科技奖"，并荣获山西省"青年科研专家"称号。

【郭兴梅】（1972—）女，副教授，工学博士，硕士生导师。研究方向主要为碳纳米功能材料。1994 年 7 月毕业于山西师范大学获理学学士学位；1997 年 7 月毕业于中国科学院山西煤化所获理学硕士学位，2010 年 7 月毕业于太原理工大学获工学博士学位。研究领域分别为应用化学和材料化学。现主要在太原理工大学从事碳纳米功能材料研究工作，主持山西省自然科学基金一项，曾参与或正在参与多项国家自然科学基金。发表相关论文 18 篇。

【郭炜】（1972—）山西人，教授，现为山西大学化学化工学院副院长。1996—1998 年，在夏炽中教授课题组进行模拟四氢叶酸辅酶方面的工作以及精细化学品的应用开发工作。1998—1999 年，在山西大学精细有机化学重点实验室工作。1999—2002 年，在南开大学攻读博士，师从程津培院士，从事环肽及类环肽的合成、分子识别及不对称识别研究。2002 年至今，在山西大学化学化工学院从事基础教学和科研工作，2003 年破格晋升为副教授，2006 年破格晋升为教授，同时被聘为博士生指导教师。研究方向为超分子化学、有机合成方法学。

【郭东罡】（1980—）山西沁源人，中共党员，博士，副教授，硕士生导师，现任山西大学环境生态工程专业教研室主任，学院工会主席，主要从事矿区生态恢复和生物多样性保护方面的教学与科研工作。研究方向为矿区生态恢复、生物多样性、生态规划。2017 年 10 月，获国土资源科学技术一等奖。

【郭郁】（1981—）女，山西离石人，山西大学哲学社会学学院副教授。1999 年 9 月—2003 年 6 月山西大学哲学社会学学院哲学专业本科毕业，获哲学学士学位；2003 年 9 月—2006 年 7 月山西大学哲学社会学学院外国哲学专业硕士研究生毕业，获哲学硕士学位，同时留校任教；2007 年 9 月—2013 年 7 月山西大学哲学社会学学院博士毕业，获哲学博士学位。主要研究方向为西方人文哲学、基督教哲学。主持科研项目为现象学在当代法国的宗教转向研究（教育部人文社会科学研究项目）。

【郭美卿】（1984—）太原理工大学力学学院副教授，2012 年 6 月获天津大学博士学位。长期从事电化学传感器和锂离子电池负极中空合金纳米结构的建定性研究工作。承担国家自然科学基金"锂离子电池负极中空锗纳米管电极的稳定性研究"，山西省青年科技研究基金"聚合物隔膜包覆中空锡合金纳米线阵列电极的构建和稳定性研究"以及天津大学委托项目"石化设备部件焊接接头的失效分析"课题研究。参与国家自然科学基金"锂离子电池三维中空 Sn 合金高分子膜核壳纳米线阵列的稳定化研究"和天津应用基础与研究重点项目"新型可吸收镁合金药物缓释支架的研究"等相关领域的纵向课题研究。并参与中海油田服务股份有限公司委托的"油田固井水泥浆减轻用空心玻璃微珠"一期工程等领域的横向课题研究。近年来，以第一作者身份发表 SCI 论文 7 篇，授权专利 1 项。

三、华　东

上海市

【郭乐】（1874—1956）广东香山（今中山）人。1892 年到澳洲悉尼谋生。1897 年筹建永安果栏，任司理，从事水果生意。1907 年创设香港永安百货公司，后又建银业部和水火保险公司，并经营房地产和酒店，初步形成永安资本集团。1915 年，筹建上海永安百货公司。1920 年招股筹办上海永安纱厂，任董事长，开始转向工业投资。1930 年，在上海筹建永安银行。抗日战争时期，将永安财团的大部分企业、商店向美国注册，以求保护。1949 年留居美国，在纽约和旧金山设立永安分公司。1956 年病故于美国。

【郭泉】（1875—1966）广东香山（今中山）人，字凤辉，早年出洋檀香山，在海外经商。1907 年在香港开设永安百货公司，任总经理。1918 年在上海开设永安百货公司。后在上海、香港等地陆续开设永安纺织公司、永安人寿保险有限公司、永安银行等，资本甚厚。长期在香港从事商业经济活动。1966 年 4 月在香港病逝。著有《四十一年来经商之经过》等。

【郭秉文】（1880—1969）江苏江浦人，字鸿声，早年入上海清心书院学习，1906 年入美国留学，后获博士学位。1914 年回国，任商务印书馆编辑。后任南京高等师范学校教务主任、清心书院及省立浙江学院校长、东南大学和上海商科大学校长、商务印书馆总编辑、外交部驻美特派员、上海信托公司总经理、中央信托局监察人、财政部次长、国际关系研究所主席、中国海关税务局总税务司、联合国善后救济总署副署长兼秘书长等职。1969 年 8 月 29 日在美国去世。

【郭绍虞】（1893—1984）江苏苏州人，名希汾，字绍虞，我国著名的教育家、古典文学家、语言学家、书法家，复旦大学教授，中国科学院学部委员。中共党员，民盟成员。1915 年后历任上海进步书局编辑，东亚体育专科学校教师，福州协和大学（今福建师范大学）教授、系主任，开封中州大学教授，北平燕京大学教授、主任。1942 年返上海，在开明书店任编辑。此后在上海大夏大学、之江大学、光华大学、同济大学任中文系教授兼主任。1950 年，全国高等学校院系调整，同济大学文学院并入复旦大学后，到复旦大学任教，先后任中文系教授兼主任、图书馆馆长、文学研究室主任等职。1956 年加入中国共产党。先后兼任华东军政委员会监察委员，上海文联副主席，中国作家协会上海分会副主席兼书记处书记、上海文学所所长和《辞海》副主编、《上海文学》编委等职。复旦大学首批博士生导师之一。郭绍虞教授主要致力于中国古典文学、中国文学批评史、中国语言学、音韵学、训诂学、书法、理论等方面的研究。著有《中国文学批评史》《沧浪诗话校释》《宋诗话考》《宋诗话辑佚》等。

【郭琳爽】（1896—1974）广东香山（今中山）

人，又名启棠，1921 年毕业于广州岭南大学。1933 年任上海永安公司总经理。后曾多次筹建国货商场与进口商品竞争，均未成功。抗日战争期间，捐款支援抗日。1947 年发起抵制美货运动。1949 年，在共产党影响下，拒绝离沪赴港。中华人民共和国成立后，仍任永安公司总经理，并当选为全国工商联执行委员，上海市工商联副主任委员，第三届全国政协委员。在"文化大革命"中，遭到迫害，于 1974 年 10 月 27 日在上海去世。1978 年 11 月 28 日中共上海市委统战部宣布为其平反昭雪，恢复名誉。

【郭任远】（1898—1970）广东潮阳人，中国现代心理学家。早年就读于上海复旦大学，1918 年留学美国加利福尼亚大学攻读心理学，曾得到新行为主义代表 E.C. 托尔曼教授的赏识，在 20 世纪 20 年代挑起了关于本能问题的论战，轰动了美国心理学界。此后他提出心理学应该以人类或动物的行为或动作为研究对象，坚决主张抛弃心理学中一切主观性的名词术语，被称为"超华生"的行为主义者。1923 年完成博士学位学业，回国后任上海复旦大学教授、副校长，1925 年创办心理学系并筹建心理学院，致力于中国心理学启蒙和发展活动，被称为"中国的华生"。

【郭秉宽】（1904—1991）福建龙岩人，眼科学家，被誉为中国的"眼科之父"。20 世纪 40 年代在国内开展和推广角膜移植术，长期从事教学工作，培养出数以百计的高级专业人才。主编国内第一本中文版眼科学教材，并编写中级眼科学以解决中级教学的需要。中华人民共和国成立后，郭秉宽担任上海医学院眼科教授和附属中山医院眼科主任。1978 年，卫生部批准成立上海第一医学院眼科研究所，郭秉宽任所长。该所的眼病病理研究室、青光眼研究室、角膜病研究室、中西医结合研究室等均取得多项成果。1979 年，郭秉宽被批准为中国第一批博士生导师，是中国眼遗传学工作的开拓者之一。他在所著《眼科学》中明确提出了用优生学预防进行性高度近视眼的可能性。

【郭星孙】（1907—1989）1928 年毕业于上海圣约翰大学，1932 年获加拿大麦吉尔大学（McGill University）医学博士。归国后，曾任上海红十字医院及上海工部局巡捕医院医师，后自行开业。新中国成立后任上海电影局医务室主任。1956 年因自制氩气、氖气及医用笑气成功，获国家专利。并获得全国先进生产者，参加全国先进生产者大会。

【郭迪】（1911—2012）我国儿童保健事业开拓者和发育行为儿科的创始人，国家二级教授、上海交通大学医学院终身教授。从事儿科医疗、科研、教学工作 75 载，一生致力于开拓和促进我国儿童保健事业，成就卓著，桃李天下，在儿科学界享有崇高威望，为表彰他对我国儿科医学事业做出的杰出贡献，中华预防医学会儿童保健分会主任委员朱宗涵特别授予其儿童保健事业终身成就奖。作为我国儿科事业的开创者之一，在国内率先组织儿科界进行心理测验研究，组织新生儿遗传代谢病筛查，首先进行小儿锌营养的研究和铅对儿童生长发育的研究，这些成果至今仍被广为应用。先后主编了《基础儿科学》《系统儿科学》《中国医百科全书儿科分册》《小儿内科学》《儿科学》《儿科疾病鉴别诊断》《儿科学基础和临床》《儿科手册》等权威专著、统编教材和高级参考书。

【郭广纯】（1912—1972）上海市郊人，中国核物理先驱者，中国核物理科研所荣誉研究员。为我国核研究做出了巨大贡献，曾与两弹元勋邓稼先一同为我国原子弹设计而奋斗。1972 年因公殉职，终年 59 岁。

【郭大栋】（1923—2007）上海圣约翰大学、上海诚孚纺织专科学校毕业，中国第一批赴美留学生，美国麻州大学洛威尔校正纺织专业硕士。1950 年回国参加中华人民共和国建设，教授级高级工程师，享受国务院特殊津贴。上海纺织工业局副总工程师，中国佛教协会理事，上海佛教协会副会长，上海居士林副林长。为中国纺织事业的发展和中国佛教的恢复和发展做出了较大贡献。

【郭景仪】（1927—）上海南汇人，教授，1952 年 7 月毕业于复旦大学经济系，长期进行德国经济研究。撰写、主编、合著有《战后西德经济》（本课题为中国第 1 部学术专著）、《联邦德国的发展道路》（"六五"重点科研项目）、《辞海》世界经济分卷、《经济大辞典》世界经济卷，合译《勃兰特传》等 10 余部学术专著。先后在全国性专业权威刊物发表论文 40 余篇，代表作《德国社会保障体系管窥》等。他的学术传记被收入英国剑桥传记中心《国际名人辞典》（第24-2F版）、《中国当代经济科学学者辞典》、《复旦大学教授录》、《上海高教系统教授录》。

【郭龙生】（1930—）上海市人，系国务院发展研究中心国际经济技术研究所上海分所特约副研究员，蝴蝶与生态研究课题组组长。业余从事昆虫研究，捕捉蝴蝶制作标本。现藏蝴蝶标本四百余种，由上海市南汇县科协创办农民蝴蝶标本馆。曾应邀参加广州中华百绝博览会、北京国际昆虫学术研讨会、上海第二届民间艺术博览会等。与美国、英国、法国、日本、意大利、新加坡、泰国等国家蝴蝶文化界均有学术交流。其独创的真品《百蝶争艳图》曾在北京人民大会堂展出。上海电视台、《解放日报》《新民晚报》等十余家新闻媒体专题介绍过其事迹。

【郭演仪】（1930—）山东潍坊人，研究员，毕业于山东工学院，原任中国学院上海硅酸盐研究所研究室主任。1977年前主持完成"镁钢钛酸盐陶瓷的研究""无烟燃烧器的试制的应用"合作完成"钛酸铅系统压电陶瓷材料的研究和推广""中国瓷器的研究"等项目，分别获中国科学院、上海市重大科技成果奖；1977年后合作完成"含层状结构型钛酸高温高稳定压电陶瓷""历代南北方名窑瓷的研究"均获中科学院科技成果二等奖，"钨青铜型LBNN-15锯酸铅钠压电陶瓷"获中国科学院科技进步三等奖并获国家专利。主持完成"LNN-2倪酸钠锂压电陶瓷"及其制造工艺的研究，1985年获国家发明奖三等奖；合作完成"中国古代陶瓷物理化学基础与古瓷釉液相分离"的研究，1987年获国家自然科学奖三等奖。合著《中国古代陶瓷科学技术成就》《中国名瓷工艺基础》《现代陶瓷》（中国科学技术史，陶瓷卷）等；发表论文70余篇。

【郭大津】（1931—）1953年由浙江大学机械工程系毕业，1956年哈尔滨工业大学金属切削机床研究生毕业。上海市机械工程学会常务理事，上海市机械工程学会机床与工具专业委员会理事。曾任哈尔滨军事工程学院讲师，浙江大学讲师，同济大学教授、机械学院副院长、现代制造技术研究所所长，上海同济大学教务长。1989年出版《精密机床》。1994年担任中央电大《机械制造学》

课程主讲教师和教材主审。

【郭庠林】（1932—）江苏宜兴人，上海财经大学经济系教授，1995 年复旦大学经济系毕业。1955—1978 年从教复旦大学经济系，1978 年调上海财大。一直从事中国经济史的教学和研究。主要论著有《中国近代经济简史》（两主编之一，上海人民出版社 1983 年版），《华夏经济春秋》（两人合著，安徽人民出版社 1986 年版），《中国近代经济史简明教程》（两主编之一，吉林人民出版社 1988 年版），《中国近代经济史话》（两人合著，江苏人民出版社 1984 年版），《通俗人口学》（三人合著，复旦大学出版社 1987 年版），《对中国近百年经济史分期的意见》（《学术月刊》1960 年第 10 期），《试论均田制的缘起及其弛坏的根本原因》（《复旦学报》1981 年第 3 期），《中国资产阶级的形成时期及其结构》（两人合著），《近代中国资产阶级》续辑（复旦大学出版社 1986 年版）。现致力于中国封建社会经济史的研究。

【郭予元】（1933—2017）上海人，毕业于北京农业大学，研究员、博士生导师，中国工程院院士。中国农科院植保所所长、所学术委员会主任。2002—2004 年被国家科技部聘为《国家重点基础研究发展规划》"973"专家顾问组成员。2001 年被中国科学技术协会评为全国优秀科技工作者。2007 年获国家科技进步二等奖（排名第二）。先后获农业部"有突出贡献中青年专家"称号，获国务院"政府特殊津贴"，获国家"八五"科技攻关有突出贡献个人荣誉证书。1998 年被任命为国家"八五"攀登计划项目首席科学家，2001 年被中国科学技术协会评为全国优秀科技工作者。2002—2004 年被国家科技部聘为《国家重点基础研究发展规划》"973"专家顾问组成员。2001 年当选为中国工程院院士。2002 年获"全国杰出专业技术人才"称号。曾获国家科技进步二等奖 1 项、国家科技进步三等奖 2 项、省部级科技进步一等奖 2 项、二等奖 5 项。主编的《棉铃虫的研究》获 1999 年国家图书奖提名奖。

【郭履倜】（1933—）女，大学教授，享受政府特殊津贴。1955 年毕业于中国医科大学，长期从事医学事业。1956 年起担任上海医科大学儿科医院医师，1962 年起担任主治医师，讲师，1986 年成为副教授，1989 年成为教授。1982 年、1984 年均获卫生部乙级科技成果奖，1986 年荣获上海市卫生局三等奖，1989 年中华医学会上海分会施思明基金三等奖。任上海免疫学会理事，中华儿科学会临床免疫学组副组长。

【郭豫适】（1933—）广东潮阳人，教授，中共党员，历任华东师范大学讲师、副教授、教授、副校长、研究生院院长及中国古代文学博士生导师。国务院学校委员会学科评议员、中文学科组召集人（之一），《高等学校文科学报文摘》副主编。1957 年毕业于华东师范大学中文系。1959 年开始发表作品。1986 年加入中国作家协会，专于中国古代小说研究。《红楼研究小史稿》及《续稿》获 1986 年上海市社科著作奖，《全面理解毛泽东有关文学问题的论述》《论儒教是否为宗教及中国古代小说与宗教的关系》分别获 1994 年、1998 年上海市社科论文一等奖，新版《鲁迅全集》（责编之一）获 1994 年国家图书奖荣誉奖。1988 年获"国家级有突出贡献中青年专家"称号，是国务院颁发的"政府特殊津贴证书"获得者。

【郭杰炎】（1934—）福建龙岩人，教授，曾在复旦大学生物学系工作。从事微生物教学、科研 30 余年。代表著译作有《微生物酶》《细菌的新陈代谢》《发酵工业全书》和《普通微生物学》等 10 余部；发表的学术论文 50 余篇，主要有《铜绿色假单胞杆菌 B625 石油发酵蛋白酶的研究》《酵母乳糖酶对牛奶乳糖的水解作用》《脆壁克鲁维酵母乳糖酶的研究》《乳酸菌对牛乳和豆奶发酵比较》《克鲁维酵母种间原生质体融合》等。

【郭豫明】（1934—）广东潮阳人，上海师范大学教授、中国近代社会研究所所长、历史系中国近代史研究室主任、上海市学位委员会历史学科评议组成员、上海市太平天国史研究会会长。从事中国近代史研究室与教学工作。主要著作有《捻军起义》（上海人民出版社，1979 年），日文译本日本东京三省堂 1981 年版获上海市高等学校哲学社会科学奖，《洪秀全》《上海小刀会起义史》获上海市马克思列宁主义学著作出版基金资助，《赖文光张宗西》（军事科学出版社，1994 年），《中国近代史辞典》分别获上海市高等学校哲学社会科学奖、上海市哲学社会科学优秀成果一等奖，《中国人名大辞典·历史人物卷》《太平天国历史地图集》《太平天国历史与地理》获北京市哲学社会科学优秀成果一等奖等。1982 年、1989 年先后赴日本横滨市立大学、大东文化大学讲学。目前，继续进行太平天国与捻军史、近代会党史、上海地方史的研究工作。

【郭成城】（1936—）江苏宜兴人，1955 年苏州城建环保学院给水排水专业毕业，高级工程师，现任上海市政工程设计研究院高级工程师，全国监理工程师。长期从事给水排水工程结构设计研究工作。参加和负责华东地区几十项给水排水工程结构设计工作。1984 年参加宝钢长江引水工程，获上海市优秀设计一等奖、国家优秀设计金奖。1986 年参加黄浦江上游引水一期工程，获上海市优秀设计一等奖，科技进步二等奖、国家级优秀设计银奖。撰写《大型薄壁钢管设计理论探讨》《清水池裂缝问题探讨》等论文。监理上海浦东国际机场、上海浦东中央公园等项目，均获优良工程。

【郭信玲】（1936—）女，湖北襄阳人，上海电视台国家一级导演，毕业于上海戏剧学院导演系。1949 年参加华东海政文工团，

海军政治部文工团任演员：1959 年 2 月进上海电视台，曾任电视剧科科长、电视剧导演。1979 年拍摄了上海电视台第一部电视剧《玫瑰香奇案》《法纲》，在观众中引起强烈反响；其后，又拍摄了《山道湾湾》《流逝的岁月》《蓝色的路》《一个记者的日记》《故土》《秋海棠》《山杜鹃》《大酒店》《封神榜》《大家族》等 100 多部电视剧，受到广大观众的欢迎和赞赏。其中 8 集电视连续剧《故土》荣获"飞天奖"及"金鹰奖"，12 集电视连续剧《秋海棠》荣获"金鹰奖"，18 集电视连续剧《大酒店》荣获"飞天奖"及"金鹰奖"，1988 年评为国家一级导演，同年又以 120 多万张选票被评为全国影视十佳导演。

【郭学勤】（1936—）江苏江都人，毕业于上海第一医学院医疗系，教授、博士研究生导师。曾任上海医科大学生理教研室副主任，上海市生理学会理事，现任中国生理学会血液、循环、呼吸、肾脏生理委员会委员，享受国务院政府特殊津贴。主要研究应激、紧张诱发高血压和心律失常的神经机制及电针（躯体传入冲动）对实验性心律失常、高血压、高血粘度调整作用的中枢机制分析。自

1980 年以来，担任卫生部重点课题、国家自然科学基金课题和国家教委博士点基金课题的主要负责人。近 10 年来共发表论文 50 余篇，刊登在国际与国内一级杂志上。部分论文在第 30 届、第 31 届国际生理学会被采用，在中、法神经科学国际性学术会议、亚太地区脑研究、苏联莫斯科举行的国际病理学术交流会上被采纳作大会交流。研究成果经国内同行专家鉴定认为属国际先进水平，获国家教委科技进步奖及卫生部科技进步奖共 7 次，受到国内外医学专家关注。1989 年获上海市优秀教学成果奖，自 1985 年至 1993 年 3 次被评为校级优秀教育工作者。

【郭东才】（1937—）江西吉水人，九三学社成员，上海电力机械厂主任工程师，高级工程师。1963 年以来，先后成为中国机械工程学会、中国创造学会、上海发明协会会员；受聘任《机床与制造技术》《发明与革新》等杂志社通讯员；1985 年起兼任河海大学企业管理专业毕业论文和西安公路学院汽车运输机械专业毕业设计指导教师、能源部水利电力机械专业优秀毕业论文评审委员、中国管理科学研究院学术委员会特约研究员。1983 年 3 月—1997 年 2 月任上海电力机械厂总工程师室主任工程师、高级工程师。负责科技发展规划、设备动力管理，在全国工业普查期间兼任厂工业普查办公室副主任，上海污染源调查期间兼任厂调查组组长，ISO9000 质量体系认证专职工程师，负责编写质量手册和程序文件等；1997 年 2 月退休受聘为上海电力机械厂产品开发设计顾问。开发研制的 6 立方米混凝土搅拌运输车获高级科技成果二等奖、水利电力部科技成果四等奖，国家科委以重大科技成果项目公报；《创造力是企业活力的源泉》获中国电力企业联合会优秀论文三等奖；《贯彻国标，完善质量体系》获水利电力企业协会优秀论文奖；《大型起重机的贯标与质量管理》获全国电力企业现代化管理二等奖；在各类杂志上发表文章 50 多篇。

【郭玉瑛】（1938—）女，江苏张家港市人，1962 年毕业于华东工学院（现华东理工大学）合成橡胶专业。原任上海飞机研究所标材室主任、研究员，现为上海市老年科技协会会员等。长期从事航空非金属材料研究、标准制定和技术管理。1990 年被评为航空标准化先进工作者，1995 年被评为上海航空工业公司优秀科技工作者，1996 年以中国优妇女入选《中国当代妇女儿童事业成就大典》，多次被评为研究所"三八红旗手"，享受政府特殊津贴。20世纪60年代在北京航空材料研究院曾负责歼-8机整体油箱密封剂研究获1978年全国科学大会科学技术成果二等奖和1979年部推广生产二等奖。70年代后在上海飞机研究所参与运-10研制和MD82飞机技术引进等，获大型增压舱和全体油箱密封技术、民机舱内材料燃烧试验研究和航标编制等多项部科技成果二、三等奖，主持创建民机舱内材料燃烧试验室，填补了国内空白。1986—1999年出版《合成材料手册》《民机腐蚀控制》《国外民机舱内材料安全性条例及标准主译丛（1~4）》《飞机设计手册材料（上）》《塑料应用技术》等多部专著。

【郭延辉】（1938—）福建人，副教授，中共党员，毕业于北京大学，现任职于上海市南市区教育学院，中国国民经济管理学会理事，华东管理学会秘书长，上海市南市区少数民族联合会会长，政府特殊津贴享受者。长期工作在教育战线上，为国家培养了众多人才，1984年常州市人民政府授予个人立功奖励；1994年曾宪梓教育基金会授予高等师范教师三等奖。专著《学校人际关系》（上海教育出版社1993年版）；合著《公共关系学》（浙江人民出版社1988年版），《政治经济学概论》（上海社会科学院出版社1989年版，1992年再版）；副主编《中国特色社会主义概论》（高等教育出版社1994年版）。

【郭庆铭】（1940—）河北邢台人，中共党员，大学学历，高级工程师。中国化工学会农药专业委员会理事，上海化工学会农药学会理事长。1963年毕业于河北大学化学系，长期从事农药研究开发工作，研制农药有"稻脚青""矮壮素""克癌灵""粉锈宁"等。分别获国家重大科技进步一等奖，国家科技进步二等奖，化工部科技进步一等奖，国家科技进步一等奖。发明1氢-1,2,4三氮唑剂，获第二届发明协会银奖和1991年专利发明创造奖。发表论文30多篇，1986年被评为全国有突出贡献中青年专家，1992年被评为全国化工有重大贡献的优秀专家，享受政府特殊津贴。

【郭礼和】（1940—）著名分子生物学家。中国科学院上海生命科学研究院生物化学与细胞生物学研究所研究员，博士生导师。1991—2000年任中国科学院上海细胞生物学研究所所长，现为美国纽约科学院成员，美国科学促进会（AAAS）成员。任上海市政协常委，中国细胞生物学学会副理事长，上海生物工程学会副理事长，中国生物工程学会理事，中国遗传学会理事。系国家科技部"973"计划咨询组专家、国家SFDA新药评审专家、《中国细胞生物学学报》主编。几十年来主要从事分子生物学和细胞生物学领域研究工作，作为主要负责人和参与者的"酵母丙氨酸转移核糖核酸人工合成"研究工作获国家自然科学一等奖。参与的"家兔个体表达系统研究"获中国科学院科技进步一等奖，主持的"人生长激素基因工程研究"获中国科学院科技进步二等奖。负责的"DNA化学合成及试剂及研制"获上海市科技进步三等奖。曾被评为上海市劳动模范，中国科学院先进科技工作者，上海市科技精英，"八五"国家科技攻关先进科技工作者。发表论文80多篇，培养近20名硕士、博士研究生。

【郭友宁】（1941—）山东省人。1965年毕业于上海第一医学院卫生专业。从事生殖健康流行病社会心理学院研究14年，现任上海市计划生育科学研究所副研究员。1983年赴英国伦敦卫生与热带病学院进行流行病研究交流，已发表10余篇有关专题文章。如《新婚夫妇避孕使用及影响因素》、《避孕失败与停用及影响因素》、《生育意愿转变及影响因素》、《避孕知识动态及影响因素》（获首届世界人体科学大会优秀论文一等奖）、《初婚夫妇自然受孕及影响因素》（被收入《中国医药卫生学术文库》内）、《初产妇剖宫产及影响因素》等。他的事迹于1994年编入由上海市人民广播电台出版的《名医坐堂》一书内。

【郭文钦】（1941—）江西永新人，高级畜牧师。1966年毕业于江西农学院畜牧兽医系畜牧专业，毕业后到新疆生产建设兵团一〇四团场工作。1982年调入新疆农垦科学院畜牧兽医研究所畜禽营养研究工作，1988年2月通过人才交流调入上海市宝山区畜牧水产局畜牧兽医站工作。长期在基层从事畜牧技术工作与管理工作，在上海市宝山区畜牧水产局工作期间，在大康养猪场技术服务3年，连续两年获得上海市十佳猪场的金猪奖，集约化养猪场系列化生产设计被上海市宝山区科委评为 1990 年度科技进步一等奖。集约化养猪系列化生产配套饲养技术推广获 1993 年宝山区科委科技兴农推广三等奖。曾发表《用植物性蛋白质饮料加氨基酸代替进口鱼松吸蛋鸡的效果试验》，饮料科研协作组第六次全体代表会议上评为优秀论文，一〇四团场工作时曾两次受过团党委嘉奖。在上海市宝山区工作时曾获得 1991 年度"先进科技工作者"的光荣称号。

【郭盛淇】（1941—）江苏省人。研究员，享受政府特殊津贴。1965 年毕业于上海第一医学院，现从事科学技术管理专业。1965—1992 年任职卫生部上海生物制品研究所，曾两次出国进修，从事乙肝血源疫苗中试研究，在分离纯化及灭活工艺中起了很大作用，解决工艺放大并按 GMP 要求建立了乙肝疫苗液水线，成为该所拳头产品之一，经济、社会效益显著。

【郭志坤】（1942—）福建永定人，高级编辑，中共党员，毕业于复旦大学，曾任上海人民出版社总编辑。1966 年夏复旦大学历史系本科毕业后，分配在文汇报社理论学术部当记者、编辑，1985 年调任文汇出版社总编辑，1991 年被评为上海市优秀新闻工作者，1995 年调任上海人民出版社总编辑。出版界称其为"学者型的总编"，他在《复旦学报》《杭州大学学报》《齐鲁学刊》等 40 余所大学的学报上刊登了《评汉武帝的"独尊儒术"》《试论稷下学宫》《略论唐代贞观年间的"论今引古"》等 100 余篇史学论文。参加了《先秦诸子自述丛书》《中国历代寓言分类大观》《中国历代贡品大观》《世界名著情书鉴赏大观》《香港全纪录》《澳门全纪录》《20 世纪上海大博览》等 25 部图书的主编工作。著有《中国宣传史》《秦始皇大传》《隋炀帝大传》《永乐大帝大传》《荀学论稿》《荀子评传》《孙中山社会科学思想研究》等。其中，《孙中山社会科学思想研究》获上海市优秀著作奖，《秦始皇大传》获"金钥匙"奖，《香港全纪录》获中国图书奖。

【郭本瑜】（1942—2016）浙江宁波人，上海师范大学教授。1965 年毕业于上海科学技术大学数学系，曾任上海科学技术大学助教、教授、副校长、校长等职。他是中共上海第五届市委委员，上海第八届政协常委、全国第九届、第十届政协委员。大学毕业后一直从事数学教学和科研工作，勤奋努力，积极钻研，在学术研究中，取得了辉煌的业绩。先后发表有价值的学术论文 278 篇，专著与合著 7 部。他提出非线性方程近似逼近的广义稳定性理论；提出从保持整体性质出发，构造非线性偏微分方程的差分格式，并建立相应的理论基础；是国际上最早研究谱方法与拟谱方法的专家之一，提出基于 Bochner 求和法的泸波技术和非线性项反对称通近法，莫定球面及无界区域上谱方法及有理论方法的理论基础，首创奇异问题的 Jacobi 谱方法；他最早证明孤立子方程差分格式收敛性，并应用数值方法发现边界脉冲诱发孤波现象等。在学校教学和管理工作中，他重视教学质量、科研成果，以及学校整体素质的提高。他所培养的博士生成绩卓著，领导的上海科学技术大学学术水平及国际声望都有了很大提高。由于他在教学、科研工作中的突出成绩，1978 年被评为全国科技战线先进工作者，1981 年、1983 年分别被评为上海市劳动模范；1982 年被评为上海市优秀党员；1984 年、1992 年分别被评为中国有突出贡献的中青年专家；1987 年、1991 年分别获国家教委科技进步二等奖和一等奖；1991 年被评为全国优秀教师；1987 年获国家级优秀教学成果二等奖；

1995 年获国家自然科学三等奖，并被英国 Salford 大学授予名誉科学博士学位。

【郭德峰】（1943—）上海青浦人，中学高级教师，中共党员，上海市青浦县教师进修学校教育科学研究室主任。20 世纪 80 年代初开始成为青浦数学教学改革实验小组主要成员，参与一系列教改实验研究，合著《学会教学》一书，作为全国推广青浦数学教学改革经验的主要材料。主编《上海市家长学校教材·小学卷》《现代家庭教育 100 法》，合著《家庭教育心理》。至今发表各类论文 60 余篇，有 5 项研究成果获上海市普教科研成果一、二等奖。曾 2 次被评为上海市普教科研先进个人。1999 年授予"特级教师"称号。主持的教科室曾 2 次被评为上海市普教科研先进集体，1997 年被评为上海市劳动模范集体。

【郭瑞华】（1945—）女，福建人。上海市第六人民医院四肢显微外科研究所研究员，中华临床医学会副理事长，《美国中华创伤杂志》编委。主要从事普通外科及四肢显微外科病理，特别是肿瘤、神经、血管、肌肉、骨骼方面病理的研究及显微外科基础理论研究。先后负责和参加过多种器官、肢体、血管、皮瓣等组织自体及异体移植实验研究，周围神经缺损修复的临床及试验研究及急症创伤早期游离组织组合移植研究等国家自然基金会，卫生部和上海市科委等科研项目 40 多项。其中，上海市科委项目《急症创伤早期游离组织组合移植研究》获上海市医疗成果集体三等奖，个人获上海市医学科技贡献证书。曾发表有《动脉异体移植的实验研究》《改良 VG 染色法》等 40 多篇论文，其中 10 多篇被征收入不同组织出版的优秀论文集或文库。并参著有《中国骨科新技术》《中华医学临床实践》《全国骨筋伤医学论文荟萃》，参加编著有《老年病肿瘤学》。

【郭国和】（1949—）上海人。现为上海翻译家协会会员，副译审、副研究员。1968 年 12 月从上海复旦大学附中毕业，后在上海市黄浦区金陵东路街道工作，并于 1974 年加入中国共产党。1977 年底考入上海师范学院（现名上海师范大学）外语系，主修英语，辅修法语。1982 年 1 月大学本科毕业，先后就职于上海市公安局、上海市国家安全局。专业成果从 1986 年起，100 多万文字由出版社、报纸、杂志发表。

【郭延曦】（1953—）女，上海人。九三学社社员。1982 年毕业于华东师范大学。上海大学法学院经济法系副主任，副教授。上海市沪中律师事务所兼职律师，中国国际法学会会员，中国国际经济法学会会员，中国政法院校经济法研究会理事。论著有《浅析 WTO〈补贴与反补贴措施协议〉》（载《中央政治管理干部学院学报》1977 年第 1 期）、《新编涉外经济法学》（主编和主要撰稿人，复旦大学出版社，1996 年）、《国际私法新论》（合著，上海立信会计出版社，1995 年）、《中国关于主权豁免问题的对策》（载《法学》1995 年第 3 期），获上海市哲学社会科学优秀成果奖、论文类二等奖，并被辑入《中国"八五"科学技术成果选》。

【郭亚军】（1955—）解放军总医院肿瘤中心主任。1969 年入伍，1973 年入党，1978 年于第三军医大学本科毕业后分配至济南军区总医院从事外科临床工作。现为第二军医大学肿瘤研究所所长、教授，博士生导师，聊城大学药学院院长。国家"973"计划首席科学家，上海市首批科教兴市重大项目首席科学家。承担国家"973"计划、"863"计划、国家自然科学基金重点项目及上海市重大研究项目等 30 余项。在包括 *Science* 和 *Nature Medicine* 等学术期刊上发表论文 150 余篇；主编专著 3 部，申报国际专利 9 项。获国家和省部级奖励 15 项，其中 2007 年获国家自然科学二等奖，2007 年获国家技术科技发明奖二等奖，1991 年获国家科技进步二等奖 1 项、1989 年获军队科技进步一等奖 1 项、1996 年和 2000 年各获军队科技进步二等奖 1 项、2003 年获上海科技进步二等奖 1 项；培养博士后 6 名、博士研究生 25 名、硕士生 10 名。被授予"中国青年科学家奖"、上海首届"十大科技精英"等称号。

【郭建】（1956—）上海人，复旦大学法学院法律史教授、博导，1998 年担任复旦大学法学院副院长。主要研究领域为中国法制史。参加《中国民法史》研究项目，作为副主编，承担其中的债法、物权法部分研究工作。该项目于 1995 年获首届全国高校人文社科研究一等奖（由上海人民出版社 1993 年出版）。1995 年曾被评为上海市高校优秀青年教师。

【郭伟】（1958—）上海第二医科大学附属第九人民医院口腔颌面外科主任医师，医学博士，教授。博士研究生导师。主要从事口腔颌面肿瘤的临床与基础研究。尤其擅长口腔颌面部肿瘤的综合序列治疗，在恶性淋巴瘤和恶性黑色素瘤的诊断及治疗方面积累了丰富经验。近年对口腔癌前病变的化学预防及治疗进行了较深入的探索。与上海交通大学陈亚珠院士合作研制开发口腔癌超声热疗系统，并开始应用于临床。

【郭宇】（1958—）北京人，硕士研究生学历，中共党员，一级导演，现任上海戏剧学院副院长。中国电视艺术家协会会员、中国戏曲表演学会副会长、中国戏曲导演学会理事、上海戏剧家协会理事、上海白玉兰戏剧表演奖评委。先后导演过《红茶坊》（电视情景剧）、"2001APEC 文艺演出"第四届中国京剧艺术节开幕式、"越女争锋"越剧青年演员电视挑战赛、评弹金榜——江浙沪评弹演员大赛等电视节目。执导过《大马戏团》（话剧）、《紫钗记》、《拜月亭》（昆剧）等舞台剧。发表论著有《俞振飞书信集》（专著主编）、《长生殿——演出论文集》（与人合作、主编）；论文有《电视戏曲节目的特性》《荧屏的戏剧表现方式探讨》《探寻现代都市中昆曲的传播形式》等。获"全国文化系统先进工作者"荣誉称号。

【郭扬】（1961—）上海人，研究员，教育学博士，现任上海市教育科学研究院职业教育与成人教育研究所所长、博士后。科研工作站合作导师，院学术委员会委员、所学术委员会副主任，上海高职教育发展研究中心常务副主任，上海市中职教育师资培训基地（管理类）主任；兼任中国职业技术教育学会理事、学术委员会委员，《上海职业教育》杂志主编，上海市高等教育学会理事、继续教育专业委员会主任。主要研究领域为职业技术教育学原理及其应用。1989年考入华东师范大学教育科学研究所，成为首位从基层一线的职教工作者中选拔培养的职业技术教育学专业研究生。1992年取得硕士学位后调入上海职业技术教育研究所（现上海市教育科学研究院职业教育与成人教育研究所），历任第一研究室代理负责人、第二研究室副主任兼所科研秘书、所长助理、副所长、所长，其间曾分别在德国联邦职业教育研究所（BIBB）等机构接受联邦德国经济与合作部（BMWZ）组织的高级专业培训、在德国不来梅大学技术与教育研究所（ITB）做访问学者、在天津大学教育学院申请博士学位。1998年被评为上海市教育科研工作先进个人，2006年被评为上海市职业教育先进个人，2014年获全国"黄炎培职业教育奖"优秀理论研究奖、上海市"育才奖"。个人专著《中国高等职业教育史纲》曾获中国职业技术教育科学研究成果一等奖，《高职院校课程模式开发基础》和《监控与评价——高职高专教育教学质量研究》均获上海市教育科学研究优秀成果二等奖，合著《中国高等职业教育——历史的抉择》和《中国高等职业教育质量年度报告》分获全国教育科学研究优秀成果二、三等奖。

【郭忠印】（1962—）山东鄄城人。同济大学交通运输工程学院教授。1982年毕业于同济大学路桥工程系，1985年获得工学硕士学位，1988年作为同济大学与英国诺丁汉大学联合培养博士生赴英开展学术研究，并于1990年获得工学博士学位。历任同济大学助教、讲师、副教授、教授，道路与交通工程系副系主任、系主任；现任同济大学教授、博士生导师，交通运输工程学院院长；兼任上海市土木工程学会理事，道路与交通工程专业委员会副主任委员，上海市公路学会道路与筑路机械专业委员会主任委员，中国道路交通安全协会理事，中国公路学会环境与可持续发展分会常务理事，中国公路学会道路分会理事。世界道路协会（PIARC）个人会员，*The International Journal of Road Materials and Pavement Design. Advances in Transportation Studies: An internution Journal* 副主编等社会职务。发表论文 160 余篇，SCI、EI 收录 39 篇；出版专著 3 部，合著 1 部；获省部级一等奖 1 项、二等奖 2 项、三等奖 5 项。上海市优秀青年教师，交通部"新世纪十百千万人才工程"第一层次人选，交通部青年科技精英。

【郭博智】（1962—）陕西商州人，工学博士，研究员，上海飞机设计研究院院长、党委副书记。全国劳动模范，2017 年获全国五一劳动奖章。1992 年 12 月加入中国共产党；1983 年，西北工业大学飞机系飞机设计专业毕业，获工学学士学位；2008 年，西北工业大学航空学院飞机系飞行器设计专业毕业，获博士学位。曾获国防科学技术工业委员会二等奖，享受国务院颁发的政府特殊津贴。

【郭方】（1962—）现任中国科学院上海生物科学院健康所课题组长和研究员。1993 年 4 月至 1998 年 5 月在日本医科大学大学获医学博士学位；1998 年 5 月至 2008 年 5 月在日本医科大学第一附属医院、美国加州大学和 The Scripps Research Institute 从事泌尿外科医生、博士后、Staff Scientist 等。主要从事肿瘤侵袭和转移的分子机制研究、肿瘤靶向药物开发和肿瘤基因疫苗和细胞疫苗开发等研究。近 3 年来承担的科研项目主要有国家自然科学基金"Legumain 在乳腺癌骨转移和破骨损伤过程中的作用机制研究"。

【郭丽娟】（1963—）女，安徽阜阳人，中共党员，在职研究生，工商管理硕士，高级经济师，上海市人大代表。1982 年 10 月参加工作。系中国广告协会副会长，上海师范大学人文与传播学院客座教授暨教学顾问、上海市对外经济贸易学院客座教授。曾任共青团上海市委地区工作部、权益工作部副部长，上海市青年企业家协会副秘书长等职。上海市第十五届人民代表大会代表。2002—2008 年，郭丽娟以其出色的业绩先后荣获上海市"三八红旗手""中国十大广告经理人""中国杰出女性广告人",上海市"五一巾帼奖"、上海市"五一劳动奖章""首届中国年度广告人物""中国广告30年突出贡献奖"。

【郭可】(1963—)浙江诸暨人。现为上海外国语大学新闻传播学教授、国际关系博士点博导、中国国际舆情研究中心主任。学术兼职包括教育部新闻传播学科教育指导委员会委员、国际媒体标准及认证委员会国际委员、复旦大学信息与传播研究中心基地研究员和中华传媒网特约专家。一直在上海外国语大学从事国际新闻专业教育,创建了具有上外特色的国际新闻专业教学模式,也就是目前在提倡的双语教育模式。同时从事国际传播学、对外传播学、国际新闻报道、新闻传播比较研究、国际新闻教育等方面的研究活动。目前他已出版了两部专著《国际传播学导论》和《当代对外传播》,尤其是《国际传播学导论》一书可以说是填补了国内新闻传播学界的空白。此外,学术成果还包括近50篇用英语和中文撰写的学术论文和五部译著,并担任了新华出版社出版的《西方新闻传播学经典文库》(共28种)和《全球传媒报告》的副主编。

【郭坤宇】(1963—)研究生,博士,教授。现任民进上海市委副主委、民进复旦大学委员会主委,上海市政协委员,复旦大学数学科学学院院长和"非线性数学模型与方法"教育部重点实验室主任。2002年获教育部高校青年教师奖;2003年获上海市科技进步奖一等奖(第一完成人);2005年获得国家杰出青年科学基金;2006年获上海市自然科学牡丹奖;2006年被聘为教育部长江特聘教授。

【郭定平】(1965—)湖北安陆人。复旦大学日本研究中心主任,国际问题研究院副院长,国际关系与公共事务学院政治学教授,博士生导师。1998年获复旦大学博士学位,2002年获东京大学博士学位,出版《多元政治》《政党与政府》《韩国政治转型研究》《上海治理与民主》等多部学术专著,主编《东亚共同体建设的理论与实践》等学术著作,发表《论战后日本政党在外交决策过程中的地位和作用》等中文、英文、日文学术论文数十篇。曾经获国家级教学成果二等奖和上海市教学成果一等奖。多次赴日韩美加法意等国家留学、讲学、参观访问和参加学术会议。

【郭水尧】（1965—）浙江诸暨人，国家一级注册建筑师。现任上海尧舜企业集团董事长，上海市虹口区政协委员，九三学社虹口区委员，武汉大学校董，武汉大学上海校友会执行会长、武汉大学校友企业家联谊会长三角分会执行会长、上海绍兴商会常务副会长、上海诸暨商会副会长、浙江农林大学客座教授。1986 年毕业于武汉大学水利水电专业，1989—1990 年在同济大学研修建筑设计，大学毕业之后在水利电力部上海勘察设计研究院从事设计工作。1995 年成立建筑事务所，其业务范围覆盖 20 多个省市，所管理的乌镇黄金水岸大酒店连续多年接待世界互联网大会的媒体报到处。业余从事摄影创作，摄影作品多次在国际国内摄影大赛中获奖，代表作有同济大学出版社出版的《乌镇神韵》等作品集。

【郭广昌】（1967—）浙江东阳人。1989 年毕业于复旦大学哲学系，1999 年毕业于复旦大学经济管理学院，获工商管理硕士学位。现任上海高科技（集团）有限公司董事长、上海复星实业有限公司董事长、复地（集团）股份有限公司董事长。第十届全国人大代表；全国工商联九届执委会常委；第八届全国青联委员；中国青年企业家协会副会长；上海市工商业联合会副会长；上海市企业家协会副会长；上海市青年联合会副主席；上海市浙江商会会长。所获主要荣誉有中国优秀民营企业家，1997 年度上海市劳动模范，第五届"上海十大杰出青年"，第三届"中国青年五四奖章"，2000 年紫荆花杯杰出企业家成就奖，2001 年中国民营科技优秀企业家"开拓奖"，2002 年中国优秀民营科技企业家。

【郭杨龙】（1970—）博士，教授，博士生导师。华东理工大学化学与分子工程学院副院长，工业催化研究所所长，中国化工学会化工新材料委员会委员，上海市稀土学会副理事长，上海市化学化工学会催化专业委员会委员。1992 年 6 月获华东化工学院应用化学专业学士学位，1995 年 6 月获华东理工大学物理化学专业硕士学位，1998 年 6 月获华东理工大学有机化工（工业催化）专业博士学位后留校工作。2001 年 4 月至 6 月在香港科技大学化学系从事科研合作，2003 年 5 月至 2004 年 2 月在法国国家科研中心催化研究所从事博士后研究。2004 年入选"上海市青年科技启明星计划"和"上海高校优秀青年教师后备人选"。2008年入选"上海高校优秀青年教师",2009年入选"教育部新世纪优秀人才支持计划"。主持的科研项目有国家"973"计划项目、国家科技支撑计划项目、教育部博士点基金和上海市基础研究重点项目等国家和省部级的重大以及重点科研项目。

【郭秀艳】(1970—)女,黑龙江宁安人,2001年毕业于华东师范大学心理学系基础心理学专业,获博士学位。现为华东师范大学心理学系教授。主要从事认知心理学和实验心理学的教学研究工作。2001年引进并主译国外很有影响的"实验心理学"教材——《实验心理学——掌握心理学的研究》;2003年博士论文"内隐学习的理论和实验"被教育部、国务院学位委员会评定为全国优秀博士学位论文;2004年出版《实验心理学》(郭秀艳著,人民教育出版社),同时被列为"普通高等教育'十五'国家级规划教材"。2003年和2004年先后成功入选"上海高校优秀青年教师后备人选""上海市曙光学者"和"教育部新世纪优秀人才支持计划"。

【郭申元】(1970—2000)福建永定人,原上海人民出版社总编、文史学家、作家郭志坤子。美国哈佛大学医学院分子生物化学系的博士后研究员。中国当代杰出的留美青年科学家。1990年,为实现在16岁时立下的"攻克癌症"的誓言,郭申元赴美国留学,获得生物化学硕士、博士学位,在哈佛大学医学院从事博士后研究。郭申元在俄亥俄州立大学攻读博士学位时,研究方向是DNA主要构成物质的合成和复制,这个课题与防癌药物的研制直接相关。该校专家认为他的博士论文大纲"体现了他在人体DNA研究领域内的新思路和巨大潜力"。后来5年,他在国际权威学术刊物《美国生物化学学报》《细胞学》和《美国科学院院刊》上单独或与人合作发表了6篇相关论文。2000年因患癌症不治,在美国辞世。郭申元一生中所闪耀的"为了人类"而献身的坚定信仰和强烈的爱国主义情操,倡导科学方法、科学精神和弘扬中华美德的事迹,感人至深、催人奋进,我国两任驻美国大使和50余位两院院士为郭申元题写了悼词;美国数十位科学家和哈佛校长高度评价了郭申元的科学精神和人文精神。郭申元的博士后导师、美国科学院院士、哈佛医学院终身教授理查森称赞郭申元为当今爱因斯坦式的人物。

【郭彤】（1973—）农学博士，上海海洋大学水产与生命学院副教授，硕士生导师。1997年7月，毕业于山西农业大学动物科技学院畜牧专业，获学士学位；2000年7月毕业于山西农业大学动物科技学院动物营养与饲料科学专业，获硕士学位。2004年7月毕业于浙江大学动物科技学院动物营养与饲料科学专业，获博士学位。目前主要从事水生生物（鱼类和甲壳类）生理学方面的研究，主要研究方向是水生生物（鱼类和甲壳类）营养生理学及细胞生物学。

【郭玉成】（1974—），山西新绛人，上海体育学院教授、博士研究生导师。中国武术协会委员、中国体育科学学会武术分会委员、中国武术协会青少年与学校武术指导委员会委员、国家体育总局武术研究院青年学者工作委员会委员。先后主持国家社会科学基金项目2项、教育部新世纪优秀人才支持计划项目1项，著有《中国武术传播论》等专著2部，发表各类论文100余篇。参加《武术学科发展研究报告》（2008—2011）常务副主编、《全国中小学生系列武术健身操》（教

师参考用书）副主编、《中国武术导论》编委等工作。2009年，获国家体育总局"第29届奥运会科研攻关与科技服务个人贡献奖"、教育部"高等学校科学研究优秀成果著作奖（人文社会科学）"。

【郭志前】（1978—）河南人。华东理工大学教授，博士生导师。国家优秀青年基金获得者，全国优秀博士论文提名奖，上海市浦江人才，霍英东青年教师基金学者，"长江学者奖励计划"青年学者。主要从事精细有机化工领域的相关研究，开展功能性生物荧光染料创制和应用研究。针对有机荧光染料在生物医药、信息材料、环境生态等交叉领域中的应用创新问题，开展功能性荧光染料创制和应用研究，发展了系列高性能、精细化、可产品化的近红外荧光染料。迄今，已在 *Chem.Soc.Rev*、*Nature Protocols*、*J. Am. Chem. Soc*、*Angew. Chem. Int. Ed*、*Chem. Sci.* 等国际一流杂志上发表SCI论文50余篇，SCI他引3400余次，H指数为31。

【郭小军】（1981—）江苏如皋人，上海交通大学显示与照明中心研究员，博士生导师。

入选 2009 年教育部新世纪优秀人才计划。2002 年在吉林大学电子工程系获学士学位，随后一年在清华大学电子工程系从事超大规模集成电路辅助设计（VLSI-CAD）方面的研究工作。2003—2008 年在英国 Surrey 大学 Advanced Technology Institute 从事薄膜电子和新型平板显示技术的研究工作。2007 年获得博士学位，并以 Research Fellow 继续工作一年。2008 年加入英国剑桥 Plastic Logic 公司，从事印刷有机薄膜晶体管技术、柔性电子纸显示的研究和产业化工作。主要研究领域为薄膜电子器件与电路、新型显示技术和柔性电子与系统集成。近 5 年，以第一作者的身份在国际知名刊物包括 *Science,IEEE Transaction on Electron Devices,IEEE Electron Device Letters, Applied Physics Letters* 以及相关国际会议上发表论文近 30 篇。

山东省

【郭占一】（1904—1994）山东东营人，全国劳动模范。新中国成立后，积极参加土地改革，任村农会主任。1947 年响应党的号召，带头成立互助组，是年 2 月加入中国共产党。1951 年任油郭村党支部书记，领导互助组改为初级社。1952 年被山东省人民政府授予"劳动模范"称号。1954 年被授予"全国劳动模范"称号，光荣出席全国首届劳模大会。1955 年冬，郭占一组织联络油郭、西商、东寨、丁家乡联合成立广饶县第一个高级社——五星高级社，亲任社长。1956 年当选为中国共产党第八次全国代表大会代表。1958 年，五星高级社和牛庄高级社合并成立东风第十三人民公社，郭占一任社长。他带领群众发展农业生产，推广科学种田，大搞农田水利建设，重视引黄灌溉改碱。中共十一届三中全会后，得到党和政府的妥善安排。

【郭贻诚】（1906—1994）北京人，物理学家、物理教育家，我国磁学和磁性材料教学和研究工作的奠基人之一。在微磁化理论、磁性薄膜和非晶态磁性的研究工作中取得了重要成果。创办山东大学磁学专业并建立了磁学实验室，所著《铁磁学》是我国第一部磁学专著。执教 50 余年，为我国培养了几代物理学人才。长期担任物理学会的领导工作，1960—1985 年，担任山东省物理学会理事长；1985 年以后，被推选为山东省物理学会名誉理事长。此外，还任中国物理学会理事。除长期担任山东大学物理系主任、理学院院长、副教务长外，1966 年前后还曾担任济南市副市长。郭贻诚把毕生的精力献给了人民，献给了他所从事的物理学教育和磁学研究工作。为了表彰他对人民的贡献，中国物理学会于 1982 年向他颁发了从事物理学教学和科研工作 50 周年的荣誉奖状和金质奖章；山东省教育厅于 1984 年授予他忠于社会主义教育事业、从事教学工作 30 余年的荣誉证书。

【郭永怀】（1909—1968）山东荣成人，中科院院士，力学家、应用数学家。1935 年毕业于北京大学物理系。1945 年获美国加州理工学院博士学位，1957 年被选聘为中国科学院学部委员（院士），1968 年 12 月 5 日因飞机失事不幸牺牲，被追认为烈士。曾任中国科学院力学研究所研究员、副所长，第二机械工业部第九研究院副院长等职。我国近代力学事业的奠基人之一，在跨声速流和奇异摄动理论（PLK 方法）方面的成就为国际公认。倡导了我国高速空气动力学、电磁流体力学和爆炸力学等新兴学科的研究。担负国防科学研究的业务领导工作，为发展我国核弹与导弹等事业做出了重要贡献。1999 年被国家追授"两弹一星"功勋奖章。

【郭良夫】（1916—2010）山东钜野人，中共党员，教授、高级编审。1943 年 10 月—1946 年 7 月在昆明西南联合大学中文系就读，1947 年清华大学中文系毕业后留校，任助教、讲师。1949 年 7 月加入中国共产党。1952 年 9 月起在北京大学中文系任副教授、汉语教研室主任。1961 年 9 月起在华侨大学中文系任副教授、副主任。1972 年 10 月起在福建师范大学中文系任副教授。1977 年 11 月起在中国社会科学院文学研究所工作。1978 年后在商务印书馆工作，任汉语编辑室主任、编审。担任中国语言学会理事、北京市语言学会常务理事、中国音韵学研究会理事、北京美术学会常务理事。1992 年起享受国务院政府特殊津贴。

【郭竹林】（1920—）山东东营人，1945 年 8 月加入中国共产党，教授，高级政工师。1942 年入伍，1949 年任垦利县教育科副科长，南下干部纵队队长。1946—1951 年任浙江省龙泉县县委秘书、共青团龙泉县委副书记、华东团校学员。1951—1957 年任共青团浙江省委行政科长统战部副部长、省民青联秘书长，省政协委员。1958年任嘉兴市委文教部部长兼嘉兴县宣传部部长兼南湖革命纪念馆筹建委员会主任。经毛泽东主席批示中央批准南湖革命纪念馆正式启动，南湖红船是中国共产党第一次代表大会，讨论通过了党的纲领和成立宣言选举党的领导机构的纪念船。郭竹林为仿制红船去北京面见董必武，耗尽心血仿制成功，为南湖革命纪念馆做出突出贡献。

【郭志尧】（1924—1993）山东单县人，中共党员，教授，中医外科主任医师，中华全国中医学会会员。出身中医世家，先后在各级医药杂志上发表论文10多篇。1986年受山东省卫生厅委托，举办了山东首届中医学习班，编写讲义5万余字为山东培养了一批中医人才。1990年被卫生部、人事部、国家医药管理局任命为全国500名医药专家之一。1986年被评为山东省劳动模范，同年被国家卫生部授予"全国卫生文明先进工作者"称号。

【郭良斋】（1925—1999）山东菏泽人，中共党员，经济师，1940年以来一直担任菏泽市安兴镇船郭庄村党支部书记。他几十年如一日，为发展农村经济倾注了全部精力。带领村干部积极组织农工贸一体化生产格局，创办农工商贸易总公司，发展股份制企业45家，个体企业68家，从业人员达1500余人。1994年实现产值3500万元，创利税410万元。目前，全村公共积累达620万元，人均收入2140元，比1978年增长了50多倍。先后荣获"山东省农业劳动模范""山东省优秀共产党员"等称号，1995年被评为全国劳动模范。

【郭同经】（1927—）山东东营人。毕业于江苏医学院，主任医师，现任济南市中心医院主任医师，山东医科大学济南临床学院教授，济南市历下癫痫治疗中心主任，山东医药编辑委员会委员，山东生物医学工程学会脑阻抗脑血图学术委员会副主任委员，中华医学会会员，市医学会理事。从事癫痫研究50余年，是一位有着丰富经验，而且以医德高尚而闻名全国的专家。对癫痫的发病机制、诊断和治疗，他有独到的见解和高深的造诣。著有专著《癫痫》《痫与治疗》《穴位注射疗》《耳针疗法》。先后在国家级和省级医学杂志上公开发表论文74篇，在国家级、华东地区和省级癫痫专题学术会上交流论文 48 篇，其中多篇论文在日本等国际学术会交流，并列入国际论文汇编。《光明日报》《大众日报》《工人日报》《省科技报》《家庭生活报》以及省电视台、市电视台专家热线等 40 余家新闻媒体先后作了报道。曾获省科技进步三等奖、市科技进步二等奖、省第二届优秀学术成果二等奖 1 项、省第二届优秀学术成果三等奖 3 项及济南拔尖人才、济南市优秀科技工作者的称号，并获卫生局科技工作做出突出贡献荣誉证书、山东省卫生厅颁发的山东医药第二届编辑委员会做出杰出贡献荣誉证书。

【郭新璋】（1931—）山东烟台人，山东省经济研究中心主任、研究员。山东省经济学会副会长，山东省计划学会副会长，山东科协常委。1946 年参加革命。1960 年毕业于中国人民大学政治经济学系研究班。1946—1954 年从事银行工作，先后担任县、专区、省行财会方面的负责人。1954—1956 年在山东省委、省政府任职，从事工商业社会主义改造的试点工作。1956—1961 年在山东大学工作。1961—1972 年在山东省政府从事秘书工作。1972—1984 年任省计委处长、副主任。20 世纪 70 年代中期开始对省级宏观经济和发展战略进行研究和教学工作近 5 年，组织和指导了全省经济社会发展战略研究工作，为省级决策提供了数十份研究报告。著作有《国民经济计划学》（主编，山东教育出版社 1985 年版），《山东省情》（副主编，山东人民出版社 1986 年版），《山东经济和社会发展战略（1988—2000）》（主编，山东人民出版社 1989 年版）。1984 年发表的《关于山东省经济发展战略的若干问题》和 1989 年发表的《对山东经济发展中若干问题的再认识》，分别获省社科成果二等奖。

【郭家进】（1932—）山东潍坊人，教授，1953 年毕业于华东师范大学。从事数学教学和数学教育研究 40 多年，主攻方向是数学命题网络及其应用。数学中的 1，2，3，4，5，…，9，0，在世界上使用各种不同语言的画家中通行无阻就是一例。根据这一理论提出了汉字系统的改革方案，使汉字与语音脱离，从而建立了符号文学系统。著作有《数学命题导论》《数学命题的解答与发现·平面几何分册》。

【郭宝河】（1935—）山东莘县人，主任医师，毕业于第四军医大学。1951年入伍，1982年转业，现任莱西市人民医院口腔科主任。从事口腔颌面外科整容研究工作。曾连续5年分别获市科技成果奖及市科技拔尖人才，对颌面颈部1314例外伤烧伤患者遗留畸形进行整治修复，取得了较好效果；用LS-400硅腋整修治疗鞍鼻、面部凹陷畸形病891例取得了成功；临床应用去炎松-A局部封闭治疗口腔及舌部复发性溃疡受到了卓越疗效。发表了《奴夫卡因封闭三叉神经第三支运动支治疗顽固性颌间痉挛》《罕见咽腔巨大异物》《在严重感染情况下颌骨肿瘤截除及立即植骨成功的报告》《关于下颌骨肿瘤切除及立即植骨成功的报告》《眼眶部基底细胞广切后大面积缺损的修复》《腮裂瘘的诊断和治疗》等论文。

【郭焕成】（1936—）山东聊城人，中共党员，研究员、博士生导师。1957—1962年在南京大学就读，后分配到中国科学院地理研究所工作。任研究员、博士生导师，荣获国务院政府特殊津贴。20世纪60—90年代先后从事中国农业区划土地利用、农业经济区划年代和黄淮海地区乡村地理研究。曾前往苏联、波兰、美国、澳大利亚、德国、日本、捷克、法国、哈萨克斯坦、加拿大等国家进行学术访问。6次到中国台湾参加学术会议和考察。参加编写《中国农业区划》《中国土地利用》专著和地图集10余部，发表论文50余篇。是中国农业地理、乡村地理、土地利用、农业区划、休闲农业和乡村旅游研究领域的专家之一。

【郭金明】（1937—）山东冠县人，1995年到肥城矿务局杨庄煤矿当工人，历任快速掘进队队长、副矿长等职。1956年加入中国共产党，32年没休一个班，累计献休班1632个。"文化大革命"期间带领职工坚持生产，月月超额完成进度计划。在上有淋水、下有铺水、顶板破碎的极端困难条件下，连续7天工作在井下，三根肋骨骨折仍坚持现场指挥，创月月上双纲的好成绩，被职工誉为"矿山铁人"。两次被煤炭部命名为劳动模范。1979年被授予"全国劳动模范"称号，是第五、六届全国人大代表。

【郭德森】（1937—）山东梁山人，中共党员，高级工程师，毕业于山东大学物理系。长期从事铁氧体磁性材料及其应用的研制开发工作，尤其在径向取向永磁铁氧体的制造方面有多方面的创造和突出的业绩。1992年开始，领导和参与研究开发出高档铁氧体径向取向多极磁体，填补了国内市场空白，改变了该类产品及相关的微电机完全靠进口的局面。

【郭德良】（1938—）山东高青人，高级政工师，毕业于淄博工学院。原任山东铝业公司党委副书记、工会主席。1964年调入山东铝业公司工作，1970年起曾任公司党委宣传部副部长、党办副主任、主任等职。1984年任公司工会主席、党委常委，1985年任公司党委副书记、工会主席。任职以来，坚持以企业生产经营为中心，提出并实践了"投入中心，强化自身，功在基层，重在实效"的工会工作新思路和"长短结合，以短促长"的劳动竞赛模式；带领工会干部坚持每年立足完成企业生产经营任务抓一项重点活动，直接为企业创收增效服务。公司工会先后被全国和省市总工会授予"模范职工之家""职工读书活动""形势教育""劳动竞赛""培训'四有'职工队伍"等先进单位称号。个人先后被国家和省市授予淄博市劳动模范、富民兴鲁劳动奖章、全国优秀企业思想政治工作者、全国模范工会干部等称号。1993年当选为淄博市总工会常委，同年当选为山东省总工会委员和全国总工会十二大代表。

【郭永礼】（1939—）北京人，教授，毕业于南开大学政治系。现任职于泰安师范专科学校，系全国师专马列主义教学研究会理事长、山东省高校思想政治教育教学研究会常务理事、副秘书长。从事师范教育35年，主讲马克思主义理论课、思想政治教育课和政史系专业课，共计13门。出版著作、教材26部，其中主编山东省统编教材7部。主编《建设有中国特色社会主义理论教程》（高等教育出版社）为全国高等专科学校通用教材；参编《邓小平理论概论》为国家教委推荐教材；著作《论社会主义优越性》1992年获山东省教委哲学社会科学优秀著作二等奖。发表论文30余篇。其中《论毛泽东经济思想》1993年获省社会科学优秀论文二等奖；《论教师职业道德建设》1996年获省级优秀论文奖。教学硕果累累，《思想政治教育课课程建设》1990年获山东省教委优秀教学成果二等奖。《大学生品德修养系列化教育》1998年获省教委优秀教学成果三等奖。任职期间，先后16次被学校评为优秀教师、先进工作者和优秀共产党员。1986 年，被评为山东省高校优秀思想政治工作者；1991年被国家教委、劳动人事部评为全国优秀教师；1994 年获曾宪梓教育基金会优秀教师三等奖；1995 年被泰安市政府授予泰安市劳动模范;1997 年被省教委评为高校"两课"优秀教师。

【郭殿祥】（1939—）山东章丘人，中共党员，高级工程师，政府特殊津贴享受者。1985年以来从事渠道防渗防冻害科学研究工作，该技术主要解决渠道衬砌工程中存在的渗漏和冻害两大问题，提出了任意地理位置，任意坡向坡度面的冻土深度和保温垫层厚度的计算法。曾获山东省科技进步一等奖。1995年获"山东省专业技术拔尖人才"称号。撰写《渠道防渗防冻害复合衬砌结构的研究》《试论任意坡向坡度的衬砌渠道基土冻结和冻胀规律》等论文。1996 年以后从事垂直防渗施工工艺的研究，设计了履带式地下连续开槽机（实用新型国家专利）。

【郭澄】（1940—）广东番禺人。副研究员。1965 年毕业于中山大学生物系。1965—1974 年在青岛中国科学院海洋研究所实验动物研究室工作；1975 年至今任职于广州中国科学院南海海洋研究所。兼任中国科学院化工冶金研究所生化工程国家重点实验室客座研究员。1966 年起在青岛海洋研究所参加化工部和海军后勤部组织的"418"会战，使舰船防污涂料的防污效果显著提高，获国防科委 1979 年国防科研成果三等奖。1975 年开始承担南海有毒海洋生物调查研究课题。发现了海燕岩沙海葵、盘花岩沙海葵和群蛙虫等多种高毒性种类，并由中国人民解放军药物研究所提取到迄今毒性最强的海洋非蛋白毒素——海燕岩沙海葵毒素，"岩沙燕葵及其毒素的研究"获 1992 年中国人民解放军防化研究院基础性成果一等奖。代表性著作有《珍珠贝种苗生物学》《华贵栉孔扇贝育苗与养殖生物学》（合著）等。

【郭经铭】（1941—）山东东阿人，中共党员，1966 年 7 月毕业于山东大学政治系哲学专业，1984 年任山东省聊城贸易学校校长至今。中国棉麻经济研究会理事、山东省供销经济学会理事、山东省聊城地区中专校长联谊会会长、高级讲师。任职 13 年来，使学校由任期初期时建设面积 1 万平方米增加到近 4 万平方米；专业设置由 2 个扩大到

11 个，在校生由 400 人扩大到 2500 人，教职工的工资福利在本地区居上。共为社会培养大中专毕业生 6800 人，大部分已成为各单位的技术、管理骨干；其中 2100 人走上了领导岗位，1600 人被聘为中级以上技术职称，使该校在省内外有较大影响，深受上级领导和同行的好评。并有十几篇论文、著作在国内省级以上刊物上发表，多次受奖。1982 年获"全国六机部系统先进教育工作者"，1984 年获"山东省校办企业先进个人"，1995 年获 "全国优秀教师" 称号。

【郭英华】（1941—）女，天津人，1972 年 8 月 26 日加入中国共产党，主任检验师，毕业于青岛医学院。现任青岛大学医学院附属医院检验科主任，支部书记，青岛大学医学院兼职教授，青岛市分析测试学会常务理事，临床检验专业委员会主任，香港中外名医协会理事等。从事区学检验医教工作近 40 年，在临床生化检验方面具有较深造诣。任现职以来，获论文国际奖项，获省市科技进步成果一、二等奖五项，其中（血清 CA-50 检测对恶性肿瘤诊断的系列研究）获 1999 年山东省卫生厅医学科技进步一等奖；《紫外线照射充氧自血回输疗

法防治脑血管病的临床应用与研究》是卫生部"八五"攻关课题，获 1994 年山东省高校科技进步成果二等奖，1995 年获青岛市科技进步成果二等奖。《短暂性脑缺血的治疗及血清脂质代谢的系列研究》获 1995 年山东省卫生厅医学科技进步成果二等奖。《缺血性脑血管病 ICAT 活性与脂蛋白及红细胞脂质成分的相关性研究》获 2000 年山东省教育厅科技进步应用成果二等奖。《糖脂抗原 CA-50 测定在消化系肿瘤诊断中的临床应用》1995 年在美国拉斯维加斯首届国际人体科学大会获金杯二等奖。发表论文 38 篇，1993 年被评为青岛市科技工作者和青岛市 "三八红旗手"。

【郭继德】（1942—），山东单县人，毕业于山东大学外文系，任教授、博士生导师，山东大学外国语学院院长。美国文学研究所所长、加拿大研究中心主任，英语语言文学省级重点学科带头人，兼任中国美国文学研究会副会长、全国美国戏剧研究会会长、中美比较文化研究会副会长、全国英国文学研究会常务理事和中国加拿大研究会会员，山东省外国文学学会会长，山东省大学外语教学研究会会长，美国现代语言学会、大学戏剧

教育研究会和尤金·奥尼尔研究会等美国学术组织成员。曾到多伦多大学和美国哥伦比亚大学等校做研究，4次拜访过美国戏剧泰斗阿瑟·密勒先生，曾应邀赴普林斯顿大学做学术讲座。重点研究美国文学、加拿大文学和西方戏剧，发表论文100多篇，出版学术专著、译著、编著和工具书等20余部，多次获奖。《美国戏剧史》获国家教委首届（1995年）人文社会科学研究优秀成果二等奖，山东省教委哲学社会科学优秀成果一等奖，山东省社会科学优秀科研成果二等奖。由于科研成果突出，1996年起享受国务院政府特殊津贴待遇。

【郭秀英】（1942—1990）女，山东郓城人，山东省体育学校高级讲师，中共党员，革命烈士。1964年毕业于山东师范学院，先后任教于山东省泰山中学、山东师院附中和山东省滑翔学校，1981年调入山东省体育学校。参加工作以来，多次被评为先进工作者、优秀教师和优秀共产党员。她身患多种疾病，经常带病坚持工作，从不耽误学生一节课。1990年10月22日为同破坏教学秩序的现象做斗争，遭到一学生歹徒的残害，在搏斗中英勇牺牲。为表彰她的英雄事迹，中共山东省体委党组织追认她为优秀共产党员；山东省教委追认她为优秀教师。11月30日，山东省人民政府批准她为"革命烈士"。

【郭辉东】（1943—）山东潍坊人，教授级高级工程师，毕业于长春地质学院水文地质及工程地质专业。原任山东省新汶矿业集团地质测量处处长，兼任中国煤炭工业劳动保护科学技术学会水防治专业委员会委员、山东省地质学会理事。长期从事煤田地质勘探事业与矿井地质工作，曾主编十余篇勘查报告。主持并组织实施矿区"八五""九五"地质勘探规划及防治水规划。组织参加的"华丰煤矿北区注浆减沉工程及开采沉陷试验研究"等项目都取得了显著成果。发表的主要论文有《新汶矿区地下水合理开发与利用》《新汶煤田岩溶发律及岩水综合治理》《新汶莱芜田奥灰水害及综合防治》等，事迹被收入《煤炭工业部工程师名录》。

【郭朝刚】（1944—）山东枣庄人，山东枣庄市委党校教务长，山东省委党校研究生毕业，教授职称。山东省优秀理论教育工作者。主编的专著、文集、教材9部，参编的著作18部。《社会主义与中国共产党》《改革之声》《经济改革与发展》《枣庄史话》《思想政治工作概论》《历史的轨迹与现实的走向》等著作在社会上有较大影响。公开发表论文 32 篇，约 20 万字。《论农村党支部书记素质新探》一文收入中央党校出版社出版的《中国领导科学文库》；《运河支队功垂青史》一文获中央党校科研三等奖；《论共产党干部的道德建设》等 10 多篇论文获省级奖励。

【郭启盈】（1944—）山东泰安人，共产党员，高级工程师。1993 年 10 月享受国务院政府特殊津贴。1996 年 9 月任肥城水泥股份有限公司总工程师。主持机电一体化改造项目，其中 36 项分别获山东省科技奖二等奖和三等奖，6 项获国家专利。先后在国家级刊物发表论文 13 篇。1994 年被授予优秀共产党员标兵。1995 年被授予山东省优秀发明者。

【郭凯】（1945—）四川德阳人，原籍山东省巨野县，高级教练员。1958 年调济南体育运动学校游泳队运动员，1965 年 11 月调入国家游泳队，运动员，1972 年 11 月回山东队任游泳教练至退休。其间，1996—1997 年由国家体委派往科威特，1998—1999 年由国家体委派往埃及开罗援外，获

得突出成绩。在国内执教期间，培养魏冰立（女）获全国冠军、亚太国际比赛冠军；王莉莉（女，现代五项）获亚洲冠军，世界第四名。为山东乃至中国体育事业的发展做出重大贡献。

【郭春晴】（1946—）女，北海大城县人。山东省烟台市烟台山医院心内科主任、副主任医师。1970 年 7 月毕业于河北新医大学医学系，1992 年晋升为内科副主任医师并兼山东泰山医学院副教授，一直从事内科临床工作，特别突出心血管内科，并随时掌握进展，另外于 1974 年 4 月在河北新医大学中医系学习中医一年半，平时坚持中西医结合治病。从 1991 年担任心内科主任以来，作为学科带头人，她所管理的心内科连续 8 年被评为先进科室，自己连续被市卫生局评为先进工作者、嘉奖，同时 1994 年、1995 年立三等功，于 1996 年获烟台市卫生局卫生系统"巾帼岗位标兵"称号。兢兢业业将近 30 年的内科临床工作，受到全院和社会的好评。参与的科研题目有"冠心病诸危险因素的相关研究及药物对实验性动脉硬化预防"等三项，分别获山东省科学进步三等奖两项。

【郭春杰】（1946—）山东聊城人，中共党员，教授、主任医师，毕业于青岛医学院。山东省第九届人大代表。曾任茌平县三十里铺医院医师、副院长。1978年8月调聊城地区医科所从事神经疾病的研究，并任东昌医院住院医师。现任职于山东聊城市人民医院。中华医学会会员，山东省神经内科学会委员，聊城地区（今聊城市）神经内科学会主任委员，聊城地区专业技术拔尖人才。在长期科研与临床工作中取得显著成绩。在国内各类杂志、学术会议上发表、交流论文150余篇，获省地科技进步、学术成果奖20项。

【郭萍】（1948—）女，江苏人，副主任医师，毕业于山东中医学院，现任职于山东省潍坊市亭区人民医院。用中医的八纲辨证治疗脑血栓有独到之处，对于中医的针灸推拿（儿科推拿）及新技术能熟练掌握运用，并能抢救危急重病人，发送其呼吸、循环、泌尿等系统的不良状况。曾在呼伦贝尔为少数民族（回族、蒙古族、朝鲜族）服务诊病8年，因而参加过中央卫生部召开的卫生工作会议。近20年以治疗心脑血管疾病为主，取得了经验。写论文30余篇，先后参加国家中医药学会组织的论文研究会13次，发表优秀论文13篇。获国家论文奖4次、省级2次。论文发表于《全国中医药论文选》《广州新中医》。1998年被卫生部中国医疗保健国际交流促进会选入《中国特技名医录》。

【郭翠香】（1948—）女，山东宁阳人，中共党员，高级审计师，毕业于山东经济学院。现任山东省泰安市粮油集团总公司审计处副处长，山东省粮食审计学会理事。具体负责全市粮食系统的审计工作，1992年在全省17年地市的综合评比中名列第二。先后举办了16期培训班，共培训816人，极大地促进业务人员素质的提高和企业管理水平的提高。曾多次被评为优秀共产党员、先进工作者、"三八红旗手"。1993年参加《企业融资与经营》一书部分章节的编写；主笔撰写的《试谈实行三级经济核算对提高工业企业经济效益的作用》《试谈内审工作应进一步加强》等论文，均被全省建材粮食系统理论研讨会选用。

【郭绪福】（1949—）回族，中共党员，中沙海村人，山东省第十三届人民代表大会代表。历任村团支部书记、革委会主任、村党支部书记、山东福鹏集团公司总经理、镇党委副书记。1988 年被授予"全省民族团结进步先进个人"称号。1993 年 10 月被国家民委授予"全国少数民族优秀厂长（经理）"称号。1994 年 10 月被国务院授予"全国民族团结进步模范"称号。1994 年被山东省人事厅、山东省教育委员会授予"尊师重教先进个人"称号。1995 年被授予"山东省优秀乡镇企业家"称号。1995 年被评为"全国劳动模范"，参加"五一"全国劳动模范表彰大会，连续两年参加国庆观礼活动，受到中共中央总书记、国家主席江泽民等领导人的亲切接见，并合影留念。1997 年当选为中共十五大代表。

【郭彦田】（1950—）山东安丘人，中共党员，经济师、高级政工师，1969 年毕业于山东财政学校（山东财经大学前身，"文化大革命"最后一届毕业生）。潍坊教育学院（干部班）法律专业本科学历。1969 年分配至山东益都国营水泵厂任财务科会计兼司务长。1970 年入解放军陆军第一七九师师直属队服役，退出现役后先后任青州市人事局科员、劳动局科员、青州市劳动局副局长、统计局副局长、城乡建设委员会副主任、青州市国家风景名胜区管理局局长兼书记、房地产管理局

党委书记等职。因工作中业绩突出，先后获青州市政府记功两次、潍坊市政府城市污水处理先进个人、山东省统计局统计教育先进个人、山东省城乡建设系统先进个人、山东省优秀党务工作者、建设部国家级风景名胜区管理先进个人。

【郭爱珍】（1951—）女，山东平度人，1967 年进青岛第六棉纺织厂郝建秀小组当细纱挡车工，现任生产组长。1980 年加入中国共产党。连续 10 年年年超额完成生产计划。带领全组姐妹，进行技术操作练兵，使小组长期保持优级手。积极推行现代管理，开展了 QC 活动和民主管理，充分发挥"四长""五大员"作用，加强班组建设，使小组连续 37 年月月年年超额完成生产计划。1988 年被山东省政府授予"省劳动模范"称号。1989 年被授予"全国劳动模范"称号。

【郭泮溪】（1952—）山东昌邑人，中共党员，1987 年毕业于青岛职大政治系。青岛计划生育宣传教育中心主任。中国民间文艺家协会会员，中国民俗学会会员，山东省民俗会常务理事，青岛市民间文艺家协会副主席，中国人口文化促进会会员。专著《中国

饮酒习俗》1989 年由陕西人民出版社出版，1990 年由台湾文津出版社再版；《中国古代民俗》（合著）1991 年由上海三联书店出版。散文《情思悠悠话荷包》《寻根话说大槐树》《羿射九日之谜》《话说山东大汉》发表于《人民日报（海外版）》，《话说中国劝酒之俗》发表于《光明日报》。另有百余篇学术论文、随笔、散文、小说分别在《东南文化》《民间文学论坛》《民俗研究》《中国民间文化》《中国教育报》《中国人民日报》《文艺百家》《大众日报》等报刊发表。专著和学术论文分别获山东省社会科学优秀成果二、三等奖各 1 项，山东省民俗学优秀成果一等奖 2 项、二等奖 3 项和其他奖多项。

【郭文贵】（1953—）浙江兰溪人，高级工程师、工艺美术师。1993 年任金华市隆达建筑装饰工程有限公司装饰国家二级资质法人代表，2007—2011 年任河南省虞城县金牛房地产开发有限公司法人代表。被河南省虞城县评为优秀企业家，2012 年至今在山东省单县浙商置业有限公司任执行董事。被山东省单县评为优秀企业家。

【郭美娟】（1954—）女，山东招远人，中共党员，大学文化，中学高级教师，原招远第一中学校长、党委书记。自 2000 年 8 月任现职以来，确立了"办特色学校，创全国名校"的办学目标，不断更新教育理念，以情育人，以德治校，依法治校。先后投资 2000 多万元改造了老校区，投资 1 亿元建成一中分校。近年来，在烟台市组织的历次期中、期末考试中，每个年级各项指标均名列全市第一。高考成绩 2001 年名列烟台市 49 所高中第五名，2002 年上升至第四名，2003 年和 2004 年均名列烟台市之首。招远一中先后获得全国教育系统先进集体、全国中小学德育先进校、山东省文明单位、山东省规范化学校、山东省教书育人先进单位、烟台市明星学校、烟台市优生培养先进高中等 70 多项市级以上称号。她先后被授予"全国优秀教师""山东省先进工作者""山东省三八红旗手""烟台市拔尖人才"等称号，并获全国五一劳动奖章。

【郭庆才】（1957—）山东泰安人，中共党员，高级工程师。1996 年发明"犁底施肥机"获国家专利。2002 年获日内瓦国际专利博览会金奖。2007 年发明"马铃薯收获机"获香港国际专利发明博览会金奖。至 2010

年荣获 30 多项科技成果奖。

【郭德明】（1958—）1978—1982 年在山东大学经济系学习，毕业分配至莱阳农学院任教至今，1991 年 6 月毕业于山东大学经济学院，获经济学硕士学位，1999 年晋升为教授、院级学科带头人，现任人文社会科学系主任。近几年主持了山东省社会科学"十五"规划项目《山东省畜牧业可持续发展战略研究》、省教育厅基金项目"农村人力资本投资与人力资源开发""农村人口问题研究""农业社区服务组织功能研究" 3 项院级课题。近几年在《东岳论丛》《经济论坛》《理论学刊》等核心期刊上发表论文 20 余篇，出版著作（教材）2 部。《当代中国经济学概论》获国家财政部第三届大中专优秀教材一等奖，获山东省教育厅社会科学优秀成果三等奖、烟台市社会科学优秀成果二等奖各 1 项。

【郭志勇】（1958—）山东荣成人，中共党员，主任医师，毕业于山东医学院，现任山东省威海市立医院副院长。从事心血管外科 23 年，具有较高的专业理论、技术水平和丰富的临床经验，是山东省著名青年外科专家。

开展复杂先天性心脏病、大血管疾病及瓣膜病手术治疗。主研一"体外循环先天性心脏病的外科治疗""重症心脏瓣膜病外科治疗的临床研究"，获市科技进步二等奖；主研二"急症腔内吻合人工血管移植术治疗腹主动脉破裂的临床研究"获市科技进步一等奖；参研"氟碳心停捕液对心肌保护作用的实验研究"及"体外循环下腔静脉成形术治疗布一加氏综合征"获省科技进步三等奖。荣获山东省政府"新长征突击手"、省卫生厅"先进工作者"及"山东省优秀服务竞赛先进工作者"，威海市政府"新长征突击手"、威海市"专业技术拔尖人"、威海市"突出贡献中青年专家"、山东省改革开放以来"优秀大学毕业生"称号。

【郭雷】（1961—）山东淄博人。控制科学家，中国科学院院士、第三世界科学院院士、瑞典皇家工程科学院外籍院士，中国科学院国家数学与交叉科学中心主任、第十三届全国人民代表大会常务委员会副秘书长。1982 年郭雷从山东大学数学系毕业之后考入中国科学院系统科学研究所，先后获得硕士、博士学位；1984 年硕士毕业后留所工作，先后担任助理研究员、副研究员、研究员；

1987 年前往澳大利亚国立大学，进行博士后研究工作；1994 年获得首届国家杰出青年科学基金资助；1998 年担任中国科学院系统控制重点实验室主任；1999 年担任中国科学院系统科学研究所所长；2001 年当选为中国科学院院士；2002 年当选为第三世界科学院院士；2003 年担任中国科学院数学与系统科学研究院院长；2005 年担任上海系统科学研究院院长；2007 年当选为瑞典皇家工程科学院外籍院士；2014 年担任第十二届全国人民代表大会常务委员会副秘书长。长期从事系统与控制科学研究，特别是随机与不确定性动力系统的估计、滤波与控制理论等。

【郭文】（1963—）现为山东省海水养殖研究所副所长，高级工程师。主要从事海水养殖应用技术研究、技术开发、技术指导、技术推广、技术咨询等工作。参加工作以来共主持承担科研项目 8 项，参与完成 14 项。其中主持完成的山东省财政厅项目"优质滩涂贝类苗种生产及养殖技术推广"获山东省农牧渔业丰收奖一等奖；国家科委下达的"对虾流行病——红肢病、白黑斑病防治方法的研究"项目获山东省科技进步三等奖。发表著作《安全优质海水养殖技术丛书·滩涂贝类》，由山东省科学技术出版社出版。在中级以上刊物发表论文 15 篇，其中 5 篇为第一作者，7 篇为第二作者，3 篇为第三作者。被评为 2008 年青岛市优秀共产党员。

【郭其森】（1963—）山东高密人。中共党员，毕业于山东医科大学，获医学硕士学位，副主任医师，现任山东煤矿总医院副院长，山东省呼吸学会中青年组成员，《中国临床医药杂志》特邀编委，享受国家特殊津贴。从医近 20 年，有较丰富的临床经验。1997—1998 年在北京解放军总医院老年呼吸科进修学习。作为呼吸科的学科带头人，随时掌握本学科国内外新进展、新动向，不断发展新业务、新技术，解决本专业复杂的疑难问题，特别是对急危重呼吸系统疾病，如各种原因所致的各种急慢性呼吸衰竭、肺心病急性加重期、大咯血、气胸、重型哮喘、重症肺炎、AEDS、肺梗死等能够做出及时、正确的诊断处理。在省级医学刊物上共发表论文 40 余篇，参编书 5 部，获科研成果奖 4 项，实用新型国家专利 1 项（"体外波纹式呼吸机"，专利号：Z1L96228821.7）。1998 年所担任的主任科室被命名为"省级青年文明号"荣誉称号；个人 1995 年被评为山东煤炭系统科学技术拔尖人才。

【郭新堂】（1964—）山东昌邑人，中共党员，1986 年毕业于山东海洋学院水产系。青岛市海洋与水产局渔业技术推广站高级工程师。青岛市水产学会会员，山东省海洋湖沼学会会员，青岛市水产养殖病害防治网络秘书长，青岛市农业综合规划技术顾问。"大面积海湾贝复壮高产试验"获青岛市科技进步一等奖，"垒石蒙网养饱技术开发"获国家"八五"农业科技攻关成果博览会优秀成果奖、青岛市科技进步三等奖，"海湾扇贝引种复壮研究"获中国科学院科技进步三等奖，"太平洋牡蛎引种复壮技术研究"获青岛市科技进步三等奖，"高产养殖试验"获胶南市科技进步三等奖，"扇贝大面积高产综合养殖技术"获全国农牧渔业丰收奖三等奖，"大面积滩涂贝类增养殖高产技术"获山东省农牧渔业丰收奖三等奖。在全国 11 种刊物上发表了 14 篇具有较高水平的学术论文，其中有 4 篇获全国、省、市级优秀论文奖。

【郭成浩】（1965—）博士，教授，山东大学医学院硕士生导师。《中华医学研究杂志》常务编委，《肿瘤防治杂志》编委，山东省公安厅法医顾问。国家自然基金评审专家，国家奖励评审专家，山东省财政招标评审专家，山东省科技奖励评审专家。其研究的《膳食低钙对大鼠生长、代谢的影响》获 1997 年山东省科技进步三等奖；参编著作有《病理学》《现代乳腺肿瘤学》等，发明专利有《移动安全实验室》第一专利人；《便携式智能微孔内窥镜检测分析装置及工作方法》第二专利人。

【郭泓】（1968—）女，山东诸城人，诸城市演讲与口才协会副主席，诸城人民广播电台播音部主任，国家一级播音。自 1989 年从事播音工作至今，先后 140 余次获全国、省、地（市）各级专业机构奖励。1989 年 8 月，在全省优秀播音员评选中被评为优秀播音员；2000 年被潍坊市广电局评为"潍坊市十佳青年播音员、主持人"。参与播音的作品多次获国家、省市级奖励，多篇播音主持作品获省市级奖励。在国家及省市级重大活动中多次担任车载电台现场播音。在诸城市重要会议及人大、政协"两会"中，以高度的政治责任感圆满完成宣读、播音任务。在市里举办的朗诵、演讲、普通话比赛中数次担任评委。在本职岗位上，创造性地开展工作，积极创新广播节目播出形式，收到良好的经济和社会效益。积极做好传、帮、带工作，组织带领播音员、主持人进行业务研讨，并起草制定播音主持直播录播操作规程、技术要求和应急预案，确保安全优质播出。

【郭世义】（1970—）山东莘县人，教授，博士生导师。1996年于山东大学晶体材料研究所获得凝聚态物理专业硕士学位，同年留所从事功能晶体材料研究工作。2008年获山东大学材料学博士学位。2010年9月—2011年10月在美国宾夕法尼亚州立大学做访问学者从事铁电陶瓷材料的制备与性能研究。研究领域主要涉及铁电功能材料、激光晶体材料、非线性光学晶体材料。

【郭继承】（1977— ）山东莘县人，北京师范大学哲学博士，西北大学中国思想文化研究所历史学博士后，中国政法大学思政研究所副教授，北京市委讲师团主讲老师、中国孔子基金会孔子学堂主讲老师，弘正学堂、大国学读书会、善来善行青少年成长中心学术导师，清华大学、北京大学、人民大学等多家教育机构兼职老师。长期致力于中国思想史、中西文化的比较、现代文明的困境与应对、中华文化的推广与传播、中共党史与红色文化、人生哲学等方面的研究和思考。近些年以来，先后给多所高校、多家地方政府、多家企事业单位讲授中国文化、中西文化比较、中华经典与卓越人才的培养、家风家教、管理者智慧和修为、引导力、执行力、团队建设和企事业单位的文化和价值观建设等相关课程，起到广泛的影响，取得良好的社会效果。出版的著作包括：《中西文化比较视野中的国学智慧》（中国政法大学出版社）、《文化的传承与弘扬》（人民日报出版社）、《中国文化的未来与近代儒学对中国文化出路的探索与中国文化出路的再思考》（中国政法大学出版社）、《仁者爱人》、《居安思危》（学习出版社）、《直面人生的困惑》（当代世界出版社）、《解决问题的智慧——人生问题三百问》（当代世界出版社），《中华经典与卓越人生的自我修炼》（当代世界出版社）等著作。在《人民论坛》《华夏文化》《中国企业文化》《潇湘文化》《首都师范大学学报》《北京教育》等杂志发表文章多篇，学术功底厚重。

【郭会】（1979—）女，山东济阳人，理学博士，教授，硕士生导师，中国石油大学（华东）理学院计算数学系支部书记兼副主任。研究方向为微分方程数值解法，油藏数值模拟。2013 年获第十三届全国多媒体课件大赛微课程组一等奖；2013 年指导大学生数学建模竞赛获山东省一等奖一项，2014 年指导大学生数学建模竞赛获山东省二等奖。

【郭健】（1980—）女，山东财经大学财税学院副教授、硕士生导师，山东省中青年税收学会研究干事，济南市税务学会理事。主持山东省社科规划办、山东省软科学等省部级课题 2 项；参与国家社科基金科研项目 3 项，参与教育部人文社科规划项目 1 项，参与山东省社科规划办、山东省软科学、山东省自然科学基金、山东省中青年优秀科学家奖励基金等省部级项目 10 余项，参与国家税务总局、山东省人民政府、山东省财政厅等部门横向课题 10 余项。

江苏省

【郭影秋】（1909—1985）江苏铜山人。1935 年加入中国共产党。抗日战争爆发后，任中共铜山工委书记、八路军山东纵队挺进支队政委、苏鲁豫支队团政委、中共湖西地委副书记和书记、湖西军分区政委和司令员、中共济宁市委书记、冀鲁豫军区政治部主任兼区委敌工部长、第二野战军十八军政治部主任。中华人民共和国成立后，任川南行署副主任、云南省政协副主席、中共云南省委书记处书记、云南省省长、中共南京大学党委书记和校长、中国人民大学党委书记和副校长、北京市委书记、北京市政协副主席、全国政协常委。著有《李定国纪年》等。

【郭强】（1915—1982）江苏武进人。1937 年入陕北公学学习，1938 年参加八路军，同年加入中国共产党。后任八路军山东纵队第六支队二团政治处主任、冀鲁军区第十一军分区十团政委、第二野战军十六军四十七师政委。中华人民共和国成立后，任中国人民解放军十六军四十七师政委兼贵州军区毕节军分区政委、中国人民解放军齐齐哈尔步兵学校锦州步兵学校政委、黑龙江省军区第三政委兼黑龙江生产建设兵团第二政委，旅大警备区顾问。1964 年晋升为少将军衔。

【郭广伟】（1926—）江苏徐州人，副教授，九三学社成员。1956 年毕业于南京师范学院，现任职于徐州师范学院中文系。主要成绩《刘禹锡氏族考辨》获江苏省哲学社会科学优秀成果奖。参编《刘禹锡诗文选注》（江苏人民出版社 1980 年版）、《通鉴故事选译》（上海古籍出版社 1981 年版，再版 1997 年）、《中国古代文学作品选》（江苏人民出版社 1983 年版）《中国古典文学辞典》（江西教育出版社 1986 年版，再版 1997 年），主编《搜神记选》（福建教育出版社 1987 年版），论文《刘禹锡氏族考辨》（《郑州大学学报》1983 年第 2 期）、《刘禹锡生地考辨》（《徐州师范学院学报》1982 年第 4 期）、《刘禹锡"亲故"考辨》（《徐州师范学院学报》1986 年第 4 期）、《权德舆年谱简编》（《徐州师范学院学报》1994 年第 3~4 期）；谱牒研究《郭氏宗谱》等。

【郭梦熊】（1929—）河北乐亭人，中国矿业大学教授。从事细粒煤的浮选、细粒和微细粒矿物的浮选，磁选项和电选；高技术材料碳化硅晶须的生长和分离提纯；先进碳化硅高温耐磨耐腐蚀复合材料教学研究工作。发表论文 40 余篇，涉及领域为浮选药剂理论，浮选槽（柱）中的流体动力学、细粒煤、石墨、滑石、胶矿的浮选，褐壳碳化硅生长机理、工艺晶须增切陶瓷基复合材料机理等。MB 浮选剂获辽宁省科学技术进步一等奖，煤炭部三等奖，金奖；选煤技术术语国标获煤炭部科技进步一等奖；获得细粒煤新型浮选剂，高品级品需要的新工艺天然石墨高温氯化提纯工艺，选煤技术术语专利。中国复合材料学会、选煤学会、煤加工利协会会员。全国青年社会主义建设积极分子代表。

【郭文韬】（1930—）辽宁清原人，南京农业大学中国农业科学院农业遗产研究室研究员、学术委员会副主任、博士生导师。1952 年毕业于吉林农业大学农学专业，1956 年以来主要从事中国农业科技史的研究，尤其精于耕作制度史和耕作技术史的研究。著作有《中国古代的农作制和耕作法》（农业出版社 1981 年版）、《中国传统农业与现代农业》（主编，中国农业科技出版社 1986 年版，该书修订由日本东海大学渡部武教授译成日文由东京农文协出版）、《北方旱地农业》（主编，同前1986年，该书获得中国农科科技进步二等奖）、《中国农业科技发展史略》（主编，中国科技出版社1988年版，获得首届全国科技史优秀图书二等奖）、《中国近代农业科技史》（主编，中国科技出版社1989年版）。发表论文50多篇，其中《中国复种制的历史发展》一文，作为参加"国际多熟制学术讨论会"的论文，英文本由菲律宾国际水稻研究所收为会议论文选集的首篇，中文本发表于《世界农业》；《试论康乾时期南方的耕作改制》一文，作为参加"国际清史学术会议"的论文，由《中国农史》发表。现致力于"中国现代农业科技史"和"中国耕作制度史"的研究。

【郭汉鸿】（1930—）女，江苏丹阳人，中共党员，南京化工学院副教授。曾任院党委副书记，是江苏省高校思想政治教育研究会理事，化工部院校思想政治教育研究会第一届理事长。1993年主编出版《南京化工学院史》，1998年主编出版《南京化工学校史资料专刊》。长期从事大学生的思想教育工作，发表多篇论文，其中《民主讨论是大学生自我教育的好方法》和《帮助大学生掌握马克思主义立场观点方法》分别被中国化工职工政治教育研究会评为优秀论文，并获优秀研究成果奖。1989年获"江苏省优秀教育工作者"称号，同年获江苏省基层党校优秀教员荣誉，1990年被化工部评为优秀思想政治工作者，1992年化工部授予"全国化工系统巾帼建功标兵"。

【郭瑞祥】（1933—）河南镇平人，大学学历，南京水利科学研究院高级工程师。中国水利学会、海洋学会会员。1958年毕业于兰州大学地理系，分配到南京水利科学研究院河港所工作，主要进行海岸地貌、海岸历史演变及港口回淤等方面的研究。主要参加的研究项目有天津新港回淤研究项目，历史时期江苏海岸演变及海岸防护的观测研究，长江三峡葛洲坝枢纽工程全沙模型及锦州港泥沙模型试验等。曾获江苏省1985年科技进步特等奖。发表论文有《新港回淤研究》《江苏海岸历史演变》等多篇。

【郭德祥】（1935—）江苏泰州人，扬州大学医学院临床医学系副教授、苏北人民医院心内科主任医师。先后在《江苏医药》《实用医学杂志》《江苏临床医学杂志》《扬州医学院学报》等刊物上发表《完全性右束支传导阻滞的心向量图100例分析》等论文20余篇，获得市级优秀学术论文奖两次。

【郭胜康】（1935—）江苏丹阳人，1959年毕业于南京大学物理系，现任镇江师范专科学校物理系教授。镇江市政协委员、九三学社镇江师专支社主委，中国物理学会师专光学教学研究会理事长，《大学物理》审稿委员。主讲光学、原子物理学、数学物理方法，量子力学等课程。1984年受教育部委托编制《高等师范专科学校物理专业光学教学大纲》《高等师范专科学校实验仪器设备配备方案》。1985年和1993年受省教委委托，主编江苏省师专物理统教材《光学》（第一版、第二版）、《光学试题库》。1989年受省教委委托主持研制《师专光学试题库系统》（软件），1992年6月正式通过省级鉴定，填补师专题库建设的空白，在系统的结构、试卷方式、测试理论、排版方式和绘图系统方面均达到国内师专的领先水平。主持的光学课程建设，1990年获校首届重点课程建设一等奖，1991年获江苏省普通高校优秀教学质量成果二等奖，1993年光学课程被江苏省教委评为江苏省普通高校优秀教学质量成果二等奖。

【郭锦泰】（1936—）广东中山人，研究员，毕业于南京大学。曾任扬州大学师范学院生理教研室主任，后任中山大学孙文学院成人教育办公室、科技服务部副主任。南京大学生物系毕业后赴扬州大学医学院学医两年。先后在扬州大学师范学院、中山大学孙文学院任教。讲授人体解剖学、运动生物力学、运动医学等多门课程。运动医学教学能紧密结合临床，从事运动损伤医疗工作，用中西医结合手法治疗各种疑难杂症，疗效显著。1982年受聘担任全国高校体育教育专业《人体解剖学》统编教材编写组成员，编写"运动系统"部分。1998年担任《现代科技百科综述大辞典》生物学科主编（该书计1000万字，中科院院长路甬祥、中国工程科学院副院长卢良恕分别为该书作序）。参编《世界体育大辞典》《百科辞源》两种大型工具书。在国家级及省级刊物发表论文多篇，其中《运动训练对大白鼠子宫内膜衰老影响的研究》参加国际运动医学学术会议交流，受到国内外同行专家的好评。

【郭宇光】（1937—）江苏人，南京钢铁集团有限公司高级工程师。从事自动化仪表工作30多年。曾参加并负责南钢十大工程和引进工程仪表工作。曾应日本国际贸易促进协会邀请访问并考察日本。发明气混合热值和压力解耦控制系统，获国家发明专利。该技术适用于大中型钢铁企业，它在混合站里能将高炉煤气和煤气混合成连续可调的具有恒热值压力的混合煤气，供回执炉使用。该项技术对节能降耗，提高产品质量，稳定管网压力和改善操作条件都有重要意义。它转产后，投资少，见效快，技术高，效益大。预计每年产1亿吨钢铁效益至少达10亿元以上。该技术还应用在转炉煤气和煤气混合，以使煤气混合后压力稳定和热值稳定；还可应用于石油液化气生产，将烷类和其他气体混合以获得恒压恒热值液化气供居民使用。该项发明已在世界上规模最大的各国专利情报检索权威刊物（DERWENT）中刊出。曾被评为爱迪生发明"国际最高金奖"。

【郭干举】（1937—）江苏淮安人，大学文化，主任医师，淮安市肿瘤学组副组长，抗癌协会理事长和中西医结合协会委员。先后在国家、省、市级刊物上发表医学论文50余篇。从1989年起，经过8年努力，反复试验，终于研究出治疗慢性胃炎的复方五倍汤，临床验证有效率达95.5%，且价廉无副作用，已在苏北地区广为流传。该项科技于1992年获淮安市科技进步奖。1978年在南京医院进修一年，专攻消化专业。祖传秘方外敷治疗痈。穴位射注治疗颈椎病、慢性支气管炎、哮喘等，效果好，疗程短，深受群众欢迎。

【郭秉衡】（1937—）福建人，大学学历，南京航空航天大学教授，中国航空学会、中国工程热物理学会会员。1960年毕业于南京航空学院，一直从事航空发动机专业的教学与科研工作。承担冲压式发动机烧室研制、高性能推进系统预研、串列叶栅的理论与试验研究、涡喷发动机涡轮特性分析研究、空中加油工程——冲压空气涡轮研制、高性能地铁风机研制等10多个科研课题的研究工作。已在《航空学报》《航空动力学报》上发表论文10多篇。1992年荣立中国航空航天工业部个人二等功。1993—1994年获中国航空工业总公司部级科技进步一等奖、二等奖、三等奖各1项，1995年荣立中国航空工业总公司个人三等功，1996年获江苏省"三育人先进个人"称号。

【郭亨杰】（1938—）南京师范大学心理学教授，江苏心理学会名誉理事长，长期从事心理学教学和心理课题研究工作。曾任国家教育部心理学教学指导委员会委员，中国心理学会理事，中国心理学会心理学教学工作委员会副主任、学校心理学专业委员会委员、《心理科学通讯》及《心理科学》杂志编委，江苏心理学会理事长和南京师范大学心理学系主任。撰有《童年期发展心理学》《青年心理的自我完善》《中小学生的心理保健问题——理论探索和实践探索》《心理学教程》《心理学——学习与应用》和《思维的拓展》等著作。曾获教育部高等教育国家级教学成果奖、曾宪梓基金会优秀教师奖和江苏哲学社会科学优秀成果奖。

【郭仁友】（1939—）江苏人，中共党员，大专学历，江苏省连云港市卫生防疫站副站长、副主任医师。中华医学会、江苏省预防医学会会员。1964年毕业于盐城医学专科学校。长期从事卫生防疫工作。发表《连云港市1963—1984年霍乱的流行概况和防治近况》等10多篇论文，曾获市科技进步一等奖。1993年被江苏省卫生厅评为防疫站成立40年来做出显著贡献和突出成绩的先进个人。

【郭毅】（1939—）大专文化，中学高级教师。1973年任盱眙县实验小学校长，27年来，艰苦办学，无私奉献，取得突出的办学成绩。他严谨治校，科学育人，把对学生的素质和创新教育寓于多彩的活动中。学校成为市、省和全国多种课题的科教实验基地，受到江苏省政府的嘉奖，1987年被评为江苏省优秀教育工作者，1991年被评为全国教育系统劳动模范。

【郭卫军】（1940—）上海人，中共党员，大学学历，南京汽车制造厂处长，高级工程师。中国汽车工程学会、中国内燃机学会会员。1963年毕业于吉林工业大学汽车发动机专业。历任发动机厂工艺员、技术科长、厂长助理、副总工程师。南京汽车制造厂主任工艺师、副处长，处长等职。试制成ND433A型柴油机、NJC427汽油发动机。发表有《D433A型柴油机工艺设计》《内燃机工艺设计中网络计划技术的应用》等专业论文数篇。

【郭家干】（1940—）江苏宝应人，高级农艺师，毕业于南京农业大学植物保护专业。曾任六合县植保站站长、农干校校长等职。现任六合县农业局科技教育股股长、县第十三届人大代表、县农学会理事长、秘书长、县科技成果评审委员会委员。1973—1975年参加中国农业专家组赴几内亚共和国传授农业技术，指导受援国农业生产。在此期间，试种小麦获得成功，示范推广水稻优良品种"南京11号"获得高产，为受援国发展粮食生产开辟了新途径。从事农业科技推广和农业科技管理工作30余年，多次荣获省、市级科技进步奖，尤其在化学除草综合防治、病虫测报、农药使用等方面颇有研究，对强化基层农技推广服务体系建设做了许多卓有成效的工作。先后撰写了《综合防治网新路，事作植保迈大步》《化学除草，大有作为》《农药基施，本省增效》《浅论乡村农技服务组织的建设与管理》等论著，分别发表在有关杂志和技术汇编上。

【郭洪】（1941—）江苏金坛人。1963年毕业于宜兴农林学院林学专业，江苏省农科院园艺研究所副研究员，1996年获省有突出贡献中青年专家称号。1989年以来主持国家攻关桃种质资源收集保存、鉴定、评价研究，参加农业部桃新品种选育研究，"国家果树种质资源圃的建立"获1990年农业部科技进步一等奖、1993年国家科技进步二等奖，"罐藏黄桃熟期配套品种选育"获1992年农业部科技进步一等奖、1995年国家科技进步二等奖。发表论文有《极早熟品种雨花露选育》《极早熟水蜜桃早花露》《李、杏、梅亲缘关系及分类地位的同工酶研究》《桃树不同品种对流胶病抗性的研究》等十余篇。

【郭礼根】（1945—）南京人，高级工程师，1968年毕业于东南大学无线电技术专业。1968—1972年在江汉油田工作，1972—1975年在胜利油田河口指挥部工作，1975—1985年在江苏油田钻井处工作，1985年至今在南京炼油厂浦京栖霞化工厂生产技术部工作。"等离子喷焊钻杆接头新工艺""摩擦对焊钻杆新工艺""PDY-1型破乳剂电场评定仪""催化油浆静电固液分离中试装置的研究及应用"等先后获石油部江苏油田技术进步三等奖1次、四等奖1次、一等奖1次，中石化金陵石化公司科技进步二等奖3次，南京市科学技术进步一等奖1次，中石化总公司科技进步三等奖3次，南京市企业管理现代化成果一等奖1次。并先后获金陵石化公司科协

"讲理想、比贡献"优秀科技人员一等奖
1次，金陵石化公司科技开发十佳奖1次。
1992年10月参加鄂冀皖赣苏五省石油学
会第十届学术会议。论文《手工对焊钻杆
焊缝的超声波探伤》《PDY-1型破乳剂电场
评定仪》《催化油浆静电固液分离装置的研
究及应用》《用销扣继电器组成时间程序控
制器》等9篇，发表在省市以上刊物，其
中2篇获得不同级别的优秀论文奖。

【郭双革】（1948—）江苏丹阳人，中共党员，
高级经济师、工程师，毕业于南京大学。现
任丹阳市窦庄镇党委副书记，江苏飞轮实业
总公司董事长，中国铸造协会理事。曾获镇
江市优秀共产党员、江苏省"优秀乡镇企业
家"称号。自1977年担任公司领导以来，
白手起家，使一个年产值仅3000元的小作
坊发展成为拥有3个分厂、3个分公司、5
处驻外运输处、7个摩托车销售点的大型乡
镇集团企业。主要生产经营各种系列摩托车
车轮毂、汽车轮毂和各种有色金属压铸件，
以及系列PVC塑料管道和异型材等产品，
产品被评为江苏省名牌产品。编撰的《我国
铸造业的现状》等曾在行业权威刊物上刊登。

【郭华东】（1950—）江苏丰县人，中国科
学院遥感与数字地球研究所研究员，博士
生导师。中国科学院院士、俄罗斯科学院
外籍院士、发展中国家科学院（TWAS）
院士。现任国际数字地球学会（ISDE）主席、
联合国教科文组织（UNESCO）国际自然
与文化遗产空间技术中心主任、《国际数
字地球学报》主编等职。1987年起，先后
任中科院遥感所副研究员、研究员、博士
生导师；1988年起，先后任中科院遥感所
副所长、常务副所长、所长；1994年起，
两任中科院遥感信息科学重点实验室主任，
并任国家遥感应用工程技术研究中心首届
主任；中国科学院对地观测与数字地球科
学中心主任。1992—2000年任国家"863"
计划信息获取与处理技术主题专家组成员
及第四、五届专家组组长。中国科技大学、
南京大学、浙江大学等7所大学兼职教授，
《遥感学报》常务副主编及6个国内外期
刊编委、中国地理学会环境遥感分会理事
长，现任中国科学院遥感与数字地球研究所
所长、研究员、博士生导师。20世纪70年
代后期开始从事遥感信息科学特别是雷达对
地观测领域研究，主持完成国家自然科学基
金、国家高技术、国家科技攻关、中科院重

大及国际合作课题 20 余项。发表论文 140 余篇，出版中英文著作 8 部。作为第一完成人和主要完成人获国家科技进步二等奖、三等奖，获中科院自然科学一等奖 1 项，获中科院科技进步特等奖、一等奖、二等奖及三等奖 5 项，并获国家"863"计划突出贡献奖。培养博士后、博士生、硕士生及国外进修生 26 名。1992 年、1996 年分别被评为中科院及国家有突出贡献中青年专家，2000 年被国务院授予全国先进工作者称号。

【郭随章】（1951—）江苏南通人，大学文化，中共党员，江苏省南通市肿瘤医院药剂科主任、医技部党支部书记，主任药师。毕业于中国药科大学。现兼任中国药学会南通市医药质量管理协会理事。从事医院药学方面的工作，多次受到主管部门的表彰和奖励。撰写 30 多篇有价值的论文，在全国十多种学杂志上发表。有《双氯灭痛凝胶剂的研制》（《中国药科大学学报》1997 年），在《中国医院药学杂志》上发表《平阳霉素霜的制备与应用》（1996 年），《复方甘露醇的制备与应用》（1997 年），《咽炎合剂的制备与疗效观察》（1998 年）等。还多次有文章参加了全国药学专业会议，一些论文载于会议论文集和增刊杂志上，如《医院分级管理标准与药剂科规范化管理》等。

【郭顺显】（1952—）山东龙口人。高级工程师。1979 年毕业于西安冶金建筑学院冶金系。曾任职于吉林江北机械厂。现任江苏省江阴市南方管件厂总工程师。从事机械设计及制造方面的研制工作。参与并主持管件系列产品的研制开发，该系列产品获 1989 年吉林省优秀新产品奖，产品达到国际水平。主要专利成果有"全自动液压抽油机""管座"。发表论文 10 余篇，主要有《热推不锈钢弯头工艺》《液压胀形无缝三通的缺陷分析与预防》等。

【郭克荣】（1953—）女，江苏徐州人，江苏省邳州市副市长，政工师，徐州市委第八次党员代表大会代表。中共党员。大专学历。徐州市委党校毕业。1974 年 10 月起任市燕子埠乡范庄村团支书、副乡长。1989 年 2 月起任连防乡乡长、党支部书记。1995 年 2 月至今任现职。曾获"省三八红旗手"称号，获全国重视老龄工作功勋奖。

【郭太敏】（1955—）女，四川资中人，中共党员，高级工程师，1994年7月毕业于中国矿业大学。现任中国矿业大学图书馆副馆长、教务总支副书记，徐州市图书馆学会副理事长。1979年以来曾4次被评为先进工作者，多次被评为先进个人，2次被评为优秀共产党员，1次被评为"三八红旗手"。撰写论文10余篇，《图书馆管理改革中几个问题的探讨》及《新形势下人格力量在思想工作中的作用》分别被人大复印材料收录或全文复印；《江苏省图书馆跨世纪人才建设的思考》一文被北大图书馆举办的"21世纪大学图书馆的新使命"国际学术研讨会采用。合著《实用图书馆统计学》；撰写《论跨世纪图书馆馆长形象》等论文5篇。

【郭胜利】（1956—）理学博士，南京信息工程大学教授，博士生导师。中国材料信息网协会常务理事，江苏省物理学会理事，先后4次到德国著名高校进行长期合作研究。在国内外学术刊物上发表论文80余篇，SCI收录30篇；获得江苏省高等教育教学成果一等奖1次，河南省自然科学优秀论文一等奖1次、三等奖1次，南京市第六、七届自然科学优秀学术论文三等奖2篇，南京信息工程大学科技进步一等奖1次、二等奖3次，

教学成果一等奖1次、二等奖2次。

【郭德才】（1957—）江苏邳州人，大学文化，中共党员。江苏省徐州市运河中学副校长，中学高级教师，江苏省特级教师，全国优秀教师。荣获国家人事部、教育部颁发的"全国优秀教师"奖章；2001年参加教育部在哈尔滨举办的"骨干教师国家级培训"，评为优秀学员。邳州市专业技术拔尖人才、徐州市优秀班主任、江苏省教改先进个人。在省级以上刊物发表论文10多篇，并有多篇论文在国家、省级论文评比中获一、二等奖。

【郭万林】（1960—）固体力学博士，南京航空航天大学教授，南京航空航天大学纳米科学研究所所长，力学和材料科学与工程一级学科、机械设计和凝聚态物理二级学科博士导师。1996年获国家杰出青年基金，1999年受聘为国家教育部"长江学者"特聘教授到南京航空航天大学工作，创建南京航空航天大学纳米科学研究所、纳米力学硕士与博士点、纳智能材料结构与仿生工程国防重点学科。2005年作为学术带头人的"纳尺度物理力学"团队入选国家教育部"长江学者创新团队"计划，2008年入选江苏省首届

攀登计划，2010 年成功申请建设教育部"纳智能材料器件"重点实验室。目前承担国家"973"计划项目课题、国家自然科学基金重点项目、重大国防预研和基础研究项目等科研项目。曾于美国、德国、澳大利亚、波兰工作和访研，并在多国讲学，近年在国际会议做邀请报告 30 多次。曾主持过国防重点预研、国家杰出青年基金、国家自然科学基金、国防重点型号工程、发动机和飞机等多个国防系统工程子项目等 20 多个较重要的项目和许多其他项目。其三维约束理论在国际上被称为 *Guo.s Constraint Factor* 理论，成果入编一系列行业手册，并已用于多个航空型号和国家重大工程。

【郭子建】（1961—）河北河间人，中国科学院院士，南京大学化学化工学院院长，配位化学国家重点实验室主任，配位化学研究所副所长。1994 年获意大利国家博士学位，1994—1996 年在英国伦敦大学从事博士后研究，1996—1999 年分别在加拿大不列颠哥伦比亚大学和英国爱丁堡大学做访问学者和研究员。1999 年 4 月回国，在南京大学配位化学研究所担任教授和博士生导师。2016 年 9 月获得 *Luigi Sacconi Medal*。

2017 年 11 月当选中国科学院院士。主要研究方向为生物无机化学，在生物无机传感及金属药物领域做出重要贡献。

【郭奔胜】（1970—）中共党员，研究生学历，硕士学位，高级记者。2001 年 7 月至 2015 年 7 月，在新华社江苏分社工作，历任机要秘书、记者、副总编辑、常务副总编辑、党组成员；2017 年 9 月，任新华网股份有限公司党委副书记，公司第三届董事会董事、总编辑。先后获得"新华社十佳编辑记者""全国优秀新闻工作者""全国五一劳动奖章"等荣誉称号；入选中宣部马克思主义新闻观师资班成员；先后担任南京大学、南京航空航天大学等高校兼职教授。

【郭学锋】（1973—）南京大学化学化工学院教授，博士生导师。1995 年浙江大学生物化学工程专业毕业，1995—2000 年在南京大学化学系学习并获得理学博士学位，2001—2003 年先后为香港浸会大学、法国 Montpellier University Ⅱ 博士后，2009—2010 年在美国明尼苏达大学（双城）化工系访问（华英学者）。2010 年底任教授，2011 年开始担任博士生导师。长期从事新型纳米结构材料与化学、面向环保、新能源应用的多相催化等领域的研究，已在 *Angew.Chem.Int.Ed.*、*J.Am.Chem. Soc.*、*ACS Nano*、*Green Chem*、*Chem. Commun.*、*Langmuir*、*J.Phys.Chem.C* 等国际刊物上发表 SCI 论文 100 余篇，已获授权国家发明专利 10 项，指导学生获得了第二届江苏省女大学生创业设计大赛唯一的特等奖。目前为先进材料与应用催化课题组 (LAMAC) 成员。

【郭健】（1974—）南京理工大学自动化学院副教授、博士、硕士生导师。毕业于南京理工大学控制理论与控制工程专业，获得博士学位。兵工学会会员。获得南京理工大学优秀毕业设计指导教师、优秀党务工作者等称号，2006 年获得南京理工大学教学成果奖特等奖、第三届"我最喜爱的理工大老师"之一。指导学生参加国家机器人大赛、智能汽车大赛，多次获得一、二等奖。参加多项国家自然科学基金项目、国防基础研究项目。

【郭锐】（1980—）南京理工大学机械工程学院副教授，博士、硕士生导师。中国兵工学会会员，《兵工学报》、《南京理工

大学学报》、IJIE 等期刊审稿人。任现职以来一直从事灵巧弹药运动机理、灵巧弹药总体技术和气动特性数值仿真技术、高效毁伤及防护技术研究。在国内外期刊、国际会议发表论文 29 篇，SCI 收录 2 篇，EI 收录 6 篇，ISTP 收录 8 篇。独立主持了国家自然科学基金、新教师基金、自主科研重大研究计划专项基金等共 5 项；先后承担并参与了多项国家型号项目、重点预研项目及重大演示验证项目。

【郭兴】（1983—）山西太原人，南京医科大学神经生物学系教授，博士生导师。博士研究生毕业于北京协和医学院遗传学专业。主要研究方向为线粒体质量控制与神经退行性疾病。目前主持国家自然科学基金面上项目 1 项，蛋白质组学国家重点实验室开放课题 1 项。在 SCI 收录期刊杂志上发表文章 7 篇，代表性论文发表在 JCI、*Nature Communications* 等专业高水平杂志上。

【郭有东】（1989—）南车南京浦镇有限公司车体车间工人，2013 年全国五一劳动奖章获得者。2008 年，郭有东从浦厂技校毕业，以劳务派遣工的身份进入到中国南车浦镇公

司，成为一名焊工技师。曾获南京市高技能人才大赛冠军；江苏省技工院校第三届技能大赛第九名。

浙江省

【郭心崧】（1897—1979）字仲岳，浙江温州人，毕业于日本京都帝国大学经济学院。早年深感"清廷腐败非推翻不足以救中国"，省立第十中学毕业后东渡，入日本帝国大学经济系，获学者河上肇赏识。归国后，在上海创办《孤军》杂志，评介各家经济理论，撰述中国经济建设之道。后南下任教广东中山大学。北伐后转南京中央大学，任考试院参事、交通部参事室主任。民国二十一年 (1932) 调任邮政总局局长。当时我国邮政、海关等主权均受制于英人，为了收回主权，建立中国邮政制度规章，郭心崧多次折冲交涉，擘画筹谋，始取得成功。抗战中又为维持邮路畅通而竭尽心力。战后任驻日代表团文化参事，后任教于东京大学，退休后病逝于东京。

【郭汉城】（1917— ）浙江萧山人，戏曲评论家。1938 年入延安陕北公学学习，1943 年加入中国共产党。曾任察哈尔省文化局副局长、省文联主任，华北行政委员会文艺处副处长。中华人民共和国成立后，历任中国戏曲研究院剧目研究室主任，文化部艺术研究院副院长兼戏曲研究所所长，《戏曲研究》丛刊主编，国务院学位委员会第二届学科评议组成员，中国剧协第三届常务理事、第四届副主席，中国戏曲学会副会长。著有《戏曲剧目论集》，与张庚合作主编《中国戏曲通史》等。现担任学术期刊《戏剧之家》顾问。于 2010 年获聘中国艺术研究院首批终身研究员。同时周汝昌、冯其庸、李希凡、资华筠、范曾、刘梦溪等 7 人在此间获聘中国艺术研究院首批终身研究员。2016 年 12 月，当选为中国文学艺术界联合会第十届荣誉委员。

【郭燮贤】（1925—1998）浙江杭州人，中科院院士，物理化学家，1946 年毕业于重庆兵工大学应用化学系，1980 年当选为中国科学院学部委员 (院士)。曾任中国科学院大连化学物理研究所研究员、副所长。早年完成了合成汽油制甲苯催化剂研制和工业化试验。推导论证化学吸附与催化反应之间的联系，发表"化学吸附覆盖度与动力学关系"和"合成氨反应速度与氮、氢吸附的关系"等论文参与并协助领导了合成氨原料气净化新流程三种催化剂的研制和工业化试验并获得成功。在发展天然气及含烯混合气的蒸气重整催化剂、多金属重整及担载金属等催化剂的研制中，多有建树。20世纪80年代以后，在探讨烃类催化转化反应机理、催化剂金属载体相互作用、小分子的吸附态和吸附、脱附动力学等基础研究工作中均有成果，曾获石油部优秀成果奖一等奖。

【郭志进】（1935—）浙江诸暨人，曾用名郭生裕。杭州电子工业学院体育教授。1959年毕业于军事体育学院，1959年转业到暨南大学任教，1963年进北京体育学院教师进修班深造，1964年7月毕业后一直在广州暨南大学体育教研室从事体育教学工作，1981年1月调到杭州电子工业学院工作，任体育教研室主任。1983年起兼任浙江省高等学校体育工作协会秘书长和杭州高校体协主任职务。在长期的教学实践中，运用自然辩证法的观点潜心研究普通高等学校体育基础理论，1980年在国内率先推出在体育课教学中统一使用体育理论教材。1987—1992年先后三次担任《浙江省普通高等学校体育教材》一书的初版、再版和修改版的副主编。主要论著有《普通高等学校体育基础理论知识》《浙江省普通高等学校体育教材》《体育在高校中的地位与作用》《加强普通高校体育理论教学之我见》《普通高校体育教材改革初探》《体育教学中的辩证法》和《运动与生命浅说》等。

【郭学仁】（1936—2016）浙江诸暨人。桂林电子科技大学教授。毕业于解放军军事电信工程学院雷达专业。曾担任无线电工程系主任、学院副院长。主要讲授电子线路、脉冲与数字电路、数字逻辑设计、数字系统设计与LSI等课程。主要研究方向为电子测试技术。曾编写教材或专著3部，发表论文30多篇，主持参加科研项目10余项，其中逻辑功能测试仪、集成电路自动测试仪、VXI总线自动测试仪、MCM功能测试中心的BST与BIST技术的研究等项目曾获得省、部级科技进步等奖励。在微电子测试，特别是DFT技术领域，形成了扎实而有特色的研究方向。

【郭葆钫】（1937—）女，福建福州人，浙江省中学特级教师，毕业于浙江教育学院。原任杭州铁路中学教师、浙江省中小学德育研究会理事、杭州政治课教学研究会常务理事等职。现任全国维果茨基研究会理事（中学唯一），杭州师范学院政治经济学院客座教授，硕士学位研究生导师。先后获全国"中小学德育先进工作者"，全国铁路系统劳动模范、优秀教师、优秀党员，"三八红旗手""火车头奖章""社会主义建设积极分子""浙江模范班主任"等称号。获市级以上荣誉称号共43项次。

【郭文杨】（1939—）浙江金华人。高级工程师。中国民主同盟盟员，中共党员。毕业于北京气象学校农业气象专业，参加过苏联专家拉祖莫娃主讲的农业水文特性讲习班，北京大学地球物理系气象专业函授、南京气象学院的天气预报和全国县级农业气候区划训练班进修深造。在安徽省气象局、滁县地区行署气象局、华东区域气象中心、金华市气象局任农气员、预报员、管理员等职。曾任地（市）级学会理事、常务理事、专业委员会委员。浙江省气象学会农业气象专业委员会委员、金华市红壤开发项目技术委员会成员、金华市气象学会科普工作委员会副主任。现任金华市集邮协会理事、金华市环境科学学会理事、金华市气象局技术职务评审委员

会委员，中国气象学会会员、中国农学会农业气象研究会会员，中国农业技术推广协会果树专业委员会会员、中华全国集邮联合会会员、中国气象报通讯员。

【郭心正】（1939—）浙江平阳人，中共党员，教授级高级工程师。1962年毕业于天津南开大学化学系；1962年开始，在浙江省化工研究院从事科研及管理工作，担任课题组长，研究室主任、研究所所长；1994年起担任化工部ODS替代品工程技术研究中心副主任、常务副主任。享受国务院特殊津贴。从1962年开始从事氟化工产品的研究工作，如哈龙-1211、哈龙-1301灭火剂、聚氟乙烯、高纯氟烃系列产品及ODS替代品系列产品，均填补了国内空白，获多项部、省级技术进步奖及国家"八五"科技攻关重大成果奖。作为九项国家发明专利，如"三氟甲烷改进制备方法""二氟甲烷改进制备方法""1，1-二氟乙烷改进制备方法""1，1，1-三氟乙烷改进制备方法""1，1，1-二氯氟甲烷改进制备方法"等的发明人，均已获专利权，并已投入使用，取得显著效果。

【郭润忠】（1940—）浙江松阳人，中共党员，

大学文化，浙江医科大学毕业，浙江省医学科学院药厂厂长，浙江省药物研究所副所长，高级工程师，国家注册执业药师。历任杭州胡庆余堂制药厂药师，杭州第二中药厂车间主任，副厂长，总工程师，杭州市医药管理局副处长，青春宝保健品有限公司总经理、总工程师，浙江省医学科学院制药厂厂长，浙江省药物研究所副所长。荣获杭州市科技先进工作者、杭州市先进工作者、浙江省先进工作者等荣誉称号。

【郭爱缨】（1942—）女，浙江杭州人，九三学社成员，高级工程师、编审。毕业于北京地质学院，1986 年到中国科学院地球物理研究所工作。任《地球物理学报》编辑部中、英文版的编辑。1997 年担任《地球物理学报》专职副主编兼中、英文版的编辑部主任。两年后，《地球物理学报》被国际著名检索系统 SCI 收录，当时，《地球物理学报》成为中国地学口的中文版杂志中唯一被 SCI 收录的期刊，同时被国际上 13 家检索机构、国内 10 多家著名检索机构收录与检索。担任编辑部主任期间，《地球物理学报》曾多次荣获国家级一等奖。1997 年获第二届全国优秀科技期刊一等奖；1999

年获首届中国期刊奖；2000 年获中国科学院优秀期刊特别奖；2001 年入围"中国期刊方阵"被评为"双高期刊"；2003 年获第二届国家期刊奖。

【郭智权】（1942—）浙江平阳人，中共党员，正师职退休军官，大校军衔，（教授级）研究员。1965 年毕业于华东水利学院、分配到国防部第五研究院（后归制于国务院，改为七机部）701 研究所工作。1971 年调往中国人民解放军总装备部第 29 基地，并参军。大学毕业后，他一直从事祖国的航天飞行器空气动力学的研究工作，历任技术员、工程师、高级工程师、研究员。还曾被任命为正团职主官。40 多年来，为我国的火箭、导弹、飞船和航天飞机等数十种型号进行过精心的数值计算研究，先后出色完成 50 多项科研课题，获得了 10 多项全军级三等以上的科研成果奖（其中国家级二等科技进步奖一项，全军级一等奖一项）。还培养了 6 名硕士、博士。为我国的航天事业做出了突出贡献，立过三等功，获过光华基金奖，并于 1998 年荣获国务院颁发的政府特殊津贴。

【郭武泉】（1946—）浙江诸暨人，大学学历，高级工程师。1957—1963 年就读于杭州潮鸣初中，1960—1963 年在杭州第一中学（世称杭州高级中学）学习、毕业，同年在杭州首届中学生数学竞赛中获奖。1968—1975 年在浦江机床厂（后改为鼓风机厂）当工人、技术员、计量员。1975—1983 年在诸暨县计委分管标准化、计量工作。诸暨市技术监督局（前身为标准计量所）历任所长、局长。1993 年由国家技术监督局评审认定高级工程师。1993—1998 年任诸暨市科委主任。1998 年至今退居第二级任正局级调研员。30 多年来，作为诸暨市技术监督事业创始人，兢兢业业、认真负责，为诸暨市技术监督及科技事业的发展，为促进地方经济的发展做出了应有的贡献，多次受到国家、省、市级的荣誉表彰。

【郭升高】（1952—）浙江东阳人，中共党员，本科学历，高级工程师，高级经济师。先后在原工作单位浙江省二建建设集团有限公司担任施工员、集团公司秘书、总经理办公室副主任、主任（兼全质办副主任、标准化办公室副主任、改制办副主任、企管办主任、档案室主任），分公司书记（兼副经理、工会主席），集团公司总经理助理兼办公室主任等职务。现担任宁波市镇海区建筑技术咨询服务中心理事长、宁波市镇海区建筑业协会秘书长。参与施工的多个项目获省级优质工程奖及国家优质工程银质奖。主编企业质量管理手册及程序文件，组织学习培训，开展运行管理，于 1994 年在全国建筑业企业首家通过 ISO 质量体系认证。本人也多次被集团公司授予优秀党员、优秀党务工作者和先进个人等荣誉，还被中国建筑业协会、中国施工企业管理协会、中国施工企业经理研究会、浙江省建筑业行业协会、浙江省建筑企业家协会等授予优秀通联员、优秀通讯员、优秀工作者等荣誉。

【郭伟强】（1955—）浙江杭州人，中共党员，理学博士。教授，硕士生导师。1995—1996 年、1998—1999 年，分别以高级访问学者身份到德国基尔大学进行合作研究。曾任杭州大学化学系分析化学教研室副主任、主任、党支部书记，浙江大学化学系实验中心副主任，浙江大学化学系教学研究中心副主任。同时，还为中国色谱学会理事，浙江省化学会理事，浙江省化学会色谱委员会副主任秘书长。多年来一直从事分析化学（痕量物质检测方法研究）、色谱分析（色谱分析新方法的开发及应用研究、新型气相色谱柱研制、新型液相色谱柱材料的研究)、环境污染物监测(环境中微量污染物的新型检测方法研究)、超分子化学和化学计量学(化合物分子结构与其性质间相关关系研究、量子化学计算研究、人工神经网络及其应用研究)、天然物质提取、精细化学品开发等领域的研究工作。先后主持及主要参与的各类科研项目近20项,主编《分析化学手册》和《大学化学基础实验》等教材,发表论文70余篇。

【郭汾阳】(1956—)山西定襄人,浙江大学思想政治理论教学科研部副教授。1977年考入山西大学历史系,曾在博物馆、文物局等处工作。1985年调入浙江大学社会科学系从事中国革命史等课程的教学,现在浙江大学法学院任教。长期致力于中国近现代史、现代文学史、地方史、中共党史等研究,先后在国内众多报刊上撰文,如《读书》、《鲁迅研究月刊》、《博览群书》、《书评周刊》、《文汇读书周报》、《社会科学论坛》、台北《山西文献》等。著有《鲁迅与山西》(北岳文艺出版社)及《书局旧踪》《报馆旧踪》《女界旧踪》(江西教育出版社)、《于无声处听惊雷——鲁迅与文网》(百花洲文艺出版社)等。

【郭夏娟】(1956—)浙江德清人,浙江大学公共管理学院政府管理系教授、哲学博士,行政管理学博士生导师,曾任浙江大学行政管理研究所所长,现任浙江大学妇女研究中心副主任。曾经主持中国女性参政与社会治理参与方面的国家社科基金和省社科基金等数十个项目,科研成果多次获省部级政府奖。长期从事"公共行政伦理学""西方政治思想史"等课程教学与研究,开设课程包括《伦理学》《行政伦理学》《西方政治学经典著作选读》(双语)等。主要研究方向有公共行政伦理、性别与社会政策、女性主义政治哲学研究,包括中国女性政治参与的研究等。近年出版的著作有《公共行政伦理学》(浙江大学出版社)、《为正义而辩:女性主义与罗尔斯》(人民出版社);译著有《政治学与女性主义》(东方出版社),发表公开学术期刊论文20余篇。2003年至今主持国家社会科学基金项目2项,省社科规划项目3项,其中重点项目、重大项目各1项,诺丁汉大学国际合作研究项目1项,已获省部级奖8项。

【郭裕茂】（1958—）江西崇义人，杭州西子实验学校校长，化学特级教师。曾荣获杭州市拔尖人才、杭州市学科带头人、全国劳动模范、全国优秀教师、全国五一劳动奖章等荣誉称号，享受国务院特殊津贴。他注重教育科研，主持的化学四步教学法教改课题，1997 年通过省级评审鉴定，被评为全国二等奖，收录《中国百科成果全书》；省立项课题优化课堂结构，提高教学效果被评为2000 年省课改成果一等奖。先后在省级以上报刊发表《课堂演示实验的几点体会》(《化学教学》1986 年第 10 期)、《解有机题有捷径》(《中学理化报》1995 年第 5 期)、《这题用守恒法求解》(《中学生化学报》1998 年第 10 期)、《优化实验教学提高教学效果》(《试教研究》1999 年第 4 期)、《从两道习题引发的思考》(《中学化学教学参考》2001 年第 8 期)、《加强实验教学培养学习兴趣》(《中学化学教学参考》2002 年第 12 期)等论文。在市以上学术会议发表论文 40 余篇，其中 3 篇获全国一等奖，5 篇获全国二等奖，5 篇获浙江省一等奖；2002 年在第 17 届 IUPAC 国际化学教育大会上发表论文 1 篇。多年参加全省高中毕业会考命题工作，1997—2000 年为省高中新课程方案（试验）学科研究小组成员，主编或参编《高中化学同步思维训练》《3+X 新高考理科综合（化学）》等专业书籍 10 多部。他教育理念新，教学中注重化学实验和启发学生思维，培养学生学习兴趣和自主学习的能力，指导学生参加全国高中化学竞赛，有 20 多人次获一、二、三等奖。

【郭勇】（1959—）湖南华容人，宁波大学教授。先后担任外语教研室副主任、主任、基础课部副主任等职，2002 年 2 月担任外国语学院院长。1999 年负责主持外语系工作，在课程设置、学科建设、教学研究等方面取得了相当的成绩，为农林类高校如何进行外语专业办学提供了宝贵的经验和模式。2002 年开办日语本科专业，2004 年成功申办法语专业，形成英语、日语、法语和大学外语相互促进、相互渗透的良好学习氛围。长期以来在教学与管理的岗位上起模范带头作用，在科研方面也做出了许多成绩。近 3 年来，主持参研省级课题四项，厅级一项；发表高质量论文 7 篇，合作发表论文 4 篇；另外还编辑出版翻译教程两种，协助编辑出版论文集一卷，教学丛书两套。

【郭樑】（1959—）浙江德清人，中共党员，研究生学历。浙江南浔农村商业银行股份有限公司董事长、党委书记，高级经济师。南浔银行从信用社时期的严重资不抵债到2011年末盈利超过4亿元。实现了从农村信用社到"农村合作银行"再到"农村商业银行"两次脱胎换骨的跨越，到2011年末，南浔银行各项存款130亿元，各项贷款91亿元，分别比2004年改制成立农合行时增长3.8倍和3.5倍，累计缴纳税收4.78亿元，先后荣获浙江省十强农村合作银行、浙江省财贸系统先进工会集体、省级文明单位、全国服务县城经济最佳贡献奖。总行机关工会小组被评为全国模范职工小家。2014年个人获得浙江省五一劳动奖章。

【郭明】（1960—）字沐瀛，号檀香居士。浙江杭州人。法学博士，浙江警官职业学院教授。1997—2007年浙江警官职业学院刑事司法系主任、图书馆长、刑事司法研究中心主任。兼任中国政法大学"监狱史学研究中心""恢复性司法研究中心"、南京大学"犯罪预防与控制研究所"等机构研究员，司法部燕城监狱、江苏省监狱管理局专家咨询委员。浙江工业大学兼职教授。中国监狱学会理事，浙江省监狱学会学术委员会副主任，浙江省高职高专重点专业刑事执行专业带头人，浙江警官职业学院监狱学科带头人。在《中国监狱学刊》《犯罪与改造研究》《公法》《环球法律评论》以及人大复印报刊《刑事法学》发表或转载《今日中国监狱基本问题及改进途径》《刑事契约论》《从"改造刑"到"契约刑"：中国刑罚制度的变革之路》等论文40余篇。撰写"人文监狱学随笔"等独家专栏文章10数篇。

【郭跃明】（1960—）浙江东阳人，中共党员，毕业于中国石油大学，高级工程师。2014年荣获中国工程建设标准化协会"全国建筑施工安全质量标准化管理先进个人"。2015年荣获"2015中国建优筑百强之星——房屋建筑秀项目经理"。连年被所在公司评为"先进工作者""优秀通讯员""工会积极分子"等荣誉称号。获得全国建筑施工安全质量标准化管理先进个人。在国家级刊物发表10篇论文；省级以上刊物发表28篇论文。

【郭伟华】（1961—）浙江诸暨人，中共党员，教授级高级工程师。中国联合工程有限公司董事长、党委书记。全国劳动模范、浙江省劳动模范、十佳现代管理企业家、杰出杭商。2011 年，公司当选杭州市十佳勘察设计企业。在全国两万多家勘察设计单位综合实力排名中，连年稳居百强榜的前 20 位，是国家高新技术企业。2017 年，建设部对全国勘察设计企业综合实力排名中公司列第 15 位，美国《工程新闻记录杂志》（ENR）2017 年中国工程设计企业 60 强排名中公司列第 13 位。公司还连年获得"全国机械行业文明单位""中国机械工业集团公司先进单位""浙江省重合同守信用先进单位""浙江省勘察设计行业诚信企业""中央企业思想政治工作先进单位""中共浙江省机关工委先进基层党组织"等荣誉称号。主持并参与几百个大中型项目的设计工作，并获得国家级奖 4 项，部科技进步奖 4 项，省部级优秀设计奖、咨询奖 7 项。主持编写国家标准 1 项，行业标准 1 项，省级标准 2 项。

【郭明明】（1962—）中共党员，研究生学历，高级工程师、高级经济师。1986 年创办杭州东南网架厂，现任浙江东南网架集团公司董事长。曾荣获杭州劳动模范、萧山区劳动模范、浙江省明星企业家、浙江省经营管理

大师等荣誉称号。"九五""十五"期间连续荣获萧山区"十大杰出企业家"称号。在 1993 年和 1998 年推选为萧山市第十一届、第十二届人代会代表，1998 年和 2003 年被推选为浙江省第九届、第十届人代会代表，2006 年 8 月任杭州市萧山区工商业联合会（总商会）副会长，2007 年 12 月郭明明再次当选中国钢结构协会副会长，2010 年，郭明明被评为中国钢结构杰出人物，并当选为萧山区十四届人大常委会委员。

【郭清】（1963—）江西省樟树人。医学博士，教授，博士生导师。现任浙江中医药大学副校长。《中国社区医师》杂志副主编，《健康研究》杂志主编，《中国全科医学》《中国社会医学》《中国医院院长》等杂志编委。杭州市重点学科"社会医学与卫生事业管理"和市重点实验室"学生身心危机干预研究"负责人，杭州市医学会副会长。浙江省医学扶植重点学科"卫生管理学"，浙江省卫生经济学会副会长，浙江省发展规划研究院咨询专家等。主持"十一五"国家科技支撑计划重点项目数字卫生关键技术示范区应用研究、"十五"国家科技攻关计划重点项目重大疾病社区预防与控制关键技术评价研究、

国家自然科学基金社区卫生服务可持续发展政策研究，小康社会健康素质指数（HQI）研究及应用，基于电子健康档案（EHR）的社区健康管理 HOPE 模式的研究、国家社会科学基金下岗职工家庭健康状况及社区健康保障模式研究及美国 CMB、卫生部和省厅级科研课题等 30 余项，获省级成果奖 2 项，厅级成果奖 10 多项。

【郭财根】（1963—）浙江杭州人，中共党员，初中文化程度。1980 年参加工作，杭州市江干区采荷环境卫生管理所环卫工。2004 年被评为浙江省劳动模范。2005 年被评为全国先进工作者。

【郭智成】（1963—）浙江苍南人，中共党员，毕业于上海医科大学，主任医师，医学硕士。第一届食品安全国家标准委员会食品相关产品分委会委员，杭州市食品安全事故应急专家库列名专家，浙江大学医学院兼职教授和硕士生导师。浙江省营养学会常务理事。杭州市卫生局卫生监督所主任医师、监督一科副科长、杭州市卫生监督所食品卫生科科长、学术委员会常务副主任，任杭州市卫生局高级职称评委会公共卫生专业组评委，浙江大

学医学院兼职教授和硕士生导师，杭州市首批新世纪"131"优秀中青年人才，浙江省食品添加剂工业协会专家委员会委员，第 6 届卫生部卫生标准委员会委员。

【郭良】（1963—）浙江诸暨人，中共党员，主任医师，教授，硕士生导师。历任浙江省肿瘤医院头颈肿瘤外科副主任，医务科长，副院长。从事头颈部（甲状腺、耳鼻咽喉，口腔颌面，涎腺等）、乳腺、骨，四肢软组织肿瘤外科诊疗研究工作。担任中国第 23 批援马里医疗队总队长，获马里国家骑士勋章，国家卫计委最美援外医师提名奖，省卫计委及马里大使馆优秀党员称号。第八届浙江省优秀医师奖。兼任中国医促会甲状腺疾病专委会副主任委员，中国残联康复协会常委，第二届世界华人肿瘤医师协会常委，中国抗癌协会头颈肿瘤、鼻咽癌专委会委员，中国医师协会头颈肿瘤、甲状腺疾病专委会委员；中国整形美容协会肿瘤修复整形分会委员；浙江省抗癌协会常务理事、耳鼻咽喉肿瘤专委会主任委员，头颈肿瘤、甲状腺肿瘤专委会副主任委员；浙江省医师协会甲状腺肿瘤专委会副主任委员；浙江省医学会耳鼻咽喉分会常委、头颈组长；浙江省康复医

学会耳鼻咽喉分会副主任委员。浙江省医疗事故鉴定专家。

【郭智光】（1964—）浙江诸暨人，中共党员，高级工程师。多次承担国家、省重大科技项目，荣获浙江省科学技术三等奖1次；绍兴市科学技术三等奖2次；诸暨市科学技术二等奖1次。研发的技术及产品获国家发明专利3项。

【郭新桥】（1966—）浙江诸暨人，中共党员，专业技术大校军衔。历任军事五项战士、五项队干部运动员、副连职教员、正连职教员、副营职教员、运动大队军事五项队教练，运动大队铁人三项队队长兼总教练，技术6级，专业技术大校军衔。1988—2000年参加军事五项世界大赛13次，10次夺得团体冠军；3次夺得团体亚军；同时获得个人冠亚军各1次；1991年南京军区大比武获全能冠军。荣立一等功5次，二等功7次，三等功6次；1992年评为全军"十虎"之一；1993年评为全军十佳运动员；1993年省军区评为"学雷锋标兵"。多次被总参谋部评为"优秀党员"，多次受到军委首长、总部领导的接见和表彰。

【郭克俭】（1967—）博士，教授，硕士生导师，浙江师范大学音乐学院院长。1999年、2002年分别入选省高校优秀青年骨干教师、中青年学科带头人培养对象；2006年被评为校级学科拔尖人才、科技先进工作者；2007年入选浙江省高校学科带头人及省新世纪"151"人才工程。长期从事音乐学专业领域的研究，在该领域取得一定成绩，在《新华文摘》《中国音乐学》《音乐研究》等杂志上发表论文50余篇，出版著作2部，成果获教育部普通高校人文社会科学研究成果二等奖、浙江省哲学社会科学研究成果三等奖等。论文《中华人民共和国声乐学术热点的追溯与反思》获2012年教育部第六届高等学校科学研究优秀成果奖（人文社会科学）二等奖。

【郭文标】（1967—）浙江温岭人，浙江省第十三届人民代表大会代表。2008年自筹资金近300万元建造了专门用于海上远距离救助的"浙岭渔22528"船，并于当年10月成立省内首家"海上民间救助站"，开展海上义务救助活动。据统计，2009—2015年，郭文标参加海上救助164起，救助遇险船舶160多艘，救助遇险船员810人，海上救助船舶用时达 1808 小时，他本人因此被当地渔民尊称为"平安水鬼"。2009 年 9 月 21 日，郭文标荣获第二届"全国见义勇为模范"称号并赴北京领奖。2016 年 1 月，郭文标获"中华慈善奖"。温岭市石塘海上平安民间救助站站长郭文标获得该奖项中的"最具爱心慈善楷模"称号（全国 10 个，浙江 2 个）。

【郭剑鸣】（1967—）江西吉水人，教授，现任浙江财经大学规划发展处副处长。兼任浙江省重点学科行政管理学科负责人、带头人，公共管理学一级学科硕士点负责人、带头人，浙江省教育厅公共管理专业教学指导委员会委员、浙江省公共管理学会常务理事、浙江省政治学会常务理事。主要研究政治学与行政学。治学以来，已在《新华文摘》《人文杂志》《学术研究》《学海》等知名刊物上发表学术论文 30 余篇，出版专著 2 部，主编教材 1 部。相关成果曾获广东省首届哲学社会科学优秀成果奖，广东省委宣传部、中国行政管理学会优秀学术成果奖，现主持国家哲学社会科学规划项目"政治知识化与科学执政模式建设研究"。2010 年入选浙江省"151"第二层次人才。

【郭永平】（1967—）浙江诸暨人，高级经济师。1987 年浙江省建筑技工学校毕业，到县总公司质安科工作，同年底至 1990 年底调杭州办事处。1991—1993 年城乡建委驻宁波办事处。1993—1998 年底任诸暨市第二房产公司经理。1999—2008 年个人独立承包建筑工程项目。2008—2011 年上半年国内及中国周边国家开采金属矿业。2011 年下半年至 2013 年 5 月任海亮集团（铭轩）公司法人、总经理。2013 年 6 月—2016 年 5 月任浙江万达建设集团总经理。2016 年 9 月任浙江中超建设集团总经理。曾获浙江省优秀项目经理。

【郭红东】（1968—）浙江大学中国农村发展研究院副院长、管理学院农业经济与管理系主任，教授、博士生导师。浙江省人民政府农村综合改革专家委员会成员，日本筑波大学和美国爱荷华州立大学访问学者，中组部浙江大学干部培训基地特聘教授。主要研究领域是"农民专业合作社""农业产业化经营"与"农民创业"。近年来围绕上述两个研究领域，先后申请并主持了多项国家自然科学基金和国家社科重大项目子项目，在 *FOOD POLICY*（*SSCI* 和 *SCI*）、*Comparative*

Economics Studies 以及《中国农村经济》等国内外有影响的核心期刊发表论文数 40 多篇，出版专著 4 本。这些研究成果先后获得了"全国百优博士论文"提名奖、浙江哲学社会科学优秀成果二等奖、浙江省科技进步二等奖和"中国农村发展研究奖"专著提名奖。相关国家自然科学基金项目在后评估中也被评为优秀。

【郭晓晔】（1969—）浙江青田人，中共党员，本科学历，浙江省丽水市青田县人民医院外科副主任，主治医师。多次到省级医院进修学习新的外科理论知识，提高业务水平，积极参加各项具体的抢救抢险任务。在 2003 年的"非典"工作中，身先士卒，参加高危人群的观察和隔病区的病人治疗观察工作。具有良好的工作态度、道德人生观、良好的医德医风。2012 年获得浙江省五一劳动奖章。

【郭胜才】（1969—）浙江诸暨人，中共党员。现为中国人民解放军联勤保障部队第九〇三医院药剂科主任，主任药师，硕士，技术 6 级，文职 3 级，江苏大学兼职副教授，浙江省医药卫生科技评审验收专家、浙江省及杭州市

医学会医疗事件技术鉴定专家。本科毕业于浙江大学药学院，研究生毕业于复旦大学药学院。从事医院药学工作 20 余年，在临床药理学、药物流行病学、临床药学服务、治疗药物监测及药毒物分析上有较高造诣，对药物临床应用和医院药事管理有丰富经验。工作以来，主持或参与多项军内、外研究课题，在专业核心期刊上发表学术论文 30 余篇，获全军医疗成果三等奖 1 项，荣立个人三等功 1 次。

【郭创新】（1969—）博士后，浙江大学教授、博士生导师，浙江大学电气工程学院副院长。教育部跨世纪人才基金获得者，浙江省杰出青年基金获得者，浙江省新世纪"151"人才工程一、二层次，CIGRE 中国委员会委员。曾任东方电子（上市公司）中心研究所副总工程师、副所长、所长，电自事业部总经理，东方电子北京研究院院长（代），公司常务副总工程师等职。在《中国电机工程学报》、*IEEE Trans on Power Systems* 等杂志上发表学术论文 70 篇（*SCI*、*EI* 收录 55 篇）。作为负责人主持科研项目 10 余项，其中主持国家自然科学基金 1 项，教育部新世纪（跨世纪）优秀人才计划支持项目

1 项，浙江省自然科学基金杰出青年团队项目 1 项（编号：R107062），国家"863"计划 1 项，国家博士后基金 1 项，国际合作和重大横向合作项目 6 项，参加"973"计划项目和基金重点项目各 1 项，获 6 项软件著作权登记，作为副主编主编《现代信息技术理论与应用》，2005 年获教育部科学技术进步一等奖，2006 年获浙江省高校科研成果一等奖，2008 年获教育部科学进步一等奖。从事智能电网、智能信息处理的研究。提出面向数字化电力的异构电力信息互联通信集成平台及其体系结构，并已成功应用于多家省级电力公司。提出基于多智能体的实时生成操作票防误策略。提出面向包含不同类型变量大系统优化与控制的混合粒子群优化算法。

【郭怡】（1974—）女，浙江大学教育学院体育学系副教授，博士，硕士生导师，浙江省体育科学学会体育史专业委员会副主任委员，浙江大学教育学院体育产业与健康管理中心副主任，体育学系教工理论支部书记。美国瓦尔帕莱索大学、美国密歇根大学访问学者，具有良好的交叉学科知识背景。目前主要研究领域为公共体育服务体系建设、民族传统体育非物质文化遗产、奥林匹克文化等相关研究。主持和参与国家社科基金、国家体育总局、教育部、文化部、省社科重点等 20 余项课题。课题成果获省、部级奖多项。出版《公共体育服务社会参与机制研究》（教育部人文研究课题、浙江省哲学社会规划重点项目研究成果 36.4 万字）、《奥林匹克演绎的教育文化》（浙江省哲学社会科学优秀成果奖）等 5 部专著，主编浙江省高校重点教材 1 部，发表论文 20 余篇，其中在美国密歇根大学访学期间与美国教授合作撰写的 *Elementary School Students. Self-Determination and Attitudes toward Physical Activity*，2014 年 3 月被 AAHPERD 顶尖国际会议录取为口头专题报告，并于 2014 年 7 月发表于 *Research Quarterly for Exercise and Sport SSCI* 期刊。论文《文化整体论视角下的体育非物质文化遗产保护研究》入选第十届全国体育科学大会交流，同时获得浙江省体育科学学会体育史专业委员会 2015 年学术研讨会论文一等奖。《民族传统体育非物质文化遗产保护机制和路径研究——以浙江省为例》获 2016 年民族传统体育非物质文化遗产项目展演及研讨会专题报告一等奖。此外，还注重政产学研合作，对接社会需求，推进地方实务，负责编制杭州市非物质文化遗产保护"十三五"规划，主持杭州市萧山区迎亚运背景下体育发展路径研究，相关调研成果已纳入政府工作规划。

【郭兴忠】（1974—）浙江大学材料科学与工程学系副教授，硕士生导师，浙江大学无机非金属材料研究所实验室主任。2002年在重庆大学获工学博士学位。2002年7月—2004年7月在浙江大学从事博士后研究，兼任中国硅酸盐学会溶胶凝胶分会秘书长、杭州市硅酸盐学会理事。主要从事结构陶瓷、溶胶凝胶、纳米材料等研究，先后主持或参加了国家"863"计划、"704"计划、省重大产业化、重大科技攻关、省计划、教育部重点、博士点基金等项目近10项。作为主要完成人获省部级科技进步一等奖1项、二等奖2项、市县科技进步一等奖1项。发表学术论文30余篇，授权发明专利8项，申请发明专利10项，通过省级技术鉴定或验收。

【郭建忠】（1975—）博士，浙江农林大学工程学院副教授，硕士生导师，理学院副院长，中国化学会成员。毕业于浙江大学化学系，获物理化学专业理学博士学位。研究方向为林产化学与化工、生物质材料、生物质催化转化等。主持浙江省教育厅项目、博士启动项目、预研项目、校青年教师创新团队等各1项，主持多项校级科研项目。参与国家自然科学基金重点项目、浙江省科技厅重大科技专项等。曾为国家重点基础研究发展计划"973"项目课题，国家自然科学基金重点资助项目（20433030）、浙江省自然科学基金重点项目的主要研究成员，取得了较好的科研积累和成绩。近年来，发表学术论文近15篇，其中SCI收录论文10篇。申请发明专利5项，其中授权专利3项；编著教材2部。

【郭勇军】（1980—）浙江温岭人，中共党员，高中学历。台州富岭塑胶有限公司技术设备部经理，技术员。凭着对新知识、新技术等方面不断追求和自我突破的劲头，通过自身的勤奋努力、刻苦钻研，从一名车间一线的机修学徒逐步成长为一名优秀的技术骨干，为公司的发展壮大做出了重要贡献，是公司技术革新、节能减排方面的骨干力量。多年来为公司培养了一批优秀技术人才，曾获公司"先进集体"称号，多人获公司"优秀员工"称号。2013 年获得浙江省五一劳动奖章。

【郭国骥】（1983—）湖北武汉人。现任浙江大学医学院教授，博士生导师。2014 年由浙江大学高层次人才引进计划从哈佛大学医学院引进回国，成为浙江大学最年轻的教授之一。2015 年入选中组部"国家青年千人计划"，2017 年获"国家优秀青年基金"。其科研团队主要利用单细胞分析技术研究干细胞的再生和分化机制，开辟了单细胞系统生物学新领域。建立并优化了高通量单细胞定量 PCR 的基本实验方法，以及数据分析手段。构建 Microwell-seq 高通量单细胞分析平台，并绘制全球首个哺乳动物细胞图谱。在胚胎期干细胞系统和成体造血干细胞系统中发现了谱系基因预表达的现象，解析了这一现象的分子机制，并进一步阐明了其对干细胞终端分化的影响。5 年内在 *Cell*、*Cell Stem Cell*、*Developmental Cell* 等著名期刊上发表学术论文 10 余篇，总影响因子 180 分，总引用率 650 余次。

安徽省

【郭德思】（1928—）辽宁丹东人，副主任医师，在合肥钢铁公司职工医院放射科工作。曾肄业于辽宁岩西山医院附属卫生学校；1957 年南京鼓楼医院放射科高级班进修。先后在志愿军二分部 X 光军医训二分部 511 医院、解放军 105 医院、121 医院、合钢医院放射科任医助、军医、主治军医、主治医师等。在放射诊断方面富有经验。所撰《125 例腰痛患者的 X 线分析》《早期胃癌 X 线诊断》等。

【郭崇凯】（1929—）四川富顺人。安徽师范大学经济法政学院副教授。先后就读于重庆大学、四川财经学院金融专业，1955 年毕业于中国人民大学马列主义研究班经济学专业。1978 年曾任安徽省社联组织的青年教育工作者调查组组长，去凤阳调查农村分配问题，较早肯定了农村家庭承包责任制，并与他人合作编写了《家庭承包责任制》电视教育片的剧本，此剧曾获 1989 年上海全国电教成果邀请评比特别奖。曾任社会职务有安徽省经济学学会理事、安徽省价格学学会理事、政治经济学社会主义部分研究会安徽分会理事、中国国际经济学会会员。

【郭云普】（1932—）满族，辽宁新宾人，中共党员，副教授，毕业于中国人民解放军空军政治学校。曾任安徽省委党校经济学教研部主任，安徽省经济学会副会长，安徽省人口学会副会长。发表论文20余篇，主编与合作编写《邓小平著作专题研究》《马克思主义基本原理简明教程》《政治经济学读本》等7篇。其中《两种生产一起抓》获安徽省人口学会优秀论文奖，《集约经营是发展我国农业的主要途径》获安徽省社会科技成果二等奖，《社会主义初级阶段经济理论与实践》获华东地区优秀政治理论图书二等奖。

【郭景春】（1932—）福建漳州人，原名郭锦椿，安徽艺术学院教授。曾任该校艺术研究室主任、学报主编，兼任安徽省文化艺术人才协会常务理事、安徽省审美教育学会理事、全国艺校艺术理论研究会会长。长期从事艺术理论教学及艺术理论研究，主要著述有《学术研究论文集》、《中西文论简介》、《蔷薇花瓣》、《中外誉称大辞典》、《群星璀璨——安徽青年艺术家侧影》、《唐宋八大家散文技巧》、《美育》（高校教材）、《美育》（中专教材）等，并在省级以上报刊发表论文数十篇。最近，他的艺术研究专著《绿原集》也已出版问世。

【郭新弧】（1933—）江西湖口人。20世纪50年代就读于华中师范学院（现华中师范大学）生物系，后任教于安徽师范大学，任生命科学学院教授，生物研究所研究员。参加了《安徽植物志》《安徽植被》《安徽中药志》等专著的编写；发表了药算属、耳属等新属和属以下植物新分类群数十个；首先研究并发现了安徽的叶附生苔类植物，将此类植物在我国分布的北界向北推移至北纬29度以北。多次获得省（安徽）、市（芜湖）科技进步奖和优秀论文奖。现任芜湖中华诗词学会《滴翠诗丛》编委。

【郭冠忠】（1934—）安徽阜南人，中共党员、副研究员，毕业于解放军第18军随营学校政治系。发表了《略谈西藏社会巨变》等论文约20篇，该文获得民族研究所1977—1991年度优秀科研成果奖。曾参与完成了《西藏是中国不可分割的一部分》《中共西藏党史大事纪》《民族辞典》《中国少数民族史大辞典》等书的编写，均已出版，并受到中国社会科学院和西藏自治区嘉奖。

【郭玉】（1934—）广东惠东人，高级工程师。毕业于中国科技大学，原冶金部马鞍山矿山研究院高级工程师，从事矿物勘探工程技术工作。有5项成果取得了国家专利：①"挤压爆破推距测试系统及专用仪器"为研究爆破机理提供了一种有效的测试手段（合作者：南斗魁、任天货）；②"矿山安全灯"，期光源为钜，适用于井下安全照明指示；③"遥测位移计"，为矿山地压观察装置，测点能延寿地发光，便于观测人员在安全地点遥测，观察直观、准确；④"KZ-2型矿山安全指示灯"，为国家级新产品；⑤"自行车简易照明架"（与郭建民合作）。

【郭禹吾】（1934—）江苏人，教授、主任医师，1956年毕业于军医大学。先后系统学习西医5年，中医5年，是中国著名中西医结合疑难病专家。中国孟河御医世家名医嫡传弟子和学术继承人。为中国传统医学黄山研究中心理事长，合肥市中医结石病专科医院名誉院长，并应聘为加拿大中华医学科学研究院专科名医、香港中华医学研究会专科名医、世界医药研究中心特约研究员、中国科技研究交流中心特约研究员等。2000年9月荣获第二届国际医药名人名药会暨优秀论文颁奖大会"名医成就金杯奖"。2002年元月荣获国际医学交流优秀成果金杯奖。

【郭伟】（1936—）高级经济师，注册会计师，毕业于安徽省委党校及中央党校，建设银行安徽省分行原副行长，安徽省钱币学会副会长等。1952年11月参加工作，历任人民银行皖北分行营业部员工、合肥市支行干事、副科长、办事处主任，合肥市财办、市委组织部副科长，建设银行合肥市支行副行长、省分行处长、副行长等职。撰写的论文有《建设银行改革与发展的总体思考》《建设银行在投资领域中的宏观调节作用》《加强投资管理与造就管理人才必须同步进行》《储蓄业务实施细则和操作规程》《新形势下银行储蓄工作问题的思考》《发挥境外筹资优势拓展国际金融业务》《勇于开拓再创建行筹资业务新辉煌》《领导干部务必把讲政治落实在具体行动上》等30余篇。参加工作以来，获得安徽省社会评议劳动竞赛优秀组织者奖、全国重视老年工作领导者功勋奖以及优秀共产党员、先进工作者青年突击手奖励 30 余次。

【郭大浩】（1936—）广东潮阳人，1961 年毕业于清华大学工程物理系（六年制）。研究员，高级工程师。1993 年起享受国务院颁发的"政府特殊津贴"。在高功率固体激光器及其应用方面有其精深的研究。其发明的"万兆瓦可调谐钕玻璃激光系统"获中科院科技进步二等奖；"新型激光防伪打标机"居国内领先地位，获安徽省科技进步二等奖；"航空结构抗疲劳断裂激光冲击强化技术"达国际先进水平，获江苏省教委科技进步二等奖；"激光冲击强化装置及其应用"达国际先进水平，获中科院科技进步二等奖；此外还获省部级科技进步三等奖 4 项；校科研与教学成果奖二等奖 4 项；曾被国内外数十家报刊、电视台报道，有 2 个项目获中国实用新型专利。1991 年获"合肥'七五'期间优秀科技人员"称号。

【郭世荣】（1936—）江苏沛县人，中共党员，主任医师，毕业于上海医科大学，现任安徽省芜湖市第三人民医院业务院长。安徽省传染病与寄生虫病学会常委，安徽省肝病专科学会委员，芜湖市中西医结合学会理事。从事内科及传染病医疗工作近 40 年，擅长传染病尤其是病毒性肝炎、暴发性流脑、乙脑、霍乱、伤寒、出血热、中毒性菌感染性休克等疑难危重凶险疾病的诊断、鉴别诊断、抢救治疗。自 1988 年开始负责主持设计并指导参加"胎肝细胞悬液治疗重型肝火研究"等科研课题，曾获 1992 年芜湖市重大科技成果奖。撰写论文 20 多篇，刊登在国家或省级医学学术刊物上，其中《克雷白杆菌性肺炎》等论著被载于国外医学英文杂志上。

【郭明刚】（1937—）河北南富人，中共党员，编审。1960 年毕业于北京师范大学。原安徽人民出版社社长，中国出版工作者协会理事，安徽省出版工作者协会常务理事。任安徽人民出版社社长期间，主持制定出版计划和长远规划，有 4 种图书选题列入国家"八五"重点图书出版规划，获中国图书奖 2 次，中宣部"五个一工程"一本好书奖 1 项；在发表的文章中，分析出版业的行业特点、社会功能、不同内容图书的不同社会功用，及其在社会形态中的地位，提出了不能笼统地把出版业称作上层建筑的观点。主要著述《关于出版事业性质的思考》（载《江淮论坛》1994 年第 3 期，中国人民大学《报刊复印资料》全文转载）；《出版道德他律·自律》（载《中国出版》1994 年第 9 期，与人合著）。

【郭福洪】（1938—）安徽蚌埠人，高级农艺师，1963 年毕业于安徽农学院农学系。一直从事农业技术推广和科技管理工作，专长水稻栽培。先后受省、市、县等奖励 20 多次，其中"进行农业区划研究项目"，获安徽省农业区划成果一等奖；主持全县 10 万亩、20 万亩农业丰收计划项目，连续两年获农业部二等奖。撰有《繁昌县综合农业区划报告》《植物与植物生理学》《繁昌县双季稻生产调查》《沿江圩区沧水田改造种植红花草高产经验总结》《菜椒棉间套种栽培技术》等。

【郭廷龙】（1939—）安徽蚌埠人，教授。曾任蚌埠市文联主席、书画院院长。现任安徽省蚌埠教育学院副院长。擅长中国画，其作品从民间艺术中汲取营养，作品着意刻画淮河流域的风土人情，画造型简练、概括，色彩单纯艳丽，具有浓郁的乡土气息和淮河流域民间地方特色。作品曾被国内外有关展览馆和纪念馆收藏，曾在上海、广州、南京、合肥等地举办过展览活动。出版有《郭廷龙画集》《孺子牛》专辑挂历等。

【郭仁怀】（1940—）安徽肥东人，中共党员，安徽滁州师专中文系教授。中国现代文学研究会会员、中国解放区文学研究会会员、安徽省高等学校现代文学教学研究会理事、安徽省教委专家组文科组成员。1966 年毕业于合肥师范学院中文系。1993 年被评为"全国优秀教师"，1995 年被评为校"优秀辅导员"，1996 年被评为"教代会优秀代表"，1997 年被授予"安徽省德育先进个人称号"，同年开始享受省政府特殊津贴，1999 年荣获曾宪梓教育基金会高等师范学院优秀教师奖二等奖。近十多年来，已发表学术论文近 70 篇，其中学术论文《血祭中华》于 1996 年获"安徽省第三届社会科学优秀成果四等奖"；学术论文《延安文艺精神与二十一世纪》于 1999 年获跨世纪中国文化艺术发展论坛一等奖。出版专著 3 部，主要著作《田间论》，参与主编的全国师专文科统编教材《中国现当代文学》《中国现当代文学作品选》即将由高等教育出版社出版。

【郭西亚】（1941—）安徽固镇人，中共党员，大专文化，高级工程师。1961 年毕业于淮南矿院中专部，先后担任安徽基本建设局四处技术员，淮北基建局 36 处、28 处、29 处技术员、工程师、掘进队副队长、队长、党支部书记、工区副主任、主任、党总支书记兼工区主任、工程处生产副处长、海孜矿副矿长。1990 年任七十一工程处处长、1995 年任中煤第三建设公司副经理。社会职务安徽省劳动保护科学技术学会常务理事、矿山委员会副主任。含水砂层井壁后注浆工艺于 1992 年获能源部三等奖，特殊地区条件下井壁破裂机理与防治技术研究于 1995 年获煤炭部特等奖。

【郭端本】（1941—）别名立山，安徽合肥人，大学学历。合肥工业大学建筑学系美术教研室主任，副教授。安徽美术家协会理事、安徽省高校美术教学研究会常务理事，中国建筑学会会员。1966 年毕业于浙江美术学院雕塑系，长期从事教学工作。曾参加创作大型浮雕《平湖泥塑群像》《人民战争》。1978 年参加毛泽东纪念堂广场雕塑修改方案创作。曾主持安徽省革命烈士纪念馆创作，主持筹办安徽省暨合肥市首届城市雕塑设计方案展览。主要雕望有《朝阳》《号手》等作品数十件，主要设计有《亳州中国酒文化博物馆》《安徽剧院文化长席》《合肥铁路新客站雕塑画总体设计》等。发表论文有《园林雕塑小品创作偶得》《建筑美术与形态创造》等数篇。主编有《建筑美术》一书。

【郭长铭】（1943—）上海人。中国科学技术大学力学和机械工程系教授，中国民主同盟中国科技大学支部副主委，中国力学学会会员。1961 年毕业于上海市上海中学。1967 年毕业于中国科技大学近代力学系。1989 年由中国科学院公派赴澳大利亚悉尼大学进修，后受聘于澳大利亚国立大学，参加澳方与美国 NASA 的合作研究项目。多年从事激波和爆轰波的研究。主持了国家自然科学基金项目"边界物理和几何条件对气相爆轰波传播影响的系统分析"；目前承担国家自然科学基金项目"气相爆轰波与障碍物相互作用后流场的系统分析"。

【郭文平】（1944—）安徽濉溪人，中共党员，主任医师，安徽医科大学第四临床学院教授。毕业于安徽蚌埠医学院，现任合肥市第二人民医院普外科主任。中华医学会外科学会会员，安徽省康复医学会乳腺病防治专业委员会常委，《中华实验》外科杂志特邀编辑。

从事普外科专业 40 年，以肝胆外科为主，对消化道肿瘤、门静脉高压、乳腺病的诊治等有较高的专业理论、技术水平和丰富的临床经验。开展自体脾移植的临床研究"人工乳头食管吻合术"科研获市科研成果二等奖。公开发表学术论文 20 余篇。多次被评为院、市先进工作者，1997 年被评为市百家先进个人。2005 年被评为市卫生系统优秀党员。

【郭唐松】（1946—）湖北黄石人，中共党员，1974 年毕业于原安徽劳动大学。安徽省社会学院马列主义毛泽东思想研究所副所长、副研究员。中国科学社会主义学会理事，安徽省社科联委员，省科学社会主义学会副会长兼秘书长，省政治经济学研究会秘书长。论著《社会主义学说史》（人民出版社 1982 年版，合作）获省级社科优秀成果一等奖，《科学社会主义原理与建设有中国特色的社会主义》（合作）获省社会科学优秀成果二等奖，《发展安徽县城经济之我见》获省社会科学优秀成果三等奖（1992 年），《对社会主义发展历史命运的成功把握》获省级社会科学优秀成果三等奖（1996 年）。

【郭效堂】（1951—）安徽亳州人。1970 年任古井酒厂服务公司采购员、亳州市古井酒厂大曲酒车间主任和党支部书记。1986 年加入中国共产党。1971 年以来，带领车间职工采用"低温入池""蒸四下三"新工艺使古井酒质量和数量同步上升。为古井酒稳居全国名酒先进行列立了功。1977 年被授予"全国先进生产者"称号。

【郭金斗】（1953—）安徽青阳人，原籍山西太原，大学文化，教授，研究员。1985 年先后毕（结）业于安徽省师范学院、上海复旦大学。1992—1995 年在香港亚洲学院医学院学系中医专业系统攻读了生化学、病学、中医学、中药学、方剂学、正常人体解剖学等 20 余门课程，经历 8 年的时间成功开发国家三类新药——愈肝散。任铜陵市店门区天然新药开发研究所所长，曾任湖北东方传统医学研究院铜陵分院院长，《中国林业》杂志社华东办事处采编部主任。1989 年响应市委、市政府号召，支援郊区政府创办企业，先后担任铜陵市自动化装备公司司办主任、铜陵市生化制药厂技术厂长等职。在工业项目成果方面，设计了《铜陵市电工仪表厂国家级火炬计划 9124118 实施方案》《中美合资铜陵铜制品有限公司可行性研究报告》。1996 年 12 月 25 日获得加拿大、美国、中国香港（IHUC）颁发的 1996 年国际高新技术产品畅销产品博览会国际优秀奖，1998 年 7 月 8 日获得世界中医药学会赠送的"全球（WHO）攻关药王"世界级称号。

【郭平】（1954—）安徽阜阳人，中共党员，1979 年毕业于合肥工业大学，安徽省阜阳市机械研究所所长。高级工程师，高级经济师。阜阳颍州会计师事务所机械设备评估师，阜阳齿轮厂技术顾问，阜阳市机械工程学会副理事长兼秘书长。主持并参与编写的《职工质量手册》获安徽省质量管理成果二等奖、阜阳地区科技进步成果二等奖，《如何搞好农机产品的市场细分》获阜阳行署科委优秀学术论文二等奖。撰写的《全面质量管理在我厂的运用和发展》被中国农机质量协会选为经验交流材料。曾多次获省、地先进工作者和优秀共产党员称号。

【郭怀中】（1955—）安徽庐江人，中共党员，1981 年毕业于安徽师范大学物理系。安徽师范大学物理系物理教学法教研室主任，副教授。安徽省教育学会中学物理教学专业委员会常务理事等。一直从事物理教学论、科学史等方面的教学和研究工作。积极参加中学物理教学改革，曾为安徽省初中物理教材教法同步改革实验领导小组成员，参加编写的九年义务教育三年制初级中学试用课本《物理》（上海科学技术出版社）经国家教委中小学教材审定委员会审查通过，已投入使用。编著有《物理教育通论》（合作）。曾获安徽师范大学"皖泰"教师教学优秀奖等。

【郭子如】（1962—）教授、硕士、硕士生导师、安徽理工大学弹药工程与爆炸技术系主任、爆破工程与器材研究所所长、安徽省首批示范本科专业建设教改项目负责人。曾先后主持和参加国家"七五""八五"科技攻关项目，以及国家、省自然科学基金项目的研究多项，部分成果鉴定达到国内领先、国际先进水平。发表论文近 40 篇，其中被 EI 或 ISTP 收录 12 篇次。主持研发的粉状硝铵炸药防结块剂已投入生产，主持完成各类复杂环境下城镇控制爆破工程项目 100 余项。

【郭自虎】（1963—）安徽庐江人，文学博士。

现为安徽师范大学文学院教授，中国古代文学唐宋方向硕士生导师。1985 年 7 月安徽师范大学中文系本科毕业，从事高校中文系古代文学等教学研究工作至今。论著有《元稹与元和文体新变》（安徽大学出版社）。

【郭凯】（1964—）安徽芜湖人，合肥工业大学建筑与艺术学院教授、硕士生导师。中国美术家协会会员，安徽省美术家协会理事，安徽省油画学会副主席。1990 年毕业于安徽阜阳师范学院美术系，获学士学位；1997 年毕业于中央美术学院油画系第九届油画研修班，获毕业创作优秀奖；2009 年毕业于武汉理工大学艺术与设计学院，获艺术硕士学位。2008 年荣获"安徽省首届优秀青年美术家"称号。2009 年安徽省高校艺术教育科研论文评比获一等奖；2009 年中国教育部"全国高校艺术教育科研论文"评比获二等奖；2010 年主持创作安徽省重大历史题材美术创作工程"零的突破——许海峰"选题；2011 年，"安徽省社会科学文学艺术奖"评选获三等奖；2013 年参与"中国南方油画山水画派"学术型画家团体活动。

【郭永存】（1965—）工学博士，教授，博士生导师，中国共产党党员。安徽理工大学党委副书记、校长，安徽理工大学第五届党委委员、常委。现任安徽理工大学党委书记。安徽省人民政府学位委员会委员，省学术技术带头人，省机械工程学会副理事长，省"115"创新团队负责人，安徽矿山机电装备协同创新中心牵头人，安徽智能矿山技术与装备工程实验室主任，校机械设计与理论学科带头人。主持国家及省部级科研项目 20 余项，发表学术论文 70 余篇（SCI、EI 收录 14 篇），主编省级规划教材 1 部，获省科技进步一、二等奖各 1 项，省教学成果一等奖 1 项，获发明专利 2 项、软件著作权 1 项。

【郭武】（1973—）湖南长沙人，博士学位，中国科技大学副教授。主持和参与了多项国家科研项目，国家自然科学基金和"863"计划项目，研究方向涉及语音识别，大语料库语音合成、可训练语音合成与声纹识别方面的工作。2006—2010 年，主持"863"计划重大项目子课题"多语言语音合成关键技术与其产品开发"，2010—2012 年，主持国家自然科学基金项目"声纹识别中的合成语音鲁棒性研究"。在 NIST 举办的 2008 年世界说话人识别大赛中，领导的研究小组一举夺得综合成绩世界第一，该成果被《光明日报》、《科学时报》、国家自然科学基金委网站等 100 多家媒体报道。在国内外有影响力的期刊和会议上发表了 40 多篇研究论文。

【郭宁】（1974—）女，安徽农业大学副教授，硕士生导师，遗传教研室主任，在职博士。获"安徽省教坛新秀"、"安徽省优秀德育工作者"、安徽农业大学"优秀教育工作者"等荣誉。主要从事遗传学、分子生物学等方面的教学和科研工作。主持安徽省高校自然科学研究重点项目"迷迭香挥发油提取工艺的研发"获安徽省教学成果三等奖、安徽农业大学教学成果一等奖。参加多项省部级科研项目，申请发明专利 1 项。

【郭宇】（1979—）博士，现任中国科学技术大学计算机学院特任副教授。2001 年毕业于南京航空航天大学，获学士学位；2007 年毕业于中国科学技术大学，获博士学位。主要从事程序验证、操作系统、程序设计语言理论方面的研究。作为骨干先后参与了多项国家自然科学基金研究项目。

江西省

【郭一岑】（1894—1977）江西万载人，又名威烈等。1916 年毕业于北京文汇大学。后留学德国，获哲学博士学位。1928 年回国后，任中央大学、暨南大学、国立蓝田师范学院和中山大学教授。曾在我国较早地用辩证唯物主义指导心理学研究。中华人民共和国成立后，任中山大学教授、北京师范大学教授兼校务委员、中国心理学会理事、《心理学报》编委。著有《批判詹姆士的自然主义》，编著有《现代心理学概观》，编译有《苏俄新兴心理学》等。

【郭大力】（1905—1976）江西南康人，1927 年毕业于上海大夏大学。1928 年起与王亚南合译《资本论》。1938 年《资本论》第 1~3 卷出版后，继续从事马克思主义经典著作的翻译工作。曾在广东文理学院、厦门大学教授政治经济学。中华人民共和国成立后，任中共中央高级党校政治经济教研室主任、中国科学院哲学社会科学部委员、全国人大代表、全国政协委员。1957 年加入中国共产党。著有《关于马克思的〈资本论〉》《帝国主义论讲解》《题格斯传》，另译有《人口论》《国富论》等。

【郭庆芬】（1909—）山西孝义人，1926 年毕业于清华大学，1930 年获美国伊利诺伊大学化学硕士学位。回国后，任河南大学教授、系主任，中正大学教授、教务长。中华人民共和国成立后，历任南昌大学校务委员会副主任兼理学院院长，江西师范学院副院长、院长，江西省科协主席，江西师范大学名誉校长，江西省师范学院副院长、院长，江西省科协主席，江西师范大学名誉校长，江西省第五届政协副主席，民盟江西省委副主任委员，中国化学会理事，江西省化工学会副理事长。第二、三届全国人大代表。

【郭金林】（1913—1990）江西庐陵人。1930 年加入中国共产主义青年团，同年参加中国工农红军，1936 年加入中国共产党。土地革命战争时期，任红四军第十一师三十一团副排长，中华苏维埃共和国中央政府财政部审计局审计。参加了长征。抗日战争时期，任八路军驻晋办事处会计，中共河南省委秘书处会计科科长，新四军第六支队会计科科长，新四军第四师供给处副处长，师供给部副部长，第四师兼淮北军区供给部部长。解放战争时期，任华中军区供给部副部长兼工厂管理处处长，华东野战军供给部副部长，第三野战军供给部政治委员。中华人民共和国成立后，任华东军区后勤供给部部长，军区财务部部长，华东军区后勤部第二副部长，南京军区财务部部长，南京军区后勤部副部长、部长，军区后勤部政治委员，南京军区政治部副主任，南京军区顾问。1955 年被授予少将军衔。第五届全国人民代表大会代表。

【郭延林】（1914—）少将，江西吉安人。1929 年参加红军，1932 年加入中国共产党。解放战争时期任潢护路军副政治委员，东北野战军铁道纵队四支队政治委员，中华人民共和国成立后，任铁道兵政治部主任政委。1961 年晋升少将军衔。

【郭林祥】（1914— 2010）江西永丰人，祖籍陕西华县，唐朝中书令、汾阳王郭子仪的后裔，中华人民共和国开国少将；1930 年参加中国工农红军；1933 年加入中国共产党；1937 年入延安抗大学习。1944 年任豫西抗日独立支队副政委兼政治部主任；1946 年中原突围时，任中原军区旅副政委兼政治部主任；后任华东野战军独立师副政委、华北军区军副政委；1950 年后，历任川北军区副政委，西南军区公安部队副政委，成都军区、总后勤部、新疆军区、南京军区政委，中共中央军委纪委书记，解放军总政治部副主任，中纪委常委；1955 年被授予少将军衔，1988 年被授予上将军衔；曾获二级八一勋章、二级独立自由勋章、一级解放勋章。

【郭乃光】（1938—）江西信丰人，特级教师。1960 年毕业于江西师范学院数学系本科。现任江西文新任弼时中学校长。中国数学学会会员。吉安地区教育学会数学学会、青少年科技辅导员学会、学校有理学会理事，考试研究会常务理事。《课堂教学的魅力在哪里？》荣获江西省"思维与数学教学"优秀论文一等奖，其他多篇论文荣获江西省井冈山杯教学优秀论文一等奖和三等奖；参加江西省优秀校宣讲团到全省各地宣讲，获得好评；被评为专业技术拔尖人才，江西省优秀教师。1993 年被批准入选《中国当代教育家辞典》。

【郭文正】（1942—）江西九江人，1962 年 5 月参加工作，1975 年 3 月 20 日入党。江西地质学院物探系毕业，大专学历，教授级高级工程师。中国地球物理学会会员，江西省地质学会会员，国土资源部油气矿产勘查开发督察员，中国地质调查局技术质量监督审查专家。先后获部级科技成果三等奖 1 项、四等奖 2 项、一等奖 1 项、二等奖 1 项，并荣获国务院颁发的政府特殊津贴。在主持大队党委工作期间，大队荣获省"五一劳动奖状"，党委被省直工委授予"先进基层党组织"，个人先后被省直工委评为"优秀党务工作者""优秀共产党员"称号。

【郭树森】（1942—）辽宁康平人，研究员，中共党员。1956 年随父转迁至江西省黎川县；1967 年毕业于江西大学政教系，分配至江西汽车制造厂，当过工人，从事过理论辅导和宣传报道工作。1980 年通过中国社会科学院招考研究人员考试，被录取到江西省社会科学院，从事科研、编辑工作；1983 年定为助理研究员；1984 年起任江西省社会科学院哲学所中哲研究室主任；1987 年起任《江西社会科学》杂志副主编，1992 年被评为副研究员。1995 年晋升为主编，1997 年评为研究员。1998 年兼任江西省社会科学院宗教研究所长。1999 年被聘为江西省社会科学院学术委员会委员。研究方向为中国哲学，重点是道家、道教哲学研究。主编或参编著作主要有《天师道》《道家思想史纲》《江西省宗教志》《道教文化钩沉》等 13 部。主要论文有《论道家到道教的演变》《浅谈毛泽东哲学思想与中国哲学遗产的关系》《试论宋应星对元气本体论的丰富和发展》等百余篇，获科研优秀成果奖 22 项次。荣获"江西省优秀编辑"和"省科普先进工作者"等称号。

【郭萦群】(1945—) 江西宜春人，艺名小戈，中共党员，1989 年毕业于中国函授音乐学院作曲系并获硕士研究生学位。任世界艺术学科评审委员会学部委员国际评委，中国音乐家协会、中国音乐著作权协会、中国影视家协会、中国演出家协会会员、江西省音协常务理事、九江市音乐家协会主席，时任九江市影视艺术中心副主任，一级作曲家。自 1956 年开始从事音乐艺术工作，经历了 60 多个春夏秋冬，相继创编了 20 余部古典近现代戏曲音乐，其中《程红梅》《古金莲》等分别荣获了省级戏曲调演音乐奖，1964 年和 1966 年两次荣获"优秀演员(乐手)奖"。同时荣获江西省和团中央授予的"模范共青团员"称号。创作拍摄的少儿艺术电视片《闪光的星星》《家庭启示录》荣获中央电视台社教类专题片一等奖，被文化部、全国妇联、共青团中央和中国少儿艺术委员会授予"全国优秀少儿艺术工作者"称号，并出席全国表彰大会。20 多年来参加国家重点科研项目《民歌》《民舞》《曲艺》《器乐》集成以及《中国大百科全书·戏剧》等大型文献性丛书的搜集、采录、编辑、整理工作，独立撰稿 200 多万字。由于贡献突出，多次荣获省级和国家的奖励，2004 年荣获全国科学规划领导小组颁发的"国家重点科研项目个人突出成果奖"，并荣获省、市"优秀共产党员"称号。2009 年受聘于文化部艺术中心，任"华夏艺术风采国际艺术交流展演活动组委会艺术总监"并兼任总评委。

【郭学高】(1946—) 湖北黄梅人，大学文化，九江港务局宣传处处长，九江市科学社会主义学会会长，高级政工师。在各级报刊电台发表新闻稿 2000 多篇，文艺稿 50 多篇，论文 180 多篇。多次获优秀论文奖。主编并参与出版发行著作 6 种，出版个人文选 1 种。多次荣获本港、长航局、交通部先进工作者、"优秀宣传干部"和"优秀党务工作者"称号，1983年获省委宣传部理论辅导优异成绩奖，1988年和1990年两次被省政研会授予"优秀政研干部"称号，1991年被省委、省政府联合授予"全省企业思想政治工作先进个人"称号。

【郭陵生】（1949—）女，湖南长沙人，中专文化，江西省上饶县高泉乡中心小学教师、政协上饶县委员会常委。1980年、1981年均被评为县先进幼师，1982年被评为地区先进幼师，1983年被评为江西省"三八红旗手"，1985年获县首届幼师制作玩具展览一等奖。

【郭智勇】（1949—）女，江西德兴人，中专文化，中共党员，江西省德兴市妇联副主席，德兴市政协常委。1968年毕业于德兴中学，曾任银城镇蔬菜大队直属党支部书记、副大队长兼大队妇女主任、团总支书记、民兵营长。1977年任银城镇党委委员、副镇长兼镇妇联主任。曾当选为江西省第五届人大代表。被评为省、地、市"三八红旗手"、优秀妇女工作者，全区计划生育工作先进个人，全区妇女"二五"普法先进工作者、综治工作先进个人，江西省妇联"从事妇女工作30年"荣誉证书获得者，市政协"十个"活动先进个人和优秀提案奖获得者。

【郭光华】（1960—）湖南益阳人，中共党员。现任南昌大学医学院烧伤研究所所长、南昌大学第一附属医院烧伤科副主任，主任医师、教授、博士生导师，江西省高校"十一五"烧伤重点学科负责人、南昌大学外科学（烧伤）博士点负责人；享受国务院特殊津贴专家、首批新世纪百千万人才工程国家级人选、中央组织部直接联系和管理专家、卫生部有突出贡献的中青年专家、江西青年科学家、江西省主要学科学术和技术带头人、江西省卫生系统高层次学术和技术带头人。1986年获江西医学院医学学士学位，1992年获该院医学硕士学位。多年来，致力于保护性通气策略高频通气防治吸入性损伤以及肠内免疫营养对烧伤免疫调理作用的研究，先后主持国家自然科学基金2项、省重大科研项目1项、省自然科学基金3项及省一般科研项目5项，以第一作者或指导学生发表论文70余篇（国外权威杂志2篇，国家核心期刊40余篇），主编专著两部，两项科研成果经科学鉴定达国际先进水平，获国家教委科技进步二等奖1项、省科技进步二等奖2

项，国家发明专利 1 项。

【郭学力】（1961—）大学文化，南昌有色冶金设计研究院，高级工程师。在《江西建设》1996 年第 6 期上发表了《如何提高初步设计核算的准确性》一文；在《有色冶金设计与研究》总第 17 卷第 3 期发表了《对提高初步设计概算准确性的探讨》一文；在《江西建设》1996 年第 12 期发表了《对大中型矿山井巷工程概算调整方法的探讨》一文。

【郭福生】（1962—）江西宁都人，中共党员，理学博士，教授。历任华东地质学院地质教研室主任、支部书记，东华理工学院地球科学系主任、地球科学与测绘工程学院院长，东华理工大学党委组织部部长兼人事处长、校长助理等职，2009 年 1 月任东华理工大学副校长兼长江学院党委书记。长期从事区域地质、铀矿地质、沉积岩、地貌景观与旅游开发研究，发表论文 40 余篇，出版教材和专著 6 部。获国防科学技术奖、国家级和省级教学成果奖 6 项。2006 年被评为江西省首批"优秀研究生导师"，2003 年被评为江西省首批"省级教学名师"，2008 年被江西省人民政府授予"龙虎山世界地质公园申报工作先进个人"称号。先后被评为江西省新世纪百千万人才工程第一、二层次人选，江西省"五一劳动奖章"获得者，享受江西省政府特殊津贴，江西省师德标兵，江西省优秀教师，江西省高校中青年学科带头人，在工作中做出突出贡献的江西省硕士学位获得者，全省高校又红又专学科带头人，兼任全国丹霞地貌旅游开发研究会理事、江西省地质学会理事、江西省旅游文化研究会理事。

【郭烈恩】（1964—）南昌大学教授，博士，毕业于南京航空航天大学，现任南昌大学工程训练中心主任。从 1994 年起主讲本科生课程《互换性原理与测量技术》《机制专业英语》《机工工程测试技术》《特种加工技术》，从 2000 年起主讲硕士研究生课程《特种加工新技术》《机械电子工程专业英语》《电火花加工脉冲电源技术》。从 1994 年起，指导本科生《微机原理》课程设计，指导本科生毕业设计。从 2000 年起指导硕士研究生 9 名，其中已有 6 名获取硕士学位。参与省教育厅教研课题"工程训练立体化教学体系的研究"，主持省教育厅教研课题"工程训练教学保障体系的研究"。参与建设校重点课程《机械制造基础》。参与指导第一届大学生机械创新设计大赛"脉动式无级变速器"设计与制作，获二等奖。参与指导江西省第一届机械创新设计大赛"人体脊椎校正仪的研制"，获二等奖。

【郭孟萍】（1965—）女，河南孟州人，毕业于大连理工大学，获工学博士学位。教授，硕士生导师。现任宜春学院化学与生物工程学院院长。校级重点学科——药学学科带头人，省级药学与制药工程实验教学示范中心主任，省级药学与制药工程实验教学团队负责人，江西省百千万人才工程人选，江西省模范教师，江西省高校学科带头人，宜春市学科带头人，宜春市"三八红旗手"，宜春学院首届教学名师，美国化学会会员，江西省化学化工学会理事，全国普通高校分析化学理事会副理事长，江西省第十三次党代会代表，宜春市袁州区人大代表。华东交通大学兼职硕士研究生导师，《宜春学院学报》编委。主要研究领域与方向对围绕设计合成新型药物，及对天然药物进行结构修饰等的催化有机合成及其合成方法学等开展研究工作。

【郭代习】（1969—）江西九江人，1996年7月毕业于南京大学历史学系，获中国近现代史专业硕士学位。2007年晋升为教授。现任南昌航空大学党委宣传部副部长。主要在马克思主义理论、中共党史、中华民国史等领域从事研究。2009年遴选为马克思主义发展史专业硕士生导师。先后主持并完成江西省教育规划课题2项、江西省高校人文社会科学课题3项、江西省社会科学"十一五"规划项目1项、南昌航大自选课题3项。在《中共党史研究》《抗日战争研究》《社会主义研究》《史学月刊》《党史研究与教学》《江西社会科学》等杂志发表论文近40篇，其中多篇论文被人大复印资料和其他报刊全文复印或收入索引。出版著作2部，主编、参编出版江西省统编教材和其他著作8部。先后荣获全省第三届高校"两课"教师公开教学比赛二等奖；第五届江西省高等学校"两课"优秀教师；南昌航空工业学院2002—2003年度优秀教师；江西省高校"两课"教师教案比赛一等奖；江西省高校青年德育工作者优秀论文二等奖、三等奖；国防科学技术工业委员会"军工文化建设论文征集评选活动"三等奖；2007年全省高校思想政治教育工作先进个人；2008年浙江省高等学校科研成果奖三等奖；全省教育系统 2009 年度优秀师德论文、调研报告评选二等奖。

【郭小权】（1976—）江西南昌人，中共党员，教授，博士，硕士生导师。1998 年江西农业大学动科院动物医学专业本科毕业，2001 年江西农业大学动科院临床兽医学专业硕士毕业，2005 年南京农业大学动物医学院临床兽医学专业博士毕业。2006 年破格评为江西农业大学副教授，2010 年破格评为江西农业大学教授，2011 年 4 月—2012 年 4 月在比利时鲁汶大学进行留学访问（国家留学基金委资助出国留学访问学者项目）。现任江西农业大学动科院院党委委员、动物医学系党支部书记、副主任，临床兽医学教研室主任。现为江西省新世纪百千万工程人选，江西省高校中青年骨干教师，国家自然科学基金同行评议专家，中国畜牧兽医学会家畜内科学分会常务理事，江西省畜牧兽医技术专家组成员，江西农业大学"未来之星"。多次获校"先进工作者""优秀班主任""优秀工会积极分子"和"优秀教师"等光荣称号；2010 年获霍英东教育基金会第十二届高等院校青年教师奖三等奖；2011 年获江西省高校"优秀共产党员"称号。自 2001 年起一直从事临床兽医学的教学和科研工作，主讲本科生 3 门主干课程、研究生 3 门主干课程，获"江西农业大学优秀教案"一等奖 1 项。现主持或主持完成国家自然科学基金 2 项、农业部项目 1 项，江西省自然科学基金 2 项、江西省科技支撑计划项目 1 项、江西省教育厅项目 2 项。参与完成国家级项目 4 项，省厅级项目 5 项。2 项研究成果获江西省高等学校科技成果奖三等奖。在 *Poultry Science*、*British Poultry Science*、《中国农业科学》《中国兽医学报》《动物营养学报》等国内外学术期刊上发表论文 50 余篇，其中 SCI 源 2 篇。

【郭洪民】（1976—）吉林扶余人。现任南昌大学材料科学与工程学院副教授、硕士生导师，江西省第七批高等学校中青年骨干教师。主持和作为主要成员承担了国家自然科学基金、江西省自然科学基金、江西省科技支撑计划、江西省国际合作项目和江西省教育厅科技项目等科研项目 20 余项。2010 年获江西省自然科学三等奖；2009—2010 年获江西省高等学校科技成果二等奖；2009—2010 年获江西省高等学校科技成果三等奖；

2007 年获江西省高校科学技术三等奖。

【郭璐萍】（1976—）女，江西峡江人，江西省新余市妇幼保健院副主任医师。从事妇产科临床一线工作 20 余年，医德高尚，技术精湛。2014 年她主动请缨，加入中国第 21 批援突尼斯医疗队。在援外工作中表现积极、开拓创新，救治了众多急危急症病人，挽救了众多生命。2015 年，在身患癌症情况下，坚守岗位加班加点救治病人。住院治疗期间，她依然提出要重返国家援非事业，赢得了非洲当地部门高度赞赏。个人先后获"江西好人"、江西"五四"青年奖章、"中国好人"等荣誉。2017 年 8 月，获得全国卫生计生系统"白求恩奖章"。2018 年 3 月，全国妇联做出决定授予"全国三八红旗手"荣誉称号。2018 年 3 月被中共中央宣传部授予第四批"全国岗位学雷锋标兵"荣誉称号。

【郭晓红】（1979—）女，湖北黄梅人，中共党员，江西财经大学副教授。1998—2006 年在江西财经大学学习，获经济学、法学学士学位，法学硕士学位（刑法学专业）。2010 年毕业于北京师范大学，获法学博士学位（刑法专业）。2006 年研究生毕业后留江西财经大学任教，2013 年晋升为副教授。2015 年至今，美国密苏里大学堪萨斯分校（UMKC）访问学者。研究方向为中国刑法、犯罪学专著《当代老年犯罪研究》（中国政法大学出版社 2011 年版）。主持国家社科基金项目有"影响性刑事个案的类型特征、民意表达、刑事司法的关联考察"。支持教育部人文社科研究项目有"转型时期弱势群体犯罪防控研究"。

福建省

【郭化若】（1904—1995）福建福州人。1925 年入黄埔军校第四期学习，同年加入中国共产党，曾任红四军三纵队参谋长，红一方面军代参谋长，华东野战军六纵队副司令员。1949 年新中国成立后任上海防空司令部司令员兼政委、南京军区副司令员、军事科学院副院长、中顾委委员。1955 年被授予中将军衔。荣获一级八一勋章、一级独立自由勋章、一级解放勋章。1988 年荣获一级红星功勋荣誉章。郭化若是一位集诗人、学者与书法家于一身的将军，是国内外研究毛泽东军事思想的权威。著有《郭化若诗词选》。军事科学出版社出版发行了《一代儒将——郭化若纪念文集》。这部文集共分九个部分，收录了郭化若生前战友、老部下和军内外有关单位撰写的 130 篇文章，收录了毛泽东、朱德给郭化若的 11 封亲笔信。郭化若是我军杰出的军事理论家、军事教育家。他在长期的革命斗争中，为中国人民的解放事业，为我军的革命化、现代化、正规化建设做出了突出贡献。

【郭成柱】 (1912—1972) 福建龙岩人。1929 年加入中国共产主义青年团，同年参加中国工农红军。1931 年转入中国共产党，任红一军团政治部统计科科长。参加长征。后任八路军一一五师苏鲁豫支队副主任、教导一旅政治部主任，新四军三师政委，东北民主联军第六纵队十六师政委、第四野战军四十二军政治部主任。中华人民共和国成立后，任中国人民志愿军副政委，广州军区干部部部长，广州军区副政委。1955 年被授予少将军衔。

【郭廷万】 (1913—1989) 福建龙岩人。1929 年参加中国工农红军，1931 年加入中国共产主义青年团，1932 年转入中国共产

党。中华人民共和国成立后，任中国人民解放军 28 军 82 师师长，福建省军区龙溪军分区司令员，1953 年毕业于军事学院，后任福建省军区副司令员兼福州市卫戍区司令员。1961 年晋升为少将军衔。获三级八一勋章、二级独立自由勋章、二级解放勋章、一级红星功勋荣誉章。

【郭可信】 (1923—2006) 原籍福建福州，生于北京。中国科学院院士，物理冶金、晶体学家。1946 年毕业于浙江大学化工系，1980 年获瑞典皇家理工学院荣誉博士学位。中国科学院北京电子显微镜开放实验室主任、研究员。先后从事晶体结构、晶体缺陷及准晶方面的研究，用电子显微镜研究准晶及相关晶体相结构。近年与中年科学工作者合著了《电子衍射图》《晶体对称》，编著了《高分辨电子显微学》，主持编辑了《准晶学、高温超导体及电子显微学国际会议论文集》(12 册)。1980 年当选为中国科学院院士 (学部委员)。

【郭凌仙】 (1929—) 女，浙江临海人，中共党员，大学学历，福建泉州解放军第 180 医院主任，主任医师。中华医学会会员，1959

年参加工作，长期从事医疗工作。研制成简易眼底血压计、改进型眼底血压计及其换算尺、眼底血压换算盘、眼球压迫及压迫试验换算盘等产品；用超声乳化吸出术治疗白内障；用中药导赤散配合治疗比性睑缘炎等。曾获军队科技成果三等奖等奖多项，发表《白内障超声乳化吸出术34例报告》《葡萄膜炎治验病例报告》等论文16篇，参加编写《医疗护理技术操作常规》一书，先后获省、地、市及军队各种表彰8次。曾被福州军区授予"三八红旗手"称号。

【郭大英】（1929—）回族，福建惠安人，福建师范大学教授，1958年7月复旦大学现代汉语研究生毕业。1958年8月起为福建师范学院助教、讲师、副教授、教授。1986年8月奉命主持中文系函授"专升本"试验班，后又主编《现代汉语专题说略》（上、下册）。发表语法专题论文《复式结构顿式、连式的异同》等7篇。

【郭奇珍】（1930—）笔名郭子超，福建永春人，1953年毕业于厦门大学化学系。曾任厦门大学化学系有机教研室主任、化学系教授，现任厦门市利恒利医化科研中心教

授。曾为全国高等学校化学教育研究中心委员，《大学化学》第一届编委，国家教委高等学校理科有机化学教材编审组成员，福建省化学学会理事、有机专业组主任等。从事高校有机化学教学和研究工作40多年，培养研究生26名，其中3名获"国家教委青年化学家"称号。长期从事农用化学品、植物生长调节剂及有机合成新方法的研究。其中"从蜂蜡制取正三十烷醇及其在农业上的应用"获1985年国家教委科技进步二等奖，"多效唑的制备方法"获1993年国家教委科技进步三等奖，申请专利3项，获省科技进步奖3项。专著有《仿生化学》《有机酸碱原理》《植物刺激剂的化学》《有机硫杀菌剂》《实用有机化学实验》等。先后荣获国家教委科技进步奖两项、福建省科技进步奖三项；1978年被评为厦门大学先进工作者，1990年获优秀研究生导师奖。1992年被评为有突出贡献的科学家，享受国务院专家津贴待遇。

【郭仁良】（1931—）福建龙岩人，高级工程师，毕业于厦门大学化学系理化学专业，现任龙岩市东升红外技术应用研究所所长。龙岩关心下一代工作委员会副主任，龙岩市科

学技术工作者协会理事长。早期从事钨丝、钼线生产技术指导，试制成功两种牌号钨铼合金丝，并在高可靠、长寿命电子管试验用作阴极（热丝）材料。组织了 10 多项国内试制新材料的工艺试验。20 世纪 70 年代中期起，热心远红外加热节能新技术的普及推广应用。研制 FF 系列高、中、温红外辐射涂料，首创开发了"红外辐射炉膛强燃烧加热技术"，在煤炉、各类型工业锅炉（手烧炉、链条炉、沸腾炉和煤粉炉）和造气炉、水泥立窑、化铁炉等工艺燃烧炉推广应用。开发烟叶远红外加热初烤和螺旋藻远红外低温快速干燥。他热心技术咨询服务，取得良好的社会效益。在国内学术会议上发表 18 篇论文，获省表彰 1 次和省、全国专业协会评为优秀论文 2 篇。被省人事厅评为"先进退休干部"，中国老科学技术工作者协会授予"优秀老科技工作者"称号。《红外辐射炉膛增强燃烧加热机理实探》被评为省级优秀论文，被全国性期刊转载。

【郭传炎】（1934—）福建福州人，高级农艺师，中共党员。1960 年毕业于福建农学院，任职于福建省三明市农业委员会。长期从事农业技术、农村经济工作，具有丰富的实践经验、较高的理论修养和学术水平，能结合具体工作实践进行理论研究。先后在各级刊物上发表论文多篇，其中《坚持农业综合开发，促进农村经济发展》被选入由团结出版社出版的《中国农业发展文库》一书中。

【郭有龙】（1934—）福建福清人，中共党员，副教授。历任福州大学副系主任、系主任、副院长等职。福建省商业经济学会理事，福建省营销协会理事兼学术委员会副主任委员，福建省安全系统工程协会顾问，福建省数学学会第三、四届理事。长期从事教学工作，对数学在经济管理中的应用有相当研究。编著《现代市场学》（中国科学技术文献出版社）；主编《经济数学自学指导》（福建教育出版社）、《高等数学自学指导》（厦门鹭江出版社）。还翻译、出版了美国《市场营销调研学》，翻译书中第十一与第十二两章，共 3.75 万字，由福建科技出版社出版。正式发表论文有《工业中心已成为批发商业组织形式》，《中国商业经济》获中国商业经济学会举办的"牡丹杯"论文奖二等奖。曾被评为校、系教学工作积极分子、先进工作者等 13 次；1993 年被评为福州大学"优秀教学奖"一等奖，1989 年被评为福州大学"优秀教师"。

【郭宝琛】（1935—）福建福安人，高级工程师。1961年毕业于同济大学城市建设系，专长给水排水、环境工程。1986年因20-HNGT型玻璃钢高温水冷却塔获轻工业部科技进步三等奖，1983年因PVF海绵过滤布及GGT-1000型辊压转鼓污泥脱水机获轻工业部重大科技成果三等奖。

【郭金全】（1936—），福建南安人，出生于厦门。教授，中共党员，毕业于厦门大学。任厦门大学学化工学院教授。化工系党总支副书记。福建省塑料工程学会理事。荣获轻工部科技奖，厦门科技进步奖、福建省发明学会发明奖等。在聚烯烃阻燃、发泡等改性、接技和嵌段共聚物的合成及应用上有较深入研究，其中PE钙塑、PE铝塑和PU软泡的阻燃技术成果转化生技术鉴定达国内领先水平，在国内外学术刊物发表论文40余篇，参加《阻燃材料手册》大型工具书编写，参加国际、国内学术交流宣读论文近30篇。发表学术论文40余篇，主要代表作有《聚乙烯泡沫塑料阻燃技术》《氯羟丙基磷酸酯对聚氨酯软泡阻燃机理研究》《Friedel-Crafts反应合成无规支化聚苯乙烯及其支化结构表征》《一步法合成无规支化聚苯乙烯研究》等。被国外C、A等期刊摘录论文多篇。

【郭榕生】（1937—）福建龙岩人，高级农艺师，中共党员。现任龙岩市新罗区人大常委会顾问、竹业协会会长。1981—1989年曾先后三次被外经贸部派往塞拉利昂共和国农粮联合企业任农艺师、甘蔗栽培技术组组长。1983年任中国专家组组长、企业总经理兼总农艺师。1988年荣获外经贸部授外"先进工作者"称号，1989年被塞国地方政府授予"名誉酋长"称号，并蒙赠首冠、酋服。1986—1993年任龙岩市副市长期间多次得到省委、省政府表扬，1991年省委授予中共优秀党员、中央组织部授予优秀领导干部荣誉证书，公务员考核连年均为优秀。1990—1994年任龙岩市第二十届人大常委会主任、党组书记。在土壤普查、合理施肥、选育推广绿肥新品种、杂交水稻制种、农业微生物应用推广、食用菌栽培、农业结构调整、农业产业化，扶贫攻坚奔小康、八大制度建设、开展法律工作监督，以及出国援外等均取得了比较优异的成绩。

【郭良耀】（1938—）福建福清人，1961 年毕业于福建医学院本科，现任三明市第一医院内二科主任，三明市血液病研究所所长。内科主任医师、教授。现为国际癌症康复协会常务理事，中华医学会福建分会委员、肿瘤专业委员会委员，三明市中西结合学会会长，三明市健康教育协会副会长，三明市科普作家协会副会长等。从事内科临床、教学、科研工作 35 年，擅长诊治各类贫血、急慢性白血病、恶性肿瘤、再生障碍性贫血、淋巴瘤、中西医结合防治肿瘤及内科疑难病症。自 1980 年以来先后 7 次获三明地区（市）科技进步奖二、三、四等奖，1995 年获全国第三届内科优秀论文奖，1996 年获美国洛杉矶柯尔比科技文化中心医学部优秀论文奖并输入国际电脑网络全球信息网。20 年来先后撰写医学论文并在国家级医学杂志发表 20 篇、省级医学杂志 55 篇，先后在《健康报》《福建日报》《福建科技报》《三明科普报》发表科普文章 50 多篇。

【郭成达】（1938—）福建福清人，福建师范大学地理系教授。1962 年毕业于福建农学院土壤农业化学系，先后在福建农学院和福建师范大学任教，曾任福建师范大学地理系土壤地理学教授、硕士生导师。从事高等学校教学工作 30 余年来，先后担任《土壤学》《土壤地理学》《土壤化学》和《土地资源学》等多门课程的教学工作，具有丰富的教学经验和扎实的专业和专业基础理论知识，为国家培养大批人才。教研室集体成果《深化教学改革，创建土壤地理学系统化教学体系》获得省优秀教学成果一等奖，1997 年获国家级教学成果二等奖。

【郭义山】（1939—）福建龙岩人，1961 年毕业于南京大学中文系。历任泉州华侨大学助教、龙岩师范专科学校副教授、教务处长、图书馆馆长等职。现任龙岩市政协委员、福建语言学会常务理事、福建古典文学研究会理事，龙岩市社会科学联合会理事、龙岩市地方志学会副会长、龙岩市诗词学会副会长兼秘书长、龙岩郭氏研究会秘书长等职。主编、参编《中国古代文学史纲》《中国古代文学作品选注》《百首爱国主义诗歌注析》《闽西风物志》《龙岩风情录》《龙岩地区志》《教育实习纲要》《大学生导读教程》《大学图书馆利用导论》、乾隆三年版《龙岩州志》校注等著述，均已由国家级出版社正式出版，另有学术论文、文史资料近百篇，刊于国家正式报刊。主编《中国古典文学名词术语解释》《西闽吟算》（1~3 集），参编《中国民间文学集成·福建龙岩卷》（故事、歌谣、谚语三卷）、《闽西春秋》，整理校点民国三十四年版《龙岩县志》，已分别内部出版。1993 年荣获全国普通高等学校教学成果奖省级二等奖。1994 年荣获国家教委主持评定的"曾宪梓教育基金会全国高等师范专科院校教师奖"。

【郭福兴】（1939—）福建永春人。主任医师。福建清流县医院业务副院长，《医学理论与实践》杂志社东南工作站理事。1965 年毕业于福建省医学院医疗系，学制五年。长期从事内科临床工作，擅长心血管内科。发表的主要论文有《盐酸纳洛酮穴位注射治疗脑梗塞 66 例》《多巴酚丁胺与镁剂治疗难治性心力衰竭 54 例》《急性出血坏死型胰腺炎心电图 55 例改变》《硫酸镁静滴抢救二尖瓣狭窄并大咯血 36 例分析》《毛冬青溶栓治疗 34 例急性心肌梗塞总结》等 12 篇。

【郭发】（1942—）高级经济师。福州华侨大厦总经理，善于经营管理，实行边经营边改选的方法，把 38 年的老饭店改造成现代化三星级旅游涉外饭店，1992 年以来连续 6 年被省财政厅等 5 个部门联合评为福建省利税 300 大企业；1985 年以来连续 12 年省委、省政府授予福建省"文明单位"称号。1989 年以来个人连续被省机关党委授予优秀共产党员的称号。1997 年被省政府授予福建省劳动模范称号。1988 年为福建省第八届政协委员。

【郭水英】（1944—）福建南安人。中共党员，党总支委员。教授、主任医师。毕业于福州军区军医学校。现任福建省煤矿中心医院副院长（名誉院长）、中西医结合脉管病科主任。中国中西医结合学会周围血管疾病专业委员会会员、中华医学会福建省煤炭学会常务理事，《中国微循环杂志》编委，福建省中西医结合学会内科分会委员。从医 40 多年，致力于周围血管疾病、脉管炎、血栓病等临床工作和科研。以中医理论《黄帝内经》经典论述，创造独具特色治疗"脉管炎"和"脑梗塞"及"各种血栓病"的 10 大疗法。2003 年被福州市评为重点专科。在国家及省级医学刊物上发表论文 147 篇，优秀论文 27 篇，撰写专科论著 4 部计 150 万字。获得 1985 年全军、1991 年福建卫生厅、

1996 年三明市人民政府"医药科技进步（成果）"二、三等奖 5 项。1996 年获中国中医研究院"医圣杯"一、二等奖。1997 年被福建省煤矿中心医院和煤炭疗养院党总支授予"特殊贡献奖"，被选入"中国著名特色医师"。历年医院考核成绩优秀，多次被评为医院、学会、市级、集团公司"先进工作者"和"优秀共产党员"。1996 年被三明市卫生局授予"岗位雷锋先进个人"，曾在军队荣立三等功两次，1998 年被中华人民共和国卫生部和福建省卫生厅授予"全国卫生文明建设先进工作者"和"全省卫生战线先进工作者"称号，2001—2002 年度被福建省煤炭工业集团总公司党委授予"劳动模范"称号，2004 年被福建煤炭集团总公司党委授予优秀共产党员称号。2005 年被评为福建省国资委系统优秀党员。2006 年被福建省煤炭集团总公司授予"感动福煤集团员工"称号。

【郭银土】（1945—）福建惠安人。现为福建商业高等专科学校党委书记、校长，省政协委员，省政协民宗委副主任，享受国务院特殊津贴专家，中国美术家协会会员，具有高级编辑、教授"双正高"职称。曾被国务院授予"全国民族团结进步模范"称号。十几年来，他出版专著（画册）8 种；出版散文集 1 部和 10 余种小品画挂历；在国家级刊物发表绘画作品 50 多幅和论文 3 篇；在国内外 30 多家报刊发表 200 多幅绘画作品。两次入选中国美协联办的全国性商业画展和民族画展，作品《搏击风云》参加新加坡"新炎黄杯中国全国书画创作比赛"获特等奖，作品《搏击》在中国历史博物馆举办的"孙膑杯书画大赛"获金奖并被收藏；中央电视台和福建省电视台等媒体对他的作品作过专题介绍；在北京中国美术馆和福州画院等地举办 4 次个人画展。

【郭养源】（1948—）女，福建莆田人。毕业于福建省医学院医学系。副主任医师。现任福州市第一医院副主任医师，福建医科大学影像系教研室副教授。长期从事影像医学诊疗及教学，有丰富的临床教学经验。在国内公开刊物发表学术论文 10 多篇。对生长及排卵的 B 超监测、急腹症、胆囊息肉以及宫外孕 B 超诊断有较深造诣，其中《B 超在药物流产中使用的探讨》获《中国药业》杂志优秀论文奖；《罕见的巨大胃毛发石症》获全国影像诊断暨疑难病优秀学术文奖，并编入《中国临床医药文库》。主编福建医科大学《超声诊断学》教材。

【郭满金】（1948—）浙江诸暨人。中专学历，中共党员。高级经济师，现任厦门宏发电声股份有限公司总裁。先后获得"全国电子工业'八五'技改优秀工作者""福建省'九五'技术创新先进工作者""厦门市劳动模范""厦门市十大杰出企业家""海西产业人才高地创新团队领军人才""中国汽车电子电器电机行业优秀企业家""中国电子信息行业卓越企业家""中国汽车产业杰出人物""中国汽车工业协会改革开放四十周年杰出人物"等荣誉称号。

【郭凡林】（1948—）浙江诸暨人，中共党员，毕业于浙江工业大学，教授级高级工程师。2001 年任厦门宏发电声股份有限公司历任精合电气自动化有限公司、湖里分公司、机器人公司总经理兼总工程师。工作数十年来，先后承担了国家重点新产品、重点技术改造、重点火炬项目、浙江省科技委、厦门市科技局、宏发股份公司各类科研项目十余项，申请专利 10 余件，其中发明专利 3 项，发表各类论文 10 余篇，在机床设计及工艺装配

和继电器、低压电器自动化生产线设计及工艺装配开发、创新研究等领域取得一系列重要成果。1995 年由机械部表彰有突出贡献，批准为中国机械科技专家，1997 年受国务院表彰，批准享受国务院特殊津贴。

【郭佳士】（1948—）回族，福建莆田人，进修于美国世界传统医学科学院，获世界传统医学博士学位。教授、副主任医师，曾任外科军医、内科主治军医、医务处行政正营职助理员、中医科主任、中医院院长等职，现任莆田市机关第二门诊部主任兼美国中医研究院教授等职，兼任世界中医药研究会会员，香港国际传统医学研究会理事，中国传统医学专业委员会国际和全国委员，中国名医疑难病和福建生物医学工程研究员，（CCUA）福建省卫生医疗行业分会副理事长，中国医药信息学会福建分会常务理事，福建针灸学会理事，莆田市针灸学会会长，莆田市拔尖人才学会会员，学科带头人。从医 35 年，对顽固小儿低烧、功能性高烧、原发性低血压、美尼尔综合征、风湿病、坐骨神经痛、急性白血病、哮喘病、糖尿病等疑难杂症的诊治有独特的疗效。在国内外学术会议和杂志发表中、英、日文论文 100 多篇，获得国

际和世界"医圣杯""超人杯"二、三等奖、优秀论文共 5 篇,国内优秀论文 10 篇。荣获科技成果奖、科学技术进步奖和优秀软件奖共 6 项。荣获第二届世界传统医学大会授予的"民族医药之星""当代世界传统医学杰出人物"等光荣称号。

【郭美香】(1949—)福建福清人,大学学历,教授。曾任解放军第 95 医院眼科副主任医师、副院长兼医务处主任,现任中国人民解放军福州医学高等专科学校教务部副教务长、教授,大校,技术 5 级,中华医学会及中国中西医结合学会会员、驻地民警学会理事、南京军区眼科专业组成员、《解放军医高专报》副主编等。1972 年开始从事眼科专业和医疗、教学、科研管理工作。先后开展了角膜移植、眼显微镜手术、人工晶体植入等新技术 20 多项,革新和制作 10 余件医疗器械。在眼外伤、眼内异物、眼部给药新途径、白内障及中西医结合治疗眼病等方面有较深的造诣。1986 年开展现代白内障囊外摘除术和后房型人工晶体植入术属国内先进水平,其中未成熟白内障的显微手术治疗为全国三项康复探索了新方法,该项研究的论文被 1989 年日本召开的国际眼显微手术会议选为大会交流。应用中医的活血化疗法治疗外伤取得良好的效果,该项研究,获军队科技进步奖,论文被选入《中国名医名论要览》和香港医药出版社出版的《当代世界名医经典》。在《中华眼科杂志》等期刊和各种学术会议交流和发表论文 70 余篇。培养眼科专业医师 10 多名,获得军队科技成果奖 5 项。四次荣立三等功,多次受嘉奖,曾先后被评为全军先进医务工作者(军中名医)、南京军区优秀青年科技干部和全国自学成才优秀人物。

【郭丹】(1949—)福建龙岩人。1987 年 7 月江西师范大学中文系研究生毕业,获硕士学位,毕业后到福建师范大学工作,现任福建师范大学文学院教授,中国古代文学专业博士生导师,中国古代文学、文献学专业硕士生导师。2003 年承担的国家社会科学规划基金项目《〈四库全书总目〉中的文学批评》,结项后被评为"优秀"。多年来还承担国家教委古委会、福建省社科规划科研项目十余项。2009 年专著《〈左传〉〈战国策〉讲演录》获得福建省第八届社会科学优秀成果二等奖;此前还获得过省社会科学优秀成果二等奖一项、三等奖三项,另有中国图书奖（合作），华东地区古籍优秀图书一等奖（合作），华东地区优秀教育图书二等奖（合作）等。曾赴中国台湾、韩国、日本、新加坡等地参加国际学术会议和讲学。在教学方面，教学效果好，深受学生欢迎，有多篇教改研究论文发表，曾担任国家级重点教改项目、省级重点教改项目，是校优秀课程、精品课程负责人。1997 年获福建省教学优秀成果二等奖（排名第二），2000 年获福建省优秀教学成果一等奖（排名第一），2001 年获国家级教学优秀成果二等奖（排名第一）。2007 年被评为福建省教学名师，并被提名为国家级教学名师候选人。2008 年所负责的《中国古代文学史专题》课程被评为国家级精品课程。2009 年再次获得福建省教学优秀成果二等奖。所领导的师大工会在全省甚至全国都有一定影响，在其担任师大工会主席期间，师大工会曾获得过多次全国先进称号。2009 年个人获福建省五一劳动奖章。

【郭祥】（1954—）福建福州人，高级工程师。毕业于南京林业大学，现任职于福建省长乐市林业局。系福建省林学会森保专业委员会理事、长乐市林学会理事。参加国家"九五"

科技攻关课题"我国南方松树枯梢病综合防治技术研究"和省级课题"木麻黄抗病天性在更新迹地上适生性研究"，协作课题两项（另外）已分别获厅级科技进步三等奖和通过厅鉴定（成果达到国内同类研究领先水平）。发表学术论文 7 篇，其中独撰 5 篇论文曾在全国植病综防学术讨论会全体会议上做报告，同时多次获福建省科协第二届青年学术年会。中国科协第三届青年学术年会卫星会议优秀论文奖、中国第一生产力科技文献二等奖、第二届华中地区科技推广大会二等奖、省林学会及省森保专业委员会优秀论文奖。20 多次获先进工作者等荣誉称号，其中 5 次被省林业厅评为森防检疫先进工作者，2 次被地（市）级林业局评为精神文明建设先进个人，森防先进工作者；2 次受长乐（县）市委、市政府表彰，4 次被评为长乐市农委系统优秀共产党员；连续 4 年在福建省事业单位工作人员年度考核中评定为优秀。

【郭洪】（1957—）研究生学历硕士学位，福州大学副教授，硕士研究生导师。1982 年 1 月毕业于厦门大学，获学士学位。1987 年 7 月毕业于厦门大学，获硕士学位。长期从事计算机教学与科研工作。先后讲授 20 多门不同课程。曾被评为福州大学教学优秀二等奖。先后主持过省校级科研 4 项、参与省校级科研 9 项、负责指导本科生科研训练项目 15 项、负责校级精品课程建设 2 项、负责校级双语教学立项建设 1 项、发表教学改革论文 5 篇、发表学术论文 25 篇。

【郭星白】（1958—）女，回族。福建福安人，中共党员。高级教师，特级教师。毕业于福州幼师、中央党校函授学院、厦门大学（函授研究生）。现任福安市实验幼儿园园长兼党支部书记。福安市幼教、音乐、舞蹈研究会副理事长，宁德地区幼教研究会理事，中国学前教育研究会会员，香港国际教育研究会理事。长期从事幼儿教育工作，教学经验丰富，富有创造性。近年来在地级以上刊物发表论文 21 篇，其中《幼儿园电化教育点滴谈》《小班幼儿身体发展评价探究》等 12 篇文章，在《教育评论》《福建教育》等省内外刊物公开发表。1984 年担任园长以来，确立了"一切为孩子"的办园指导思想，使该园成为省先进幼儿园、省电教先进单位，宁德地区第一所"省优质实验幼儿园"。荣获"全国优秀教师""市巾帼十杰""市优秀共产党员"等称号。

【郭振翔】（1959—）福建福州人。1982 年毕业于福建师范大学美术系，现任闽江学院美术学院教授，福建省漆艺文化研究会会员。长期从事美术教育和创作，为北京人民大会堂、省政府机构、大型酒店、机场、学府等公共建筑绘制原创绘画作品。漆画作品《宁静海》曾获得全国全军美展二等奖。2004 年磨漆画作品《塔马鼓的声音》获全国教师美术书法摄影作品展一等奖。2006 年、2009 年由海潮摄影艺术出版社分别出版个人画册《独自的手迹》《乘物以游心》。

【郭宁】（1961—）别名逸浪，上海人，出生于泉州。1982 年毕业于福建师范大学美术系油画专业。现为国家一级美术师、中国美术家协会会员、中国油画学会会员、福建省水彩画会副会长、泉州市美协主席、泉州画院院长。作品入选第六届、第八届、第九届、第十届全国美展等国家级专业大展，油画《金色家园》获文化部第三届全国画院优秀作品展最佳作品奖，水彩画《闽海清风》入选中国百年水彩画展，另有作品获中国油画大展、第六届全国水彩粉画展、中国水彩人物画展、首届全国小幅水彩画展优秀作品奖。作品被人民大会堂和多家美术馆收藏。代表作《闽海清风》《水乡》《讨海人》《山村之晨》分别获奖于"第六届全国水彩粉画展""中国油画大展""首届中国水彩人物画展""全国首届小幅水彩画展"。出版《郭宁画集》《当代水彩画家——郭宁》。

【郭建钢】（1962—）浙江诸暨人，中共党员。博士研究生，教授。现任福建农林大学交通运输工程学科硕士生导师、交通与土木工程学院党委书记兼副院长，福建警察学院、福建省公安厅交通警察总队客座教授，福建省安全生产专家组专家，福建省畅通工程专家组专家，《内燃机学报》特邀编委，《中国机械工程》董事会董事，中国农业机械学会理事。1982 年毕业于南京林产工业学院，获得工学学士学位，1998 年获得理学博士学位。曾主持和参加国家科技支撑计划、福建省自然科学基金等项目 14 项；曾获福建省科技进步奖和福建省教学成果特等奖，福建省教育系统优秀共产党员，福建农林大学教学名师等荣誉称号。在国家级出版社出版专著 2 部。在 *Applied Mechanics and Materials*、《中国安全科学学报》、《西南交通大学学报》等学术刊物上发表学术论文 60 余篇。近 5 年来主持"霞浦县'十二五'道路交通安全管理规划""政和县城市道路交通管理规划""松溪县城市道路交通管理规划""武夷山市城区道路交通管理规划"等课题。

【郭政】（1963—）工学博士，教授，博士生导师。现任福建医科大学基础医学院生物信息学系主任，中国工业与应用数学学会医药数学专业委员会副理事长、中国抗癌协会肿瘤标志物专业委员会理事、中国细胞生物学会功能基因组与生物信息专业学会理事。长期专注于医学生物信息学研究，主要从事肿瘤等复杂疾病的诊断标志、微转移标志、耐药标志识别及其可重复性评价。先后主持承担国家自然科学基金重大专项培育、国家自然科学基金面上、"863"计划项目等国家级科研课题 9 项。近年来在 *Bioinformatics*、*Brief Ioinformatics*、*British Journal of Cancer* 等学术期刊发表 SCI 论文 100 余篇。主编《医学遗传学与遗传流行病学数据分析》《计算分子生物学与基因组信息学》《药物、受体与免疫反应动力学数据分析》等著作。

【郭福源】（1965—）福建福清人。福建师范大学教授、博士。中国民主同盟盟员。1985年获浙江大学激光技术与仪器工程专业工学学士学位，1990年获福建师范大学光学专业理学硕士学位，2003年获浙江大学光学工程专业工学博士学位，2007年完成浙江大学电子科学与技术博士后研究工作，现为福建师范大学光学工程专业、光学专业和无线电物理专业硕士研究生导师，福建省光子技术重点实验室成员，医学光电科学与技术教育部重点实验室成员，承担光学设计与激光仪器设计、高等电磁场理论、工程光学和信号与系统等多门研究生和本科生课程教学工作，主要研究方向为激光与光电子仪器设计、光纤通信器件与技术、光波导与光束传输理论及其应用等。曾主持或参与10余项省级科研课题的研究工作，已正式发表学术论文70余篇。

四、西　　北

甘肃省

【郭晋稀】（1916—1998）字君重，湖南湘潭人。西北师范大学古籍整理研究所所长，著名的中国古代文学、古代文论、音韵学研究专家。1936年毕业于湖南省立第一师范学校，1938年考入国立师范学院，后转入国立湖南大学，1942年毕业于湖南大学。曾受教于曾运乾、杨树达、钱基博、马宗霍、骆鸿凯诸位先生，受曾、杨二先生影响最大。后在国立师范学院和贵州平越的桂林师范学院任教。1949年赴北京华北革命大学学习，1952年春来到甘肃兰州国立西北师范学院（后更名甘肃师范大学、西北师范大学）任教，任副教授、教授。在音韵学、中国古代文学、古代文论等学术领域取得较大成绩，产生过一定影响，如《文心雕龙译注十八篇》于1963年在甘肃人民出版社出版后一年，即为香港建文书局翻印，受到海外学界的广泛关注。

【郭扶正】（1930—）笔名宋廓。甘肃兰州人。中华诗词学会理事，甘肃省诗词学会学术顾问，兰州市政协副主席，民进甘肃省委副主委。1955年毕业于兰州大学中文系。长期从事教育工作。1981 年被评为特级教师。1982 年被授予兰州市优秀教师称号。发表论文、散文、文艺赏析、诗词等作品 400 余件。主要作品有《略论前人对杜诗的评介》《杜甫的咏物诗》《〈离骚〉赏析》等，是《唐诗鉴赏辞典》《唐宋词鉴赏辞典》《古文鉴赏辞典》撰稿人之一。书法作品入选《中国当代书法家辞典》《国画书法选》等。

【郭增建】（1931—）陕西商县人。1953 年毕业于西北大学物理系，分配到中国科学院地球物理所任研究实习员，历任兰州地震研究所室主任、研究员、所长、甘肃省地震局局长等职。1977 年加入中国共产党。工作以来，共发表科技论文百余篇。出版了《震源物理》和《灾害物理学》等 5 部专著，都是国内该领域的首部专著。1978 年在全国科学大会上被授予"全国先进科技工作者"称号。1986 年被评为国家有突出贡献的中青年专家，是第五届全国人大代表。

【郭重庆】（1933—）甘肃兰州人。中国工程院院士。中国机械制造工艺与设备、设施规划与设计及产业发展战略专家。上海同济大学机械工程学院教授，国家自然科学基金委员会管理科学部主任，中国工程院工程管理学部副主任。先后兼任清华大学、东南大学、华中科技大学、哈工大、合肥工大、山东工大等校教授，中国机械工程学会理事，中国机械工程学会顾问，河南省科协名誉主席，河南省机械工程学会名誉理事长，中国工程院工程管理学部副主任。1957 年哈尔滨工业大学毕业，就职于机械工业部第六设计院。长期从事工程项目的设计、咨询及产业发展战略研究。先后承担 30 多项国家及部重点建设项目总设计师工作。他承担世界银行第一个工业项目（上海机床项目），主持中国工程咨询机构首次独立承担世行沈阳工业改革项目可行性研究，为中国工业的技术进步做出了贡献。被国务院建设部授予"中国工程设计大师"称号。

【郭海云】（1938—）毕业于甘肃师范大学。现任西北民族学院经济管理学院教授。甘肃省哲学学会常务理事。从事民族教学事业 30 多年，长期承担大学本科生、研究生马克思主义哲学原著、原理等课程的教学任务。1992 年荣获"甘肃优秀教师"称号。科研成果主要有专著《〈路德维希·费尔巴哈和德国古典哲学的终结〉解说》（甘肃人民出版社 1991 年版），参与主编《辩证唯物主义历史唯物主义》（甘肃人民出版社 1983 年版）、《通俗哲学读本》（甘肃人民出版社 1987 年版）、《马克思主义哲学原著选编及注释》（天津教育出版社 1987 年版）、《中国少数民族哲学及社会思想资料汇编》（天津教育出版社 1958 年版）等。发表论文 30 篇；主要有《"层次"应成为哲学的个范》（《西北民族学报》1984 年第 4 期，获国家民委社科成果三等奖）、《哲学发展动力之浅见》（《甘肃社会科学》1985 年第 3 期，获甘肃省哲学学会优秀成果奖）、《〈格萨尔〉史诗哲学思想浅析》（《中国藏学》1993 年第 2 期，获甘肃省社科成果三等奖），另发表关于中国少数民族宇宙观、认识论、社会历史观等系列研究论文多篇。在少数民族哲学思想的研究方面取得了显著成绩，为弘扬我国少数民族的优秀文化遗产做出了贡献。

【郭昌明】（1939—）上海人。1960 年毕业于清华大学电机系。分配在兰州中国科学院兰州分院工作。曾任中国科学院兰州高原大气物理研究所研究员，博导，所长。1994 年起任上海气象科学研究所所长。

【郭同章】（1940—）河南林县人，环境工程副教授，1965 年毕业于兰州铁道学院建筑系给排水专业。毕业后留校任教，曾任环境工程系副主任、机械系副主任，现任兰州铁道学院副院长，兼任甘肃省灾害学会理事、甘肃省地震学会理事、甘肃省高等学校劳动服务公司研究会理事长。他长期从事环境工程学院的教学和研究工作。十多年来开展了黄河上游水土流失及泥沙预测研究，进行了环境资源，经济可持续发展研究，主持完成"黄河上游水土流失及泥沙观测型研究"，建立了黄河兰州段上游流域内小范围的各种水流及侵蚀模型，编制出黄河兰州段上游流域水土流失及每个单元泥沙运动规律的观测系统，该项成果已通过省级鉴定，具有国内领先水平。发表论文多篇。出版了《河流取水工程》《黄河上游泥沙预测模拟研究》等。任副院长以来，先后分管基建、后勤、科技开发工作，坚持"加强管理、动力改革、务实高效"的行政工作原则，在学院基础设施、后勤保障系统建设和校办产业发展上做出了成绩。1993 年 4 月被评为"全国高校劳动服务公司先进工作者"。

【郭维俊】（1944—）河北武安人，大学文化，兰州铁路中心医院内科主任，主任医师。自1985年开始，先后在《新医学》《甘肃医药》《实用妇产科》《临床内科杂志》及《中国影像技术》杂志等刊物上发表论文，参与编写《实用医学法定计量单位》一书，为特邀编辑、副主编，该书由四川科技出版社出版。热爱科普事业，在《宁夏科技》等报刊发表科普文章多篇。

【郭志仪】（1949—）甘肃通渭人，兰州大学副教授，1976年毕业于兰州大学经济系，后留校任教。主要著作有《中国西北地区经济发展探索》（兰州大学出版社1988年版）、《西北地区2000年科学技术发展战略与对策》（甘肃科技出版社1988年版）、《西北地区对开放的战略思考》（《开发研究》1988年第1期）、《用多种指标衡量社会经济的发展》（《兰州大学学报》1986年第4期）、《八十年代美国劳动生产率的变化及发展趋势》（《世界经济》1986年第7期）。

【郭洪超】（1949—）山东冠县人，中将军衔，兰州军区副司令员。1969年12月入伍，1970年7月加入中国共产党。1981年1月毕业于解放军后勤学院，后任炮兵师后勤部副部长、部长。1986年3月任兰州军区政治部管理处处长、副秘书长。1991年6月任兰州军区后勤部生产管理部部长。1995年1月后任兰州军区后勤部副部长、联勤部副部长。1997年晋升为少将军衔。2003年7月任兰州军区联勤部部长。2006年8月任兰州军区副司令员。2007年晋升中将军衔。

【郭新盛】（1955—）甘肃会宁人，中共党员，1995年破格晋升副高职称，高级工程师，现任白银市农机局高级工程师、甘肃省农机协会理事。1982年至今先后在会宁县及白银市农机部门致力于农业机械化技术推广工作，创新改进了多样农机具。尤其是独自设计的条播、点播及穴播机具，性能优良而造价低廉，已经得到普遍使用。发表论文21篇，《曲柄孔板式点播机提高均匀性的方法论证》载入《中国农业文摘》1999年第1期，《播种技术的改革及成效》载入中华人民共和国成立50年新华文集《光辉的历程》，《日光温室保温帘卷放技术探讨》载入《农机科技推广》2003年第3期。1990年获农业部"科技先进个人"称号，之后又获得地厅级科技先进4次、优秀党员3次、科技进步奖5次。

【郭建华】（1955—）中共党员，大专毕业，工程师，任国电兰州热电有限责任公司副总工程师兼安生部主任、书记。2004—2006年连续三年被授予公司"十佳员工"称号和获得"兰电一级奖章"；2004年被评为集团公司"安全生产先进个人"称号，被授予国电二级奖章，同年被评为2004年度兰州市"安全生产先进个人"称号；2005—2006年度被公司评为"优秀共产党员"称号和被授予兰电红旗奖章；2006年度被中共甘肃省委评为"全省优秀共产党员"称号，并连续两次被公司评为"236"优秀经营管理人才。

【郭令原】（1959—）湖南株洲人。兰州交通大学教授，文学博士。主要从事古代文学与古代文论教学和研究工作，高校从教近30年，曾在《南京师大学报》《西北师大学报》《甘肃社会科学》等刊物发表论文30余篇，完成了《先秦两汉文学流变研究》（中国社会科学出版社2009年版）等，主编教材《中国古代文论讲疏》（甘肃人民出版社2010年版）。目前正在进行《傅玄、傅咸集校注》工作。

【郭维新】（1962—）甘肃人，大学文化。兰州机床厂产品开发研究所产品开发室主任设计师，高级工程师。1989年主持了国内首批节能型CYJ100-4.2-53H汽动平衡抽油机的试制及试验，之后相继担任了近10种机床和专用机床的主任设计师，主持开发出了一批具有明显经济效益的成功产品。其中独立开发的CW62630／4000CW6263C／5000万能型普通车床获甘肃"优质新产品"奖，最近成功地组织开发出了C6142、CW61100车床。代表作有《关于机床主轴前后支承最佳跨距计算方法的探讨》《JI1CW6263型车床挂轮架内交换齿轮的计算机辅助设计》《数控机床进给伺服电机的选择》《CW6163A型皮带轮轴圆锥滚子轴承的损坏及结构改进》等。

【郭铁明】（1969—）兰州理工大学材料学院教授，硕士生导师。长期致力于不锈钢的腐蚀研究、材料的微观结构与性能、金属基复合材料的开发与研究等方面的科学研究工作。近年来，在高强度、高导电性铜基复合材料方面开展了相应的基础研究工作。主持了甘肃省自然科学基金项目2项、甘肃省有色金属新材料重点实验室开放基金项目1

项，主持并完成横向课题 4 项，完成国家自然基金 2 项。多年来在国内外学术刊物上发表论文 40 余篇，被 SCI、EI 收录 10 余篇。2007 年获甘肃省省级教学成果二等奖一项、2009 年、2013 年两次获得甘肃省省级教学成果一等奖。2008 年、2010 年、2013 年三次获得兰州理工大学教学成果一等奖。2012 年《工程材料》《金属材料学》课件分别获全国多媒体课件大赛三等奖、优秀奖。

【郭艳丽】（1970—）女，山西汾阳人。甘肃农业大学副教授、硕士生导师，兼任动物科技学院动物营养与饲料科学系主任。1997 年毕业于甘肃农业大学动物营养与饲料科学专业，获得农学硕士学位；2004 年获得甘肃农业大学草业科学专业博士学位；2006 年 9 月在中国农业科学院北京畜牧与兽医研究所完成了为期一年的"西部之光"访问学习；从 2007 年起在甘肃农大进行博士后研究。参加完成"肉羊饲料配方及成型饲料研究"等科研成果 3 项，获甘肃省科技进步三等奖 1 项。主编出版《饲料添加剂预混料配方设计及加工工艺》，参编专著 2 部，近几年在 *Animal Feed Science and Technology*、《中国农业科学》、《畜牧

兽医学报》、《草业学报》等专业学术期刊上发表学术论文 20 余篇。目前主持国家科技支撑计划子项目 1 项，学校创新基金项目 1 项，参加省科技攻关项目等 2 项。曾获"甘肃农业大学优秀青年教师"荣誉称号。

【郭吉军】（1971—）兰州大学哲学社会学院教授，甘肃省哲学学会会员。主要从事古希腊哲学、德国古典哲学研究。论文《先秦时期儒法经济伦理观略论》，获甘肃省委党校第十二次优秀科研成果奖。曾荣获 2002—2003 年度甘肃省委党校"优秀教师"荣誉称号。

【郭武】（1980—）甘肃通渭人。甘肃政法学院环境法学院院长、教授、环境与资源保护法学专业硕士生导师，第十届甘肃省青年联合会副主席、法律和新闻媒体界别工作委员会主任委员。2012 年武汉大学环境法研究所博士研究生毕业，获法学博士学位，2011—2012 年国家留学基金委公派美国佛蒙特法学院（Vermont Law School）访问学者，2013—2014 年受国家"双千计划"指派挂职担任甘肃高级人民法院民事审判第二庭副庭长，第十届甘肃省青年联合会副主

席、法律和新闻媒体界别工作委员会主任委员，世界自然保护同盟（IUCN）土著民环境、习惯法与人权专家委员会委员，中国环境资源法学研究会理事，中国环境科学学会环境法学分会会员，主要从事环境与资源保护法学的教学与研究工作。近年来在《法学评论》《中国人口·资源与环境》《环境资源法论丛》等专业核心学术期刊发表论文 40 余篇，合著或参与编写环境法学专著和教材 5 部，主持国家、省社科基金项目、省属高等学校基本科研业务费项目、高等学校科研项目等 4 项，研究成果分别获 2010 年度甘肃省第十二届社科成果二等奖、2008 年度甘肃省高教社科成果一等奖及学校各类科研奖励；博士学位论文《论环境习惯法的现代价值》先后获 2012 年度中达环境法优秀博士学位论文奖和 2013 年湖北省第十五批优秀博士学位论文奖。

宁夏回族自治区

【郭震东】（1931—）回族，宁夏灵武人，中共党员，1954 年毕业于西北大学师范学院政治教育系，宁夏伊斯兰教经学院副教授。1950 年 9 月加入共青团，1952 年 8 月加入中国共产党。1986 年 8 月在宁夏伊斯兰教经济学院任教，曾任班主任、党支委、职称评委副组长、离退休党小组组长等职，同时加入了宁夏伊斯兰文化协会和宁夏回族经济学会等组织。多年来一直讲授法律学，现为兼职律师。1994 年 5 月赴沙特麦加朝觐，任宁夏朝觐总团秘书长、三分团团长。发表论文《论人才》《论如何培养现代人的心理素质》等文。编写适合于经学院的《法律学试用大纲》。参加过《中国回族文化大辞典》词条讨论、修改工作。自参加工作以来，先后获得过学校、县委、地委、宁夏回族自治区组织部、宣传部、农业厅、教育厅、人事劳动厅、科委、自治区政府、党委、国家农牧渔业部、国家教委等部门的多次表彰奖励。

【郭渤】（1938—）女，湖南常宁人，二级演员，毕业于中央函授音乐学院音乐系，原为宁夏歌舞团艺术研究室成员。专业文艺工作 40 余年，在中国人民解放军歌舞团时曾为毛泽东、周恩来等国家领导人和国际友人演出，参加中国艺术团去朝鲜演出，担任独唱，受到朝鲜人民军和人民的欢迎，1958 年转业支边到宁夏歌舞团。演出富有魅力，独唱、表演唱、自编自演的《宁夏是个好地方》《歌声传友谊》等深受宁夏人民和战士的欢迎喜爱。收集民歌百余首、歌剧《货郎与小姐》等。《对花》在 20 世纪 50 年代就录有唱片。在工作期间常深入生活，辅导、教学生及办专业学习班。论文《学习声乐的点滴》《谈情》在《宁夏歌声》上发表，《我们是平凡的劳动者》等在《宁夏日报》上发表。

【郭成功】（1945—）陕西榆林人，中共党员，高级政工师，1964 年毕业于吴忠师范，1995 年毕业于中央党校函授学院。任宁夏回族自治区吴忠市委宣传部副部长、讲师团团长。撰写的《道德的本质》一文曾被收入由中国社会出版社出版发行的《光辉的历程》（第 3 卷）。由于业绩突出，个人多次荣获先进个人、先进工作者等奖励。

【郭旭斌】（1966—）中共党员，大学学历，1987 年 7 月毕业于西北轻工业学院，毕业后在宁夏美利纸业从事技术工作。现任中冶美利纸业集团公司总工程兼制浆造纸研究院院长。曾多年被公司评为先进工作者和优秀党员，1997 年被县政府评为技术革新能手；2000 年被评为全国轻工系统劳动模范，2005 年被评为全自治区、全国劳动模范。

【郭少新】（1970—）甘肃天水人，博士，现为宁夏大学政法学院行政管理系副教授，经济管理学院政治经济学硕士点导师。1992 年毕业于宁夏大学政治系，获法学学士学位；1999 年和 2005 年毕业于西北大学经济管理学院，分别获经济学硕士和政治经济学博士学位。主要研究领域为制度经济学和发展经济学。参与国家社会科学基金研究课题 1 项，主持宁夏社科规划项目，陕西省高校社会科学研究项目，宁夏高校社会科学研究项目，宁夏大学社会科学研究项目各 1 项，出版专著 1 部，发表学术论文 10 余篇。

青海省

【郭文秀】（1925—）甘肃天水人。1955 年毕业于西北农学院，历任青海省农林科学院作物栽培研究所技术员、副研究员。主持培育出了新品种"青春 533"，在青海省试种 3 万亩，亩产达 450~560 千克，最高 700 千克。1989 年被青海省政府授予"青海省劳动模范"称号，同年在全国劳动模范和全国先进工作者表彰大会上被授予"全国先进工作者"称号。

【郭鹏举】（1934—）陕西西安人。1953年毕业于西北医学院药科专业，后任青海西宁市第一人民医院药房副主任、青海省药品检验所所长。1952年加入中国共产党。20世纪50年代初，医疗设备简陋，条件极差，急需大输液和小针剂，他日夜反复试验自身注射检查，首次在西宁生产出合格的大输液和小针剂。1956年在全国先进生产者代表会议上被授予"全国先进工作者"称号。

【郭映智】（1935—）陕西洛南人。中共党员。大学学历。青海省农林科学院室主任，研究员。中国园艺学会、中国环境科学会会员。长期在青海从事果树科研工作。主持果树资源调查研究。挖掘出50余种名特优地方品种，负责建成青海省第一个果树原始材料圃。发表论文30余篇。出版专著有《青海的梨》《青海的苹果》。参加编著有《中国土特名产辞典》等5部。主持项目曾获青海省人民政府科技进步四等奖，被国务院批准为有突出贡献专家。

【郭增武】（1936—）陕西西安人。中共党员。1956年毕业于陕西武功农业学校园林专业，高级农艺师。历任青海省乡镇企业管理局处长，青海省农技推广总站站长，青海省林业局局长，中国经济协会理事，青海省园艺学会、园林风景学会副理事（会）长。长期从事果树、蔬菜、花卉、园林工作。先后参加了科委举办的果树专业高级研修班和美国亚商集团举办的农业先进技术和商品生产培训班学习。在省级以上刊物发表论文15篇，科技文章140多篇，参加了《青海省省情》《当代中国·青海卷》《青海百科大辞典》《中国果树志·核桃卷》《青海春色》《西北园艺》等专著的编辑和撰写工作。两次被评为省、地（厅）级先进工作者。

【郭守明】（1963—）兰州大学经济管理学院经济学专业研究生，清华大学EMBA，高级工程师。青海互助青稞酒股份有限公司董事、总经理。2007年、2012年两次荣获"全国轻工行业劳动模范"，2009年被授予"青海省劳动模范"荣誉称号。2015年4月28日，郭守明被授予"全国劳动模范"荣誉称号。

【郭应兴】（1963—）医学硕士，教授。现任青海大学附属医院介入科主任、主任医师。1987年获青海医学院医学学士学位。同年在青海大学附属医院放射诊断科工作，1996

年至今从事介入放射工作。2003年获青海医学院医学硕士学位。从事放射医疗和教学工作30余年，具有丰富的临床和教学经验。2010年被聘任为硕士研究生导师。参加多项省级科研项目，作为主要贡献者，先后获得一项省级成果证书，获青海省"三新"证书20余项。发表核心期刊文章约20篇。

【郭永发】（1964—）1986年7月毕业于陕西师范大学数学系，同年被分配到青海大学工作至今。现为青海大学基础部副主任（主管教学工作）、教授。青海大学学术委员会会员、青海大学工会委员会委员、青海大学教学督导员。专业研究方向为数学教育。社会兼职有中国工业与应用数学学会（CSIAM）理事、中国数学学会理事、青海省数学学会常务理事、青海省青少年科技辅导员协会理事。青海省级骨干教师。共发表专业论文40余篇，出版专著1部，主持编写教材1部，参编教材2部。共获得省级优秀教学成果一等奖等各种奖励10余项。主持国家级科研项目1项，参加国家级科研项目2项。

【郭承育】（1965—）女，青海师范大学化学系无机化学教研室主任，教授。主讲《无机化学》《中级无机化学》和《结构化学》等学科基础课程和专业基础课程。参与国家级科研课题2项，省级科研课题4项。在国内外公开刊物上发表论文20余篇，其中两篇为SCI收录期刊。在长期的教学过程中形成了具有特色的教学方法和手段，曾被授予"优秀教师"和"优秀党员"等称号，现为《无机化学》省级精品课程主持人，《无机化学》校级教学团队带头人，化学专业负责人。

【郭艳荣】（1966—）女，中共党员。青海省西宁市上滨河路社区党支部书记、居委会主任。勤勤恳恳为社区各族人民群众服务，真心诚意为困难群众排忧解难，常年悉心照料孤寡老人，深受居民群众爱戴。曾获全国民族团结进步模范个人、全国先进工作者等荣誉称号。2005年获"全国劳动模范"称号。

【郭富锁】（1970—）1993年毕业于西北政法学院法律系，获学士学位。青海民族大学副教授，青海人民法院法律援助中心主任。主讲《民法学》《劳动法学》等课程，发表了《程序公正价值及实现之管见》等10余篇论文，与人合著著作1部，参与省级课题

1 项。主要研究方向为劳动与社会保障法学、民商法学。

【郭晓虹】（1973—）毕业于青海师范大学艺术系，获德国德累斯顿工业大学硕士学位。青海民族大学艺术系教授，现为青海省音乐家协会会员、中国律学学会会员。长期在青海各民族地区进行民族文化艺术田野调查与研究。从事藏族史诗、宗教音乐及音乐历史研究与教学。主要讲授本科生专业课程《中国音乐史》《西方音乐史》《曲式作品分析》《音乐美学》《音乐教材教法》、钢琴教学，以及全校公选课程《西方音乐史及鉴赏》。主持教育部人文社会科学青年基金项目"玉树灾后格萨尔音乐的传承与保护"。参与教育部人文社会科学规划项目"青海撒拉族传统音乐形态研究"。参与完成省级课题"青海平弦艺术深层环境调查研究"。在国内核心及公开期刊发表论文 10 余篇。

【郭晓莺】（1976—）女，青海民族大学艺术系教授，硕士学位。1998 年 7 月参加工作。音乐家协会青海分会会员，全国音乐家协会会员、全国少数民族音乐协会会员、中国传统音乐协会会员、青海花儿协会会员。主要承担《基本乐理》《和声学》《视唱练耳》《钢琴》等课程的教学工作。发表《土族婚礼歌及其音乐特点》《土族花儿与撒拉族花儿的艺术共性》《高校民族音乐欣赏教学之管见》《高校公共音乐鉴赏课知识点及其相关教法》《高校视唱练耳教学存在的主要问题》《幼儿音乐能力的培养》。

新疆维吾尔自治区

【郭陆英】（1931—）新疆察布查尔人，原名郭文翰，锡伯族。1965 年毕业于新疆大学化学系。系党总支书记。副教授。新疆维吾尔自治区妇联职业技术学校校长，环保协会会员，锡伯语言协会理事。编写过 10 余种教材，其中主要有《分析化学实验》、《分析化学》（上、下册，合编）、《分析化学》（生物专业用）、《分析化学专业汉语》、《水质分析》、《水质分析实验》、《分析有机化学专业汉语》等。曾被评为优秀党员、优秀教师等。事迹被收入《中国专家人名辞典》《锡伯族百科全书》《新疆高教之魂》《中外名人辞典》《中国专家大辞典》《科学中国人中国专家人才库》《中华人物辞海当代文化卷》等。

【郭志勤】（1936—）浙江杭州人。1960 年毕业于北京农业大学畜牧系。1961 年到新疆畜科院畜牧研究所任所长，历任研究员、副院长。新疆羔皮羊技术专家。1975 年开始，主持并参加利用浙江湖羊对新疆羔皮羊导杂交培育多胎羔皮羊的新类研究，获自治区科技进步二等奖，获全国和自治区科学大会奖。还进行绵羊及牛的同期发情试验，创造了"简化无麻醉绵羊胚胎移植法"，在国际第九届家畜繁殖与人工授精大会进行交流，被外国专家称为"中国方法"。1989 年被授予"全国先进工作者"称号。

【郭怀荣】（1936—）陕西渭南人。毕业于新疆医学院。教授、主任医师。现任新疆医学院第一附属医院神经外科主任。中华医学会新疆神经外科学会主任委员，《中华神经外科》杂志、《微侵袭神经外科》杂志、《临床神经外科》杂志、《立体定向和功能性神经外科》杂志、《新疆医学》杂志及《新疆医学院学报》编委。从事神经外科专业工作35 年，参加"颅外—颅内动脉吻合术治疗闭塞性脑血管病"的研究课题，于 1978 年8 月获得了国务院召开的全国科技大会的先进集体奖；1983 年 10 月在西北高等医学院校电教协作第三次年会上，"脑包囊虫手术摘除"被评为优秀教学二等奖。曾在国内外医学杂志及地方医学杂志上发表论文、译文共 40 余篇，开展显微神经外科新项目、新技术，神经放射外科新项目、新技术及神经反射介入治疗脑血管和颅内动脉瘤等疾病。

【郭洪涛】（1940—）研究员。毕业于新疆医学院、新疆中医学院。主任医师、研究员、心血管研究室主任。现任新疆中医研究所副所长。中国中西医结合学会呼吸病专业委员会理事，新疆分会心血管专业委员会常务理事。撰写论文多篇，并有译著《心源性猝死》出版。1993 年科研课题奖"计算机脉搏波频谱分析在中医诊断中应用的研究"及"脉象自动识别系统"获省科技进步三等奖。1994 年任新疆中医研究所副所长。1995 年论文《关于祖国医学中肝概念的探讨》获第三届世界传统医学大会暨世界传统医学优秀成果大奖赛优秀论文奖，该文从祖国医学关于肝的范畴出发，以现代医学有关的实验资料和理论知识为依据，运用机能定位的方法，对祖国医学中肝的生理概念及其实质进行了深入的探讨。1997 年获"省优秀科技工作者"称号。

【郭绍华】（1940—）辽宁人。大学文化。新疆和硕县一中高级教师，全国优秀教师。中学语文测试研究会特邀研究员，中国艺术研究院文研中心特约研究员，新世纪文学创作研究所研究员，中华教育研究交流中心特约研究员，中国人文科学研究所研究员，中华国际文化艺术研究院研究员，中国管理科学研究院特约研究员，中国诗歌开发部特约编辑，中国国际交流出版社特约编委，《新作家报》特约记者，中国作家论坛特约作家，北京素质教育研培中心客座教授，中国管理科学研究院客座教授，世界华人科教研究院院士，国际人才研究院院士，世界科教文卫组织专家委员。执教高中语文30多年，在育人、启智和提高素质、培养能力等诸多方面均卓有建树，成效显著，深受各方面好评和赞誉。主编和硕县地方文史资料。师德高尚，多次被评为模范班主任、优秀党员、先进教师，1991年被评为全国优秀教师。

【郭从远】（1942—）江苏海门人。1964年毕业于西北师范大学中文系汉语言文学专业。编审。现任新疆伊犁州文联《伊犁河》杂志社主编，兼任伊犁哈萨克自治州作家协会副主席。长期从事编辑出版工作和文学创作。1964年于西北师范大学毕业。参加工作以来，在祖国的西部边陲从事了10年的教育工作，又从事了20多年的编辑工作。所主编的文学双月刊《伊犁河》出版100多期。已出版散文集《伊犁、阿力麻里》（新疆人民出版社）、小说集《不是阿南的草原》（新疆人民出版社）、散文诗集《生命的河》（作家出版社）。由其撰稿的电视艺术片《西部畅想曲》获首届全国电视星光奖一等奖及撰稿奖；儿童电视片《伊犁小白杨》获全国少数民族电视骏马奖；电视风光音乐片《伊犁河随想》获全国城市台电视大赛金牛奖；电视文化专题片《伊犁尖嘴情思》获中国电视第17届金鹰奖。1992年获国务院颁发的政府特殊津贴。

【郭文平】（1948—）回族，新疆乌鲁木齐人。1976年毕业于新疆医学院医疗系。新疆医科大学第一附属医院烧伤整形科副主任、支部书记，副教授、副主任医师。中华医学会烧伤外科分会新疆烧伤外科分会常务秘书，《中国烧伤创疡》杂志编委。发明"医疗护具"获国家级专利，并获自治区卫生厅科技成果一等奖1项、卫生厅成果登记1项，及《中国中医药优秀学术成果文库》优秀学术论文一等奖 1 项。1991 年被新疆医学院评为临床医学系优秀教师，1996 年被评为新疆医学院优秀科技工作者及第一附属医院优秀医生。在国家一级杂志上发表论文 10 篇、二级杂志上发表论文 15 篇，在国际学术会议上交流 1 篇、全国性会议上交流 12 篇、全省会议上交流 17 篇。

【郭明喜】（1957—）原名郭鸣，河南新郑人。教授。1963 年毕业于中国人民大学经济系。曾任新疆财经学院科研处处长、经济发展研究所所长，《新疆财经》杂志主编等。全国高等财经院校《资本论》研究会理事，新疆政治经济学社会主义部分研究会理事，新疆城市科学研究会理事。主编有《政治经济学原理》和《新编政治经济学》。与人合著的《马克思主义民族理论与民族政策》获 1986 年新疆社会科学联合会一等奖，《民族问题概论》获 1995 年新疆哲学社会科学联合会一等奖。参加国家级重点课题"第二亚欧大陆桥与新疆经济发展研究"、分课题"第二亚欧大陆桥与带动新疆经济发展对策研究"负责人、新疆重点课题"新疆经济增长方式的转变与增长质量题的研究"负责人。在全国政治经济学类核心期刊发表有

多篇论文，在省级杂志发表文章 10 多篇。参编经济类教材 8 部。

【郭瑞丽】（1978—）女，博士，石河子大学化学化工学院教授，硕博士生导师。新疆生产建设兵团高等学校优秀青年教师、石河子大学能源化工学科带头人、"3152"青年骨干人才。主持参与"863"计划项目、自然科学基金等国家级项目 3 项，省级项目 5 项。在 *Journal of Membrane Science*、*Seperation and Purification Technology*、*Chemical Engineering & Technology* 等国内外核心期刊发表论文 27 篇，SCI/EI 收录 18 篇。参编《化学化工前沿概论》。申请国家发明专利 3 项。获省级以上教学、科研奖项 7 项。

陕西省

【郭洪涛】（1909—2004）又名郭洪恩、郭惠卿，化名孙耀祖。出生在陕西省米脂县。原中央顾问委员会委员，国家经委副主任、党组副书记（正部长级）。1925 年加入中国共产主义青年团，同年转为中共党员。是陕北红军和陕北革命根据地创建者之一，山

东抗日根据地创建者之一，中华人民共和国交通事业的开创人之一。为党和人民的事业奉献了毕生的精力。

【郭洁】（1912—2015）山东蓬莱人，出生在大连。西安体育学院教授，国务院授予"有突出贡献专家"称号。1936 年代表中国出征在德国柏林举行的第十一届奥运会。回国后赴日留学。1954 年西安体育学院成立后，受聘为体育教师。2008 年担任北京奥运会火炬传递手，被称为"奥运活化石"。

【郭炳坤】（1914—1977）陕西蒲城人。1932 年加入中国共产主义青年团。1933 年转入中国共产党。同年参加中国工农红军。任红二十六军一团政委，关中军分区司令员，三边军分区司令员，陕甘宁晋绥联防军警备第三团团长，三边军区政委兼司令员，中共三边地委书记，西北野战军第四纵队警备第三旅旅长，第一野战军四军十一师师长。中华人民共和国成立后，任解放军军政委，海军政治部副主任，北海舰队政委。1955 年被授予少将军衔。

【郭谦亨】（1920—）陕西榆林人。教授、主任医师。曾任陕西中医学院温病教研室主任，医疗系副主任，卫生部高等院校中医教材审编委员。中医世家出身，从 1938 年起行医，1955 年起任教，所教各班级学生约计数千人中，不少学生已晋升为正副教授、主任医师，成为中医、中西医结合的骨干。培养温病研究生 31 名，有 14 人考上博士生。创制"出血热预防片"，取得 70.74% 的预防效果。创制有"溶、排"结石的新药——"胆石利通片"，胆结石的治疗研究，取得 96.3% 的总有效率，通过卫生部新药评审鉴定，并颁发了证书。已出版专著、与人合著的书有《温病述评》《中医教育实践录》《千金方研究》等。在各种专业期刊上发表的论文近 100 篇。

【郭金铭】（1929—）主任医师。出身于中医世家，系清初中原名医郭经海第六代传人，任西安中医骨病研究所所长。从医 50 余年，是国内著名的骨病及疑难病专家。幼承庭训，苦读《内经》《难经》，深究《伤寒》，明辨经络，一生勤学不怠，攻习经史子集，20 世纪 50 年代修业于洛阳白马寺正骨学院，拜著名骨科专家郭老太太高云峰为师，学到了《郭氏正骨》独特八法妙技，并融会贯通，手法娴熟。几十年来，先后拜访全国十三个省市的民间名老中医及寺院的骨伤名医二十余人为师，纳百家之长，练一家之绝。在骨病及疑难杂症的研究治疗上疗效显著，颇有建树，著有《郭氏中医骨伤临证验录》一书。

【郭世英】（1930—）陕西西安人。初中文化，中共党员。西安市雁塔区鱼化企业集团公司党委书记兼董事长。先后被评为西安市劳动模范，当代中国优秀农民企业家。陕西省乡镇企业协会副会长，西安市乡镇企业协会会长。1995 年郭世英被授予"全国劳动模范"称号。

【郭光忠】（1933—）陕西咸阳人。中共党员。毕业于西北大学理工学院，高级工程师。专著有《普通地质学》《石油地质学》（新疆乌鲁木齐印刷局出版）；论文有《略论世界经济和我国职工教育形势》《加强油田班组管理》。

【郭建华】（1936—）现任中国民主建国会会员，三原东周实业公司总经理、东周村党总支书记、村委会主任。1991 年、1994 年被农业部分别授予"全国乡镇企业家"称号；1993 年获"陕西省优秀乡镇企业家"称号；

1992 年、1995 年被咸阳市政府分别授予"咸阳市优秀乡镇企业家"称号。1992 年被评为"陕西省劳动模范"。陕西省第七届政协委员、咸阳市第三届人大常委会委员、三原县工商联副主席。中国淀粉工业协会常务理事，陕西省回归研究会副会长，中国人民解放军西安政治学院兼职教授。1992 年荣获"中国民主建国会优秀会员"称号，受到民建中央的表彰。

【郭明霞】（1938—1999）陕西高陵人，秦腔旦角，代表剧目《五典坡》《四贤册》《铡美案》等。1956 年获得陕西省演员二等奖；1987 年获陕西省演员一等奖；1989 年被定为国家一级演员。先后成为市级、省级、国家戏剧家协会会员，曾担任陕西省剧协常务理事，咸阳市剧协副主席。从 1959 年加入中国共产党以来，先后任剧团团支部书记、党支部书记等职。多次被评为省、市"三八红旗手"，省级劳模，担任省、市妇联委员，省、市政协委员，出席过省党代会。由于她的特殊贡献，1992 年国务院颁发给她政府特殊津贴证书。1991 年被中共咸阳市委推选为有特殊贡献的专业技术拔尖人才。

【郭冠英】（1941—）陕西榆林人，中国农工民主党党员。现任榆林市人大常委会副主任，榆林市医学科学研究所所长。主任医师、心血管内科专家，中西医结合医药学家。陕西省有突出贡献专家。出身于著名中医世家，为郭氏中医世家第五代传人，自幼接受中医药教育；1966 年又以优异的成绩毕业于西安医科大学医疗系，因此奠定了良好的现代医学和祖国医学理论基础。从事临床医疗、医药科研、医学教育、医疗管理 30 多年，专长于心脑血管病、肝胆病、其他老年病的临床诊治及医药科研。多年来在临床及科研工作中，运用中西医结合的方法，潜心于冠心病、肺心病、脑血管病、胆石病等的诊断治疗研究，积累了丰富经验并有所创新，治疗效果显著，发明多种新药。1990 年至今，曾先后承担省级以上重点科研项目及科技攻关项目 20 项，其中由他主持完成 14 项。共发表各类医学论文 28 篇，主编及参编出版医学著作 9 部，约 225 万字。曾获陕西省科技进步一等奖一项、二等奖一项、三等奖一项；榆林市科技进步一等奖两项、二等奖二项；并获"榆林市卫生文明先进工作者""榆林市十佳科技人员"等荣誉称号，获"促进科技进步奖"等奖励。1999 年被省委、省政府命名为"陕西省有突出贡献专家"，同年又被特聘为"全国高新技术产业化协作组织深圳专家委员会"专家。

【郭景福】（1943—）河南沁阳人，中共党员，毕业于西北农业大学植保系，陕西省宝鸡市景福植保技术研究所所长，研究员。从事领导和农技管理工作多年，积累了丰富的专业理论知识和实践经验，善于结合具体工作搞调研，并创建性地开展工作，体现出较强的组织协调能力和领导艺术水平。任职以来，先后荣获省市科技进步和农技推广奖 18 项，多次荣获部、省、市级表彰奖励。1989 年被农业部评为全国农业系统成人教育先进工作者，1995 年被农业部评为全国农药管理先进个人，1992 年被陕西省农业厅评为农业系统振兴农业先进个人。出版多部著作，主编《陕西农田蜘蛛》《新农药应用与急救》《常见果树病虫天敌》《陕西农田草害与治理》等。1989 年被宝鸡市人民政府授予"宝鸡科技实业家"称号，1989 年被宝鸡市人民政府选为拔尖人才、市管专家，1993 年授予劳动模范称号，被誉为"西秦农业科技之星"。1997 年经国务院批准享受政府特殊津贴。

【郭芹纳】（1945—）陕西大荔人，毕业于北京师范大学，现为陕西师范大学中文系教授，博士生导师。中国民主促进会陕西省委员会副主委，陕西省人大常委，中国训诂学研究会常务理事，陕西省语言学会副会长。教育部人文社科研究项目评审专家库候选专家。《宝鸡诗词》等刊物名誉主编。多年来，他先后为研究生、助教进修生、本科生、专科生以及外国留学生讲授了《古代汉语》《训诂学》《近代汉语研究》《汉语言文字学》《说文解字研究》等十余门课程，并总结出一系列行之有效的"死课活讲"的教学方法，多次荣获教学质量优秀奖、优秀教材奖。曾承担国家教育部"面向21世纪的古代汉语教学改革"重点研究项目，是重点学科"古代汉语"的带头人。先后在权威刊物、核心刊物以及省市级刊物上发表论文80余篇，内容涉及古代汉语词汇、近代汉语词汇、陕西方言词汇、辞书研究以及音韵学和教学研究等方面。独立或合作出版著作8部。主要著作有《训诂散论》《训诂学》《简明古汉语知识辞典》《水游校注》等，主编有《汉语语言文字学论文集》等。《训诂学》于1995年获陕西省教委人文社科研究优秀成果一等奖。

【郭永胜】（1945—）中国农工民主党党员，陕西省、西安市劳动模范，大专文化程度，高级经济师，国际职业经理人，现任西安华亚电子有限责任公司董事长、总经理。1990年创建西安华亚电子有限责任公司至今，20多年来，致力于华亚牌增视仪系列产品的开发、研制，不断开发新产品，取得重大业绩和经营效益，独家生产的SZS闪烁增视仪，已发展为10大类80多个品种，获国家专利63项，为全国10多万弱视、近视及各类眼病患者带来光明。发表临床论文160多篇，产品荣获的奖项有68项。

【郭泰龙】（1947—）西安市户县秦龙玉米研究所所长，高级农艺师。陕西省第八届人大代表。经过20多年潜心钻研，先后选育出"户单一、二、三、四号"等玉米良种和"天涯4""803""黄4052""户17"等一批优良玉米自交系。目前，户单系列玉米良种在全国已累计推广近2亿亩，增产粮食80亿公斤，增收人民币48亿元。"户单一号"的选育获陕西省科技成果一等奖，"户单四号"被省政府列入"八五""九五"重点推广科技进步一等奖。先后多次被省、市政府评为有突出贡献的专家、劳动模范。1992年获西安市政府重奖，1996年被授予"国家级有突出贡献的中青年专家"称号。

【郭成】（1948—）教授、博导。曾任西安交通大学锻压教研室副主任、材料成形与控制工程系副系主任、系主任等职，现任西安交通大学模具与塑性加工研究所所长。为中国模具工业协会理事，西安市模具工业协会常务理事，全国锻压标准化技术委员会副主任，《塑性工程学报》《模具工业》编辑委员会编委。主编《冲压件废次品的产生与防止200例》《现代冲压技术设计手册》《机械工程标准手册·锻压卷》等；参编《材料成形工程》《材料成形技术基础》《材料成形科技英语》教材3种；获得国家级、省部级和校级教学与科研成果奖共8项。

【郭胜利】（1951—）陕西神木人。西安美术学院副教授，中国美术家协会会员，陕西油画学会常务理事，西安市美协油画研究会副会长。2001年油画《岁月系列之四十》参加"建党八十周年全国美展"，获优秀奖（西安）；2002年油画《陕241#》参加"东方红全国书画大展"，获金奖（西安）；2003年油画《岁月系列之八十》参加"陕西省第三届油画展"，获优秀作品奖（西安）；2004年油画《岁月系列之八十二》参加"建国五十五周年陕西省美术作品展"，获铜奖（西安）；2005年油画《岁月系列之六十二》参加"西安市美协走进生活会员新作展"，获铜奖（西安）。

【郭健】（1954—1993）陕西宝鸡人。全国公安战线二级英雄模范。初中毕业后，在宝鸡市香泉公社下乡插队。1970年进入宝鸡市轴承厂工作，在厂里多次被评为先进工作者。1973年入团，1977年11月加入中国共产党。因工作出色，调入厂团委担任团委书记。1979年12月调入宝鸡市公安局刑警大队。他参与侦破重特大案件的专案组，曾先后荣立二等功、三等功各一次；个人曾五次被评为市公安局和刑警大队的先进个人。1993年10月31日上午9时，在执行任务中光荣牺牲，被公安部追授为"全国公安战线二级英雄模范"称号，陕西省人民政府追认他为革命烈士。

【郭秦生】（1955—）陕西宝鸡人，原籍河南省南阳市。中共党员。高级工程师。1972年12月参军入伍，在铁道兵第五十一团服役。1976 年退伍，到西安铁路局电务工程段工作。1986 年调入郑州铁路局工作。先后任工程师、高级工程师。业余时间喜欢写作，笔名河圃笑笑。著有《华夏的远古足迹》（黄河出版社 2012 年版）一书。

【郭凤莲】（1957—）女，中共党员。西安民生百货大楼服装商场经理。多次被评为优秀营业员、优秀共产党员，先后荣获西安市、陕西省和全国劳动模范称号。从营业员走上领导岗位后，勤奋、执着、创新、开拓，尽力营造"家在民生"的氛围，商场经济效益和社会效益均系全市国营零售服务行业中的佼佼者。

【郭伟】（1958—）中共党员。硕士，教授，博士生导师。现任西安工程大学管理学院院长。西安交通大学管理学院研究生毕业，管理工程专业硕士毕业。1999 年德国洛特林根大学访问学者。陕西省"三五"人才，中国企业管理研究会常务理事，陕西省成本管理研究会副会长。积极开展科研工作，成效显著。主持完成省部级及横向科研项目 30 余项；发表论文 40 余篇，主编出版专著教材 7 部。

【郭建青】（1958—）农学硕士，教授，硕士研究生导师。教育部学位与研究生教育发展中心通讯评审专家库专家、国家自然科学基金通讯评审专家库专家、2008 年版北京大学《中文核心期刊要目总览》评审专家，《中国科学》等多家国内本专业权重要学术期刊审稿人。参加主持完成国家"七五"攻关项目中的子课题"以节水农业为重点商丘试验区综合治理技术体系"和国家重点野外观测试验站开放基金等项目 10 余项，其中主持 4 项。1992 年题目为"分析二次定流量井流试验资料的原理与方法"的论文获中国农业科学院优秀论文三等奖。

【郭承运】（1959—）山西芮城人。西安工业学院经济管理系主任，副教授。企业管理学科带头人。中国企业管理研究会理事兼培训部副部长、中国企业管理协会企业家协会培训工作委员会委员，西安企业管理教育研究会常务理事兼副秘书长。1987 年毕业于哈尔滨工业大学管理学院。著作有《工业企业管理》（西北大学出版社 1994 年版）、《市场营销》（陕西旅游出版社 1996 年版）。

【郭迎春】（1962—）陕西师范大学副教授，

博士。2015 年获得陕西省"中国梦·爱国情·成才志"中华经典诵读活动省级节目评审一等奖、三等奖；陕西省语言文字工作委员会、陕西省教育厅、陕西省人力资源和社会保障厅、陕西省文化厅优秀指导教师。

【郭树忠】（1962—）甘肃景泰人。第四军医大学西京医院全军整形外科中心主任，教授，博士研究生导师。中华整形外科学会委员、中国修复重建外科学会常委、陕西省整形烧伤学会副主任委员，陕西省医学美容学会常委，陕西省修复重建外科学会常委。主编《新编瘢痕学》，参加《美容外科学》等 16 部专著编写，先后发表各类学术论文 267 篇。获得包括国家自然科学基金在内的 2 项科研基金资助。获得国家科技进步三等奖 1 项，陕西省科技进步一等奖 1 项、二等奖 1 项和军队科技进步二等奖 3 项。

【郭烈锦】（1963—）江西遂川人。工程热物理专家，中国科学院院士，西安交通大学能源与动力工程学院教授、博士生导师，动力工程多相流国家重点实验室主任。1979 年，郭烈锦考入西安交通大学锅炉专业，1989 年获得西安交通大学热能工程博士学位后在工程热物理研究所多相流与传热研究室任教，历任助教、讲师、教授。1992 年进入动力工程多相流国家重点实验室，历任分室副主任、副主任、主任。1999 年被聘为首批长江学者奖励计划特聘教授。2003 年担任西安交通大学能源与动力工程学院院长。2003 年担任科技部国家重点基础研究发展计划（"973"计划）项目的首席科学家。2010 年筹备成立了西安交通大学国际可再生能源研究中心，担任中心主任。2012 年担任煤的新型高效气化与规模利用协同创新中心主任。2017 年 11 月 28 日当选中国科学院院士。主要研究内容为高效洁净能源—动力系统及热—功转换过程内部多相流动与传热传质规律；油气开采及混输过程中多相流热物理理论与关键技术；太阳能生物质能等可再生能源高效优质转化与氢能规模制备与利用。

【郭教礼】（1963—）陕西长安人。副研究员，加拿大传统医学会顾问，新加坡自然疗法学院客座教授，孙思邈研究所特约研究员。1988 年毕业于陕西中医学院，获医学硕士学位，后在《陕西中医》编辑部从事编辑工作，1997 年始由组织调配，创办《陕西中医药研究》杂志，担任编辑部主任，杂志副主编。从事中医学研究工作以来，注重在著述、编辑、科研和临证方面的全面发展，勤奋上进，乐于笔耕。先后主编《类经评注》《类经图翼类经附翼评注》《常见病中医异治》《中国特色诊疗专家经验荟萃》等专著18部，共计约400万字；累计发表"脾主运化实质新假设"等学术、科普论文180余篇，参加国内国际学术研讨会20余次，多次荣获优秀论文奖；所主持的"张景岳《类经》及两翼学术思想的整理研究"项目获陕西省中医药科技进步二等奖。

【郭长立】（1966—）河南许昌人。无党派人士，西安科技大学理学院教授。工学硕士，硕士生导师。1990年7月毕业于清华大学工程物理系，长期从事物理学教学及科研工作。1997年9月—2005年11月，先后担任基础部教学科研秘书、物理实验室主任、物理教研室副主任等职务，2005年11月—2009年6月担任理学院副院长及理学院工会主席，2009年6月起任教务处副处长，2012年9月兼任教师教学发展中心副主任。近年来主持编写《大学物理实验》《大学物理教程》等物理学类高等学校"十一五"规划教材及其他教材5部，参编教材4部，公开发表学术论文20余篇；主持陕西省教育厅教改项目3项，主持校内教改立项1项，主持校内教材立项2项，参与科研及教改项目多项，获发明专利2项，实用新型专利5项。

【郭文阁】（1967—）浙江东阳人。理学博士，西安石油大学教授，硕士导师。省级实验教学示范中心（物理实验中心）主任。1988年7月毕业于西北大学，获理学学士学位；1994年6月毕业于中国科学院西安光学与精密机械研究所，获理学硕士学位；1998年9月—1999年7月在同济大学留德预备部德语强化培训；1999年11月—2000年3月在德国曼海姆歌德学院德语强化培训；2000年4月—2003年6月获德国政府奖学金，在德累斯顿工业大学攻读博士，获理学博士；2003年7月—2004年6月德累斯顿工业大学博士后。长期从事激光与光电子学的教学与研究工作。承担《光电子学》《光电子技术基础》《纤维光学》《光学传感技术》《微小光学》《力学》《大学物理》《大学物理实验》《有机光电材料与器件》等10门课程的教学，是西安石油大学重要基础课程负责人，主持承担陕西省高等教育质量工程项目，出版教材两部。回国后，主持完成了陕西省基金、归国留学人员基金、中科院重要方向性项目和总装国防预言项目；作为主要成员参加了国家"973"计划项目子课题、国家高技术研究发展计划（"863"计划）和中科院重大仪器专项等20余项科研项目。发表论文20余篇，其中SCI、EI收录10多篇。

【郭妍利】（1972—）女，毕业于中国社会科学院研究生院，现为陕西师范大学副教授。从事考古学及博物馆学的教学、研究。曾给本、硕士学生讲授过中国考古学概论、秦汉考古、商周考古、中国青铜兵器鉴赏、文物鉴赏等多门课程。主要研究商周考古、青铜兵器和青铜乐器，曾在《中国社会科学院研究生院院报》等核心期刊上发表论文多篇，出版《两周考古》专著，在学术界产生一定反响。

【郭军】（1974—）山东诸城人。博士，西北农林科技大学教授。主要研究方向为寄主与病原互作的功能基因组学、寄主植物的抗病机理和病原的致病机制及互作过程中的信号转导途径。先后主持国家自然科学基金，教育部科学技术研究重点项目，校青年科研骨干基金，博士后基金，教育部青年教师博士点基金等课题，并参加国家、省部级课题多项。

【郭大刚】（1975—）博士，西安交通大学材料学院副教授，博士生导师，2008年先后入选西安交通大学青年骨干教师培养计划、教育部新世纪优秀人才计划。分别于1998年、2000年先后在西北工业大学（材料学院）获得学士、硕士学位，2005年获西安交通大学（材料学院）博士学位。2005年6月被聘为西安交通大学材料学院讲师，2007年7月晋升副教授。2009年7月—2010年6月在哈佛大学医学院、MIT做访问教授。兼任中国生物复合材料委员会委员，以及 *Biomaterials*、*Journal of Biomedical Materials Research*、*International Journal of Nanomedicine* 和 *Colloids and Surfaces B: Biointerfaces* 等国际著名杂志以及《中国生物医学工程学报》等国内核心期刊的审稿人。博士学位论文先后被评为2006年度西安交通大学优秀博士学位论文（西交研〔2006〕62号）、2007年度陕西省优秀博士学位论文。

【郭斌】(1981—)陕西合阳人。博士,副教授,硕士生导师,陕西师范大学自然地理与资源环境系主任,陕西省地理学会理事。2004年本科毕业于河北地质大学土地资源管理专业,2011年在陕西师范大学获地图学与地理信息系统专业博士学位。主要从事地理信息系统、遥感应用方面的教学与科研工作。先后参与国家自然科学基金、国家人口委员会重大专项、教育部重大研究项目6项,主持并完成陕西省教育厅项目1项,发表论文30余篇,出版专著3部,获专利7项,获省部级、厅局级科研奖3项。

【郭文珺】(1984—)女,陕西西安人。国际级运动健将,现任陕西省射击射箭运动管理中心女子手枪班教练员兼运动员。2004年1月进入陕西省射击队训练,2006年9月入选国家射击队训练。在长达近20年的射击生涯中,她曾获北京奥运会、伦敦奥运会两届奥运会冠军。在国际、国内射击比赛中获得20多枚金牌,被誉为"中国射击后起之秀"。分别受到国务院、国家体育总局、陕西省人民政府表彰,并荣立一等功。

五、华　中

河南省

【郭宝钧】(1893—1971)河南南阳人。字子衡。1922年毕业于北京高等师范学校。后回乡从事教育工作。1928年参加安阳殷墟发掘工作。后在中央研究院历史语言研究所任职,并在重庆社会教育学院、河南大学兼任教授。曾多次参加考古发掘工作。中华人民共和国成立后,历任中国科学院考古研究所研究员兼北京大学教授、中国历史博物馆特约研究员、全国政协委员。著有《中国青铜器时代》《殷周铜器群综合研究》等。

【郭宝珊】(1904—1970)河南南乐人。1934年参加陕北红军。1935年加入中国共产党。先后任红二十八军团长,陕甘宁晋绥联防军警备第三旅八团副团长、团长，陕甘宁晋绥联防军三边军分区副司令员，延陵军分区司令员，第一野战军四军十二师师长。中华人民共和国成立后西北军区公安部队第二十一师师长，西北军区公安部队副司令员，青海省军区副司令员。1955 年被授予少将军衔。第四届全国政协委员。

【郭奇】（1913—1973）河南濮阳人。1930 年入北平大学法商学院。1932 年加入反帝大同盟。1936 年加入中国共产党。1937 年入抗大学习。毕业后，任抗大总校第一大队政治处副主任、晋冀鲁豫军区军政大学政治部副主任、华北军政大学教育部副部长。中华人民共和国成立后，任中国人民解放军军事学院政治部教育部副部长、宣传教育部第二部长兼哲学教授会主任，高等军事学院社会科学教授会主任、社会科学教研室主任、政治部副主任兼社会科学教研室主任等职。1955 年被授予少将军衔。

【郭宗正】（1913—2011）洛阳平乐郭氏正骨第六代正宗传人，是平乐郭氏正骨的集大成者，郭氏宗正堂的创建者。也是平乐郭氏正骨法三期用药（破和补）的最早提出、建立者。郭宗正出生在洛阳平乐郭氏正骨世家。平乐郭氏正骨起源于清嘉庆元年（1796 年），由清代正骨名医郭祥泰创建。平乐郭氏正骨已经经历了 200 多年的岁月，在这 200 多年中不断发展壮大。郭氏后人秉承祖制，发扬平乐正骨医术，以中医传统平乐郭氏正骨法为主，辅以祖传膏药、汤药、小夹板等，疗效显著，患者痛苦感低，且愈后复发率低。1985 年，郭宗正筹建了平乐正骨医院，出任平乐正骨医院院长。1995 年，获得"中华人民共和国优秀人才"证书。2004 年，郭宗正在全国政协礼堂出席中国医学学术大会，荣获"中国医学特别贡献奖"。洛阳平乐正骨学院被中华传统医学会定为"CTMA 正骨教育基地"。出版《郭宗正正骨学讲义》。2009 年，郭宗正被授予"中华骨伤医学大师"荣誉称号。2013 年，追认郭宗正老先生为"宗师泰斗"称号。

【郭文魁】（1915—1999）河南安阳人。中科院院士。地质学与矿床学家。1937 年毕业于北京大学地质系。1980 年当选为中国科学院学部委员（院士）。曾任地质部地质研究所研究员、所长、名誉所长。长期从事区域地质与矿床地质调查，对我国众多矿种、矿床、矿区，特别是长江中下游区域成矿进行了深入研究，对我国内生金属矿产的成矿条件、分布规律和找矿方向作了精辟阐述，将我国金属成矿作用划分为三大成矿域和三大成矿旋回。提出金属矿床的综合原生分带与矿化过程中氧、硫分压交替消长的新见解，论证锡的地幔来源以及在氧化还原条件下的成矿，阐明岩浆后期渗浸作用、注侵作用与热液矿脉之关系。指导编制《1∶3000000中国有色金属成矿规律略图》和《1∶1000000中国成矿规律图》，获国家自然科学奖一等奖，主编《1∶4000000中国内生金属成矿图》，获地质矿产部科技成果奖一等奖。

【郭兴】（1924—2018）河南新乡人。原北疆军区司令员，著名抗日英雄，电影《平原游击队》中"李向阳"之原型；16岁参加八路军，18岁任太行五分区武工队长、辉县抗日政府区长；他带领武工队员，以常人难以想象的胆略和睿智，像匕首一样插入敌人心脏，炸碉堡，毁铁路，剪日寇，除汉奸，神出鬼没，出奇制胜，曾获"太行山特级战斗英雄"殊荣。

【郭文灿】（1926—）河南嵩县人。大学文化。河南中医学院第一附属医院教授，主任医师。擅治脑瘤，《第十届亚太肿瘤文集》中的《脑部肿瘤30例临床疗效总结》《脑部肿瘤的辨证探讨》《河北中医特辑》被评为优秀论文。对脑垂体瘤、脑胶质细胞瘤、脑干瘤，获得临床治疗，并创制"金公仙草"合剂，效果显著。对肿瘤病放、化疗引起白血球下降，研究出一种生血精穴位外敷，在一周内白血球可达到正常值。对肝瘤化疗后症状肿块不消，用益气健脾、补血、软坚法，能使肿块消失，身体康复。对肝癌疼痛，精研出消瘤止痛膏，止痛效果良好，有突破性进展。

【郭维淮】（1929—2016）河南洛阳人。著名骨伤科专家，河南洛阳正骨医院名誉院长，教授。洛阳平乐郭氏正骨第六代传人。中国中医药学会理事、中国中医药学会骨伤科专业委员会第一届委员会副主任委员、中国中医药学会骨伤科分会第二、三届理事会顾问、全国高等中医院校骨伤科研会副会长、全国中医骨伤科学会副主任、全国中医学会河南分会副会长、《中医正骨》杂志编委会主任、《中国年鉴》编委。他自幼随父母习医，14岁便独立从事中医骨伤科临床工作。1953

年任河南省洛阳专区医院中医门诊部主任。1995 年任洛阳市第二人民医院骨科主任。1959 年任河南省平乐正骨学院骨科教研组主任及附院骨科主任。1978 年后历任河南省洛阳地区正骨医院副院长、河南省洛阳正骨医院院长兼河南省洛阳正骨研究所所长等职。国家老中医专家学术经验继承指导老师，1991 年国务院授予其"国家有突出贡献专家"的荣誉称号，国务院特殊津贴专家。1993 年河南省政府命名为省属优秀专家，1995 年荣获国家人事部、卫生部、国家中医药管理局颁发的卫生界最高荣誉奖"白求恩奖章"，2005 年获中华中医药管理学会颁发的"国医楷模"称号。2006 年获中华中医药"首届中医药传承特别贡献奖"。2007 年获全国"中医名师"称号。2008 年被文化部定为首批国家级非物质文化遗产中医正骨疗法项目代表性传承人。

【郭汉乐】（1930—）江西吉安人。教授级高级工程师。毕业于青岛工学院。河南省纺织工程学会常务理事、棉织学术委员会主任。20 世纪 80 年代后期，从事纺织产品开发研究，以适应市场经济的需要，并撰写了《世界棉纤维织物发展的回顾与展望》《谈谈久销不衰的牛仔布及其服装》《兔毛纤维的特性及其产品开发前景》《近两年纺织品发展趋势浅析》《纺织品的名称及其风格特征》等文章，分别在《河南纺织》和《河南纺织科技》上发表。

【郭志熙】（1932—）上海人。高级工程师。中共党员。毕业于华东水利专科学校。曾在河南省水利勘测设计院、洛阳地区中州渠、勘测设计队、陆浑灌区任项目组长、技术负责人和主任工程师。长期从事水利工程的规划、设计和施工。被评为河南省水利先进工作者，水利部和中国农业水利工会先进工作者。主持与参加陆浑灌区西村喷锚土质隧洞试验工程项目，获河南省科技进步二等奖。铁窑河渡槽项目，获全国第 4 次优秀设计银质奖，省优质设计一等奖。朱窑隧洞冒顶塌方沉管法处理技术研究获省科技进步三等奖。内蒙古河套灌区四排干域初步设计获水利部科技进步三等奖。为我国水利事业发展做出了贡献。

【郭玉瑛】（1933—）女，河南新乡人。1950 年到新乡师范附小当教员，现任党支部书记。1954 年加入中国共产党。在实践中探索出"统一要求、分别指导、共同提高"的教育儿童方法，使儿童在德、智、体方面得到全面发展。在教学上，将所教的内容具体化、形象化，生动有趣，效果突出。1956年被授予"全国先进生产者"称号。

【郭延瑞】（1933—）河南原阳人。九三学社成员，高级工程师。1956年北京矿业学院毕业。在鹤壁矿务局从事煤矿技术工作，曾先后任技术员、主管技术员、建井工程处总工程师、矿务局副总工程师。为九三学社河南省委员会委员、政协鹤壁市委员会委员、中国岩土锚固工程协会理事、河南省岩石力学与工程学会副理事长等职。参与或组织完成全局各生产矿井的水平延深、技术改造和矿井改扩建等重大工程建设项目的设计与施工；组织制定矿务局总体发展长远规划、抽出矿井类型划分、撰写论文阐述矿井合理开拓部署、指导矿井深部开发；参加国家煤炭工业部对所属国有煤矿生产矿井的水平延深、技术改造及矿井改扩建工程项目的设计审查和矿井采掘关系调查研究工作；组织完成对地方煤矿的水体下采煤等多项咨询项目；在工程建设中，采用地面予注浆过第三系砾岩含水层、高层楼桩基工程压浆成桩

技术试验等多项科研项目，获矿务局、鹤壁市、河南省煤炭厅及国家能源部科技进步奖8项；撰写学术论文12篇，多次参加国际学术会议。1993年被九三学社中央委员会授予"先进社务工作者"称号，被煤炭工业部评为有突出贡献的科技工作者，获国务院政府特殊津贴。

【郭庆泰】（1936—）辽宁法库人，1962年毕业于解放军兽医大学兽医专业，副教授，先后在吉林农业大学、河南农业大学任病理教研室副主任、畜禽常发病研究室副主任，系兽医预防医学专业硕士点导师组成员，全国兽医病理研究会会员，国际病理研究会会员。从事兽医病理学教学与研究工作30余年，主讲过兽医病理学、病理卫生检验、兽医学、家畜传染病学以及硕士研究生和病理实验技术等课程。并首先在兽医专业中开设畜禽真菌病学，编写了《畜禽真菌病学教材》。教学成绩显著，曾获校教学优秀奖和学院先进工作者称号。主持完成的《黄牛真菌病的研究》在国内首次在脑、骨髓分离出致病性念珠菌，获1990年河南省科技进步三等奖，该成果被选入《当代科技之星》。主持完成的《黄牛狂犬病的研究》获1989年河南省

科技进步三等奖。此外与他人合作完成"豫皖两省部分地区犊牛腹泻的研究"等 4 项课题获省科学技术进步三等奖。1 项获省教委科学技术进步二等奖。

【郭守令】（1936—）山西平遥人。研究生学历。中共党员。河南省科学院生物研究所副研究员，河南省微生物学会理事，河南省生物工程学会理事。1966 年于北京农业大学研究生毕业。从事应用生物学的微生物工程研究，在生物固氮、工业微生物育种及微生物发酵等方面有较深研究。主持的高产柠檬酸新菌种 129B-6 选育和应用研究获 1991 年河南省科技进步二等奖。发表论文 20 余篇，主要有《大豆根毛对大豆根瘤菌生化吸附及其对结瘤影响的研究》《二甲基亚砜对发酵生产柠檬酸菌刺激作用的研究》《猪血发酵饲料研究》等。在制药和戒烟药等方面也有研究成果。1998 年被河南省委授予"河南省先进科技工作者"称号，1991 年被国家科委授予全国"星火"科技先进工作者称号，1992 年被评为有突出贡献专家，享受国务院颁发的政府特殊津贴。

【郭超群】（1937—）河南新密人。副研究馆员。毕业于郑州农业机械化专科学校。任职于河南农业大学图书馆。中国农学会农业图书馆分会第二届理事，农业文献资源建设专业委员会副主任委员，河南省图书馆学会第四届常务理事，第五届理事会顾问，《河南高校图书情报工作》常务副主编。自 1961 年以来，一直从事图书资料及管理工作。对该馆文献资源、规章制度、队伍建设等做了一定的工作。撰写论文近 40 篇，发表 21 篇（含合作）。参与的"农业文献资源调查与布局研究"荣获中国农业学院 1998 年科技进步二等奖。

【郭临武】（1937—）河南鲁山人。高级工程师、国家一级注册建筑师。毕业于西安建筑科技大学。现任职于机械部第六设计研究院。从事建筑设计 30 多年，一直在生产第一线从事建筑设计工作，累计完成工业及民用项目约 200 余项，其中大中型项目有百多余项，主要有青岛 40 层 13 万平方米汇丰广场、上海机床厂 2 万平方米联合厂房、沈阳机床厂 3 万平方米数控空调厂房、郑州毛纺厂总体设计、河南省中医院高干病房楼、郑州机志 1 万平方米教学楼等及机加总装厂房、恒温车间、电镀热处理厂房、铸造锻压厂房、油漆车间等工业项目。上海机床厂项目荣获国家科技技术进步二等奖，并获机械部第三届优秀设计一等奖，郑州毛纺厂总体设计荣获国家科技进步三等奖，郑州生物制药厂礼堂获机械优秀设计奖。曾多次参加国家建筑规范标准的审评工作和国家一、二级注册建筑师考试评卷工作及河南省甲、乙级设计单位设计质量检查工作。

【郭鸿河】（1937—）河南焦作人。曾任焦作耐火材料厂党委宣传部部长。曾撰写《浅谈如何做好企业思想政治工作》等20余篇论文、经验材料。1990年所在单位被中宣部授予"全国思想政治工作优秀企业"称号。多次荣获省、市先进工作者、优秀思想政治工作者、优秀党员等称号。1991年12月获高级政工师资格。

【郭中奎】（1938—）河南洛阳人。高中文化程度。高级经济师。中共洛阳市老城区烧沟村委会书记，洛阳市环球实业总公司董事长、总经理。第十届全国人大代表。1983年至今，先后荣获洛阳市、河南省优秀共产党员，省、市、全国劳动模范，省优秀经理，全国乡镇企业家和优秀民营企业家，以及香港首届紫

荆花杯杰出企业家成就奖，兼任河南省、全国乡镇企业协会副会长。洛阳市郊区洛北乡烧沟村党支部书记兼环球实业总公司总经理、高级经济师。1995年获"全国劳动模范"称号。

【郭梅穗】（1939—）女，河南郑州人。1956年在郑州国棉五厂当工人。历任生产组长、党总支组织委员。1958年加入中国共产党。1957年至1959年在省、市纺织系统多次组织的技术比武中，落纱技术一路领先，落纱时间由原来的1分20秒降到1分10秒。1959年被授予"全国先进生产者"称号。

【郭金城】（1939—）山东安邱人。研究员（硕士生导师），毕业于山东大学。曾任河南省安阳市人民政府副市长、安阳市人大常委会副主任，第八届全国人大代表，中国棉花学会常务理事兼秘书长。1965—1995年在中国农科院棉花研究所工作，任该所副所长。1995—2004年在安阳市人民政府和安阳市人大常委会工作。长期以来主要从事棉花病害研究和科技管理工作，承担和主持全国重大科技项目和国家科技攻关课题，主要有棉

花枯黄萎病防治技术研究、黄河棉区棉花主要病虫害综合防治技术体系研究、棉花品种抗病虫性鉴定及抗性生物学性状研究、棉花新品种扩繁及配套技术研究、黄淮地区棉麦高产综合技术研究与示范。共取得科技成果12项，其中获国家和部级奖6项，国家科技进步二等奖和三等奖各1项、国家星火奖1项、部级科技进步奖2项和优秀成果奖1项。发表论文有《北方棉区棉花黄萎病暴发原因分析及对策》等25篇，合著出版《中国农业科技研究进展》等著作3部。享受国务院颁发政府特殊津贴。

【郭青苔】（1940—）河南人。九三学社成员。毕业于北京大学。现任郑州大学物理工程学院教授，系九三学社郑州大学委员会副主任委员。先后主持或主要参与研制出3个型号肿瘤治疗仪；发表及宣读的主要论文有《电化学治疗动物肿瘤的实验研究》《关于电化学治疗癌肿的合理布针问题》《电化学治疗癌肿时电极间最小有效电流密度的计算》《电化学治癌中有效治疗时间和有效治疗剂量的计算》《肿瘤电化学疗法的主要治疗电参数的计算》等。

【郭晓寰】（1942—）河南洛阳人。中共党员。高级经济师。毕业于洛阳玻璃中等专业技术学校，西安交通大学函授学习两年。中国洛阳浮法玻璃集团有限责任公司董事长、总经理、党委副书记，洛阳玻璃股份有限公司董事长。全国建材企业管理协会副理事长、河南省社科院特邀研究员、武汉工业大学兼职教授、洛阳企业家协会会长。"八五"以来，洛阳玻璃经济效益连续五年位居全国同行业首位，资产增加10倍，负债率降低20%，实现利税12.85亿元，其个人为洛玻的发展、为国家做出了重大贡献，荣获中国企业管理成就奖，1995年获"全国劳动模范"和"全国经营管理大师"等荣誉称号，被河南省委、省政府命名为优秀专家。

【郭书明】（1942—）河南洛阳人。副主任医师。毕业于河南省中医大学。任职于开封市第二人民医院。中国传统手法会、外固定学会、中国医药学会、中国骨科学会和美国SCM会员等。《中国骨伤》杂志特约编辑、中国儿麻康复开封市专家顾问、中国开封出国医疗队队长、苏丹共和国 Ru Fa Ciy 中国医院院长、国际中国医学研究部主任、苏丹 RuFa 骨科理事会会长。1983年起兼任中国人民解放军 55430 部队开封预备役师医院院长大校军医。1998—1999 年任赴苏丹中国医疗队队长。多次在《中华外科》杂志及学术会上发表论文，半浸入固定治骨折得到了国家级奖励，编著有《骨伤方药集锦》，参与黄克勤教授主编《骨科新技术荟萃》一书，参加中国传统手法会 1991 年、1992 年全国手法表演会专题录像，1996 年参与编著《现代临床外科领域研究新进展》一书。采用中西医结合方法治疗骨伤、骨折、脱位，临床经验丰富。

【郭光宇】（1942—）河南洛阳人。1966 年 7 月毕业于郑州大学中文系，1979 年至 1982 年中国艺术研究院研究生班进修，获文学硕士学位。1983 年在河南省戏曲工作室基础上创建河南戏剧研究所，任所长，1989 年调入河南计划生育干部学院，历任副院长、院长，教授，兼任中国人口文化促进会理事、中国戏曲学会理事、河南人口学会副会长、河南戏剧家协会副主席、河南省政协委员、河南戏剧学会副会长、国务院政府特殊津贴专家。曾荣获"河南省直机关优秀共产党员精神文明建设先进个人"和"河南省文明教师"等称号。

【郭恒】（1943—）河北定州人。毕业于北京航空学院航空非金属材料专业。高级工程师。现任中国船舶重工集团公司第七研究院第七二五研究所研究员，兼任中国管路附件标准化技术委员会委员、中国塑料加工协会氟塑专委会专家理事。从事船舶材料及其应用研究 30 余年。理论功底深厚，实践经验丰富。长期致力于科技理论研究与发明创造，获得过多项科研成果奖。在非金属材料及摩擦工程应用领域，有《填充聚四氟乙烯摩擦磨损机理研究》《高分子材料在摩擦噪声治理中的应用》等著述，创制的"一种高承载全密封球型梁支座"获国家新型实用专利权。这一专利技术突破了球型支座承载能力的限制。经鉴定，达到了国际先进水平，为大跨度、大转角的桥梁结构提供了综合性能优良的支座，现已广泛应用于铁路、公路及市政立交桥梁建设。现该项目已被国家发展计划委员会列为国家高新技术产业化示范工程项目，创造了巨大的社会效益和经济效益，获得数十项科技进步奖。多次荣获先进工作者及洛阳市五一劳动奖章等荣誉。

【郭兰民】（1944—）女，河南浚县人。大学学历。河南安阳肿瘤医院内二科主任、副主任医师，中华医学会会员，中国抗癌协会会员。1967年毕业于河南医学院医疗系。长期从事内科临床工作。负责全国多种抗癌新药在该院进行的Ⅰ、Ⅱ期临床试用研究工作，主要有浙江抗癌新药卡的研制和长春酰酸的研制等，均为国家"七五"攻关项目。多次参加全国、省专业学术会议。发表论文20余篇。抗癌新卡铂研制获国家计委、科委、财政部联合颁发的优秀"七五"重点科技攻关奖。

【郭振廷】（1945—）河南永城人。1969年毕业于郑州工学院机械系，副教授。中国机械工程学会会员、全国铸造科技成果市场常务董事、中国铸铁及熔炼专委会委员、河南省铸造学会常务理事、河南省铸锻协会常务理事、郑州市铸造学会理事长。多年来从事专业基础课铸造合金熔炼原理、专业课铸造合金及熔炼等课程的教学，主持河南省重点科技攻关项目及企业合作的研究课题，其中5项通过省科委组织的鉴定，参研项目通过省级鉴定1项，在10多家企业中推广应用。主持项目有6次获科技进步奖，荣获省、院级"科技先进工作者"称号以及院嘉奖多次。发表论文《主要工艺因素对球墨铸铁中硬点

形成的影响》等50多篇。发表的论文被中外重要刊物转载或摘登。

【郭月恒】（1945—）河南项城人。中共党员。1968年毕业于南京空军气象学院。河南省项城市林业局副局长。高级工程师。中国气象学会会员、周口地区气象学会理事、中国林学会会员、项城市林学会副理事长、项城市科学技术协会会员、项城市淡竹研究会理事长。先后开展了西来槽稳定性降水预报、华北夏季雷雨大风的探讨、项城农业气候资源分析、气候因子与泡桐大袋蛾发生关系的研究等十几项专题研究。其中3项获地、厅以上科研成果奖，5项获市科学进步奖。气候因子与泡桐大袋蛾发生关系的研究被《中国科学技术成果大全》《中国"八五"科学技术成果选》收录。在地、厅级以上报刊、电台发表论文30多篇，其中5篇获周口地区自然科学优秀学术论文奖。先后被河南省人民政府授予河南省农业区划先进工作者、河南省气象科普工作积极分子称号，获中国林学会劲松奖章，被河南省周口地区行署授予周口地区学会"先进工作者"等称号。

【郭绍林】（1946—）河南孟津人。民盟盟员。

1983 年硕士研究生毕业于陕西师范大学历史系，河南洛阳师范学院历史文化学院教授。专著《唐代士大夫与佛教》（河南大学出版社 1987 年版）获 1986—1988 年中南地区大学出版社优秀学术专著二等奖、河南省高等教育领域社会科学成果二等奖。合著有《谋士传》（河南人民出版社 1992 年版）及《中国古代治安制度史》（河南大学出版社 1994 年版）等。撰写论文 80 篇，主要有《论唐代的观音崇拜》（《世界宗教研究》1992 年第 3 期）、《论唐代社会对皇权的制约机制》（《中国史研究》1995 年第 3 期）、《安禄山与唐玄宗时期的政治》（《河南大学学报》1987 年第 4 期）、《论盛唐军事改革对社会经济的促进作用》（《史学月刊》1987 年第 4 期）。曾获 1993 年度河南省优秀教师称号及曾宪梓教育基金会 1994 年度高等师范专科院校教师奖三等奖。

【郭海仲】（1948—）河南卫辉人。中共党员。1977 年毕业于南京航空学院发动机系机械加工专业，高级工程师。曾供职于南昌航空工业学校附属工厂，南昌航空工业学院机械系，政协卫辉市委员会第六、七、八、九届委员，现任河南省卫辉市科委主任。在长期的科技管理工作中，取得了较大成绩，所领导的单位多次获河南省和新乡市科技系统科技管理先进单位、星火人才培训先进单位等荣誉称号，卫辉市 1996 年获"全国科技工作先进县（市）"称号。个人也曾获得创建全国科技工作先进县（市）先进个人，省、市科技管理先进工作者，全省职称改革"先进工作者"等多项荣誉称号。

【郭晚荣】（1948—）河南三门峡人。中共党员。高级工程师。1970 年入清华大学水利系水动专业学习。1979 年任三门峡水力发电厂工程师、分厂主任、厂副总工程师等。1991 年任三门峡水利枢纽管理局总工程师办公室副主任、主任，局副总工程师兼总工程师办公室主任、研究所所长、1# 机组改造项目总工程师等职。长期从事多泥沙水轮机抗磨蚀研究，1995 年获水利部科技进步一等奖。多年来发表论文十余篇，其中《三门峡水电站机组运行存在的主要问题及分析》发表于河南人民出版社《三门峡水利枢纽运用研究文集》。《水电站运行》发表于河南人民出版社《黄河三门峡水利枢纽运用与研究》。1994—1995 年参加小浪底水电站专家组工作（机电）。1995 年 4 月获河南省五一劳动奖章,1995年9月获水利部"劳动模范"称号。

【郭艳锦】(1948—)女,河南洛阳人。中医正骨疗法国家级非物质文化遗产传承人,洛阳平乐郭氏正骨第七代传人,现任河南省洛阳正骨医院副主任中医师。擅长骨性关节炎、颈肩腰腿痛、骨质疏松等疾病的诊断与治疗。她所参加的主要科研课题曾先后分获省中医药科技成果二等奖,省科技进步三等奖,省中医药科技成果三等奖等。

【郭天用】(1948—)河南郸城人。大学文化。中共党员,郸城县农业委员会副主任。高级政工师,农委系统工会主席,县总工会劳协常务理事,中原书画研究院秘书长,特约记者,主要研究方向为经济管理,主要著作为《中国农村改革与发展》(广西人民出版社1991年版)。1972年8月吉林市《汇城日报》以《模范指导员》为题报道了他的事迹。1975年5月8日《解放军报》头版以《一心扑在革命事业上》为题报道了他的事迹,同年8月,吉林省人民广播电台向全省进行了播放。1989年以来,他写的《泥腿子搞科研》《高考落榜生研制成功了节能烤烟炕》

《思想政治工作要具有针对性、群众性、原则性》等12篇文章先后发表在《河南日报》《河南科技报》上。1998年撰写的《三农节目在我心中闪闪发光》由河南省人民广播电台予以播送。由于政绩突出,曾先后4次荣立三等功,连续32次被评为省、地、县优秀共产党员、先进工作者、优秀记者。

【郭仞堂】(1950—)河南卢氏人。中共党员。河南大学毕业,中学高级教师(副高职称)。现为河南省书法家协会会员、河南省作家协会会员。1971年2月参加教育工作,先后在卢氏县兰西小学、卢氏县官坡中学、卢氏县职业高中等基层学校工作22年,历任教导主任、副校长、校长等职。1982年被评为卢氏县优秀教师,1983年参与创办了卢氏县职业高中,是河南省早期职业教育的发起人之一。1985年被卢氏县政府命名为优秀校长,1989年获河南省职业教育"先进工作者"称号,1990年获振兴卢氏经济贡献一等奖。1993年调三门峡市教育局,任职业与成人教育教研员。

【郭自安】(1951—)河南临颍人。中共党员,大专文化,复员军人,高级经济师。现任临颍县龙堂村党委书记、龙云集团董事长。龙云集团已成为农业产业化国家重点龙头企业，河南省工业综合实力百强企业，全国食品行业百强企业。龙堂村先后被河南省命名为"文明村""明星村""河南省精神文明试点村""社会主义精神文明建设试点村""全国文明村"。曾被当选为第九届全国人大代表、河南省第八届、第十届人大代表、全国劳动模范、全国农民科技星火带头人、河南省劳动模范、河南省十大新闻人物。

【郭兰英】（1951—）女，河南博爱人。1952年在焦作市环境卫生管理处当清洁工，环卫第一清扫队队长。1985年加入中国共产党。18年坚持在第一线劳动，经常每天工作在十几个小时以上。当队长后带领全队职工制订《卫生检查制度》《工资奖惩制度》《工具发放管理》等规章制度，实行经济承包，调动了职工的积极性，负责的16条街道、29万平方米的地段达到了无草、无渣、无粪便、无污水、路面干净的卫生标准。1989年被授予"全国先进工作者"称号。

【郭光俊】（1952—）共产党员。登封市人大代表。登封市大金店镇梅村卫生所乡村医生。2014年3月，被央视评为"中国最美乡村医生"。先后获得"全国劳动模范""全国卫生系统先进工作者""全国医药卫生系统先进个人""全国中医药文化建设先进个人""全国优秀乡村医生""全国模范乡村医生""河南省优秀乡村医生""河南省农村优秀中医"等各级荣誉称号。

【郭书振】（1955—）河南郑州人。中共党员。硕士，高级政工师。1973年入伍，历任战士、班长、排长、军校学员、保卫部干事、政治教导员、团政治部主任、师保卫科长、正团职理论教员、空军上校。1996年9月，转业到中国民航河南省管理局工作，历任民航局基建处书记、纪委副书记、机关党总支书记。2004年到河南省郑州新郑国际机场管理有限公司工作，历任公司党委委员、工会主席（厅级干部）、副总经理、总经理，以及河南省机场集团有限公司党委副书记。曾荣获"全国民航优秀党务工作者"称号，河南省"五一劳动奖章"。

【郭灿章】（1955—）河南偃师人。中共党员。1982年毕业于河南农业大学。河南财经学院农经房地产系副主任，教授。河南省农业经济学会农村企业管理研究会副干事长，郑州市房地产业研究会常务理事。主持参加国家、省、厅级科研项目 10 项，其中《构建适应现代企业制度要求的企业经营分析方法和指标体系》分获河南省实用社会科学一等奖、国家计委科技进步三等奖，《科技进步在河南农业经济增长中贡献份额的测算研究》获河南省实用社会科学一等奖，《社会主义市场经济体制下河南省农户经济行为研究》获河南省实用社会科学二等奖。

【郭章先】（1960—）中共党员。现任河南起重机器有限公司董事长、总裁。新乡市人大代表、市工商业联合会副主席，中国重型机械工业协会常务理事。热心社会公益事业，支持教育事业，累计捐款捐物 279 万元。在应对国际金融危机、安排就业、保增长、保民生、保稳定方面做出了积极贡献；在实现企业跨越发展的同时，安排职工 1230 人，其中下岗职工 910 人；企业近三年税利 20432 万元。荣获"河南省五一劳动奖章""新乡市十大优秀贡献者""新乡市造福家乡之星"荣誉称号、"第三届河南省优秀中国特色社会主义事业建设者"称号，公司被授予"第三届全国就业与社会保障先进民营企业"荣誉称号。

【郭忠信】（1963 年—）河南鹤壁人。毕业于河南大学工艺美术系。中国美术家协会会员，河南省美术家协会理事，河南省美术家协会山水画艺术委员会委员，河南省书画院特聘画家。鹤壁市政协常委，鹤壁职业技术学院教授，安阳师范学院美术学院特聘教授，鹤壁市美术家协会主席。2006 年为清华大学访问学者。作品被中南海、中央电视台、河南档案馆等单位收藏。曾被中央电视台、河南电视台、《河南画报》、《河南日报》、《书画导报》、《国画家》做专题评介报道。2005 年被评为"111 人才工程"学术带头人。2000 年和 2007 年两届被鹤壁市委、市政府授予专业技术拔尖人才，享受政府津贴。

【郭立俊】（1965—）博士，教授，河南大学特聘教授，博士生导师。1982—1986 年在华中师范大学物理系学习并获理学学士学位；1996—1999 年在河南大学物理系凝聚态物理专业学习并获得硕士学位；1999—2002 年在复旦大学物理系光学专业学习并获博士学位。2004—2009 年期间，先后在德国、瑞典和美国等国家从事博士后和访问学者研究工作。主要从事物理交叉学科领域中的物理学问题研究工作，在包括 *J.Am.Chem.Soc.,Proc.Natl.Acad.Sci. U.S.A.,Biochemistry FEBS Letters* 等在内的国内外学术期刊上公开发表学术论文 70 余篇，主持和参加多项国家自然科学基金和国际合作项目。

【郭遂成】（1966—）中共党员。1994 年毕业于广州中医药大学研究生院，获医学硕士学位，同年分配至南阳医专一附院工作。2002 年任消化内科主任、主任医师。现任南阳医专一附院党委委员、工会主席兼副院长，同时担任南阳市消化专业委员会主任委员，河南省第四届消化专业委员会委员、河南省第二届中西医结合学会委员。擅长中西医结合治疗消化系统常见病、多发病及疑难杂症，包括胃、食管病变，肝、胆、胰病变，对炎症性肠病及各种原因引起的上消化道出血等各种消化道疾病等具有丰富的临床经验。参与撰写专著 8 部，获南阳市科技成果进步二等奖 15 项。在省以上杂志发表学术论文 200 余篇，撰写科普文章 100 余篇。1999 年被南阳市政府命名为"跨世纪学术技术带头人"。2010 年 5 月获得"全国劳动模范荣誉"称号。

【郭红甫】（1966—）大学学历，学士学位，研究员，濮阳市农科所科技开发科科长。长期从事农业科研和技术开发工作，在国内外公认的三大难治病害药剂防治研究中，取得两项突破：一是研制出防治作物病毒病的新农药"病毒康"，获河南省科技进步二等奖、河南省农科系统科技成果一等奖，2003 年被列入国家科技成果重点推广计划，2004 年在被视为癌症的水稻条纹叶枯病上首次通过国家农药登记；二是防治作物黄枯萎病的新农药克萎星，在国内首次解决作物黄枯萎病药剂防治问题，获河南省科技进步三等奖。2010 年获"全国劳动模范""先进工作者"称号。

【郭振甫】（1967—）中共党员。1989 年毕业于北京理工大学，2005 年获中欧国际工商管理学院 EMBA 硕士学位，现任郑州日产汽车有限公司总经理。先后于 2001 年、2002 年连续两年被授予郑州市"五一劳动奖章"；2003 年荣获市十大杰出青年经营管理者称号；2004 年获河南省"五一劳动奖章"，被授予郑州市十大杰出青年称号。

2004年当选为郑州市第12届人大代表；2005年当选为河南省汽车行业协会会长。

【郭芫沅】（1969—）女，河南孟津人。民盟盟员。副主任中医师，平乐正骨第八代传人，现任世界手法医学联盟副主席兼分支机构社会医疗委员会主任委员、洛阳市平乐正骨文化研究院正元堂中医门诊部主任、洛阳市平乐正骨文化研究院院长、洛阳平乐正骨博物馆馆长。幼蒙家学，谨遵祖训，弘扬祖业，传承创新。创造中药双向激活和中药微互补疗法，疗效独特；研发中药制剂荣获一项河南省科学技术成果奖、5项国家发明专利；出版专著3部，在省部级以上期刊发表论文25篇。获"2008感动洛阳十大人物""洛阳市第五届十大女杰""洛阳市三八红旗手"称号，2016年度"洛阳市诚信建设先进个人""最美洛阳人十佳人物"称号，2017年度"洛阳市职业道德建设十佳职工"称号，2018年荣获洛阳市"五一劳动奖章"。

【郭桥】（1970—）河南济源人。哲学博士（后），教授，逻辑学专业硕士点牵头导师。教育部教学指导委员会委员。现为河南大学哲学与公共管理学院副院长，河南省高校青年骨干教师，河南省教育厅学术技术带头人，开封市优秀教师。学术兼职为中国逻辑史专业委员会副主任、河南省逻辑学会副会长。主持和参加国家、省部级等科研项目14项，科研成果先后获得省部级等各种奖励4项。出版学术著作5部，发表学术论文30余篇。

【郭义】（1971—），河南人。2014年获"中国十大名厨"称号，2016年获"中国烹饪艺术家"称号，2017年获米其林中法交流奖，2017年中国御膳国宴授予突出贡献奖，2018年获中泰国际美食文化推广金奖，河南省旅游局劳动厅授予特殊贡献奖。中国饭店业国家一级评委，中国绿色饭店评审员，国家劳动技能餐饮业高级考评员，国家高级技师，国家高级营养师，中国烹饪大师。济源市工商联副主席，济源市九届、十届政协委员，河南省技术能手，中国饭店协会名厨委员会副主席；国资委全国御膳（国宴）委员会副秘书长，法国厨皇会最高荣誉主席；荷兰中厨协会特邀国际顾问；河南省豫菜研究会青年餐饮企业家委员会会长，河南省豫菜文化研究会副会长，河南省饭店与餐饮行业协会副会长，济源旅游协会副会长，济源饭店餐饮行业协会常务副会长，中国御膳国宴文化大讲堂郑州站主任，中国"百鱼宴"发起人，中国名宴"黄河鱼宴"创始人，全国饭店烹饪大赛"黄河鲤鱼宴"金奖获得者，全国饭店业总决赛银奖获得者。

【郭胜利】（1974—）河南省洛阳人。河南大学副教授，硕士生导师。民族学博士，2010年毕业于兰州大学西北少数民族研究中心，主要研究方向为中国近代少数民族史。主要论文有《民国初年新疆坎儿井建设及其社会生态研究》，载《干旱区资源与环境》2013年第2期；《十四至十八世纪吐鲁番王统研究之考述》，载《昌吉学院学报》2011年第2期；《明朝吐鲁番僧纲司考》，载《青海民族大学学报》(社会科学版)2012年第1期。

【郭春鹏】（1976—）中共党员，河南省南阳市方城县杨楼镇第一中心小学教师。1997年，他放弃留在县城工作的机会，自愿到家乡最偏远的山村支教。1998年，他为了保护学生人身安全，不幸因公致残。他爱岗敬业，18年来一直坚守在教学第一线。他热心公益、无私奉献，力所能及地帮助孤寡老人，资助特困学生近百名。他不断学习、刻苦钻研，积极参加县里组织的送教下乡活动，教学成绩一直名列全县前茅。曾获全国劳动模范、全国先进工作者、全国岗位学雷锋标兵、中国青年五四奖章等荣誉。河南省优秀辅导教师、感动南阳十大人物等奖项。

湖南省

【郭品文】（1891—1969）湖南祁阳人。12岁入芝兰班品字科学戏6年，为祁剧名小生何月波、何翠福得意门生。能文能武，唱作俱佳，演唱多花腔，善用真假嗓相结合的雨夹雪唱法。擅演周瑜戏，有"活周瑜"之称。在祁剧小生中自成一派，人称郭派。中华人民共和国成立后，参加湖南邵阳地区祁剧团，后转入湖南省祁剧院，并在湖南省戏曲学校任教多年。擅演《三气周瑜》《白门楼》《黄鹤楼》等。

【郭春涛】（1895—1950）湖南炎陵人。字名忠。早年毕业于北京大学，曾参加五四运动，后留学法国。回国后，任国民党中央政治会议秘书、候补中央监委、国民革命军第二集团军政治部主任、国民党政府实业部政务次长、川康绥靖公署秘书长。抗日战争时期，在重庆主持东方文化协会，并参加发起三民主义同志联合会。1948 年参加组织中国国民党革命委员会。1949 年出席中国人民政治协商会议第一届全体会议。中华人民共和国成立后，任政务院副秘书长和参事室主任、民革中央常委兼秘书长、全国政协委员。

【郭鹏】（1906—1977）湖南醴陵人。原名郭光前。1927 年参加湘赣边界秋收起义，1929 年参加中国工农红军。1930 年加入中国共产党。曾任红十六军长、红六军团五十团团长、红二军团六师师长。1935 年 11 月参加长征。后任红二方面军三十二军参谋长、八路军一二〇师三五九旅参谋长和副旅长、晋绥军区第五军分区司令员、八路军南下第一支队副司令员。解放战争时期，任晋绥军区第二纵队三五九旅旅长，西北野战军第二纵队副司令员、第一野战军二军军长。中华人民共和国成立后，任南疆军区司令员、新疆军区副司令员，兰州军区副司令员。1955 年被授予中将军衔。

【郭振球】（1926—）湖南长沙人。教授。1942—1947 年受业于长沙精益中医学院，1948—1952 年于长沙、湘阴等地从事中医医疗及研究工作。1953—1955 年于湖南中医进修学校进修。1956 年于衡阳市立中医院任中医师，1957—1958 年于卫生部南京中医学院第一期教学研究班毕业。1959—1961 年回衡阳市立中医院及衡阳医学院任医师、教师。1962 年调湖南中医学院诊断教研室主任。历任药学系研究生班主任、教授、博士研究生导师、学位委员会副主席、卫生部高等医学院校中医专业教材编审委员会委员、中国医学百科全书编委等职。从事医疗、教学与科研，治学严谨，临床擅长内科、妇科、儿科常见病及疑难杂症辨证论治，系世界传统医学诊断学学科奠基人，微观证治学的开创者。出版《中国临证学基础》《中国诊断学》《内科证治新诠》《世界传统医学诊断学》等。完成国家科委、国家自然科学基金委、卫生部和湖南省科研课题 17 项，其中 1979 年《中医临床学基础》获省科研成果奖；1993 年《微观辩证学之研究》获国家教委科技进步一等奖；2002 年《抗纤录治疗血吸虫病肝纤维对胶原代谢及细胞免疫的影响》获联合国世界和平基金会 21 世纪自然医学优秀成果奖及医学金奖。1991 年荣获国务院为发展我国高等教育事业做出突出贡献特殊津贴；1994 年国家人事部、卫生部、中医药管理局定为全国继承老中医专家学术经验指导老师，获为培养中医药人才做出贡献的荣誉证书；湖南省人民政府记三等功。2000 年 12 月英国皇家联盟科学院授予荣誉院士；2002 年美国诺贝尔医学研究院为院士。2004 年世界教科文卫组织邀请为医学专家成员。

【郭绍川】（1927—）湖南澧县人。现为湘潭师范学院生命科学系生物系教授，硕士生导师。1954 年毕业于武汉大学生物学系，后在内蒙古师范大学、湘潭师范学院（现为湖南科技大学）从事植物生理学的教学与教研工作，40 余年来曾担任教研室主任、系主任、省高校高职评审成员、市人大代表等职，担任中国植物生理学会第六、七届理事及省植物生理学分会副理事长。出版有《植物生理学》（1989 年）教材 1 部。科研方面曾先后承担、主持完成了国家科委及省级课题 7 项，其成果均达到国内先进水平，部分达到国际水平，主编出版《杂交水稻抗性生理学与生物化学》专著（1996 年）1 部。在国家一级学术刊物上发表学术论文 40 余篇。曾先后获省级优秀教学果奖 1 项，

省级科技进步奖 3 项，省优秀成果论文一等奖 1 项，获省"'七五'科技攻关个人先进"等荣誉称号。

【郭大辉】（1936—）教授级高级工程师。湖南郴州鲤鱼江电厂厂长兼总工程师。1955 年毕业于上海电力学校，1956 年初调入湖南鲤鱼江电厂工作。1983—1991 年，领导全厂职工开展技术改革，把一个落后的老厂改造成为一个全国电力系统安全文明生产达标的先进企业。主持研制的火电厂锅炉环形风小速差预燃室研究成果获湖南省电力工业局、华中电业管理局科技进步一等奖，湖南省科技进步四等奖，6.5 万千瓦汽轮机转子直轴获国家级科技奖。他个人先后荣获"湖南省劳动模范""湖南省职工自学成才奖""电力部优秀科技工作者"等省部级荣誉称号。享受国家政府特殊津贴。

【郭绍】（1938—）湖南安乡人。中共党员。副主任医师。1984 年由卫生厅授予名老中医光荣称号。自创疏肝化痞丸、复健散、鹅杷花糖浆、旱花合剂等分别治疗乙型肝炎、肝硬化腹水、胃及十二指肠复合性溃疡、慢性支气管炎、急性肾盂肾炎等，对女性不育

及妇科杂病均有较好疗效，对胎儿性别脉诊鉴别准确率达 80%。撰有《传染性肝炎、肝硬变病理机制的探讨》《以中药为主治疗血栓闭塞性脉管炎十三例的临床体会》等 9 篇论文；参与编著《中医临床汇集》一书。

【郭名奇】（1940—）湖南隆回人。著名杂交水稻专家，国家杂交水稻工程技术研究中心副研究员，1992 年起享受国务院特殊津贴专家，"籼型杂交水稻国家特等发明奖"、袁隆平农业科技奖获得者，被"杂交水稻之父"袁隆平院士誉为"杂交水稻研究与应用领域的历史功臣"。1980 年获湖南省杂交水稻高产栽培三等奖，郴州地区一等奖。

【郭应斌】（1941—）湖南益阳人。毕业于贵州大学中文系。现任湖南省政法管理干部学院副教授，兼任中国科技研究交流中心特约研究员。自 1963 年大学毕业以来，一直在贵州、湖南从事教学与教学管理工作。先后在中学、中专、党校、大学任教，讲授过语言、大学语文、秘书学与档案学等课程。在学校工作中，曾担任过教务主任、文史教研室主任、副校长等职。在近 40 年的教学生涯中，恪尽职守，认真教学，曾多次被评为先进工作者、优秀教师、劳动模范等，受到嘉奖。在教学之余，主编了我国第一部《历代民政文选》（约 40 万字，湖南大学出版社）。受湖南省社科院有关同志的邀请，参加编写《中国著名乡镇文化研究》一书（华夏出版社），任副主编。1998 年受海南出版社总编之邀，为其主编的《汉语词典》《汉语字典》担任审校工作，共审校百余万字。

【郭文白】（1941—）福建莆田人。1965 年毕业于福建省造纸专科学校。湖南省郴州市轻纺工业局科长，高级工程师。中国造纸学会纸史委员，湖南省造纸学会理事，湖南省轻工质量协会理事、咨询评审员，湖南省郴州市轻纺协会秘书长。研制药物卫生纸获湖南省优秀新产品奖，并记功 1 次。撰写的《郴州地区轻工业产业政策实施方案》获湖南省及郴州地区科技进步奖。在国家、省级造纸刊物上发表《蒸球的空气保温》等 20 多篇文章，在中国造纸学会、湖南省造纸学会等宣读了《湖南造纸简史》等 10 篇文章，有 5 篇文章获不同级别的优秀论文奖。1992 年被湖南省人事厅及湖南省轻工厅授予湖南省轻工系统"优秀科技工作者"称号，并刊登在《湖南日报》予以表彰。

【郭辉东】（1947—）湖南永兴人。1964 年
6 月参加工作，1972 年 6 月入党，大学学历。
经济与人才学研究员，国务院政府特殊津贴
专家，湖南省人民政府参事。

【郭麦】（1954—）湖南人。大学文化。株洲
铁路医院中西医结合门诊部主任，主任医师。
论文《柯雷氏骨折的手法治疗》刊于《中国
骨伤》，《运气学说在骨伤科的临床运用》
刊于《铁路中西医汇编》，《小针刀的临床
应用研究》获长沙铁路总公司 1992 年成果
一等奖，《用熟地五味子治疗过早搏动》刊
于《四川中医》，《高频电治疗腋臭》刊于
《中国工矿医学》。

【郭庆广】（1954—）河北徐水人。毕业于吉
首大学，副教授。现任中国保险管理干部学
院财产保险系主任，兼任湖南省统计学会副
秘书长。先后从事财经、金融、保险类高等
教育工作，并执教统计学、财政学、金融学、
投资学、经济计量学、保险经济学等 12 门
课程；在国际统计学会第 50、52 届大会上
分别发表了《保险统计分析的基本理论及其
应用》《保险信用质量的指标体系设计》；
主编《财政与金融》；参译《经济计量学理

与实践引论》；先后主持了中国金融教育发
展基金会的 97105 课题《保险信用质量的评
级模式研究》和国家统计局的 93147 课题《保
险信用质量保证模式研究》；自 1994 年以
来共荣获省部级科研成果奖 4 次。

【郭灿城】（1956—）湖南沅江人。中共党员。
硕士研究生毕业，湖南大学化学化工学院院
长，化学教授。有机化学学科和应用化学学
科博士生导师，国家教育部高等学校非化学
化工专业基础化学教学指导委员会委员，湖
南省科技进步奖学科评委，湖南省学位委员
会理学组成员，湖南省化学化工学会常务理
事，《化工学报》编委，《湖南大学学报》
编委。1999 年享受国务院政府特殊津贴，
2004 年入选湖南省新世纪"121"人才工
程第一层次人选，2005 年 1 月被聘为国家
"985"工程湖南大学首席科学家。

【郭淑英】（1957—）女，教授级高级工程师。
现为中国南车首席技术专家、南车株洲所首
席专家，南车时代电动技术委员会主任。曾
荣获铁道部火车头奖章、第四届詹天佑人才
奖、湖南省劳动模范、全国三八红旗手等称
号。1981 年 12 月毕业于长沙铁道学院电机

专业，分配到南车株洲电力机车研究所工作至今，历任助工、工程师、高工、教授级高工。30 多年来先后主持和参加了数十项国家、部、局重大科技项目的攻关，获得多项科技成果奖励，从事的主要科研工作是节能与新能源汽车的研究与应用，以及轨道交通牵引电机的研究与开发。是湖南省电动汽车及关键零部件重大专项的首席专家。

【郭争鸣】（1959—）中共党员。生理心理学教授。湖南中医药高等专科学校校长。坚持深入教学、科研一线，每年担任教学任务均在 200 学时左右，主持厅级以上的科研课题 6 项。先后主编、参编教材教参 15 部。在各级种类学校刊上发表科研、教学和管理论文 35 篇。负责主讲的《医护心理学》课程 2006 年被评为省级精品课程。牵头负责的《基础医学教学团队》获 2010 年省级优秀教学团队。在生理学和心理学领域中有一定的学术地位，中国中医心理学会理事，湖南省生理科学会常务理事，湖南省心理卫生协会常务理事，湖南省中西医结合学会常务理事。先后获得省市和学校各种表彰奖励 30 多项。先后两次评为株洲市双文明建设先进个人，四次荣立卫生厅二等功。

【郭渐强】（1962—）中共党员，湖南大学法学院教授。1983 年 7 月毕业于湖南师范大学政治系。1989 年 9 月—1990 年 7 月在复旦大学国际政治系行政学助理教授进修班学习，1995 年 9 月—1996 年 7 月在北京大学政治学与行政管理系做访问学者，1997 年被评为湖南省普通高校省级青年骨干教师。1999 年晋升为教授。2005 年被评为湖南省新世纪"121"人才工程第三层次人选。长期从事中国行政管理理论与实践、公共政策分析等领域研究。出版著作 4 部，主编教材 3 本，在 SCI、CSSCI 等刊物发表学术论文 40 余篇。主持《行政程序简化视角下的降低行政成本研究》《湖南省公共服务流程再造中服务链模型构建与应用研究》等国家级、省级科研项目。对中国政治程序、行政程序进行了专门系统的研究，发表了一系列有影响的研究成果。

【郭力】（1964—）原名郭资源，湖南益阳人。1994 年毕业于西安交通大学，获博士学位。湖南大学机械与汽车工程学院副教授。中国机械工程学会会员，中国振动工程学会会员。在国际学术会议和全国科技核心期刊等发表论文 30 多篇，并有论文被国际国内检索及被国内多种丛书收录。曾获部、省级奖，国家教委科技进步一等奖。

【郭运凯】（1965—）主任医师，教授，硕士生导师。2003 年获中南大学临床医学博士学位，现就职于中南大学湘雅二医院耳鼻咽喉科。北京市、浙江省和湖南省自然科学基金评审专家，《中华临床医学》杂志等审稿专家。擅长咽喉部疾病、各种中耳炎显微外科手术，耳聋和眩晕疾病临床和听力学诊断，鼻腔鼻窦肿瘤鼻内镜及头颈肿瘤的外科治疗。主攻咽喉科、耳科、头颈外科疾病的诊治。

【郭勇】（1968—）1990 年毕业于中南工业大学机械系矿山机械专业，1993 年中南工业大学机械系研究生毕业，获工学硕士学位；毕业后留本校从事科研工作，2002 年评定为副研究员、硕士研究生导师。从事工程装备电液传动与控制技术的研究、电液系统集成及液压多路阀的设计开发及成果产业化等方面的科研工作，在工程装备的液压传动与控制领域及相关研究方面具备较强的理论及实际应用能力。先后主研参加了十多项国家、省部级重点科研项目，主持国家"863"计划项目的子课题 2 项，发表论文 30 余篇，参编《液压挖掘机》，被授权专利 20 多项，获国家科技进步二等奖 1 次、省部级科技进步一等奖 2 次、省部级科技进步二等奖 1 次等成果奖励，2005 年获第五届湖南省青年科技奖、2009 年获全国机械工业劳动模范等个人荣誉。

【郭永邦】（1969—）湖南浏阳人。中共党员。硕士，副教授，现任湖南环境生物职业技术学院总务处直属支部书记。1992 年参加工作，先后任湖南环境生物职业技术学院林业工程系党支部副书记、学生处副处长、团委副书记、生物工程系党总支副书记、环境艺术设计系党总支书记等职。研究方向为大学生思想政治教育与高校管理。长期担任思想道德修养与法律基础、护士人文修养教学和学生思想政治工作。承担院长基金课题一项，先后在湖南师范大学教育科学学报、湖南一师学报、湘潭师范学院学报、湘潮、职业教育研究等学术刊物发表论文近 10 篇。

【郭新华】（1972—）湖南常德人。湘潭大学商学院教授，华中科技大学经济学博士，湖南省新世纪"121"人才工程人选，湖南省青年骨干教师，湘潭大学优秀硕士生导师。现任商学院工商管理系副主任，教育经济与管理硕士学位点负责人。教育经济与管理、企业管理专业硕士生导师。近几年公开发表的论文有 50 余篇，其中在《经济理论与经济管理》《统计与决策》《云南财经大学学报》《湘潭大学学报》（哲社版）等 CSSCI 杂志上发表论文 30 余篇。专著《家庭借贷、拖欠与破产研究》由知识产权出版社出版。

【郭秋平】（1975—）湖南醴陵人。湖南大学生物学院副教授。1998 年本科毕业于华中师范大学生物学专业，2001 年于厦门大学获生物化学与分子生物学硕士学位。主要从事纳米及分子水平上的生物分析化学、纳米生物技术、分子工程、纳米生物医学器件、化学与生物传感技术方面的研究。已在 *Nucleic Acids Research* 等知名学术刊物上发表学术论文多篇。主持承担了一项国家自然科学基金项目和一项湖南省科技计划项目，作为主要参加人员参加了国家级、部省级科研项目 10 余项的研究，其中包括国家重点基础研究规划"973"项目、国家自然科学基金重点项目、国家基础研究重大项目前期研究专项以及国家杰出青年基金、国家自然科学基金海外青年学者合作研究基金、教育部重大项目等。

湖北省

【郭显钦】（1884—1955）湖北安陆人。字端伯。毕业于山西大学。1916 年考取高等文官。曾任北洋政府教育部技正、北京农业专门学校教授、湖北水利局沔天堤工程主任、交通部第八区公路局工程师等。中华人民共和国成立后，任交通部工程师、公路总局试验室副主任。著有《我国的土木工程学史略》《冀鲁晋三省路政概况》《木材之物理性力学性及化学性防腐方法大意》等。

【郭寄生】（1886—1958）湖北东湖（今宜昌）人。1911 年加入共进会。武昌起义爆发，负责革命宣传及都督府新闻发布工作。曾办《新汉报》与詹大悲等进行讨袁活动。护法运动中，在护法军总司令部任秘书。1922 年任施洋所办《真报》总编辑。二七惨案后逃往上海。大革命后逐渐右倾，曾任国民党湖北省执行委员。

【郭天明】（1905—1970）湖北黄安（今红

安）人。开国上将。毕业于黄埔军校，参加广州起义、红四方面军长征。土地革命战争时期，曾任第四方面军第三十军参谋长。抗日战争时期，任冀察军区司令员。解放战争时期，任第二野战军四兵团副司令员。中华人民共和国成立后，任训练总监部副部长兼出版部部长、院校部部长，第二、三届国防委员会委员。1955 年被授予上将军衔。1955 年获一级八一勋章、一级独立自由勋章、一级解放勋章。

【郭令智】（1915—2015）湖北安陆人。地质学家。1938 年毕业于中央大学地质系，1993 年当选为中国科学院院士。曾任南京大学教授、副校长、代校长。长期从事中国南部和东南部区域大地构造研究，在华南首次发现板块运动和俯冲碰撞所形成的江南元古代沟弧盆系，突破了板块构造限于晚显生宙的观念。建立华南构造演化模式和格局，论证了板块俯冲边界自西北向东南跃迁的总趋势。得出华南成矿带和油气资源的分布规律，提出鉴别大陆边缘的 8 项标志揭示我国陆内板块 A 型俯冲和前陆盆地形成机制。代表作有《中国大地构造问题》《板块构造基本问题》和《华南板块构造》。1982 年

获国家自然科学奖二等奖。

【郭吴新】（1927—）湖北浠水人。1950 年 7 月毕业于武汉大学经济系。曾先后赴中国人民大学和莫斯科国立经济学院当研究生，1960 年获苏联经学副博士学位。现为武汉大学商学院教授、博士生导师。长期从事世界经济理论的教学与研究工作，在世界经济理论、发达国家经济和世界经济史等方面均造诣深厚。曾多次主持国家和省级项目研究，著述或主编的著作主要有《当代世界经济格局与中国》等。曾担任武汉大学经济系副主任、美国加拿大经济研究所所长兼世界经济学科领导小组组长，《美加经济研究》和《世界经济评论》杂志主编。任全国美国经济学会会长，中国世界经济学会副会长，中国外国经济史学会副会长，国家社会科学基金八五国际问题研究评审组成员，湖北省社会科学联合会副主席，湖北省世界经济学会会长，武汉市政府咨询委员会委员，武汉城市经济学会副会长等职。1989 年被评为全国优秀教师，1992 年起享受政府特殊津贴。

【郭建新】（1929—）河南漯河人。中共党员。

副编审。1950年毕业于中原大学文艺学院戏剧系并分配到中南文化部戏曲改进处。1961年调入武汉市电影公司任宣传科科长、《武汉银幕》主编。市电影评论协会秘书长，武汉市电影发行放映学会副会长兼秘书长。在报刊、电台发表影视评介文章200余篇，编印《电影宣传通讯》91期、《电影歌曲》4本。《论电影宣传工作》获湖北省电影宣传论文奖，1992年与人合编出版了《全国获奖影评集》。

【郭同新】（1929—）湖北襄阳人。中共党员，编审。毕业于中国人民大学。曾任湖北省地方志编纂委员会办公室主任，《湖北年鉴》副主编。在20年修志生涯中，参与评审新编市县志90多部、终审30多部。较早提出科学技术、乡镇企业、社会保障在志书中应有的地位和撰写方案，先后发表论文近100篇。关于方志体例创新问题，撰有《"综述历史，分陈现状"的编纂方法适用于县志》《从部分市县探讨"综述历史"课题中得到的启示》等，1994年以《方志新论》书名出版。2002年又出版专著《方志纵横》。

【郭隆道】（1931—）湖北武汉人。1957年

华中师范大学化学系毕业，同年参加工作。1982年评为特级教师，湖北教育学会中学化学专业委员会理事，武汉市中学化学研究会副理事长，新洲县政协副主席。主要著作有《在化学实验中如何培养学生能力》（华中师范大学《化学函授》1985年3期），《盐与盐反应规律的一点认识》（湖北教育学院《中小学教研资料》），《中学化学复习教学法》（广西教育出版社1990年版）等。

【郭锐】（1933—）湖北祁阳人。1956年9月考入中南政法学院法律系，1960年毕业后留校工作，1998年12月退休时为中南政法学院经济法系教授，经济法硕士研究生导师，导师组副组长，院学位委员会委员，湖北省第六、七届政协委员，湖北省经济法研究会副会长，湖北省立丰律师事务所兼职律师。长期从事经济法学的教学和研究工作，在我国经济法学界有较大影响。他发表了许多论文，其中《论高层次横向经济联合的法律问题》一文获司法部第一届法学优秀科研成果奖。承担过国家科委软课题《科学技术中的反垄断和反不正当竞争的法律研究》的研究工作。著述和编著的著作有《经济法通论》《财税法教程》《旅

游法指南》等 20 余部。

【郭金声】（1934—）回族。河南开封人，中共党员，二级演奏员。湖北省戏剧家协会会员，武汉市戏剧家协会会员，武汉市音乐家协会会员。10 岁学艺。1952 年进武汉市豫剧团任司鼓，为数十个剧目伴奏。1956 年 6 月参加河南省新乡市现代戏汇演，为《二兄弟》一剧担任司鼓、音乐设计并兼导演，获音乐演奏司鼓二等奖。

【郭方中】（1934—）福建福安人。中共党员。现任华中科技大学能源与动力工程学院教授、博士生导师。享受政府特殊津贴。1949—1954 年在哈尔滨工业大学电机系学习并毕业，1954—1956 年在清华大学热能动力装置专业攻读研究生。1956—1961 年在哈尔滨工业大学动力系先后任助教、讲师，讲授工程热力学熏热能装置；1961—1977 年在反应堆研究院反应堆热工水力实验室任研究工程师；1977 年起到华中科技大学任副教授、教授；1990 年被国务院学位委员会批准为博士生导师。讲授低温传热学、热动力学。在国内外重要学术刊物和国内外重要学术会议上发表论文 70 余篇。已培养出博士 11 名，硕士 23 名。获得的主要奖项有斯特林制冷机回热器的交变流动理论，获国家教委科技进步二等奖。出版的著作有《低温传热学》（中国机械工业出版社 1987 年版）、《动态传热学》（华中科技大学出版社 1995 年版）。

【郭际康】（1936—）福建闽侯人。教授级高级工程师。毕业于浙江大学。现任湖北清江水电开发有限责任公司党委副书记、副总经理。兼湖北清江隔河岩水力电厂党委书记、教授级高级工程师、华中理工大学兼职教授。1978—1981 年任我国第一条 500kV 平武输变电工程凤凰山变电站工程技术负责人；1987 年，组织领导并实施的湖北省火电厂粉煤灰综合利用工程和电力系统信息自动化工程取得成功，受到部里表彰。1987 年、1988 年组织领导的我国第一台大型锅炉荆门热电厂油改煤工程，填补了国内油炉改造的空白，为我国油炉改造提供了宝贵经验。先后发表了《三江水电起宏图》《清江模式业主负责制的特色》《发挥水电资源优势，促进小水电发展》《改革中低压发电机组，提高经济效益》等 40 多篇论文，其中《光辉的湖北电力工业四十年》获湖北省电机工程学会优秀学术论文一等奖。参加编写了《隔河岩水电站》《湖北中型水电站建设与管理》等著作。

【郭德一】（1936—）湖北枣阳人。中共党员，高级编辑。1965 年毕业于南开大学中文系，并分配到光明日报社从事编辑、记者工作。1980 年调到湖北《党员生活》编辑部，1984 年 7 月任编辑部副主任。1989 年任《党员生活》杂志社副总编。1995 年负责编辑的《党员生活》杂志被评为湖北省优秀刊物。

【郭德维】（1937—）湖南湘潭人。1961 年毕业于武汉大学历史系，1986 年晋升为副研究员，1991 年升为研究员，1990 年获湖北省有突出贡献的中青年专家称号，1992 年享受国务院特殊津贴。主持编写的《曾侯乙墓》，1991 年获湖北省社科优秀成果二等奖，1999 年又荣获首届郭沫若中国历史学奖二等奖。此外，他还著有《曾侯乙墓综览》和《礼乐地宫》，充分反映了对曾侯乙墓的研究成果，《曾侯乙墓综览》获 1995 年湖北省社科院首届优秀成果著作二等奖。《礼乐地宫》获 1997 年四川省"五个一工程"入选作品奖，并还获第十一届中国图书奖。

为曾侯乙编钟复制研究做出过贡献，1983 年获文化部编钟复制研究成果二等奖。

【郭典昶】（1938—）福建永定人。1986 年被评为副教授。1960 年厦门大学数学系毕业后，由国防科工委选调，进入中国人民解放军海军工程学院工作。1971 年转业回龙岩煤矿机械厂工作，1979 年受中国人民解放军总政治部调令再次征召入伍，回到海军工程学院任教至今。在长期的教学工作中认真负责，积极肯干，为海军建设工作做出了应有的贡献，多次受到部队嘉奖，并于 1986 年被授予海军的"教书育人先进教师"称号，1986 年和 1987 年两次光荣出席海军党代会。由于教学成绩突出，于 1988 年荣立三等功一次。

【郭祀绵】（1938—）广东潮阳人。历任工程师、高级工程师。1989 年任长江船舶设计院副总工程师，曾受聘为中华人民共和国船舶检验局技术委员会电气及自动化委员会委员，武汉地区轮船船员考试委员会委员。中国造船工程学会会员。长期从事内河船舶和沿海以及有关机械的电气设计工作和审定及技术管理工作。在近 40 年的工作历程中，在长江的船电交流化、船舶机舱自动化、电站自动化及电气系统功能的完善与提高等方面做了大量的工作，并取得一系列的成果。由他经手设计过的船舶有客轮、旅游船、货轮、油轮、工程船、工作船及特种船舶等100多艘。其中820客位沪渝双艉客轮获交通部科技进步一等奖，申高线客货轮及2×6250柴油机推轮两项获交通部全国内河运输优秀船型一等奖，200吨供油供水轮获全国内河运输优秀船型二等奖。此外，在起重运输机械及液压电梯的电气系统设计、可编程控器在起重机上的应用方面也做出显著的成绩。

【郭怀宸】（1939—）山西翼城人。主任医师。中共党员。1966年毕业于山西医科大学（原山西医学院）。现任职于江汉油田中心医院神经内科。全国石油系统神经内科学术委员会常务理事，同济医科大学兼教授，江汉油田"有突出贡献科技专家"。长期致力于临床医疗工作，率先在油田开展了神经内科专业，现已初步形成人才结构合理，专科设备齐集，与国内外先进水平的差距明显缩小，处于全国石油企业卫生系统领先地位和湖北省的重点专科，为进一步发展奠定了基础。

自1987年以来，撰写的医学学术论文40余篇。

【郭道扬】（1940—）湖北谷城人。1964年毕业于湖北大学经济系，毕业后执教于中南财经大学（原湖北大学）。现为中南财经政法大学教授，会计学博士生导师、博士后导师。曾任国际会计史学家协会学术委员会委员、中国会计教授会会长，现任国家社会科学基金委员会管理学科评议组成员、中国会计学会副会长与会计史专业委员会主任、美国《会计咨询》杂志编委等职。拥有众多研究成果，所著《中国会计史稿》（上、下）被国外同行专家誉为东方第一部会计史学专著，在世界上形成了广泛影响。国务院政府特殊津贴专家，全国先进教育工作者、湖北省有突出贡献中青年专家、湖北省劳动模范。

【郭贵龙】（1942—）湖北郧县人。教授，毕业于华中师范大学。现任湖北省十堰教育学院教务处长，湖北省教育学院学报副主编，湖北十堰市外语教学研究会会长，中国教育家协会理事。研究领域涉及英语翻译与审美、汉语英译、英语板话记诵法。担任《英语实用语法》《视听说》《英语教材教法》等课程教学，有 4 篇论文获全国优秀学术论文奖，4 篇论文获省级以上学会优秀论文奖，5 篇获地、市优秀论文奖。编著、合著著作 10 部，如《翻译理论与技术》（上、中、下）、《英语审美与教学》等均由成都科技大学出版社出版。多次被地市、学院评为优秀教师和党员。1993 年被评为全国优秀教师。1997 年获湖北省教育学院系统优秀教学一等奖。1999 年获曾宪梓教育基金会高等师范院校教师奖三等奖。

【郭福林】（1943—）湖北鄂州人。副主任医师。鄂州市古楼卫生院院长。从医 40 年来，多次被评为先进工作者，先进党务工作者，优秀党员。并连续 3 年被鄂州军分区和市人民政府评为征兵先进工作者，工作成绩得到了社会的广泛肯定，被农民视为护卫他们生命的使者。

【郭榴通】（1943—）江苏常州人。中共党员。大学文化，高级工程师。1966 年 9 月参加工作，历任沙市市政工程公司技术员、副科长、科长、副经理，沙市城市建设环境保护委员会副主任，沙市人民政府副市长，荆门市人民政府副市长、党组成员、市委委员，任荆门市人大常委会副主任、党组成员，市委委员，荆门市第二、三、四、五届人大代表。

【郭学耀】（1945—）湖北武汉人。中共党员，副研究员。毕业于武汉同济医科大学。现任十堰市人大常委会委员，为十堰市人大第一、二届代表。原任十堰市广播电视局局长、党委书记。历任十堰市人民医院办公室主任、市委宣传部办公室主任、市文化局副局长、《十堰日报》社副社长。1990 年任市广播电视局局长、书记。曾担任湖北省广播电视学会常务理事，十堰市新闻工作者协会、新闻学会副会长，十堰市广播电视学会会长。在主持广播电视局工作期间，先后在全省广播电视宣传工作量化管理竞赛评比中，广播宣传 3 次获第二名、电视宣传两次获第三名。在全省广播电视技术维护管理竞赛评比中，取得过 3 个第一名和两个第二名的好成绩。

【郭康霞】（1945—）湖北武穴人。二级演奏员。黄石市汉剧团团长。黄石市政协委员。黄石市音协、黄石市戏协会员。专攻汉剧京胡兼作曲，曾创作并演奏的《林冲夜奔》一剧获省一等音乐奖。创作并演奏的《魂游祖庙》等剧参加湖北省首届汉剧汇演比赛获一等奖。1995 年为《猴王与嫦娥》一剧作曲，参加湖北省戏剧新作展演获优秀作曲奖。曾发表论文《但愿同赞汉剧美》、《妙趣横生的汉剧声腔音乐》（与人合作）、《漫谈汉剧音调性》等。

【郭齐勇】（1947—）湖北武汉人。武汉大学人文学院院长、哲学学院院长。教授委员会主任，中国传统文化研究中心副主任及学术委员会主任，国际中国哲学会（ISCP）会长及副执行长，国务院学位委员会哲学学科评议组成员，教育部高等学校哲学教学指导委员会副主任等职，现为哲学学院与国学院教授、博士生导师，学校学术委员会委员暨人文学部学术分委员会主任，国学院院长，中国传统文化研究中心名誉主任，国家社科基金哲学学科评审组专家、全国中国哲学史学会副会长、中华孔子学会副会长、国际儒学联合会（ICA）理事暨学术委员、湖北省文史研究馆馆员。1978 年考入武汉大学哲学系，1981 年考上硕士研究生。1984 年毕业留校在哲学系任教。1989 年 1 月晋升为副教授，1992 年 8 月获武汉大学哲学博士学位，1993 年 3 月晋升为教授，同年 10 月增列为博士生导师。曾被邀请为美国哈佛大学和日本关西大学的访问学者，德国特里尔大学和我国台湾政治大学的客座教授。从 1993 年起，享受国务院特殊津贴。主要从事中国哲学史的教学与研究，专长领域为中国哲学史、儒家哲学与 20 世纪中国哲学，是国家重点学科"武汉大学中国哲学学科"学术带头人。在海内外学术刊物上发表论文 200 余篇。主要著作有《中国哲学史》《中国儒学之精神》《现当代新儒学思潮研究》等。

【郭泰主】（1948—）湖北武穴人。后改名郭平。中共党员。武汉大学高级政工师。曾任广济县文教局教育副股长，市司法局股长、副局长、局长，市委宣传部副部长兼文明办主任。在任司法局长期间，围绕大服务的思想，充分发挥法律保障、法律监督、法律服务、法制宣传教育的职能作用，优质服务经济建设，推进了司法行政工作。所在单位被湖北省授予红旗单位，个人曾多次被省、地部门授予先进工作者。多篇论文在省、地部门有关刊物发表获奖。在市志办的工作中，被授予湖北省、黄冈市表彰先进单位、个人先进工作者。

【郭贤荣】（1949—）湖北武汉人。现任武汉市洪山区中医医院内科主任；高粘滞血症专科、脾胃专科主任；副主任医师。1967 年、1976 年先后毕业于武汉医师进修学院（现武汉职工医学院）中医专业班和医疗系。1997 年以来先后被聘为本区职称评委会副主任委员、《湖北中医杂志》《美国中华医药杂志》特约编委，《中华临床医学学会》常务理事。从事中医临床、中西医结合和中医药实验研究 30 余年，善于继承和发扬历代中医各家学说和近代中医流派临床经验，着力探究现代名中医学术精华，对老年病和疑难病症的治疗造诣颇深。代表作《高粘滞血症分型的中药治疗及其症状的辩证论治》于 1998 年 6 月在第 2 期《美国中华医药杂志》上发表。

【郭北燕】（1950—）女，河北辛集人。中共党员。大学文化，武汉市工程科学技术研究院能源研究所党委委员，高级工程师。湖北省农村能源综合建设专家组成员，湖北省太阳能研究会第四届理事。主持 WZ- Ⅰ、WZ- Ⅱ型沼气灶具设计，获武汉市科技成果四等奖；起草制定湖北省标准《湖北省节煤省柴大灶技术规程》《湖北省节煤省柴大灶性能测试方法》《湖北省农村家用水压式

语气地管理设计安装规范》，后者获武汉市科技进步三等奖（第一获奖人）。

【郭立峰】（1950—）山东利津人，中共党员。1969 年 2 月参加工作。华中理工大学系统工程专业毕业，研究生学历。海军少将军衔。历任北海舰队 4117 部队学员、班长，海军工程学院学员、教员、教研室主任、教务处长、系主任、教务长、训练部长、副院长，海军工程大学副校长。2001 年 7 月晋升海军少将军衔。2001 年 10 月任东海舰队 92910 部队副司令员。2003 年任海军工程大学校长。第十届全国人大代表。

【郭桂华】（1951—）湖北公安人，中共党员，大学文化。高级经济师。湖北车桥（集团）股份公司董事长、总经理、党委书记。1983 年 3 月—1984 年 3 月在公安县工业局电子公司任经理；1984 年 3 月至今在湖北车桥（集团）股份有限公司（原湖北车桥厂）任厂长、董事长、总经理、党委书记；1985 年 9 月—1989 年 7 月在武汉工学院工业企业管理专业学习，获本科学士学位。1993 年 4 月被全国总工会授予"全国优秀经营管理者"和"五一劳动奖章获得者"

称号，1995 年 4 月被国务院授予全国劳动模范称号。1997 年 12 月当选为湖北省第九届人民代表大会代表。

【郭召明】（1951—）湖北浠水人，1979 年毕业于湖北艺术学院美术系版画专业，同年留校任教，现任湖北美术学院版画系主任，教授。曾进修于浙江美术学院、中央美术学院，创立湖北美术学院版画系石版画工作室及书籍装帧工作室，开设湖北美术学院印刷图形专业。作品连环画《女大学生宿舍》入选第四届全国美展；石版画《第 36 年·青丝》入选第五届全国美展；《曲》入选第六届全国美展。

【郭东安】（1952—）原名郭松，笔名郭东陇。湖北麻城人。中共党员。湖北省工艺美术研究所陶研室副主任兼三峡艺术陶瓷研究中心主任。副研究员、高级工艺美术师。中国工艺美术学会书画研究会会员，湖北省随州市美术家协会副主席，海南港澳文化艺术公司艺术创作成员、画家、陶艺家。1986 年毕业于中央工艺美术学院。1980 年创作国画《乐图》在湖北第一届工艺美术精品展中获优秀奖，1981 年创作的刻划陶《在希望的田野上》在湖北省第二届工艺美术大展中获一等奖，1985 年创作的现代陶艺和古建筑陶瓷获省优秀奖。从事艺术陶瓷研究 10 年来获 6 次地市级一、二、三等奖。1990 年从事现代陶艺研究和创作，已有现代艺术陶艺作品 300 余件。1993 年研究和创作现代绘画，已有水彩、油画、国画作品 100 多件。

【郭丽玲】（1953—）女，湖北武汉人，中共党员，主任编辑。1985 年毕业于中央广播电视大学中文专业。1972 年参加工作，1976 年被调长江日报社，先后在总编室、文艺部、周刊部任编辑、周刊部副主任。参与《长江日报》周末版的筹备、策划、编辑、专版设置、稿件编审工作，参与组织筹备的《热门话题纵横谈》专栏，获湖北省好新闻特等奖。曾被评为武汉市优秀新闻出版工作者。

【郭大俊】（1953—）湖北南漳人。笔名郭俊、阳祺。先后就读（含进修）于武汉师范学院政教系、中山大学哲学系、北京大学哲学系和华中师范大学科学社会主义研究所，获法学博士学位。现任湖北大学马克思主义学院教授、博士生导师、琴园学者，享受国务院特殊津贴，兼任中国马克思恩格斯研究会理事、中国当代世界社会主义研究会理事。长期从事马克思主义理论教学和研究工作。给本科生和研究生主讲的课程有哲学原理、马克思主义哲学史、马克思主义经典著作选读、马克思主义发展史、科学社会主义前沿问题专题研究等。在人民出版社等出版学术专著2部，合著、主编、参编著作和教材9部，在《中国社会科学（内刊）》《哲学研究》《马克思主义研究》和《光明日报》等报刊上发表学术论文70多篇，30多篇论文被《新华文摘》《中国哲学年鉴》《高校文科学报文摘》《光明日报》和人大报刊复印资料转载或摘登。主持和参与国家社会科学基金和湖北省教育厅社会科学基金共6项，多次获教育部、湖北省、武汉市优秀科研成果奖。

【郭玲俐】（1955—）女，湖北人。小学高级教师，湖北省襄樊市襄城区庞公杨河小学教导主任。20多年来，没有离开过讲台，1993年被评为省优秀教师，1994年被评为市劳动模范，1995年被评为全国优秀教师。

【郭庆汉】（1955—）湖北武汉人，中共党员，副研究员。1982年毕业于武汉大学经济系并分配到湖北省社会科学院。先后在经济研究所和长江流域经济研究所从事研究工作。现任长江所研究室主任、所学术小组成员。撰写专著章节、论文、研究报告数十万字，并多次获奖。其中参与撰写的专著《长江经济开发战略》被评为第二届全国优秀图书奖二等奖。

【郭仁忠】（1956—）江苏盐城人。1978年2月考入武汉测绘学院地图制图系，1981年考取该校硕士学位研究生，1984年获硕士学位，1990年获法国FrancheComte大学地理学博士学位，1994年在武汉测绘科技大学博士后流动站完成测绘学博士后研究。1996年被评为湖北省中青年专家，同年入选人事部百千万人才工程，1998年起享受国务院特殊津贴。先后担任武汉测绘科技大学土地科学学院副院长，深圳市规划国土信息中心主任，市规划与国土资源局党组成员、副局长，市国土资源和房产管理局党组成员、副局长等职务。现任深圳市规划和国土资源委员会副主任，兼任国土资源部城市土地资源监测与仿真重点实验室（筹）主任、国土资源部科技专家咨询委员会委员、国家测绘地理信息局科技委员会委员、国际欧亚科学院院士、《测绘学报》编委、国际测量师协会（FIG）三维地籍工作组成员等职。主要研究方向为国土资源信息工程、空间分析、地图综合、三维地籍，先后主编地图集3部，出版著作3部，发表论文100余篇，他引2000多次，19次获各类科技奖励，其中获国家科技进步二等奖2项（均排名第一）、国际奖2项、省部级科技进步一等奖5项。2013年，被选为中国工程院院士。

【郭唐永】（1957—）中共党员。1977年考入华中工学院，1982年毕业后到黄冈师范专科学校任物理老师，1983年到中国科技园上海技术物理研究所读硕士研究生。1986年毕业后到国家地震局地震所研究工作。期间曾任助理研究员、副研究员、研究员、研究室副主任、主任、所长助理及多个社会兼职等。主持卫星激光测距项目研究成功，使此项技术的水平赶上了国际水平。带着科研班子和设备首次设立北京、新疆、西藏、韩国等特殊地域的流动卫星激光观测站，该项成果获得2004年湖北省科技进步一等奖。多次参与国内外学术讨论和经验交流，发表了多篇论文。被评为1992年地震系统科技新星、2000年地震系统跨世纪人才、2006年湖北省劳动模范、1996年和2008年先后被评为全国地震系统先进工作者、1994年享受国务院津贴。

【郭桥莎】（1957—）女，河北隆尧人。副编审。1982年1月毕业于北京大学地理系。1984年12月调湖北人民出版社，从事辞书、教辅等类图书的编辑出版工作。曾任辞书编辑部理科编辑室副主任，现任综合编辑部副主任，中国辞书学会会员。共责编图书100多种。复审图书10多种。担任责编的图书中，《电视辞典》1992年获省三代图书优秀编辑三等奖，《日本知识辞典》（湖北省"八五"重点图书）1994年获省三代图书优秀编辑一等奖，《青年读书辞典》1994年获中南五省人民出版社优秀编辑奖，1995年获省三代图书评比优秀编辑一等奖。主要著述有《常用百科辞典》（合著），《辞书编辑工作浅议》收入湖北人民出版社《编林漫录·二辑》。

【郭剑波】（1960—）中国工程院院士。教授级高级工程师、博士生导师、注册咨询师，享受国务院政府特殊津贴专家。现任中国电力科学研究院院长、党组副书记，2012年全票当选 IERE（国际电力研究交流组织）副主席。长期从事电力系统可靠性、电力系统运行分析、FACTS 技术等领域的研究。曾获国家级科技进步奖一等奖 1 项（第一完成人），部级科技进步奖一等奖 2 项，三等奖 2 项，发表论文 40 余篇。1996 年获国务院颁发的政府特殊津贴，2004 年获国家电网公司"先进科技工作者"称号，2006 年被国家发改委评为重大技术装备国产化先进个人。目前是国家"973"计划项目"提高大型互联电网运行可靠性的基础研究"首席科学家助理和国家发改委"电网安全稳定运行及控制技术研究"项目负责人。

【郭建华】（1962—）湖北天门人。中共党员。现任北部战区陆军副司令员。1983 年毕业于中国人民解放军工程兵工程学院。2001 年考入北京理工大学管理与经济学院，师从侯光明教授，2006 年获管理学博士学位。曾获军队科技进步一等奖 1 项，二等奖 2 项，三等奖 7 项。

【郭继海】（1963—）哲学博士。武汉科技大学马克思主义学院院长。1986 年从北京师范大学毕业之后即到武汉科技大学任教，副教授。先后承担过省级和国家级科研项目。在国内有关杂志上发表论文 20 余篇。

【郭登明】（1963—）湖北安陆人。现为长江大学机械工程学院教授，硕士生导师。主要从事石油机械、三维设计、有限元分析、管柱力学及机械设备的寿命预测等方面的研究及设计工作。主持、负责并参与的省部级、油田委托等各类研究项目 30 余项。已取得中国实用新型专利权 2 项。主持的 API 系列抽油机模块化设计及仿真研究项目在模块化设计方面取得了突破性进展，达到了国际先进水平，于 2006 年获得湖北省科技进步二等奖。另外，作为项目负责人，主持的其他研究项目获得省部级科技进步三等奖 1 项，局级科技进步一等奖 2 项、二等奖 8 项。在国内、外学术期刊上发表论文 45 篇，其中 EI 收录 5 篇。

【郭建华】（1963—）湖北仙桃人。现任湖北省测绘局总工程师、党组成员。1984 年 7 月参加工作，1999 年 6 月入党，武汉测绘科技大学大地测量专业毕业，研究生学历，工学硕士，高级工程师。

【郭金刚】（1964—）回族。河南中牟人。1987年7月参加工作，1994年12月加入中国共产党。博士生，高级工程师。1986年6月—1987年10月任湖北省黄冈市浠水县委知识分子工作领导小组办公室主任，1987年10月任县委组织部副部长。第七、八届党代会上当选为黄冈市浠水县纪委委员、常委。第九、十届党代会上当选为黄冈市浠水县纪委委员。第十二、十三届浠水县人大常委会委员。

【郭怀兰】（1965—）女，博士，湖北医药学院教授。1989年毕业于华中科技大学同济医学院公共卫生学院，获医学学士学位。1994年毕业于中国疾病预防与控制中心（原中国预防医学科学院），获医学硕士学位，2006年毕业于华中科技大学同济医学院公共卫生学院，获医学博士学位，2011年9月—2012年9月在美国北卡大学教堂山分校（UNC）公共卫生学院进行为期1年的访学，主要研究方向为营养与健康，研究胰岛素、宏量营养素与2型糖尿病的发病机制。目前主要研究碘过量对健康的影响。发表论文30余篇，其中SCI论文11篇。主持国家自然科学基金项目"碘过量对胰岛β细胞的损伤及其机制研究"。

【郭爱珍】（1965—）女，湖南沅江人。美国宾夕法尼亚大学博士后，华中农业大学二级岗教授，硕士生及博士生导师。澳大利亚默多克大学客座教授，农业微生物学国家重点实验室固定人员。国务院政府特殊津贴获得者，全国农业科研杰出人才和牛病防控创新团队带头人，现代农业（肉牛牦牛）产业技术体系疾病研究室主任及岗位专家，全国动物防疫专家委员会委员，全国动物疫病净化评估专家，中国奶业协会动物卫生保健专业委员会副主任，农业部新兽药证书评审专家库专家。从事动物结核病和牛传染病防控相关的基础和应用研究。近五年来，先后主持了公益性行业（农业）科研专项（首席）、"973"计划课题、国家自然科学基金面上和国际合作重大项目等20余个科研项目；发表论文84篇，其中SCI论文35篇；出版专著16部，其中主编《牛结核病》等相关专著6部；获授权专利8项（含结核病相关专利4项）；研发了牛结核病诊断试剂盒等多种试剂盒及多种新型牛病疫苗，获新兽药注册证书（二类）2个。产品转化给6家生物制品企业，共主办了八届全国牛病防制研讨会，组织技术培训 30 余次，促进了牛病防控技术的推广和应用。

【**郭艳**】（1975—）女，江西赣州人。博士，中国地质大学副教授，美国乔治梅森大学访问学者。1998 年获中国地质大学（武汉）计算机科学与技术学士学位；2003 年获计算机应用技术硕士学位；2009 年获地学信息工程博士学位；2012 年在美国乔治梅森大学访学一年。现在中国地质大学（武汉）计算机学院任教，主要承担《数据结构》《数据结构课程设计》等课程教学任务。主要研究方向为智能计算、遥感影像数据处理、信息系统研发。近年来共主持或参加自然科学基金、国家"863"计划、国防项目等近 10 项，发表学术论文 20 多篇。

【**郭婷婷**】（1976—）女，文学博士。现为武汉大学文学院副教授，硕士研究生导师，中国语文现代化学会理事，武汉大学青年联合会委员。已在国内外发表中英文学术论文近 20 篇，参与并完成包括国家社会科学基金重大项目、国家自然科学基金在内的各级各类科研项目十余项，其中主持湖北省社会科学基金项目一项，主持国家社会科学基金重大项目子课题一项。

【**郭义**】（1982—）女，理学博士。副教授，硕士生导师。现任武汉纺织大学化学与化工学院教授。主要从事天然高分子材料改性、功能纤维及功能纺织品等研究。近年来，作为项目核心研究人员，先后参与国家"973"计划项目、国家自然科学基金项目、湖北省杰出青年人才项目、湖北省自然科学基金项目和企业横向课题等；公开申请国家发明专利 1 项；发表学术论文 20 余篇，其中 SCI 源刊论文 10 余篇。

六、华　南

广东省

【郭冠杰】（1892—1952）广东梅县人。早年留学日本，获早稻田大学政治学士。后入法国里昂大学研究院经济科学习。回国后，曾任广东大学、武昌大学、北平大学等校教授，陆军大学教官，国民革命军总政治部秘书长及总务科长。1931年后任中山大学法学院法律学系主任、法学院院长。1949年作为中国农工民主党代表参加全国政协第一届全体会议。中华人民共和国成立后，任政务院政法委员会委员、农工民主党中央执行局委员。

【郭任远】（1898—1970）广东汕头人。早年就读于上海复旦大学。1918年赴美国留学。1923年回国，任复旦大学教授、副校长，并创办心理学系。后在中央大学、浙江大学任教。1933年任浙江大学校长。1936年赴美国讲学并从事研究工作。1946年定居香港，开始总结在心理学理论探索上的体会，其研究成果在西方心理学界有一定影响。1970年8月14日在美国病逝。著有《取消心理学上的本能说》《类的行为》《行为的基本原理》《行为主义心理学讲义》《行为发展之动力形成论》，论文编为《郭任远心理学论丛》。

【郭刁萍】（1903—1983）广东广州人。1950年出任广东省体育分会副主任。1952年，任中山大学讲师，后升任副教授、教授、体育教研室主任，并兼任广州市田径协会副主席、广东省体育科学会副理事长等职。他桃李满天下，广东体育界的运动技术、行政、教学人员，不少出于他的门下。他是中华人民共和国首批国家级裁判，培养了一大批业务骨干，发表过体育论文多篇。曾先后被选为第一、二、三届广州市人大代表。1956年参加中国民主同盟，1980年当选为民盟广东省委委员。

【郭棣活】（1904—1986）广东香山（今中山）人，生于澳大利亚悉尼。1918年回国入岭南大学学习。后赴美国留学。1927年回国后，任上海永安纺织公司工程师、副经理、副总经理。中华人民共和国成立后，任上海市人民政府委员、华东财经委员会委员、上海市侨联主任、广东省副省长、省政协副主席、省人大常委会副主任、民建中央副主任委员、全国侨联副主席、全国政协常委、中国工商经济开发公司董事、香港特别行政区基本法起草委员会委员。

【郭慕孙】（1920—2012）郭承恩先生之季子。中国科学院院士，化学工程学家，中国流态化学科研究的开拓者。1928 年入学于杭州明敏小学，1930 年随家迁上海，转入上海协进小学。1933 年入上海圣约翰青年会中学初中，继而进上海圣约翰大学附属高中。1943 年毕业于上海沪江大学。1945 年赴美国就读于普林斯顿大学研究生院进修化工专业，1946 年获硕士学位，主要进行流态化研究。从 1946 年 10 月到 1948 年 1 月，他在美国碳氢研究公司任工程师，从事煤的气化等研究。郭慕孙院士是全国政协四届、五届、六届、七届委员，中国金属学会常务理事，中国化学会理事，中国化工学会副理事长兼化学工程专业学会理事长，中国颗粒学会理事长，国家科委化学工程学科组副组长、冶金学科组成员。他在国内外的学术职务还包括《化学工程》编委会委员，《钢铁》杂志编委会委员，《化学工程科学》（在英

国牛津出版）驻中国编辑，国际循环流态化会议顾问委员会委员，国际科技数据委员会（CODATA）中国委员会国家代表（1989 年起为名誉代表）。郭慕孙是国际流态化技术学科领域有声望的科学家之一，是我国流态化技术的开拓者和学术带头人。1989 年在加拿大召开的第六届国际流态化会议上，荣获国际流态化成就奖，到目前为止，世界上仅有 4 位科学家获此殊荣。1994 年获何梁何利基金科学与技术进步化学奖，1997 年获美国化学工程师学会奖。1997 年 9 月当选瑞士工程科学院外籍院士。他长期从事化学工程——流态化技术方面的研究，理论上有独创见解并自成体系，提出了理想流态化和无气泡气固接触的概念，并进行了统一关联。通过延伸散式流态化的特征，设想了一种完全均匀的理想流态化体系，用较简单的数学模型描述这种理想体系中各种参数之间的关系，从而分析许多工程技术问题，已在生产实践和科研中得到应用。《化工冶金中的散式流态化》于 1982 年获国家自然科学二等奖。为改善聚式流态化中的气固接触研究开拓稀相流态化、快速流态化、浅床流态化，并建立了三者能相互贯穿的理论体系和实施方案《无气泡气固接触》，该理论于

1990 年获国家自然科学二等奖。2008 年 10 月被美国化学工程师学会评选为化学工程百年开创时代 50 位杰出化工科学家之一，成为唯一获此殊荣的中国科学家。

【郭俊彦】（1926—2018）上海人。著名植物生理学家、中国科学院华南植物研究所原所长。1953 年获密歇根州立大学农学博士学位，后在芝加哥大学工作。1955 年放弃在美国的工作，响应祖国的号召，冲破重重阻力，回国参加社会主义建设，负责建立了华南植物研究所生理生化研究室。历任中国科学院华南植物研究所副研究员、研究员、所长，中国植物生理学会常务理事，广东省植物生理学会副理事长、理事长。是第六届全国人大代表。长期从事植物生理生化等方面的研究，在三叶橡胶北移研究中做了大量工作，亲自主持并参与的三叶橡胶抗寒生理的研究，获得了 1982 年国家科技发明奖一等奖。编著的《三叶橡胶抗寒生理研究资料汇编》对指导华南地区橡胶区域化提供了理论依据。

【郭军元】（1929—）湖南益阳人。广东省经济管理干部学院副教授、副主任，中国机械工程学会管理学会理事，市场学专业委员会副主任。1958 年武汉大学经济系毕业。1958 年在中科院经研所进修工业经济与企业管理，参加了《中国社会主义国营工业企业管理》一书的编写工作。1980 年开始研究市场学，1982 年主编出版的《市场学》（机械工业出版社），是国内该学科最早出版的著作之一。后又主编《经营学》（武汉大学出版社 1986 年版），《涉外企业经营管理丛书》（兵器工业出版社 1989 年版）等。参加多部大型工具书的编写。

【郭广源】（1931—）云南人，中共党员。大学学历。广州轻工业学校校长、副教授。广东省造纸学会副理事长，广东省一轻协会常务理事。1956 年大学毕业。长期从事教学和学校管理工作。主编有教材《制浆造纸工艺及设备》。发表有《纸机接触干燥的机理》等论文数篇。1988 年获广东省委、省政府颁发的优秀园丁奖，1989 年获全国教育系统劳动模范称号。1992 年开始享受政府特殊津贴。

【郭定国】（1932—）广东汕头人。毕业于辽宁大学中文系，一生从事教育工作。曾为广东省汕头教育学院中文系副教授、汕头市作家协会会员、北京中华美学会会员、全国师范院校外国文学研究会会员与香港国际教育交流中心研究员。已发表出版著作大约 200 万字。主编出版过 6 部有关文学理论、外国文学的高校课本。其中《外国文学名著 50 篇阅读与赏评》一书上、下册 60 万字，由天津百花文艺出版社 1986 年出版，该书荣获全国高等师范院校优秀教材奖。

【郭岳长】（1932—）别名郭芝明。广东潮阳人。中共党员。大专学历。原广州军区空军后勤部机营电气工程师，修建珠海国际机场总工程师。现任广空工程质监站监督员，高级工程师。长期从事发电技术研究工作。1992 年主持设计亚洲第一炮——珠海三灶岛炮台山大爆破点火站装置，并实施 1.2 万吨炸药量延时削波整体引爆成功。主要发明有气启动和电启动柴油机组全自动快速发供电装置、柴油发电机组放（无损耗）排气装置，均获发明专利，成果获第二、三届国际专利和第二届、第五届全国新技术新产品展览会银牌奖和金杯奖，曾获军内外及省、市环保部门颁发的多种立功与奖励。并被授予"科技先进工作者"等称号。

【郭绍纲】（1932—）北京昌平人。油画家、艺术教育家，擅长书法。曾用名享邑。1953 年毕业于中央美术学院绘画系，并任教于武汉中南美专。1955—1960 年由国家选派赴苏联列宾美术学院留学，专攻油画。1960 年任教于广州美术学院，历任油画系副主任、美术教育系主任、副院长、院长。1985 年起任教授，并出席中国美术家协会第四次全国代表大会，当选为理事。1986 年起历任国家教育部艺术教育委员会第一、第二及第三届委员、专家讲学团成员。1992 年被聘为国务院学位委员会艺术学科评议组成员。1996 年被聘为国际美术家联合会名誉副主席。1999 年获俄罗斯列宾美术学院荣誉教授衔，俄罗斯政府文化部授予普希金奖章。1960 年起先后在穗、汉、津、深、港、澳等地举办个人油画、书法作品展览 30 余次，油画、粉画、书法作品均多次参加全国性的大型展览，部分作品曾出国展览、刊行于国内外出版物，书法作品刻石于多处碑林和名胜古迹风景区。作品、编著、论文、教学均曾获奖。坚持艺术源于生活，以服务社会、雅俗共赏为宗旨。

【郭玉枝】（1932—）女，福建厦门人。

1957 年毕业于哈尔滨医科大学，主任医师。现任广东省广州市第二人民医院主任医师，兼任广州医学院教授。毕业后一直在广州市第二人民医院从事医疗、科研、教学工作，参加过全国及广东省重点科研项目老年慢性支气管炎、白血病及血红蛋白病的研究，成绩显著，获广州市卫生局及广东省卫生厅的奖励，并被评为广州市科研先进工作者。1975 年，在 HH 病人的骨髓细胞中发现脑甙细胞。因其罕见，经中山医科大学叶彼得教授介绍，赠送给沈阳中国医科大学血液研究室作血液图谱的标本，曾参加全国小儿血液病会议 4 次，广东省及广州地区学术会议 18 次，1990 年到香港参加国际儿童免疫会议。在各级医学杂志发表论文 36 篇，先后 10 次参加各地血液专业及急救培训班的讲课，在广东科学馆作学术讲座 15 次。除治愈小儿多种重症顽疾外，还治愈极其危重的溶血性尿毒症综合征，及顽固难治的各类型急慢性白血病，对部分不适宜作骨髓移植的白血病患者，用独特的化疗方案。均获良效，使白血病者无病存活期达到 7~25 年。事迹曾在广州《羊城晚报》、《新快报》、广州电视台报道。

【郭仲衡】（1933—1993）广东中山人。中国科学院院士。应用数学和力学家。1960 年获波兰华沙工业大学硕士学位。1963 年获波兰科学院科学技术博士学位。1988 年当选为波兰科学院外籍院士。1991 年当选为中国科学院学部委员（院士）。曾任北京大学教授。主要从事应用数学、非线性连续介质力学、张量分析、力学的数学原理和方法等研究。首创两点张量抽象记法，在连续介质力学中率先使用 Lie 导数，得到非线性弹性动力学现存 3 个精确解中的 2 个解决了 3 个本构基本量的正确定义及内蕴表达，所给出的伸缩张量率被称为"郭氏速率定理"建立了开闭口薄壁杆件的统一理论提出了对场问题普适可用的主轴内蕴法,简称χ-方法。

【郭泽昆】（1933—）广东中山人，中共党员，大学学历。广东省农业科学院研究室主任，研究员。中国农业科技管理研究会理事。广东省科学与科研管理研究会常务理事。广东省科技开发专家顾问委员会第一届委员，广东农业科学院学委会委员。长期从事农业科研管理和研究工作。发表论文 30 多篇，其中《科技立法在农业科研工作中的作用和地位》获 1987 年全国农业科技管理优秀论文一等奖。专著有《农业科研计划项目管理规范化》《农业实用技术手册》《农业科研管理》（合作）。主要科研成果有《经济评价方法在农业科研工作中的作用》获 1987 年农业部技术改进一等奖。《广东省技术政策》获广东省科技进步二等奖。被评为全国农牧渔业科技管理优秀专家。享受政府特殊津贴。

【郭景坤】（1933—）广东新会人。中国科学院院士，材料科学家。中国特大型综合性辞典《大辞海》的副主编。1958 年毕业于复旦大学化学系，中国科学院上海硅酸盐研究所所长，国家高性能陶瓷和超微结构国家重点实验室主任，景德镇陶瓷学院学术委员会主任及首席教授。20 世纪 60 年代在高铝氧高频绝缘瓷与金属的真空气密封接工作中，在深入研究陶瓷 / 金属封接机理的基础上，提出的活化钼锰金属化方法，适合于多种氧化物陶瓷以至蓝宝石单晶与金属的封接，提出的铂金属化法适应于酸碱环境中应用。1990 年被选为（国际）陶瓷科学院院士；1997 年被选为亚洲—太平洋材料科学院院士；1999 年被选为第三世界科学院院士。中国科学院化学学部常务委员，国际陶瓷联合会执行委员，《无机材料学报》主编，《硅酸盐通报》主编，曾任中国科学院上海硅酸盐研究所所长，国家“863”计划新材料领域第二专家委员会首席科学家，高性能陶瓷和超微结构国家重点实验室主任。由于在无机材料科学与工程中的卓越工作，获得国家科技发明奖、中国科学院科技进步奖等多项荣誉。与他人合著、编、译书籍 12 部，在杂志上发表论文 180 余篇，会议论文 70 余篇，培养博士后和博士生 20 余名。

【郭庆勋】（1935—）广东广州人。九三学社成员、研究员、享受政府特殊津贴。1958 年北京大学无线电物理系毕业。先后在中国科学院电子学研究所、中国科技大学、中国科学院西南电子技术研究所、航天部 504 研究所、电子工业部广州通信研究所、中国科健股份有限公司从事精密时间测量、雷达测距、微机处理技术海洋浮标数据遥测、程控交换机及移动通信网、CSM 手机等研制开发。曾任电子工业部广州通信研究所程控交换研究室主任、广东省通信学会电话交换技术委员会副主任。20 世纪 70 年代曾参加卫星测控系统研制，系该系统测距分机总体组成员；后该系统及测距分机分别获国家科技进步特等奖及国家科委重大成果二等奖。

1983 年负责研制成功我国第一个由微处理机控制的海洋浮标数据遥测系统，并于同年 9 月在南浮一号海洋浮标上投入使用，个人获电子工业部科技进步二等奖。1985 年起负责研制移动交换机、节点交换机及移动通信系统等多项国家重点工程的成功，个人获国家科技进步一等奖、电子工业部科技进步特等奖、电子工业部科技进步三等奖、中国人民解放军科技进步奖等。1997 年起在中国科健股份有限公司从事 CSM 无线手机研发。撰写《自动式移动通信网中心台的管理控制》《新一代无线移动通信网交换技术研究》《无线入口交换机及其应用》等。译著《现代电信理论与系统》。

【郭淑华】（1936—）女，别名郭汉音。广东揭西人。中共党员。中专学历。广东省南雄县政协副主席。1955 年毕业于广东省女子师范学院。曾任教师、幼儿园园长、中小学校长、县教育局长、县政协副主席、政府办副主任。长期从事教学工作。发动群众勤工俭学，集资改造大量危房。1989 年被评为全国教育系统劳动模范，同年被授予全国"三八红旗手"称号。

【郭振芳】（1936—）广东龙川人。高级工程师。中共党员。毕业于华南工学院无线电自动控制系。曾任职于六机部第六研究所。武汉市广播电视中心建设办公室副主任，河源市广播电视局副局长，河源电视台台长，广东省广播电视学会理事，中共广东省第七次代表大会代表，中共河源市第二次代表大会代表。政协河源市第二届委员会委员。参加工作后，曾作为武汉电视台筹建领导小组成员，参加武汉电视台筹建工程工作。被评为广东省优秀共产党员、市优秀共产党员、市直属机关优秀干部、广东省创建文明户活动积极分子、市文明建设积极分子、广东省广播电视系统先进工作者、广东省计划生育宣传先进工作者。撰写论文有《电视播控制与制作》《电视辞典》《电视演播室声学之我见》《电视技术交流》《树立"台风"建设》《市场经济与精神文明建设》等。

【郭宝江】（1936—）广东佛山人。中共党员。大学学历。华南师范大学副校长。校学术委员会主任、教授、博士生导师。中国遗传学会理事，国际环境诱变剂学会会员。广东省遗传学会理事长。广东省人民政府科技咨询委员。从事遗传学、分子生物学和生物技术学的教学与研究工作，其中辐射的遗传机理研究和用微核技术监测环境污染的研究等项目获中国农科院和省自然科学奖与科技进步奖。在国内外刊物上发表论文 20 多篇。近十多年对螺旋藻的多糖、多糖蛋白和生物性进行系统研究。发现有很强的抗辐射作用，还可抑癌和提高肌体免疫力作用；与制药厂合作生产的护康宝螺旋藻片剂填补了国内空白，研究处于国际领先水平。

【郭杰克】（1936—）湖北武汉人，教授，1958 年毕业于中山大学西方语言文学系。硕士生导师。广东省第五届人大代表。全国大学外语教学研究会副会长，全国大学外语教学研究会英语分会会长、高等学校大学外语教学指导委员会委员，全国大学英语四、六级考试委员会委员，广东省大学英语专业委员会名誉会长，广东省外语学会顾问。长期从事教育事业，为国家培养了大批外语专业人才。1982—1983 年作为高级访问学者到美国得克萨斯州立大学从事语言学研究。1985 年被评为广东省高教战线先进工作者，1989 年获广东省普通高校省级优秀教学成果奖二等奖。主要著述有《否定转移、否定范围和量词》《略论英汉动词体的对比研究》《科技英语的若干语法问题初探》《科技英语词汇探讨》《交际法与公共英语》《ESP 的由来及现状》《语料库、语料库语言学与英语教学》《普遍语法与语言习得》等。

【郭振东】（1936—）广东惠东人。中共党员，副主任医师。毕业于梅县卫校医士班，毕业后在东莞县皮肤病防治站任医士。1960 年 3 月到中山医学院佛山分院医疗系学习。毕业后在东莞县慢性病防治站任副站长，后改任东莞市慢性防治院副院长、副主任医师。长期从事麻风病防治及皮肤科临床技术工作。具有较丰富的防治工作及临床技术经验，善于解决较复杂的疑难问题。热心指导和培养下一代卫技人员，注意总结经验，先后撰写论文 20 余篇。《麻风低流行状态下的病例发现》及《麻风的社会康复——一种模式的分析报告》在第十五届国际麻风大会交流。从 1982—1989 年连续 8 年被市医学学会和市科协评为积极分子，1985 年领取卫生部授予从事卫生防疫工作 30 年荣誉证书和纪念章，多年被省麻风防治协会评为优秀工作者。1993 年 11 月被评为全国卫生防疫工作先进个人，1995 年荣获第六届马海德基金奖。

【郭子爱】（1936—）湖南汉寿人。高级工程师。大专文化。现任中国有色金属工业第十六冶金建设公司教培处处长，广东有色金属职工教研会常务理事、北江培训学院副院长。1955年参加工作，曾任技术员、助工、科长、技术部门处长、职大（电大、中专、技校）校长。撰写并发表了《经济要发展，教育要先行——浅论社会主义建设必须依靠教育》《强化职工培训、增强企业活力》《技工学校也能出管理人才》《正确处理教与学的关系——启发式教学初探》等文章。编有技工学校教材（建筑施工测量）。从事职教工作以来，团结教职员工，改革教育结构，改善办学条件，改进学校管理，创建优良校风，创办培训基地，取得了显著的成绩。学校为公司及兄弟厂矿培训了大批短缺人才，满足了生产的急需，同时还为公司、地方和部队开办了多期种类短训班，受到了部队、社会及有关方面的好评。

【郭祥德】（1938—）湖南常宁人。上海交通大学本科毕业后，一直在中国人民解放军海军部队工作，历任技术助理员、专业主任、工程师、研究室主任、高级工程师等职。海军技术大校军衔，专业技术组组长，海军试验基地科学委员会委员，中国科学技术协会所属的中国造船工程学会水中兵器学会会员。1982年6月至10月赴英国考察学习，接收装备，出国培训。著有《现代磁屏蔽室的设计和建设》，1987年已被部队采用；《低接地电阻装置工程》，1992年在部队推广使用，并取得了良好的军事效益和社会经济效益，曾获军队科技进步奖。

【郭汉清】（1938—）广东兴宁人。中共党员，副研究员。毕业于湖南医科大学。现任专职研究人员，《广州医学院学报》（医学教育版）责任编辑。长期从事临床实践活动与教学教育研究，基础理论扎实雄厚，临床造诣颇深。发表论文《广东省高校专业设置的调查与思考》《国际高等教育发展走势》《高校·教材建设的沿革与对策》《高等医学教育适应广州实现现代化国际大都市的思考》《临床理论课期末考试与阶段考试结果分析》《课堂教学中几个值得注意的问题》等，获得科研立项与赞助，正在撰写中的还有《高等医学院校运行机制研究》。

【郭祀远】（1939—）广东潮阳人。1960年毕业于华南化工学院食品工程系，1964年作为我国本土培养的第一位糖品物工学专业研究生毕业后留华南工学院任教。改革开放初期，公派出国深造，在澳大利亚昆士兰大学化工系创下了该校学生用两年完成博士学业的纪录，获取博士学位。1984 年归国后回华南工学院（今华南理工大学）任轻化工研究所天然溶液电磁处理研究室主任。1985 年晋升教授，是当年广东省仅有两位越级晋升的教授之一。1990 年获国务院学位委员会批准为博士研究生导师，成为制糖工程国家重点学科学术负责人之一。1992 年起享受国务院颁发国家政府特殊津贴。多次承担和主持国家、省自然科学基金和科技攻关项目，高等学校博士学科点科研专项基金项目等研究课题。先后在国内外学术会议和刊物上发表数百篇学术论文，在制糖、食品、化工和微藻的加工新工艺和新技术等领域获 20 多项国家授权发明专利，10 多项科技成果获国家和省部级奖励。曾先后兼任华南理工大学轻化工研究所学术委员会副主任，华南理工大学学位委员会委员，《华南理工大学学报》副主编，广东省制糖学会副理事长、学术委员会主任，广东省生物物理学会常务理事，中国化工学会工业结晶专业委员会委员，澳大利亚制糖学会（ASSCT）海外资深会员，国际名人传记协会终身高级会士（LFIBA）。此外，还曾受聘广西大学兼职教授，湛江市科技兴湛高级顾问团专家，广东省食文化研究会顾问、《现代食品科技》编委会顾问。

【郭家铨】（1940—）四川威远人，教授。现任佛山大学人文学院副院长，广东省外国语文学会常务理事，广东省高等学校教师高级职务任职资格评审委员会外语学科组成员。1963 年毕业于上海外国语学院英语系，同年开始在四川外语学院执教英语，曾在北京外国语学院进修，在美国华盛顿州立大学研修和讲学。1987 年晋升为副教授，1992 年晋升为教授。曾任四川外语学院教务处处长，高教研究所所长，英语硕士研究生导师，重庆外语文学会理事。所获主要荣誉有四川外语学院教书育人积极分子，广东省南粤教书育人优秀教师，佛山市教育基金会二等奖，佛山大学先进科研工作者，佛山大学优秀共产党员。主要从事英语语言学、语言史、词汇学、语义学、修辞学、社会语言学和美国外语教育的研究，发表学术论文 30 多篇。代表论著有《古英语概论》《黑人英语的起源和历史发展》《试论现代英语散文中的排比结构》《英语词汇多义变化的原因》和《美国外语教育史考略》等。

【郭诚湛】（1940—）广东番禺人，研究员。毕业于上海交通大学工程物理系。现任中国核学会核能动力学会常务委员、广东省核电技术专业委员会委员，兼深圳市技术监督局培训中心教授。长期从事核工建设，先后在中国核动力设计院和中国原子能科学研究院参加中国第一座高通量工作试验堆、原形微堆、商用微堆的设计、建造、运行的全过程。曾获得国家科学进步一等奖、五项部级科技进步奖。由于工作努力、成绩显著，1999年被国家核安全局表彰。1994年被深圳大学聘任为核技术所所长。在国内外正式发表的学术论文多篇，其中6篇被国外的EI、CA、INIS收录。有些成果已在国内推广。医用放射性玻璃微球及其核辐照装置和方法已申报国家专利并通过初审。曾担任专家组长，培训了许多国内外核技术人员。

【郭瑞东】（1941—）浙江泰顺人。大学学历。现任解放军422医院主任医师，海军心内科专家组成员。1967年毕业于上海第二军医大学，一直从事于临床内科心血管专业，30多年在临床工作，具有丰富的内科临床理论与实践，尤其是对心血管内科造诣较深，擅长心血管内科急重和抢救，10多年共抢救危急病人500多例，成功率达90%。发表论文30多篇，其中《近海航行中心电图改变临床意义探讨》《海上航行中诸因素对几种电子诊仪器的影响》《强心利尿血管扩张剂治疗心挛1例疗效分析》三篇论文获军内科技进步四等奖。

【郭文骏】（1942—）上海人，1965年毕业于吉林电力学院（今东北电力大学），同年分配到电力部中南电力设计院（武汉市），历任工程师、设计总工程师、室副主任。1986年调入广东核电合营公司（深圳市）任工程部处长、中方技术经理。1995年任岭澳核电有限公司工程部经理、副总经理。2000年起历（兼）任中广核集团公司科技委副主任、大亚湾核电运营公司与广东核电工程公司科技委主任。1992年由中国核工业总公司命名为具有突出贡献中青年专家，享有国务院特殊津贴。1993年晋升为研究员级高级工程师。科技方面获奖多项，其中"岭澳核电站建设实践与创新"荣获2003年深圳市科技特等奖，其同名丛书被国防科工委评为 2004 年科技丛书一等奖。

【郭勇】(1942—)广东大埔人。华南理工大学生物科学与工程学院教授。1966 年毕业于华南工学院(现华南理工大学),1979—1980 年,日本东京大学进修,1988—1989 年,美国爱荷华大学合作科研,被聘为客座教授,1992 年 1 月晋升教授,1993 年 12 月,经国务院学位委员会评审、批准为博士生导师。中国生物化学与分子生物学会理事,中国微生物学会酶工程委员会委员,中国化工学会生物化工委员会委员,中国药学会生化药物委员会委员,广东生物化学与分子生物学会副理事长,广东省遗传学会常务理事,广东省药学会理事,广州市微生物学会理事长,广州军区广州总医院高级技术顾问。长期从事生物化学与分子生物学,生物工程领域的教学、科研工作。已经培养博士 20 多位,硕士 30 多位,主持国家自然科学基金项目、广东省自然科学基金项目、国家级和省、市级重点科研项目等 20 多项,在酶工程、植物细胞培养、基因工程、生物制药等领域取得显著成果,已在国内外发表论文 200 多篇,已出版的教材、著作有《酶学》、《酶工程》、《酶工程》(第二版)、《酶的生产与应用》

等 15 种,获奖科技成果 8 项,1993 年获广东省南粤优秀教师奖。

【郭培忠】(1943—)原名郭钊瑜。广东潮阳人,中共党员,副研究员。毕业于中山大学中文系。曾任中山大学古文献研究所党支部书记,广东省地理学会历史地理专业委员会副主任。出版著作有《广州史话》(合著)、《独漉堂集》(校点)、《广东省古今地名辞典》(合作)、《岭南文学史》(合作,获广东省高教局 1995 年人文社会科学研究成果二等奖)。发表论文有《古代广州对内交通和贸易初探》《略论古代广州海上丝绸之路的地位》《古代潮州人文地理初探》《丝绸之路、友谊之路古代广东的海外交通和贸易》《广信——岭南早期的文化重心》《潮汕文化乃地域文化说》《元代广东经济概述》《明代广东经济述论》《岭南经学始于陈钦、陈元论》《古典诗歌中的地名特点初探》等。

【郭春春】(1950—)副主任医师。珠海市中医院副主任医师,广东省消化病专业委员会委员。1973 年毕业于广州中医学院本科医疗系。毕业后一直从事教学、医疗、科研工作,任教中医大专班的中医内科、妇科、中医基本理论等课程，多年被评为先进教师。参加临床医疗工作 20 多年，不但对常见多发病的治疗得心应手，而且能用中药治愈目前难以治愈的疑难杂症，1988 年调到珠海市中医院担任内科负责人，副主任医师，负责内科、门诊、急诊、住院等工作。特别擅长于用中药治疗消化性溃疡、萎缩性胃炎、结石等疾病，深受患者的信任。发表论文《自拟连芨汤治疗消化性溃疡 100 例》《自拟胃炎方治疗萎缩性胃炎 50 例临床疗效观察》《用清热解毒祛湿法为主治疗幽门螺旋菌阳性的胃病临床疗效观察》等 10 多篇论文。分别发表于《中医杂志》《上海中医药杂志》《天津中医》等杂志，多次参加国家级及国际级的学术交流会，获优秀论文奖及论文一等奖。

【郭小东】（1951—）中共党员。广东技术师范学院文学院教授，硕士生导师。国务院政府特殊津贴专家，中国当代少数民族文学研究会副会长，广东文艺批评家协会副主席，广东作家协会主席团成员。主要从事中国现、当代文学史研究。1976 年毕业于海南师院中文系，1981 年 12 月毕业于中山大学经济系，1984 年 12 月获中山大学经济系硕士学位，1986 年加入中国作家协会。1997 年 12 月获中山大学历史系博士学位。历任广东民族学院（今广东技术师范学院）中文系教师、系副主任及学报主编，教授。岭南学院财政税务系副系主任及财政税务系教工党支部书记，是广东作家协会第三、四、五届理事及主席团成员。兼任广东省人大立法顾问，中山大学南方学院副院长。著作主要有长篇小说《中国知青部落》三部曲；中篇小说集《雨天的曼陀罗》；散文集《南方的忧郁》；评论集《诸神的合唱》；专著《中国当代知青文学》《逐出伊甸园的夏娃》等。2010 年，分别由凤凰出版集团、江苏人民出版社出版郭小东教授的长篇小说《1966 年的獒》，由广东省出版集团、广东人民出版社出版文学评论集《想象中的时间》。1992 年被授予广东省"优秀中青年专家"称号，1994 年被授予广东省"优秀中青年社会科学家"称号，1988 年被评为首届广州市十大杰出青年。曾获中国作协庄重文文学奖、广东省鲁迅文学奖、广东省文学评论奖、广东省宣传文化精品奖、全国图书金钥匙奖、中国新闻奖全国报纸副刊作品年赛银奖、中国当代文学研究优秀成果奖、江南文学奖等奖项。

【郭文亮】（1953—）湖南常宁人。中共党员，现任中山大学马克思主义学院教授、马克思主义中国化研究专业博士生导师。1982年7月毕业于湖南省湘潭大学历史系，获历史学学士学位；1987年7月毕业于北师大马列所中共党史专业研究生班，获法学硕士学位；1994年7月毕业于中央党校中共党史专业，获法学博士学位；2006年3月至4月参加教育部高校哲学社会科学骨干教师研修班。曾任中山大学理论部中国革命史教研室主任、中山大学理论部分管教学的副主任，兼任广东省中共党史学会常务理事、广东省中共党史人物研究会副会长。先后参与国家"九五"重点项目2项，主持国家社科基金1项，主持教育部及广东省人文社科"十五"规划项目2项，校级课题3项。出版学术著作10余部，发表论文近40篇，获国家级、省级科研、教学成果奖5项。2003年7月被中山大学党委授予"优秀共产党员"称号。

【郭润文】（1955—）浙江人。现任广州美术学院教授，油画系副主任，广东美术家协会副主席，中国艺术研究院美术创作院特聘研究员，中国油画学会艺术委员会委员，中国美术家协会会员。1982年毕业于上海戏剧学院舞台美术系，获学士学位。1984年参加由中国美术馆举办的前进中的中国青年美展，2002年编著（合编）《油画间接画法》一书，油画《椅子上的缝纫机》等三幅作品参加首届艺术三年展，油画《春眠》等7幅作品发表于《美苑》杂志。主要参展第七届全国美展，第八届全国美展，中国当代油画家12人作品展等。

【郭凡】（1959—）硕士学位，副研究员。广州市社会科学院社会学研究所所长，广州市第七届党代会代表，著译文章颇多。主要从事考古学、人类学、社会学和历史等领域的研究，多次赴外国进行研究学术交流。

【郭海福】（1959—）教授。1982年7月毕业于兰州大学化学系，毕业后一直从教于内蒙古工业大学，2000年6月晋升为教授。曾任内蒙古自治区化学会副理事长，中国化工高教学会理事、内蒙古工业大学化工学院副院长。2001年调入肇庆学院化学化工学院从事教学与科研工作，现任化学化工学院院长。系内蒙古工业大学化学工艺、应用化学专业硕士生导师；中国化学会、中国化工学会会员；广东省高校化学化工协会常务理事；广东省化工学会生物化工专业委员会委员；肇庆市发明协会理事；肇庆市、广东省科技专家库专家。被授予内蒙古自治区"优秀青年知识分子"荣誉称号，被评为肇庆市优秀教师，获肇庆学院教学名师奖。近年来，曾主持完成省级自然科学基金项目两项，参加完成国家自然科学基金项目一项、省级项目数项。其中"百分之零点六喷可杀复方植物杀虫乳剂"获自治区科技进步二等奖，一项成果获内蒙古乌海市科技进步一等奖、一项成果获广东省肇庆市科学技术二等奖、二项获呼和浩特市科技进步三等奖、四项获厅局级科技进步一、二、三等奖。在《石油化工》、《石油化工与炼制》、《化学世界》、《精细石油化工》、《高等学校化学学报》、*Synthetic Communications*、《中国稀土学报》、《精细化工》、《稀土》、《化学研究与应用》等刊物发表论文 70 余篇。目前正在主持进行广东省自然科学基金项目 1 项、广东省教育厅自然科学研究项目 1 项、广东省科技厅项目 1 项、广东省林产化工星火技术产业带项目 1 项。

【郭姣】(1961—) 女，江西永修人。二级教授，博士生导师，广东省名中医。广东药科大学校长，广东省代谢病中西医结合研究中心主任，中国中西医结合学会副会长，国务院特殊津贴专家，卫计委突出贡献中青年专家，全国"三八红旗手"，吴阶平医药创新奖获得者（中医药界首位），全国优秀科技工作者，中华中医药科技之星，教育部高等学校中西医结合专业教学指导委员会委员，国家中医药管理局中西医结合基础重点学科带头人及高脂血症调肝降脂重点研究室主任，粤港澳医药产业协同创新联盟理事会理事长，广东省代谢性疾病中医药防治重点实验室主任，2014 年以第一完成人分别获得国家科技进步二等奖和中国专利优秀奖。2017年 5 月，获得全国创新争先奖。主要研究方向为中西医结合防治糖脂代谢病。首提糖脂代谢病概念（Glyco Lipid Metabolic Disease,GLMD）及综合一体化治疗策略、调肝启枢化浊理论及枢纽肝代谢稳态调节系统，显著提高了临床疗效，获欧美、国内发明专利授权 11 项。在国内外学术刊物上发表论文 100 余篇，主编著作、教材 8 部。主持国家科技重大新药创制专项、国家自然科学基金重点项目等 30 余项。以第一完成人获国家奖及省部级以上奖励 7 项。

【郭康贤】（1964—）四川西昌人。中共党员。1994 年毕业于上海交通大学，博士。广州师范学院物理系副教授。中国高等科学技术中心（CCAST）协联成员。主要从事低维半导体材料的非线性光学特性的研究，在国内外核心刊物上发表学术论文多篇，并有论文被 SCI 所收录。代表性论文有 *Noulinear Optical Rectification in Parabolic Quantum Wells with an Applied Electric field(Polaron Effcets on the Opticai Rectifi. cation in Electric-field-biased Parabolic Quan-tum Wells) (Polaron Effects on the Optical Second-han mouic Generation in a Quantu in a Quantum Well)*、《电子—声子相互作用对抛物量子线中三阶非线性光学效应的影响》等。

【郭周义】（1965—）浙江诸暨人。九三学社成员。现任华南师范大学三级教授、博士生导师，光学工程重点学科学术带头人，广东省工程技术研究中心主任，广州光谷光生物医学产业公共服务平台负责人，中国光学学会激光医学专业委员会副主任委员，广东省光学学会副理事长，《激光生物学报》常务编委。1993 年首批入选为广东省培养跨世纪人才的"千百十工程"重点培养教师，2002 年首批竞聘为光学国家重点学科特聘教授，2005 年任激光生命科学教育部重点实验室副主任；2009 年任生物光子学研究院副院长，2012 年任国家中医药管理局中医药与光子技术三级实验室副主任；长期从事并主持激光生命科学领域的科研与教学工作，已主持完成省部级以上重要科研项目 20 余项，获广东省科技进步二等奖、三等奖各 2 项，获发明专利 8 项，发表 SCI 收录论文 100 余篇。

【郭庚麒】（1966—）计算机科学与技术专业教授，高级程序员，网络工程师，广东交通职业技术学院教学名师。硕士毕业于华南师范大学，华南理工大学在读博士。现任教务处处长，计算机网络技术专业带头人。长期从事 IT 类专业核心课程的教学工作，先后主持《数据结构》和《基于 Windows 平台的网络构建》2 门省级精品课程的建设。善于因材施教，教学效果好，深受学生欢迎，因连续多次获学院教学质量优秀奖而被评为教学能手、院级教学名师，并于 2012 年被广东省职教学会授予"广东省首届职业院校教学名师"荣誉称号。主编《数据库原理与应用——SQL Server 2005 项目教程》《计算机组网技术》等 8 部公开出版的高职高专教材及配套的教学资源,其中《软件工程基础教程》获中科院(部级)优秀教材二等奖。发表 40 多篇具有较高学术价值的专业论文。

【郭文】(1967—)女,主任医师,副教授。第一军医大学博士毕业。硕士生导师。现任中国医药技术协会微创技术专家委员会委员,中国超声内镜学组委员,广东省消化学会委员,医学专家委员会委员。对各种消化道及肝、胆胰疾病诊断和治疗具有丰富的临床经验。多次在全国及地区性学术会议上作超声内镜诊疗技术操作表演。承担多项省基金研究课题。荣立三等功 1 次。"胃癌术前超声内镜诊断分期及其分子病理学基础的研究"获军队医疗成果二等奖;"大肠癌高危易感因素与靶向筛检指标的研究"获广东省科技进步二等奖。发表论文 110 余篇。参与出版专著 6 部。

【郭桂杭】(1970—)广东外语外贸大学国际商务英语学院教授,硕士研究生导师,英国皇家特许管理会计师(ACMA),全球特许管理会计师(CGMA),英国特许管理会计师公会(CIMA)管理会计学术促进会委员,教育部高等学校商务英语专业教学协作组副组长,中国国际贸易学会国际商务英语研究会副理事长兼秘书长。从事商务英语以及会计等管理课程的全英教学与研究,在国内外学术期刊发表 20 多篇学术论文,主编"十五""十一五"和"十二五"国家级规划教材及各类教材 30 余部,主持完成全国重点会计科研课题 1 项,参与国家社科基金项目 1 项,主持教育部来华留学英语授课品牌课程 1 项、省级精品资源共享课程 1 项、省级研究生示范课程 1 项、省级教学团队 1 个、省级特色专业 1 个,主持和参与完成 5 项省部级教改项目、5 项横向合作课题,获省级教学成果奖一等奖 1 项、省级教学成果奖培育项目 1 项。

【郭凯】(1971—)湖南永州人。广东教育学院副教授、教育系副主任。主要从事教育管理、教育政策与教育法规研究。主持广东省哲学社会科学"十一五"规划 2007 年度立项课题《广东省义务教育均衡发展的政策保障研究》,主持广东教育学院教授、博士科研专项经费资助项目"我国义务教育公共性实现研究"。参与教育部重点课题"基于教师多元角色的中小学教师继续学习需求和有效培训模式研究"。2008 年被推选为广东省高等学校"千百十工程"第五批校级培养对象；2008 年获广东教育学院"优秀共产党员"称号；2007 年、2008 年连续获广东教育学院科研优秀奖；2009 年获广东教育学院首届"十佳教师"称号。

【郭志坚】（1972—）南方医科大学副教授、副主任医师、硕士生导师，擅长肾病内科。中华医学会广东省肾脏病学分会青年委员会副主任委员、广东省医师协会肾脏病医师分会委员。自 1999 年即开始对 CKD 患者循环内糖化氧化修饰蛋白与加速性动脉粥样硬化的关系进行系统研究，先后主持国家自然科学基金 2 项，广东省自然科学基金 1 项，其他省级、院级课题各 1 项，协助申请国家自然科学基金重点项目 1 项（第二负责人），是多项国家级课题的核心成员或主要实施者，在 ARS、ATVB、JASN 等高影响因子杂志发表论文 12 篇，以第一作者在《中华医学杂志》《中华内科杂志》等国内期刊发表论文 9 篇，获中华医学科技一等奖 1 项；两次受邀在国际肾脏病年会和亚太肾脏病年会上报告，一篇论文在国际会议获评优秀论文。

广西壮族自治区

【郭城】（1916—1984）广西扶绥人，壮族。原名锡珩。1938 年到延安抗大学习。同年加入中国共产党。曾任新四军第四师参谋、泗南纵队一营教导员、第三野战军第三医院政治处主任。中华人民共和国成立后，历任广西壮族自治区工商局长、广西壮族自治区计委副主任、广西壮族自治区财政厅长、广西壮族自治区财贸办公室副主任、广西壮族自治区政府副主席。

【郭明】（1928—）广东中山人。广西社会科学联合会专职副主席、研究员，广西东南亚研究会副秘书长。1958 年在北京国际关系学院外事专业学习两年。长期从事越南现状的研究。主要论文有《越南 80 年代经济发展战略及其前景》、（《世界经济与政治内参》1983 年 12 月），《寄生——越南地区权主义的一个重要特征》（《印支研究》1984 年增刊），《论越南的对外战略》（《印度支那》1987 年第 6 期），《对国际主义问题的再认识》（《社会科学探索》1999 年第 1 期）。主要著作有《越南经济》（合作，广西人民出版社 1986 年版），《现代中越关系资料选编》（合作，时事出版社 1986 年版），《中越关系研究》（主编，国家重点课题，1990 年完成）。

【郭伟】（1933—）广西南宁人。高级工程师。1957 年毕业于中南矿冶学院有色冶金本科。原任职于广西冶金研究院。参加并主持了多项工程的设计与有色冶金及三废治理等工作。灵川钢铁厂污水治理一期工程（广西环保点项目）。试验研究的"酸法处理不合格锌精矿生产氧化系列产品的生产工艺"能处理一般锌生产厂家和氧化锌生产厂家难以处理的含高铅及多种杂质的锌原料，用途较广，经济效益大，并可随时根据市场行情调整产品的品种，具有较强的市场竞争能力。1992 年 3—4 月工艺产品和副产品曾以氧化锌系列产品项目送往广西农业乡镇企业经济技术开发交流会参展，荣获该会优秀项目奖。

【郭安劳】（1938—）广西宜山人。壮族。副主任药师，梧州市红十字会医院药剂科主任。

曾获地区医药理论知识考试竞赛优秀奖，自然科学学会工作成绩显著奖，梧州市 1989 年度科技论文二等奖。近年来对医药生物高技术产生浓厚兴趣，对医药生物高技术及产业化进展有关报道资料进行追踪收集整理，并撰写有《医药生物高技术及产业化资料追踪剪辑》《生物疗法的临床应用及对药学发展的影响》等论文，作药学会活动的技术资料交流。代表性论文有《注射用水国内外研究概况》《医院药学国内外现状与进展》等。

【郭湘碧】（1939—）女，广西贵港人。大学文化。广西壮族自治区妇幼保健院主任医师。《大面积接种不同剂量乙肝疫苗阻断母婴传播免疫后 2~3 年效果观察》刊于《广西医学》，《1036 名婴幼儿丁型肝炎病毒感染情况调查报告》刊于《广西医学》，《乙肝高效免疫球蛋白与乙肝疫苗联合免疫阻断 HBV 母婴垂直传播效果观察》刊于《广西预防医学》。

【郭森达】（1942—）江西吉安人。大学文化。广西柳州市第一人民医院外科副主任医师。自行研制创新诊疗技术项目 20 余项，获医院科技新技术新项目奖 7 项，撰写医学论文 30 余篇，并有多篇入选大型文集，或参加全国专业学术会议，并在大会宣读论文3篇，同时在市、地、省级报刊、电台发表医学科普文章395篇。

【郭正山】（1943—）江苏扬州人。高级工程师。中共党员。1966年毕业于唐山铁道学院铁道车辆专业。曾任柳州铁路局柳州车辆段副段长、柳州铁路局车辆处车辆检修科科长、车辆处副总工程师。现任广西柳州铁路局车辆处处长。长期从事铁道车辆技术管理工作，具有铁道客、货车辆检修、运用和科技管理、现代化管理等方面专业特长。曾为柳州铁路局车辆部门推行全面质量管理和柳州铁路局推行现代化管理"网络计划技术"做出过贡献。1986年获局科技成果三等奖，1994年获局科技进步二等奖，1995年评为局优秀科技工作（管理）者。

【郭志高】（1943—）广西桂林人。研究馆员。毕业于广西师范大学历史系。现任广西壮族自治区桂林图书馆馆长。桂林市图书馆学会理事长。广西图书馆学会副理事长。广西儒学学会副会长。长期从事博物馆、图书馆工作，在实际工作中，积累了丰富的文物保护、图书情报文献资料管理的经验；作为全国十个建馆最早的省级公共图书馆之一的广西桂林图书馆的馆长，为该馆的建设、规划，图书资料的收藏、整理及历史文献开发等方面做了大量的工作，受到了一致好评；全馆实现了计算机自动管理，并建成了高效、快捷、服务范围广泛的文献信息网络系统，成为我国迄今为止为数不多的与互联网互联的公共图书馆之一；该馆1994年被国家文化部授予"全国文明图书馆"光荣称号，1996年被评为全国公共图书馆抢救历史文化先进集体。

【郭建光】（1948—）广东三水人，副教授，毕业于广西大学哲学专业。现任广西钦州市总工会主席、党组书记，兼任广西钦州市劳动模范、先进人物评选委员会副主任。工作中提出"狠抓双基，壮体强身，内强素质，外树形象"十六字方针，寻求加大工会工作力度的新途径，力争实现三个突破：一是组织建设有一个较大的突破。二是实现了工会经费收缴的新突破，实施"秤杆子战略"，加大工会经费的审查和收缴力度。三是寻求钦州特点的新突破，为本职工作做出了突出的贡献。

【郭维奇】(1952—)研究生，广西桂林市供销合作社主任，高级经济师。论文《我国市场经济与经济立法》获中国社会科学院中国"八五"科学技术成果奖；工作研究报告《对桂林市供销社集团公司发展的思考》入编《中国跨世纪改革发展文献》。主编《农民心中的丰碑》一书，由漓江出版社 1994 年出版。

【郭琳芳】(1952—)女，江苏人，副主任医师。广西南宁市卫生防疫站科教科主任。1992年底起任南宁市预防医学会兼职秘书工作，协助学会组建学科组。自 1993 年起至今任单位科教科主任，主要分管科技管理和实习生管理工作。1994 年下半年参加广西卫生厅防疫处组织的《卫生法规》系列教育录像片解说词的编写工作，参与了完成《公共场所卫生管理条例》和《化妆品监督管理条例》的撰写工作，均为第一撰稿人。1995 年参加科研协作项目《定植于新生儿的金葡菌与产妇及医护人员所携金葡菌同源性深讨》课题的研究工作，参与课题计划设计和现场采样调查工作，独自完成综述《新生儿金葡菌医院内感染与控制对策》，发表于《广西医学文选》，获 1995—1996年南宁市优秀科技论文三等奖。1994 年被评为南宁市科协 1993—1994 年度先进学会工作积极分子。

【郭松超】(1954—)中共党员，广西医科大学硕士研究生导师，营养学教授，硕士研究生导师。多年来从事营养与疾病、营养保健食品的科研与教学工作。主持完成国家自然科学基金项目一项，广西科技厅、广西教育厅、广西卫生厅资助多项课题，发表相关科研论文 30 多篇，获科研成果两项，广西科技进步奖三等奖一项。目前承担国家自然科学基金课题一项、广西科技厅课题两项。同时也是中国营养学会理事，中国微量元素科学研究会理事，广西预防医学杂志编委，广西医学文选编委。

【郭珑】(1956—)女，广西教育学院教授，1982 年 2 月于广西师范大学中文系毕业。2006 年 12 月获教授职称。曾荣获广西"五一巾帼标兵"称号。2010 年 4 月获自治区先进工作者称号。2005 年和 2009 年先后获得广西壮族自治区高等教育级教学成果奖三等奖和二等奖。2008 年获广西壮族自治区第十次社会科学优秀成果一等奖。

【郭栩】（1968—）女，广西柳州人，中共党员，中国工商银行五一劳动奖章获得者。多年来单位年度考核优秀，曾荣获广西柳州市银行业2014—2015年度百佳服务明星称号，2016年中国工商银行优秀军队业务营销客户经理，2016年度中国工商银行军改金融服务先进个人。

海南省

【郭义臣】（1923—1982）别名郭义瓣。海南万宁人。抗日战争和解放战争期间，历任共产党军队班长、副排长、排长、副连长、连长直至营长。新中国成立后，曾任海南黎族苗族自治州民警大队大队长，乐东县公安局局长，澄迈县仁兴劳改场领导等职务。20世纪50年代，荣膺中央军委授予"全国特级爆破英雄""琼崖纵队特等功臣"等光荣称号。荣获八一勋章、独立自由勋章等奖章。

【郭玉彦】（1931—）广东惠阳人。中国致公党党员，海南大学农学院副教授。专长植物保护，享受政府特殊津贴专家，海南省有突出贡献优秀专家。任中国农学会理事。海南省植物病理学会副理事长。1954年毕业于华南农学院植物保护系，海南工作40年，为宝岛农业开发与建设做出应有的奉献。1977年，他率先在文儒公社推广杂优水稻70亩，平均亩产826斤，推动了海南水稻创高产活动。1982年至1984年，独立主持病寄主范围的研究，发现病原线虫不仅危害水稻，同时可寄生于田间三种杂草上，从而打破了专主寄生的结论。《海南岛水稻根结线虫病的调查研究》论文发表后，英国伦敦CAB数据库通过中国农科院情报所来函索取英文摘要，同时获海南区优秀论文三等奖和自治州科技三等奖。1990年获海南省科技进步二等奖，同年中国致公党海南省委授予他"四化建设先进分子"的称号。合写的论文《论海南岛引种美国蜜瓜成功的关键技术》于1991年获海南省优秀论文二等奖。合编《出口瓜菜栽培及其病虫害防治》一书于1993年底出版发行，深受欢迎。

【郭仁庄】（1935—）海南万宁人。湖南医学院医疗系本科毕业。曾任万宁市人民医院内一科主任医师，国际卫生医学研究院（网络）、国际医学博士（硕士）导师教授。中华医学会海南省传染病、寄生虫病学会委员。

【郭仁彬】（1939—）海南万宁人。共产党员。中专文化。1963 年，郭仁彬带领四五十名青年上山开荒，种植经济作物，为地方创造财富。1974 年，郭仁彬被评为劳动模范，出席了广东省劳模大会。

【郭始光】（1941—）海南琼海人。毕业于清华大学。现任海南大学高级工程师，是国家注册一级结构工程师、监理工程师，中国基本建设优化研究会常务理事，海南省基本建设优化研究会副理事长兼秘书长，海南省土木建筑学会理事。从事工程结构研究设计、教学和建筑工程监理工作，曾任地质矿产部勘探技术研究所研究室副主任，海南大学建筑工程系副主任，海南大学基建办公室主任，海南大学建筑设计研究所所长。主持或主要参与完成十余项科研成果及海南大学校园规划、联谊馆、图书馆和海南热带海洋世界千年塔等十余个单项工程的建设，其中两项钻塔科技成果获 1978 年全国科学大会奖，另外两项钻塔项目获 1984 年地质矿产部科技成果三等奖，投产创直接经济效益数千万元，有的研究成果编入大学教材、手册，发表论文近 20 篇。1992 年曾获"海南大学先进教师""最受欢迎的教师"等荣誉。同时享受国务院政府特殊津贴。

【郭仁平】（1941—）海南万宁人，琼海师范学校毕业，国家二级舞台美术设计师，副教授，中国戏剧家协会海南省协会会员，广东省舞台美术学会会员。1962 年毕业于广东省琼海师范学校，分配到琼海县塔洋镇当小学教师。在塔洋镇任教数年间，绘画艺术获得各界人士的好评，引起琼海县琼剧团的关注，调任琼海县琼剧团，从事舞台美术设计绘画工作。1980 年 12 月，该剧团参加海南区专业文艺百花奖调演，在演出大型历史琼剧《逼上梁山》中，荣获舞台美术设计绘画一等奖；1984 年，该剧团参加海南区文艺调演，荣获琼剧《宝鼎记》舞台美术设计绘画一等奖；1999 年 12 月，该剧团参加海南省第一届琼剧艺术汇演，荣获琼剧《借名冲喜》舞台美术设计绘画一等奖。

【郭艺南】（1941—）海南文昌人，中共党员，国家级演奏家、副教授。任职于海南省文化艺术学校、海南省老年文体大学。1959 年考入广东琼剧院，师承琼剧著名乐师谭大春、何名科等名家学习掌调，拉主弦。在琼剧院担任掌调工作 15 年，曾为琼剧大师韩文华、林道修主演的《彩楼招亲》等剧目担任掌调。1973 年，他被调到海南琼剧学校任教。在琼剧学校，他先后担任音乐教研组组长、副教导主任、代教导主任、编码室副主任、琼剧科科长等职务。后任海南省文化艺术学校讲师。系海南省戏剧家协会会员。曾连续 8 年被评为先进教师，1981 年被评为广东省先进工作者。

【郭泽福】（1941—）曾用名郭泽敦，海南海口人，高级编辑。于 1992 年、2001 年先后被授予海南省优秀专家和国务院特殊津贴专家。原任海南日报社党委副书记、副总编辑，第二、第三届海南省政协委员、教科文卫体委员会副主任，海南省文联第二届理事会副主席，海南省新闻工作者协会副主席兼秘书长，全国新闻工作者协会第六届理事会理事。在 40 余年的新闻工作生涯中，组织过许多重大报道，编排了大量优秀版面，撰写了数百万字的新闻作品。1979 年在党的十一届三中全会召开以后不久，发表的农村联产责任制调查报告，在全国较早地报道了农村的承包改革，产生了深刻影响。1991 年他策划的穿山甲事件系列报道，是保护生态环境的力作，在省内外、海内外产生了巨大的轰动效应。

【郭玉民】（1942—）出生于辽宁开原，祖籍山东，大专文化程度，先后毕业于空军第十四航空学校飞行驾驶专业和中央党校大专函授班。原中国民航海南省管理局局长、党委书记，高级经济师。1958 年参加解放军空军，历任飞行学员、飞行大队政委等职；1995 年 12 月，任民航海南省管理局党委书记，1998 年 1 月，任民航海南省管理局局长、党委书记；先后发表 60 多篇文章，主要有《树立特区良好形象，建设椰城文明空港》《适应形势的要求，加强党员思想教育》《新形势下怎样当好党委书记》等 12 篇，发表在国家和省级报刊，其中 6 篇获得奖励，并被收编入大型文集。海南省委、省政府授予 1993—1995 年度海南省精神文明建设先进工作者，1999 年 5 月被国家民航总局授予关心支持老干部工作"优秀领导者"等荣誉称号。

【郭力华】（1963—2007）女，出生于黑龙江大庆，祖籍吉林省吉林市，博士学历，海南师范大学教授。1984 年本科毕业于东北师范大学，志愿到青海高原工作，主动申请支边的事迹而被选入中宣部、团中央、教育部组织的志在四方艰苦创业全国优秀大学毕业生报告团，受到中央领导的接见。在青海师大工作期间，在教书育人和教育教学管理工作中取得了突出成绩，多次被评为先进工作者，曾被青海省人民政府授予"优秀边陲儿女"光荣称号。青海师范大学工作8年，于1992年到海南师范大学工作，任生物系党总书记、硕士生导师、海南省教育课程与教学研究基地副主任、校教学督导委员会委员，同时兼任中国生态学会科普委员会委员、海南省植物学会副理事长兼秘书长、省生物学会常务理事、省生态学会常务理事等。2007年4月国家人事部、教育部授予郭力华"全国模范教师"的荣誉称号。

【郭祥】（1967—）海南儋州人，主任医师，教授，为海南省资深骨科专家。现任海口市人民医院骨科中心党支部书记、中心副主任兼下肢外科主任、主任医师、海南医学院外科学兼职教授，海口市骨科与糖尿病医院党委委员兼骨科执行副主任，海南省医学会骨科专业委员会常委、海南省中西医结合学会骨科专业委员会副主任委员、海南省中西医结合学会骨科微创专业委员会副主任委员、海南省医药价格评审专家、海南省计划生育技术鉴定专家、海南省等级医院评审专家库

成员、海口市医学会医疗事故技术鉴定专家库成员。于学术刊物及学术会议上发表论文30余篇，参与完成并通过专家评审的科研课题多项，获海南省科技进步二等奖2项、三等奖1项、海口市科技进步一等奖1项，二等奖1项，主持实施的课题3项，参编出版专著二部。1999年获"海南省杰出青年岗位能手"称号。2018年被海南省人力资源和社会保障厅认定为海南省拔尖人才。

【郭晓帆】（1970—）广东徐闻人，1990年3月加入中国共产党，1992年海南大学国际经济法本科毕业，获学士学位。海南省委党校经济管理研究生，副教授，法学讲师，兼任海南省领导科学研究会秘书长。1994年4月起，在海南省委党校从事教学和行政工作。主要讲授《国际经济法》《法制论》等课程。主要科研成果有专著《物流业与海南经济发展》，获全国党校系统科研成果奖二等奖。编著《毛泽东思想基本问题》《经济法律制度教程》《三讲教育辅导读本》3篇著作。主持参与国家级、省部级课题《国有企业人才战略研究》《我省干部能上能下机制的研究》《党员队伍新陈代谢机制研究》等9个。撰写并发表论文多篇。

七、西 南

四川省

【郭汝霖】（1879—？）四川射洪人，1953年入四川省文史研究馆，前清举人，日本东京法政大学毕业。曾任陕西都督府法政局长，长安地方法院院长，陕西法政学校教授，西北大学教授，教务长。

【郭沫若】（1892—1978）原名郭开贞，字鼎堂，号尚武，乳名文豹，笔名沫若、麦克昂、郭鼎堂、石沱、高汝鸿、羊易之等。1892年11月16日出生于四川乐山沙湾，毕业于日本九州帝国大学，现代文学家、历史学家、新诗奠基人之一、中国科学院首任院长、中国科学技术大学首任校长、苏联科学院外籍院士。1914年，郭沫若留学日本，在九州帝国大学学医。1921年，发表第一本新诗集《女神》；1930年，他撰写了《中国古代社会研究》。1949年，郭沫若当选为中华全国文学艺术会主席。曾任中国科学院哲学社会科学部主任、历史研究所第一所所长、中国人民保卫世界和平委员会主席、中日友好协会名誉会长、中国文联主席等要职，当选中国共产党第九、十、十一届中央委员，第二、第三、第五届全国政协副主席。

【郭琴舫】（1905—1941）四川威远人，曾用名郭雪萍、吴治平、郭岫夫、丁渔等。早年威远中学三学士之一，1926年在广州由吴玉章等介绍加入中国共产党，黄埔高级政治训练班毕业，在周恩来领导下从事隐蔽战线兵运工作。由孙炳文介绍到贺龙部队，1927年参加南昌起义。汤坑之战负伤后去香港，年底辗转回到威远，秘密筹建中共威远县地下党组织。1928年，到国民革命军杨其昌师做兵运工作，随后回四川联络川鄂工作。1928年9月任中共涪陵县委书记、四川省委下川东特派员，负责地方和兵运工作。1929年底到上海从事秘密工作，担任江苏省委军委巡视员。在国共合作初期，到国民党汤恩伯部参加抗战，参加南口、台儿庄、豫鄂大会战、冬季攻势、枣宜会战等战役。1939年任南岳游击干部训练班政治部二科上校科长，同年，任豫鄂边区游击总指挥部政治部少将主任、游击第五纵队指挥官，率部在枣阳一带开展游击战。1941年初，因叛徒出卖被国民党顽固派杀害于河南漯河坡陈村，时年 36 岁。

【郭炳炎】（1923—）成都西南财经大学财政系副教授。西北大学商系及中国人民大学财政专业研究生毕业。长期从事国家预算、国家预算管理学、东欧社会主义国家财政等课程的教学与科研工作。主编《国家预算管理学》（西南财经大学出版社 1987 年版）。主要论文有《经营管理型财政下的预算外资金》（《成都与会计》1986 年第 4 期），《预算外资金的横向管理》（《财经科学》1987年第 1 期）。现致力于《国家预算系统工作管理》一书的编写。

【郭履容】（1926—）女，四川资中人，1948 年毕业于四川大学物理系，四川大学教授、光学教研室主任、博士导师、资讯光学研究所所长兼任中国科学院光电所微细加工光学技术国家重点实验室博士导师及微光学学科特别顾问等职。第七、八届全国政协委员，四川省政协第四届委员，第五、第六届常务委员，四川省政协教科文委员会及提案委员会副主任；民盟中央第四、五、六、七届中央委员；民盟四川省委员会第四、五、

六、七届副主任；现为名誉副主委。中国光学学会理事，荣誉理事，四川省光学学会副理事长，名誉副理事长；四川省科技顾问团第一、二届顾问。

【郭尚平】（1930—）四川隆昌人，其父郭运献系当地著名中医，流体力学家、生物力学家、油田开发专家，籍贯四川隆昌。1951年毕业于重庆大学矿冶系，1957 年获苏联莫斯科石油学院副博士学位，1995 年当选为中国科学院院士。中国石油勘探开发研究院和渗流流体力学研究所研究员，曾任中国科学院兰州分院院长。首先提出、创立微观渗流概念、理论和实验技术，为提高石油采收率提供新的理论基础，使渗流和油藏工程研究深入到多孔介质的孔隙裂隙层次，让渗流力学与生命科学交叉渗透，获国际同行高度评价。提出压裂采油中的渗流理论及集群（整体）压裂概念和效果（1957 年）等。我国最早按正规设计开发的大油田——克拉玛依油田的主要设计人之一，石油工业部大庆油田开发工作组渗流研究计算组负责人，为我国油田开发做出重要贡献。

【郭积才】（1932—）陕西户县人，中共党员，

高级经济师, 历任西南政法大学总务处科长、副处长、财务处长、审计处长。长期从事大学的总务、财务和审计工作, 制订各项规章制度 50 多个, 公开发表论文 30 多篇, 其中有 15 篇在各类专业会议上交流。撰写的《充分发挥内审工作的间接作用》(《新疆审计》1991 年第 4 期), 选编入《中国新时期社会科学成果荟萃》,《中国教育大精典》《改革开放与市场经济文选》《高校财务管理工作需处理好的六个关系》等被中华文学基金会选编入《中国改革开放 20 年》和《中国教育管理精览》,《谈谈高校审计部门必须妥善处理的几个关系》《贵州审计》1990 年、1992 年被四川省教育会计学会评为优秀论文。

【郭英喜】(1933—) 山东青岛人, 中共党员, 大学学历, 华西医科大学药学院教研室主任、教授。中国药学会会员, 四川化学化工学会理事。1957 年毕业于成都四川医学院药学系并留校工作至今。先后担任分析化学、物理化学的教学工作。研究方向为物理药学, 长期从事中、西药物剂型、处方筛选及稳定性研究工作。先后进行了抗坏血酸及抗生素等药物制剂稳定性研究, 获两项国家自然科学基金, 并向有关药厂进行了技术转让。自编《结构化学》《药用络合物》共 38 万字, 获校优秀教材二等奖。合编《物理药学》教学参考书。1989 年 7 月至 1991 年 3 月曾前往美国休斯敦 Baylor 医学院临床药理实验室进行抗高血压物的药代动力学的研究工作。发表科研论文 10 余篇, 获省、市级科研成果及论文奖 5 项。

【郭身】(1933—) 黑龙江海伦人, 笔名兰升尔, 一级作曲, 中国音乐家协会会员、四川音乐家协会理事、成都音乐家协会副主席。1952 年考入东北鲁艺音乐部作曲系。毕业后先后供职于内蒙古包头歌舞团、内蒙古歌舞团与内蒙古音乐家协会。40 多年来, 创作、演唱并发表的音乐作品有独唱曲《青年突出队员之歌》《包钢之歌》等; 出版了《花仙——卓瓦桑姆》评论文集, 拍摄了彩色宽银幕艺术片, 获中华民族 20 世纪舞蹈经典提名奖。

【郭鸣中】(1935—) 四川资中人, 成都市第十二中学教师, 成都新津华润学校中学特级教师。四川省劳动模范、成都市先进教师, 多次应邀参加由国家教委和人民教育出版社组织编写中学物理教材, 撰写教学研究论文、著作和科普读物百多万字，合作的论文有《物理教学中实施德育的途径和方法》（获中国教育学会物理教学研究会优秀论文一等奖）、《物理教学改革试验研究》（收入人民教育出版社出版的《物理教学的新探索》一书）等 30 多篇。主编或参著的书籍有《物理教学及其心理研究》（获四川省教育学会科研成果一等奖）、《中学物理观点方法典型问题》（获成都市哲学和社会科学优秀科研成果二等奖）、《物理教学与德育》、《物理奥林匹克读本》、《漫谈信息和控制》、《现代科学知识小百科》等 30 多种。

【郭棣华】（1936—）湖南湘潭人，中共党员，大专学历，高级经济师。1991 年被四川省人民政府授予科技进步三等奖。1965 年被中国兵器工业总公司评为劳动模范。同年获国家科协授予的金桥工程优秀组织者奖。

【郭联敬】（1937—）四川内江人，中共党员，高级教师，毕业于内江师范学校。曾任四川省内江市中区教研室小数组组长，内江市数学专业委员会理事兼副秘书长，内江市中区小学数学专业委员会秘书长、理事长。编写、出版了《小学数学总复习提纲》《小学数学词语解释》等 18 种书。教研论文在国家级刊物上发表的有《审美教育在数学课上的渗透》《优化结构、提高质量》。在省级刊物上发表的有《学习好新教材，使用好新教材》《"读启式教学法"与课堂教学结构》等 20 余篇。1987 年、1988 年先后获区优秀教师奖、市教研先进工作者奖。1991 年被四川省人民政府授予"小学特级教师"荣誉称号。

【郭桂蓉】（1937—）四川成都人，中将军衔，通信与电子技术专家，中国工程院院士。1959 年本科毕业于解放军通信工程学院（现西安电子科技大学）雷达工程系，1959 年在哈尔滨军事工程学院导弹工程系学习一年后，1960 年进入苏联莫斯科茹可夫斯基空军工程学院学习，1965 年回国。全国人大代表、中国科协常委、中国人民解放军总装备部科学技术委员会主任、自动识别国家级国防科技重点实验室主任。主持并设计研制成功舰船雷达目标自动识别系统、空中目标电磁特征提取与识别系统、宽带雷达目标自动识别系统、舰船、装甲、飞机等目标自动识别综合系统、雷达抗干扰系统、雷达干扰自动识别系统。主持研制的 41 号系统获 1978 年全国科学大会奖；KD85-466 系统获

1992 年国家科技进步二等奖，ATR-8912 系统获 1993 年国家科技进步奖。1992 年被授予国家"有突出贡献的中青年专家"称号，1999 年获中国人民解放军专业技术重大贡献奖。著有《最佳离散信号》、《模糊模式识别》（获第七届中国图书奖）、《信息处理中的模糊技术》等；撰有《模糊模式识别的理论及应用研究》《基于极化频率稳定度的目标识别》等论文 70 余篇。

【郭章新】（1938—2004）浙江诸暨人，中共党员，1962 年大学毕业分配到山西太原 245 军工厂工作，技术员。1965 年四川建 215 军工厂（川安化工厂），调入四川组建办厂，历任技术员、车间主任、副厂长、厂长、党委书记。荣获省、市多项奖励和荣誉称号。享受国务院特殊津贴。

【郭腾飞】（1939—）四川射洪人，大学文化，攀钢（集团）公司档案处处长，副研究馆员，曾在国家级及省、部级学术刊物上发表学术论文 20 余篇，其中有 10 多篇分别获冶金部和四川省档案学术研究成果奖，另有 6 篇学术研究成果论文被选入《中国档案管理精览》（第五分卷）一书中。

【郭家铨】（1940—）四川威远人，教授，主要从事英语语言学、语言史、词汇学、语义学、修辞学、社会语言学和美国英语教育的研究，发表学术论文 30 多篇。有《古英语概论》《黑人英语的起源和历史发展》《试论现代英语散文中的排比结构》《英语词汇多义变化的原因》和《美国外语教育史考略》等。

【郭复初】（1941—）四川宜宾人，西南财经大学教授。1959 年考入四川财经学院（现西南财经大学）财政系财政学专业，1963 年 7 月毕业留校任教，现任西南财经大学教授、博士生导师、校政财经济研究所副所长，四川省第一届学位委员会科议组成员、全国企业财务理论研究会理事、全国高校财务学研究会常务理事等职，1995 年荣获国务院颁发的政府特殊津贴。

【郭嘉诚】（1942—）河南兰考人，大专文化，四川省宜宾市农业科学研究所副研究员。农业部九五重点科研项目"烤烟新品种选育"四川主持人，四川省原子能农学会育种委员会主任，烟草研究室主任，四川省宜宾市烟草学会理事，系中国科学院引进科技人才。先后承担国家、中国科学院、农业部及四川省多项重大科技攻关项目。其中主持的中国科学院和农业部重大科技攻关项目"高产、抗病水稻良种科成1号""优质、高产、多水稻新品种选育研究"及"中稻新品种选育研究"等分别荣获国家科委科技成果奖及国家计委、国家科委和财政部联合颁发的国家重点科技攻关专题荣誉证书；参加的国家和中国科学院重大科技攻关项目"黄淮海平原中、低产地区综合治理及开发应用研究"，1993年荣获国家科技进步特等奖。合作编辑出版专著10种，发表论文100多篇，参加国内外学术交流50多次，入选联合国和外文学术刊物6篇，并由《科技日报》全国范围表彰。15篇分别获国家或省级优秀论文奖。

【郭念芳】（1944—）女，四川西昌人，高级教师，毕业于四川省西昌师范，现任四川省西昌礼州小学教导主任。从教30年来忠诚党的教育事业。1979年撰写的《低年级识写教学》一文在全县各校交流。1987年获西昌市语文优秀授课一等奖。多次被评为镇、区、市优秀教师、优秀班主任、优秀辅导员。1989年被评为全国优秀教师。

【郭静先】（1945—）四川汉源人，主任医师，从医56年，从事中医临床，对心脑血管病、乙型肝炎、消化性溃疡等疑难病症的治疗有独到的经验。2005年任主任医师。编辑出版著作《药性词赋》（四川科技出版社2009年版）、《轻轻松松背汤头》（四川科技出版社）。撰写医学论文《乙型肝炎病症传变探析》《消化性溃疡病病机探讨》等数十篇学术论文交流。

【郭幼容】（1946—）女，四川盐亭人，出生于四川宜宾市。现任四川音乐学院钢琴系教授，中国音乐家协会会员，四川音乐家协会会员，四川省钢琴学会常务理事。作为国内外知名的钢琴教育专家，40余年来为国家培养了无数钢琴人才，有多人多次在国内外钢琴比赛中获奖；多次荣获优秀钢琴指导教师奖；并长期担任各种钢琴比赛评委。专著《钢琴即兴配奏技能》由四川人民出版社出版发行，获1996年四川省第七届教育科研优秀成果一等奖，1996年四川省社会科学界优秀科研成果奖；论文《钢琴伴奏专业建设研究》获1996年四川音乐学院第三届优秀教学成果二等奖；1990年获四川音乐学院首届优秀教学成果奖。2002年评为四川音乐学院优秀教师。1996—1997 学年作为高级访问学者应邀赴俄罗斯交流访问演出，跟随卡拉西教授进修。在莫斯科等地多次成功举行了钢琴独奏音乐会，受到俄罗斯同行专家的高度评价，国立莫斯科文化大学学报 1997 年 9 月 1 日为此发表了题为"来自中国的客人"专稿。在俄罗斯访问期间，于 1997 年 5 月担任了首届莫斯科华人艺术节评委工作。

【郭用坚】（1947—）四川隆昌人，教授级高级工程师，毕业于四川大学。长期从事化工生产管理和新产品、新项目开发以及自动化仪表技术管理及技术研究工作。1986 年起主持化肥大型旋转机械状态监测 DDM 系统开发应用项目研究，荣获 1989 年度四川省化工厅科技进步奖、1991 年度四川省科技进步二等奖；荣获 1996 年度四川省"有突出贡献优秀专家"光荣称号；2001 年享受国务院特殊津贴专家称号。在全国性刊物上发表过《大型旋转机械状态监测》《旋转机械几种常见故障分析》《自动化仪表故障分析》《四川天华公司布朗工艺合成氨装置》等近 30 篇论文，其中一些论文被编入《管理艺术文集》《中国科学艺术文库》等专著。

【郭文忠】（1948—）山西洪洞人，中共党员，毕业于铁道部西南交通大学，高级工程师。现任成都市干道建设指挥部副指挥长、党组成员，四川省土木建筑学会隧道与地下空间专业委员会副主任。长期从事城市人防工程建设和城市道路、桥梁工程建设。其论文《谈人防建设与城市建设相结合》被收入《中国建设科技文库》，对我国城市建设行业做出了贡献。在 1993 年开工，被命名为"市政府一号工程"的成都市顺城街扩建工程中，担任顺城街人防工程建设副指挥长、总工程师，论文《松散围岩市政隧道浅埋暗挖法修建新技术》获四川省人民政府科技进步三等奖。主要论文还有《试论人防工程的平战功能转换》，获全国人防工程情报第五届年会优秀学术论文和四川省 1996 年度优秀论文二等奖；《关于成都人防工程规划问题初探》获中国土木工程学会防护工程学会优秀论文奖等。

【郭元晞】（1950—）江苏海门人，生于四川重庆，曾在四川省社会科学院任助理研究员、副研究员、研究员；《经济体制改革》杂志常务副总编，四川省社会科学院经济体制改革研究所副所长、所长。1992 年中共四川省委、四川省人民政府授予有突出贡献的优秀专家。1993 年国务院授予享受政府特殊津贴的专家。1994 年被中共四川省委、四川省人民政府任命为第三、四、五届四川省科技顾问团顾问。1994 年任西南财经大学校长助理。1996 年任博士生导师。主要研究方向是工业经济、宏观经济及收入分配等。已在《中国社会科学》《经济研究》《中国工业经济》等刊物上发表各类论文 400 余篇，已出版专著 12 部，参与写作的著作 11 部。其中获全国"五个一"工程奖 1 项，中国图书奖 1 项，全国优秀畅销书 1 项，四川省哲学社会科学优秀科研成果一等奖 2 项、二等奖 5 项、三等奖 2 项，获四川省"五个一"工程奖 3 项，四川省最佳图书奖 1 项，其他奖 40 余项。

【郭元秀】（1951—）女，四川泸州人，中共党员，1977 年毕业于重庆大学，攀枝花市钢铁研究院高级工程师。钒钛铸铁的推广应用获国家科学大会奖、四川省科技成果二等奖；螺旋分级机耐磨衬板的研究获冶金部科技成果三等奖；钒钛铸造铁钢锭模的研究获冶金部科技成果二等奖，1987 年获中国专利局发明专利，1988 年获首届国际专利及

新技术设备展览银奖，1988 年获首届国际专利及新技术设备展览银奖，钒钛铸造钢的开发与应用研究获冶金部二等奖。

【郭齐】（1952—）四川资中人，研究员，博士生、硕士生导师，四川大学古籍整理研究所教授。长年从事《儒藏》编纂工作，为儒学博士主讲"儒学思想研究"，获四川省第八届哲社优秀成果三等奖，四川省第十届哲社优秀成果三等奖。

【郭俊仁】（1953—）四川遂宁人，大学文化，川北教育学院党办主任，讲师，副研究员。先后撰写和交流的文章有《单元教学初探》《关于教研公开课之我见——弱差生一谈》《谈谈记叙文与议论文的关系》《马列主义毛泽东思想是中国共产党的指导思想和行动指南》《对一般市场和社会主义市场经济的几点认识》等。合编中专、技校、职高语文教材（内部用）。其中论文《从列宁的新经济政策理论看邓小平同志的改革开放战略》《关于社会主义》等获学院优秀学术论文奖。《围绕中心》获省高校交流学术论文奖。

【郭宏】（1953—）北京人，就职于四川人

民广播电视台文艺部。国家二级导演,中国演播艺术家,中国广播电视文艺奖最佳导演奖获得者,四川省优秀节目主持人,四川省广播电视学会专业委员会秘书长。在国际学术交流中,瑞士文化代表团和日本诗人访华团来华访问期间,发表《斯坦尼斯拉夫斯基与布莱希体系之我见》和《论我国的新诗派》两篇论文。在历届国家级政府广播电视奖评比中,发表相关导演论述 19 篇,编播论述 4 篇。1994—1999 年,作为广播电视节目主持人员获四川省级政府以上奖 141 项。其中获国家级政府奖、中国广播电视学会及其专业委员会专家奖 28 项;中国新闻奖 1 项;中宣部和中共四川省委宣传部精神文明建设"五个一"工程奖 17 项;四川省级政府奖 95 项。

【郭丹】(1954—)毕业于西南交通大学,现任四川省社会科学院政治学研究所所长,研究员,教授,博士生导师。中国政治学会副秘书长、四川省政治学会常务副会长、秘书长,四川省人大制度研究会副会长、四川省行为科学学会理事。专著《地方人民代表大会制度研究》《世纪的门槛:21 世纪中国面临的挑战》《化险为夷——如何应对突发事件》《现代企业融资方式与技巧》,论文《在宪政架构下推进依法治省》《马克思主义执政理论的新拓展》《企业社会责任在当代中国的实践》等。获省部级二等奖、三等奖各 1 项,参与撰写的专著获省部级一等奖。

【郭前】(1955—)山西沁源人,大学文化,四川省广元市第一律师事务所主任,二级(副高)律师。撰写并发表的论文有《怎样担任公诉案件受害者的代理》《一起科技成果转让合同纠纷的诉讼代理》《投保方是足额投保、保存险方应足额赔付》《"皮包公司"倒闭后,债务的清偿问题》《丢弃拾得物的赔偿责任》《建立企业法律顾问机构势在必行》等。

【郭特鎏】(1956—)重庆人,副主任医师,解放军 452 医院科主任,毕业于华西医科大学医学院,医学硕士学位。主要从事中西医结合治疗糖尿病,总结出了一整套中西医结合治疗糖尿病的有效方法和药物,同时,与沈阳医学院李功彦教授联合开展了纯中药治疗癫痫的临床研究,研制了疗程短见效快、既治病又治根的系列抗癫痫中成药。科研方面主要从事人类巨细胞病毒感染的临床研究。在《中华医学检验》杂志、《中华儿科》杂志、《中华流行病学》杂志、《实用临床儿科》杂志等数十种医学刊物发表论文、综述、译文等 100 多篇。获全军科技进步三等奖 3 项，四等奖 5 项。

【郭欣荣】（1956—）四川人，大学文化，攀钢集团矿业公司质量计量处计量科科长，高级工程师。在《计量与测试技术》等刊物上发表论文多篇，其中有《深化企业计量监督管理的几点意见》《企业计量监督机制的完善工作浅见》等。

【郭晓鸣】（1957—）四川雅安人，中共党员，1982 年毕业于西南农业大学农经系，四川省社科会学院农经所所长，副研究员。四川中青年农村经济研究会理事长，四川省农经学会副秘书长。先后参加和主持国家、省级和国际合作课题 40 多项，在省级以上报刊发表研究成果论文 200 多篇，200 余万字，合作出版学术专著 12 种，获全国和省级学术奖励 50 多项。主要有《论农业银行承包制的完善》《中国乡镇企业：现实与前景》《农民与土地——历史、现实、未来》等。1995

年被四川省委组织部、四川省人事厅、四川省科委等单位选定为四川省跨世纪青年优秀科技人才。1996 年被四川省人事厅确定为四川省学科带头人后备人才。

【郭蜀燕】（1959—）女，四川成都人，中共党员，副教授，毕业于中国电子科技大学人文社会科学院。先后在国家教委西南教育管理干部培训中心、国家高级教育行政学院学习。历任中国电子科技大学团委副书记、副系主任、党总支副书记职务。现任中国电子科技大学微电子科学与工程系党总支书记、副系主任。先后发表论著 20 多部，其中专著 3 部。

【郭成林】（1959—）四川邻水人，毕业于四川师范大学汉语言专业，高级农艺师。任广安科技报社执行主编，四川科普作家协会会员，《四川科技报》特约记者，《科技兴农报》记者。1981 年 12 月被四川省团委授予"模范共青团员"称号；1983 年 5 月被达川地区团委授予"优秀团员"称号；1985 年 1 月被四川省科协评为农村科普先进个人；1983 年 10 月被达川地区行署评为普通教育先进个人；1982 年 12 月被达川地区科协评为科普先进工作者；1993 年 7 月被省科协授予"高级农艺师"称号；1995 年被省科协授予"科普先进个人"称号。

【郭光明】（1963—）四川资阳人，中共党员，大专文化。1981 年 12 月参加工作，现任攀枝花煤业（集团）有限责任公司小宝鼎煤矿掘进一队党支部书记。2007 年获全国五一劳动奖章。

【郭建强】（1963—）四川温江人，大学本科，高级工程师，现主要研究方向为旅游地学和生态地质学。1981 年到四川省区域地质调查队参加工作至今，一直在川藏东高原从事区域地质调查和矿产勘查。主研的"1：20 万德格幅地质报告"和主持主研的"1：5 万挖角坝、西油房幅地质图说明书"获地矿部勘查成果三等奖，撰写《德登动物群的发现及意义》《扬子地台西缘构造格局》等科技论义 30 余篇，在国家、部、省级的刊物上发表，其中获优秀论文一等奖 2 篇、二等奖 2 篇。目前正主持承担九寨沟黄龙地区生态地质调查和评价部级重点项目。被授予"四川地勘局劳动模范""四川省第三届青年地质科技奖""四川省十大

杰出青年岗位能手"及"全国地矿系统优秀科技工作者"等荣誉称号。

【郭宁】（1966—）副教授，中共党员，现任西昌学院工程技术学院副院长。1982—1986 年就读于华东地质学院，1986—2000 年在核工业西南地质局二八一大队从事地质工作；2000 年至今，在西昌学院从事工程地质、水文地质教学和科研工作。曾担任工程技术系副主任、总支副书记等职。主持滇西晚第三纪盆地可地浸砂岩型铀矿 1：5 万区调水文地质工作方法研究；滇西晚第三纪盆地可地浸砂岩型铀矿 1：5 万区调水文地质工作方法研究获国防科学技术奖三等奖；西部地区应用型本科院校工科专业学生应用能力培养研究获四川省人民政府优秀教学成果奖三等奖；混凝土重力坝应力的数值计算及其可视化获西昌学院科技进步奖一等奖。

【郭一民】（1968—）四川什邡人，高级经济师，蓝剑集团联合创始人，四川省知名企业家。现任四川蓝剑饮品集团董事长兼总经理、四川箴言公益（私募）基金理事长、四川省政协特邀委员、中国民主同盟中央经济委员会委员、中国社会经济文化交流协会副会长、

中国矿业联合会天然矿泉水专业委员会副主任、中国饮料工业协会副理事长等。曾荣获2003年四川十大财经风云人物，2008年影响四川·改革开放30年风云人物，2010年四川省年度经济人物，2015年四川杰出民营企业家年度人物。

【郭勇】（1975—）四川泸州人，副教授，专业技术二级警督。1998年毕业于东北师范大学物理系，获理学学士学位，2006年毕业于中国人民公安大学，获法学硕士学位，现任四川警察学院刑技系基础理论教研室副主任。2006年被四川省公安厅授予公安机关痕迹检验鉴定人资格。主持四川省公安厅当前常见技术性开锁作案案件的现场勘查等多项课题。发表专业学术论文10余篇。参编《枪弹痕迹学》等3部教材，多次荣获四川警察学院优秀教师。

【郭松】（1977—）湖北潜江人，法学博士，四川大学法学院副教授，硕士研究生导师。在《法学科学》《法制与社会发展》《清华法学》《中国刑事法杂志》《四川大学学报》等学术刊物上发表论文20余篇，其中有多篇被《人大报刊复印资料》《中国社会科学文摘》转载或转摘，并独著或与他人合著著作3部。主持过教育部人文科学研究项目、中国法学会部级项目、四川省社会科学基金等多项省部级课题，并作为主研人员参加过包括国家社会科学基金重大招标项目在内的多项课题。研究成果曾获四川省第十三届哲学社会科学优秀成果二等奖、四川省第十四届哲学社会科学优秀成果一等奖。博士论文曾获全国百篇优秀论文博士论文提名奖。

重庆市

【郭汝瑰】（1907—1997）重庆铜梁人，川军军阀郭汝栋堂弟，黄埔军校第5期毕业。1928年加入中国共产党，后与组织失去了联系，脱党进入日本陆军士官学校深造，回国后进入国民党陆军大学进修。解放战争期间为国民党国防部作战厅长，并重新与中共建立了联系，秘密会见中共中央南方局负责人董必武。从此在中国共产党领导下投入了隐蔽的情报战线，为夺取人民解放战争的伟大胜利屡建奇功。后在宜宾率72军起义。主编中国军事史和抗战正面战场史，以严谨著称。后出版回忆录自述情报贡献，是中共插入国民党内部最大的红色间谍。晚年的郭汝瑰享受副兵团司令级待遇，1997 年 10 月 23 日不幸遭遇车祸逝世，享年 90 岁。中央军委在为郭汝瑰同志举行的追悼会上，对他做出了很高评价，赞颂他的一生是"惊险曲折、丰富深刻的一生"，称赞郭汝瑰同志为抗日战争的胜利和人民的解放事业做出了重大贡献。

【郭成忠】（1932—）重庆人，中共党员，副编审。曾任中共重庆市委《当代党员》杂志社副总编辑（《党员文摘》月刊执行副总编），重庆市组织人事工作研究会秘书长，重庆市出版工作者协会副主席，并任该协会顾问。长期从事出版工作，曾主编《重庆市组织人事工作论文选》，其中 7 篇获四川省组织人事工作优秀论文奖；参与编审《关于社会主义精神文明建设的决议学习辅导材料》一书；负责主持编审的《党员文摘》月刊，发量达 80 万册，被评为四川省一级期刊，几次获全国民间文摘研讨会评为全国十佳文摘期刊。

【郭久麟】（1942—）出生于重庆市，1960—1965 年在四川大学中文系读书，1965 年分配至四川外语学院任教，教授。中国作家协会会员，重庆作家协会主席团成员及影视创委会主任，重庆写作学会副会长，重庆文学学会常务理事，重庆国际友人研究会秘书长，四川大学重庆校友会会长。长期在学校讲授当代文学、写作学、新闻采访与写作等课程，深受学生欢迎。主要科研创作成果有文艺理论著作《文学创作灵感论》（获 1990 年四川和重庆市社科三等奖）、《散文知识与写作》、《论贺敬之的诗》、《传记文学写作论》；传记文学作品《陈毅青少年时期的故事》、《怀念吴老、罗世文传》（同时获 1984 年四川和重庆市社科三等奖）等。

【郭映忠】（1943—）四川洪雅人，中共党员，1981 年毕业于中国科技大学暨中国科学院研究生院，获岩体工程地质力学理学硕士学位。现任重庆大学 B 区土木工程学院岩土工程教授，土木工程专业英语教研室主任，中国地质灾害研究会滑坡崩塌专业委员会常务委员。主要从事工程地质力学、岩体力学、土力学与基础工程、土木工程专业英语的教学和相应研究。1983 年取得四川红岩地区阳新统岩溶水动力特征研究系列成果，获前中国科学院著名地质科学家张文佑教授书面高度评价。1995 年和 1996 年取得重庆地质灾害研究和块体理论在危岩锚固工程中的应用学术成果，为《中国国土资源文摘》等国内权威刊物作为具较高学术和应用价值的科技学术成果收录并在国内推广应用。1997年取得锦屏二级水电站引水工程区地应力场初步研究成果，经国际经济评价（香港）中心、香港文汇报社、世界华人重大科学与学术成果评审委员会专家审核认定为具有国际水平，并在海内外有一定影响的世界华人优秀重大学术成果，并收入《中国"九五"科技学术成果选》。2001年2月被国务院三峡建设委员会、国土资源部特聘为国家专家。

【郭平】（1944—）重庆开县人，重庆市开县结核病防治所原所长，副主任医师，《中华实用医学理论与实践》（十卷中册）常务编委，中国科技研究交流中心理事，《中国今日评论》特邀评论员。出生医疗世家，从学校毕业后，一直从事中西多科临床医疗工作，从医38年来，注重医学理论与实践的结合，逐步总结临床医疗的经验，善于学习医学新理论与新技术，而且注重医学理论与实践的创新，在医学多学科领域有创新发明。撰写的论文《78例复治涂阳病人与年龄、性别及疗效观察》《159例初复治菌阳病与年龄、性别及疗效观察》分别在两次四川省防痨学术研讨会上交流，分别获一等奖，发给论文证书。已获得5种国际优秀论文证书及国际优秀论文奖，有4项医学创新发明，被国际医学专家评为世界优秀专家人才。

【郭慈友】（1945—）重庆铜梁人，副主任医师，毕业于重庆医科大学，现任铜梁人民医院外妇科支部书记、泌尿科主任。近10年兼有带教重庆医科大学、重庆职工医学院及多所中等医学专科学校的实习生和进修生的工作。曾先后在中华医学会全国生殖与不孕不育学术研讨会、中国现代实用警医药和全国药物治疗与临床学术交流会等会上发表国家级论文。被四川省卫生厅、永川地区卫生局评为先进工作者1次，先后4次被县卫生局、县医院评为先进个人，12次被评为优秀共产党员，2次被县委评为优秀政工干部。

【郭吉安】（1948—）湖北人，大学文化，副教授，曾任重庆大学图书馆副馆长兼任重庆市科技情报学会副理事长。主编大学生、研究生文献检索教材4种，获重庆市科技进步三等奖1项、重庆市优秀科技情报成果奖3

项，四川省优秀情报成果二等奖 1 项。发表论文 20 余篇。

【郭燕京】（1949—）辽宁人，民革成员，硕士学位，西南师范大学体育学院副教授。四川省武术委员，重庆市武协委员，重庆高校武协主席。5 岁习武，9 岁时获北京市武术比赛少年组全能第一名。1978 年开始武术技击研究，在国内外发表论文 40 余篇。编写有《擒拿对练》《武术实用腿法》《擒拿、摔跤与空手夺刀》等专著。曾获云南省第五届运动会武术全能第一名。多次被评为西南师大"教书育人"先进个人、先进科技工作者，四川省优秀裁判员。

【郭晓东】（1961—）硕士，重庆理工大学教授，中国齿轮协会桥齿轮分会委员，主要从事车辆传动技术、机械计算机辅助工程等方面的研究。1997—2001 年曾在德国、英国、美国访问并进行合作研究。主持和承担了齿轮传动计算机辅助工程软件系统、锥齿轮传动质量智能检测与分析方法研究及系统开发、基于 CNC 齿轮测量中心的锥齿轮齿形误差检测与修正方法研究及软件系统开发、摆动式驱动桥消化吸收国产化（齿轮传动）、齿轮传动动态测量微机集成系统研究与应用、汽车变速器振动噪声控制研究等科研课题，在 *Gearing and Transmissions*、《机械工程学报》等学术刊物及国际学术会议发表论文 20 余篇，获教育部科技进步一等奖 1 项、二等奖 2 项。主要研究成果锥齿轮设计制造分析软件系统已在国内 40 余家企业获得推广应用。

【郭举昆】（1961—）女，重庆人，重庆师范大学外国语学院日语系主任，硕士，教授。1989 年北京日本学研究中心毕业，长期从事日语语言和日语教学等方面的研究，在《日本语学》《国语计量学》等日本发行的学术杂志和《日语学习与研究》《外语研究》等国内外语类核心期刊上发表论文 10 多篇。主要论文有《敬意表现与日语教学中的留意点——以接续助词「が」的「前置き」表现为中心》《特指疑问句的非疑问用法及使用心理》《共同学习的原理与跨文化交际能力的培养》《日语对话中的重复结构探析》等，并主编日语学习丛书一套，出版专著和译著各一本。

【郭立亚】（1962—）贵州德江人，中共党员，

1984 年毕业于西南师范学院体育系。西南师范大学体育学院工会主席、副教授，国家级田径裁判员，《体育科学研究》杂志责任编辑，中国体育科学学会会员。参加编写专著 3 部，在《体育科学》《体育高教研究》《中国高校田径》《西南师范大学学报》等学术刊物上发表论文近 30 篇，其中 1 篇入选 1994 年日本广岛亚运会体育科学大会交流并收入论文专集。多篇论文获重庆市和全国学术论文报告会一、二等奖。1995 年被评为西南师大优秀青年教师，1996 年获西南师范大学青年成才奖。

【郭兴明】（1964—）重庆人，中共党员，1994 年毕业于重庆大学（博士），重庆大学电子信息工程学院生物医学工作及食品教研室副主任、副教授、党支部书记。作为主研人员先后完成了国家自然科学基金资助项目外加电场对植物细胞生长发育效应与机理研究，重庆市科委资助项目肢体细胞内外液分布阻抗测量仪的研究。在国内著名期刊和全国性学术会议上发表论文 30 篇，代表性的论文有《现代热成像医学诊断》《人体细胞内外液分布阻抗测量仪的研究》《生物阴抗测量系统的研究》（被《中国无线电子文学文摘》摘录）、《脉冲电刺激对植物生长的影响研究》。1995 年荣获重庆大学"优秀博士"称号。

【郭作飞】（1973—）四川南充人，副教授，重庆三峡学院文学与新闻学院副院长，四川大学博士，浙江大学博士后，四川外国语学院、三峡大学兼职硕士研究生导师。研究领域为中古近代汉语研究和宋元戏曲语言研究。重庆市高校优秀中青年骨干教师资助计划第二批人员。

【郭海成】（1979—）陕西凤翔人，南开大学历史学博士，现任重庆邮电大学马克思主义学院副教授、硕士研究生导师、教学督导组组长，重庆市高校优秀中青年思想政治理论课教师择优资助计划人选。中国现代史学会会员。先后就读于西北大学历史学院（历史学专业本科、保送中国近现代史专业硕士）、南开大学历史学院（中国近现代史专业博士）。多次获评重庆邮电大学课堂教学优秀奖及重庆邮电大学优秀教师；获得校级优秀教学成果奖及校园文化建设奖各一项。主持省部级教改项目二项、校级教改项目一项。主要从事中国近现代史基本问题研究。主持省部级重大项目与一般项目多项，主研国家社会科学规划一般项目及教育部人文社会科学重点研究基地重点项目等省部级以上项目多项，获得校级优秀科研成果奖一项。公开出版专著一部，在《人民日报》（理论版）、《兰州学刊》、《农业考古》等权威及核心期刊发表学术论文多篇。

【郭远臣】（1982—）教授、工学博士、博士后，硕士生导师，现任重庆三峡学院土木工程学院副院长。国家自然科学基金评议专家，重庆市高校中青年骨干教师，重庆市万州区科技人才专项资金资助者，重庆三峡学院教学骨干，重庆三峡学院优秀教师，优秀教育工作者，青年五四奖章、科研突出贡献奖等荣誉获得者。中国材料研究学会高级会员，SCI 期刊 *Computers and Concrete*、EI，《硅酸盐通报》等学术期刊特邀审稿人、编委。主要从事生态护坡、环境与建筑功能材料、废弃物资源化等方向研究工作。校级创新团队"三峡库区工程结构防灾减灾与安全"带头人。近 5 年来主持完成科研项目 10 余项，其中国家自然科学基金等国家级项目 2 项，重庆市科委自然科学基金等省部级项目 4 项；以第一作者 / 通讯作者身份发表学术

论文 30 余篇，其中 SCI/EI 检索 20 余篇；获得国家发明专利授权 2 项、实用新型 7 项；出版专著一部。

贵州省

【郭必勣】（1922—）侗族，贵州黎平人，1949 年毕业于贵州大学历史系，黔南民族师专副教授。曾任《贵州历代诗文》编选委员会委员、都匀市政协诗书画院名誉院长。著作有《张秀眉》，合编出版有《唐宋八大家散文选译》《历代爱国诗词选评》《中国古代寓言故事选评》等 6 部。发表论文有《略论张秀眉的军事思想》《张秀眉和他领导的苗族农民大起义》等 10 余篇。诗词创作曾刊载台北《黔人》《贵州当代诗词》《海南旅游诗集》《广州诗词》半月刊及省内外各刊物近 300 首。1988 年被国务院授予"全国民族团结进步先进个人"称号。

【郭文松】（1936—）湖北五峰人，1961 年毕业于中山大学化学系，现任贵州省化工研究院副总工程师、研究员兼任贵州省人民政府参事。长期从事科研工作。主持领导创制成功我国农药杀虫双、杀虫单、多噻

烷等产品，并实现工业化，广泛应用于水稻、菜蔬、茶叶等作物。1978年获全国科学大会奖。其中杀虫双已发展成我国三大农药支柱产品之一。编著有《氮肥增效剂》一书。在国内外学术刊物和学术会议上发表各种研究论文近50篇。1992年起享受国务院政府特殊津贴。

【郭玉明】（1938—）广西人，大学学历，贵州省黔东南州林业科学研究所高级工程师。贵州省林业学会、贵州省标准学会会员，黔东南州林学会理事。1963年参加工作，长期从事以杉木、秃杉为主的树种研究。曾任黔东南州林业科学研究所副所长。参加研究"杉木产区区划宜林地选择及立地评价""杉木产区产地类型划分""杉木速生丰产林标准制订""杉木物候观察""提高五倍子产量技术研究"等项目；主持研究课题有"杉木速生丰产栽培技术研究""杉木老产区地力衰竭规律研究"等。"雷公山秃杉林考察"等获林业部科技进步二等奖1项、省科技进步三等奖4项，州科技进步三等奖1项，论文获省优秀三等论文奖。科研成果汇入《贵州省主要林业研究成果汇编》等多种书集。参加编写主要有《贵州用材林主要树种栽培技术》《贵州主要林产品加工技术》等。

【郭兴顺】（1939—）贵州大方人，1963年毕业于贵州农学院，曾任贵州省毕节市农业区划办公室主任，高级农艺师。曾任区农技站站长、良处场副场长、环城区区委副书记、区长、计划委员会主持工作副主任、区划办主任。参加土壤普查成绩显著，获地区和省农业厅"先进工作者"称号，参加建设基本农田成绩显著，获省人民政府先进工作者称号。组织参加完成"毕节县土地资源调查及区划""毕节县烤烟区划""毕节县柑橘资源调查及研究"分别获地区科技成果三、四等奖和省区划委三等奖，"毕节县农业综合开发后备资源调查评价"获省区划委和地区四等奖，"长江中上游防护林贵州省毕节县总体设计""长江中上游水土保持防治区毕节县水土保持规划"分别获省区划委二、三等奖。1994年获贵州省人民政府颁发的在农业技术上有突出贡献的特殊津贴。曾多次获得"地区科技兴农先进工作者"称号。主要著作有《毕节县综合农业区划》《毕节县土地利用探讨》。

【郭秀琴】（1944—）女，广东大埔人，副教授，毕业于贵阳中医学院首届中医研究班。现任贵阳中医学院教授、副主任医师、侨联主席、中国中医学会会员、中国文化研究会传统医学专业委员会第五届全国委员、中华名医协会理事。1960 年回国定居。1963 年始在贵州省公安医院从事医疗临床医生。担任中医各家学说、中医基础理论、中医文献检索、中国医学史等学科及门诊医疗工作，擅长诊治内科杂症。发表专业著作《伤寒论症状鉴别纲要》荣获 1996 年贵州省医药科技进步一等奖。发表论文《初析"医贯"对吐衄血症的治法》《浅谈傅山对内科杂病的诊治特点》《虫类通络法治验举隅》等若干篇；曾出席中华医学会第七次医史学术会，并多次被邀请参加全国性学术交流会。系贵州省第四届、五届、六届政协委员，并多次被评为贵阳中医学院先进工作者，贵州省教育工会积极分子，中华全国侨联工作积极分子，贵州省优秀归侨侨眷先进个人，1998 年荣获贵阳市中医学院优秀党员，"三育人先进个人"等荣誉称号。

【郭贵华】（1954—）贵州镇远人，中共党员，副主任医师，毕业于遵义医学院。现任职于成都铁路局贵阳铁路分局凯里铁路医院，历任外科主任、业务院长、副主任医师，中华医学会贵州医学会会员。对外科的疾病和疑难病能做出及时、正确的诊治，特别是抢救急、危重及严重多发伤病人有丰富的临床经验和独到之处。在基层医院率先成功地开展了甲状腺根治手术、肺叶切除术、全胃切除术、坏死性胰腺炎清除及引流术、结肠癌根治术等。由于技术精湛，被社会各界赞誉以"郭一刀"之称。撰写论文 10 余篇，多篇论文获奖，其中有 3 篇论文被载入国家级医学专著中，多次被评为先进工作者。

【郭强】（1961—）贵州遵义人，毕业于贵州工业大学，高级工程师。现任地矿部贵州地勘局第二工程勘察院总工程师，系贵州省勘察设计协会理事、贵州省优秀工程勘察评委会委员。1983 年毕业后，就职于第二工程勘察院。16 年来，单独完成和主持完成遵铁大厦等 50 项大、中、小型工程地质、水文的设计和勘察、供水与成井和地质灾害的治理设计与勘察工作，其中遵铁大厦地基工程地质详勘工程、遵义长征电器厂供水成井、遵义航天汽车城集中供水分别获地矿部优秀工程勘察一、二、三等奖；贵阳龙堡机场集中供水工程、工行金融大厦、遵义百货大楼工程地质勘查工程获贵州省优秀工程勘察一、二、三等奖。在国内、省内学术交流会上交流论文《遵义金塘谷地岩溶塌陷形成初步探讨》《遵义市工商银行综合楼地基勘察实录》《贵州印红岩口滑坡及综合防治》等；多次被评为先进工作者，1997年被评为遵义第三届优秀青年科技工作者，荣获遵义市"十佳青年"称号。

【郭文】（1966—）女，布依族，中共党员，教授，贵州师范学院副院长。1987年毕业于北京师范大学教育系学校教育专业，贵州师范学院教育学第一批、第二批中青年骨干教师。中国教育学会教育管理分会理事。多年来一直坚持教学与科研相结合，截至2007年在《广西民族研究》《贵州民族研究》等杂志上发表本专业学术论文30余篇。2005年由四川教育出版社出版了学术专著《教学与课程三维分析——基于经济学、信息技术和教育学视角》一书。主持贵州省哲学社会科学科研课题1项；贵州省教育厅人文社会科学科研课题3项；贵州教育学院社会科学科研课题2项。2007年主持的贵州省教育厅人文社会科学科研课题

"贵州省学龄人口变化与教育资源整合的实证研究"获第二届贵州省高校人文社会科学研究成果二等奖。

【郭坤亮】（1966—）中共党员，博士后，高级工程师，国家劳动技能酿酒高级考评师。现任中国贵州茅台酒厂有限责任公司副总工程师、仁怀市酱酒产业协会会长。2004年天津科技大学发酵工程学博士后出站（为我国第一位白酒发酵工程学博士后）。1992年首次提出发表茅台酒与健康的论文，参加了国家"十二五"食品关键技术研究和贵州省"十二五"发展战略规划编写；系统科学总结了茅台酒生产工艺，完成60余万字的茅台酒工艺资料整理。出版专著《饮酒与健康》及《周恩来与国酒茅台》。即将出版的包括《名人名家与茅台酒》《红曲霉菌》《酿酒酵母菌》《白酒食品安全》等；获国家和省部成果4个，申请国家发明专利4项（待申请专利15项），申请软件著作权保护5项，主持国家级项目4项、重大专项项目2项、省部级项目2项。

【郭建军】（1974—）山东平度人，中共党员，贵州大学教授，硕士导师。2004年7月毕

业于中国科学院动物研究所，研究方向为动物学，博士论文为《中国腺水螨总科系统学研究》。先后主持国家公益性行业（农业）科研专项子课题 1 项、贵州省自然科学基金项目 1 项、贵州省省长专项基金项目 1 项，贵州大学人才基金项目 2 项，参加国家"973"计划前期研究专项、自然科学基金课题、教育部高校博士点基金课题以及其他贵州省科技攻关和有关基金课题 10 余项。

云南省

【郭仁】（1932—）河南济源人，中国医学科学院医学生物学研究所研究员。1948 年入中国人民解放军河南军区卫校军医班学习，1961 年上海第一医学院毕业，1961—1997 年在中国医学科学院医学生物学研究所工作。曾任研究实习员、副研究员、研究员。1983 年 10 月，担任该研究所所长。曾任中国医药生物技术协会常务理事、卫生部新药审评委员会委员、卫生部生物制品标准化委员会委员、中华医学会免疫学会常务理事、中华医学会病毒学会理事、云南省科学技术协会委员等。长期从事脊髓灰质炎减毒活疫苗的生产与研究。先后发表学术论文 60 余

篇，翻译、编写《诊断病毒学进展》《分子细胞生物学》《分子生物学实验手册》《病毒、立克次体及衣原体疾病诊断技术》《病毒性肝炎——进展与难点》等 6 种专业书籍。曾获得全国医药卫生科技先进个人、全国医药生产先进个人、卫生部支援边远地区优秀医学科技工作者、云南省劳动模范、云南省有突出贡献优秀科技人才、中国医学科学院、中国协和医科大学教书育人先进等。

【郭福祥】（1935—）辽宁凤城人，1964 年北京大学地质地理系古生物地层专业毕业。曾为云南省地质矿产局实验室、云南省地质科学研究所高级工程师。任桂林工学院隐伏矿产预测研究所研究员。全国地质委员侏罗系分会委员、中国古生物学会双壳类学科组领导成员、广西壮族自治区高校自然科学系列高级专业技术职务评审委员会委员。从事古生物地层和大地构造研究工作，提出一系列新观点，诸如生物系统发育具有同步定向平行深化和周期性形态的固有属性；生物个体发育存在预演现象；亚洲非海相白垩系具有三分性。建立了大量的双壳类等古生物门类的分类新阶元。科研成果曾获云南省科研成果三等奖 1 项、二等奖 2 项；广西壮族自

治区教育委员会科技进步三等奖，国家教育委员会科技进步二等奖；"云南省劳动模范"称号；"地质矿产部劳动模范"称号。享受政府特殊津贴。发表论文 57 篇，著作有《云南的双壳类化石》和《关于类三角蚌类和亚洲非海相白垩系》。

【郭干超】（1937—）1960 年复旦大学五年制毕业，云南省大理医学院科研处长，研究员，云南省优秀专利工作者，省教委科技管理先进工作者。近几年在国家级刊物上发表论文 18 篇，省级刊物上发表论文 20 篇，评为优秀论文的有 7 篇，被各级政府采纳引用的有 5 篇。著有《医学文献检索与利用》，武汉工业大学出版并列为高等医学院校教材；编著《英汉医学词林》。主持研究科研项目为粘伤口纱布的研制与临床应用研究，该项成果填补了国内空白，国内领先，被授予国家发明专利。

【郭纯礼】（1939—）彝族，云南红河人，中共党员，副编审，红河县文联副主席，红河县志办公室主任，红河县志编纂委员会副主任。现任职于中共红河州委党史征集研究室。红河哈尼族自治州中共党史学会副会长，红

河州民间文艺家协会副主席，云南省地方志学会会员，云南省民间文艺家协会会员。编辑（含参编）出版的各类文章、作品约 500 万字。主要成果和代表文章作品有《红河县志》（主编，获全国地方志评奖二等奖）、《侨多进萨》（主编）、《中共红河县党史资料》（编审）；作品被选入《中国少数民族情歌选》《哈尼族叙事长诗选》《哈尼山风情录》等书籍。

【郭聿琦】（1940—）教授，无党派，1964 年毕业于复旦大学数学系。现任云南大学理学院院长，云南大学基础数学研究所所长，中国数学会理事，美国《数学评论》评论员，两个国际数学刊物的编委。从事符号动力学（即组合半群）与半群代数理论领域的高层次人才培养和研究工作。1984 年至今已五次（三次）主持国家自然科学基金（博士点专项基金）资助项目，同时主持云南省应用基础研究基金重点项目。1978 年以来已培养出硕士 26 名，1986 年以来已培养出博士 18 名，曾获关于高层次人才培养的普通高校教学成果国家级优秀奖。至今发表学术论著 60 余种（篇），其中 10 余篇被收入 SCI，主要论著有 Semigroups (Springer-Verlag)，《语言的析取结耕》（载《中国

科学》）等，曾获省科技进步奖三等奖（1987年），省自然科学一等奖（1997年）。1991年获国家人事部授予的"有突出贡献的回国留学人员"称号，同年获国家政府特殊津贴。

【郭其建】（1941—）四川屏山人，中共党员，1960年入伍，在解放军37师炮兵指挥连任报务员。1966年退伍分配在云南林机厂任车床工。任昆明市液压管件加工厂厂长。1983年评为云南省劳动模范。

【郭大烈】（1941—）纳西族，生于云南丽江，研究员。1964年毕业于中央民族学院历史系，曾在楚雄自治州教育部门工作17年，1980年考入云南省社会科学院，先后任历史研究所室主任、民族学研究所副所长、所长、中国民族学会常务理事、中国西南民族学会副会长，云南民族学会会长，云南省社科联常委等职。1988年获国务院授予的"全国民族团结先进个人"称号。1996年获国务院特殊津贴和云南省优秀共产党员称号。主要从事民族问题和纳西文化的研究。曾先后到西藏、新疆、内蒙古、东北和西南民族地区以及日本、加拿大、泰国和越南进行学术考察。撰述和编辑各种学术著作20多种，主要有合著《纳西族史》（四川民族出版社1994年版，50万字，1996年获云南优秀社科著作一等奖）、主编《中国少数民族古籍总目提要·纳西卷》（中国大百科全书出版社2003年版，约10万字）、《纳西族文化大观》（云南民族出版社1999年版，该书系列获国家图书奖）、主撰《论当代中国民族问题》（民族出版社1994年版，该书系国家社科基金课题成果），此外还有合编、合著《中国民族概论》《云南民族政治制度史》《中国少数民族与书法宝典·纳西族》《纳西族研究论文集》等。被聘为两届丽江国际东巴文化学术研究会学术总监、丽江市社会经济发展专家咨询组成员等职。2005年5月获日本经济新闻社亚洲文化奖。

【郭仁】（1942—）云南昆明人，玉溪师范高等专科学校化学系系主任，教授。1964年毕业于昆明师范学院化学系，曾任玉溪师专副校长，兼任云南省师专化学专业校际协作组组长，担任全国师专有机化学教学研究会第一、二届副理事长，教授。编著并出版专著《有机化学》；主编并出版高校教材《精细有机品化学》；在《云南高教研究》《全国师专有机化学教研通讯》等刊物上发表论文 18 篇；主持云南省教委立项的科研项目《从废茶末中提取咖啡因工艺研究》获国家发明专利，并入选《中华优秀专利技术精选》。在大学教学法研究方面有创新，其所创立的《三位一体教学法》1989 年获云南省高校首届优秀教学成果二等奖。多次被评为优秀教师、省突出贡献的专业技术人才。1993 年荣获国务院特殊津贴，1997 年 11 月获曾宪梓教育基金奖。

【郭启新】（1943—）高级工程师，毕业于北京大学，现任云南省红河州环保局高级工程师。政协红河州第八届委员会常委。参加工作 30 年来，主持和主要参与写成的《造地客土改良山地红壤》《早地红壤肥力指标及特征研究》分获云南省科学技术奖和云南省科技成果三等奖；主要参与者完成的个旧土壤、蒙自土壤和红河州水泥厂环境影响评价分获红河州科技成果一等奖和三等奖。最近 10 年、先后在国内刊物发表研究论文《纸厂废水污灌后果探讨》《红河州部分地区土壤污染状况》《异龙湖水质量富养化问题》等 10 多篇。1993 年、1995 年和 1998 年先后被红河哈尼族自治州人民政府授予科协活动、实施环境保护目标责任制工作"先进个人"称号。

【郭锋】（1944—）云南大理人，主任编辑，从事广播电视宣传工作 32 年，担任大理州广播电视局总编室主任、州新闻协会副主席兼秘书长，云南省电视艺术家协会会员、省广播电视学会理事，中国民俗摄影家协会会员，州政协委员，州社科联委员。担任大理州广播电视宣传的组织、指导、协调、管理等工作，组织重大活动的宣传报道，不断探索新闻业务，努力实践，勤于笔耕。先后在全国、省、州以上发表新闻、摄影、文学作品 5000 多件，编辑电视专题 40 部（集），有 5 件作品在全国获奖，15 件获云南省政府奖，38 件在州获奖。1998 年被中华全国农协新闻研究会评为优秀新闻文化工作者，1999 年 11 月被聘为香港科学院顾问，其著作《情洒声屏》一书被列入《中国地方中青年学者丛书》由中国文联出版社公开出版发行。

【郭祖寿】（1944—）彝族。云南普洱人。中共党员。毕业于云南大学，高级政工师，现任云南省思茅地区群众艺术馆党支部书记。

从事戏剧艺术 27 年，演武生。1963 年因练功演出成绩显著，被评为地直文教系统先进工作者。扮演过孙悟空、焦光谱、潘其祥等近百个角色。演出 2000 余场，送戏下乡，走遍了思茅、版纳两地州的大部分村寨、边境哨卡，深受边疆各族人民的欢迎和爱戴。1990 年被思茅市评为先进工作者，5 次被评为地直文化系统优秀党员。1989 年被中共思茅地委授予"优秀共产党员"称号。在首届中国普洱茶叶节获荣誉证书。

【郭远明】（1948—）白族，中共党员，云南省思茅市三家村茶厂厂长、助理经济师。1995 年全国劳模。靠科技，坚持标准化生产，三家村茶厂在他的带领下，科学的管理制度，灵活的经营方式，先进的工艺设备和严格的质量检验制度，在多变的市场竞争中牢牢地站稳脚跟，保持良好的销售势态。

【郭炳光】（1954—）彝族。云南省宁洱哈尼族彝族自治县宁洱镇太达村党支部书记、村民委员会主任。全国劳模。从事农村工作 18 年来，脚踏实地干事，真情实在为民，团结和带领全村人民走产业发展之路，创文明示范先锋，把太达村打造成具有辐射和带动作用的社会主义新农村示范点。2008 年 4 月，郭炳光被云南省政府授予"云南省劳动模范"称号；2009 年 6 月被中共云南省委命名为优秀村组织党支部书记。

【郭兴科】（1956—1984）贵州黔西人。1976 年参加中国人民解放军，后加入中国共产党。任云南边防某部四连政治指导员。1984 年 6 月 14 日，指挥全连圆满完成攻打和坚守四个高地的任务，歼敌 251 名，壮烈牺牲。战后被追记一等功，并被中央军委授予"战斗模范指导员"称号。

【郭亚非】（1956—）女，云南昆明人。中共党员，研究生毕业，硕士学位，正高级职称，以中国历史为研究专长，担任硕士生导师，工作于云南师范大学。专著有《云南地区对外贸易史》(云南人民出版社 1990 年版)，《经济全球化与云南对外贸易开放》（云南民族出版社 2001 年版），《中国资本主义经济发展研究》（云南民族出版社 2001 年版），主要研究成果有《中国近现代经济史》。专著《云南地区对外贸易史》获 2000 年云南省社科优秀成果三等奖，2001 年获云南师大伍达观奖二等奖。

【郭绍忠】（1958—）河南濮阳人。云南省丽江地区行署地震局党组书记、局长、高级工程师。编撰的《地震短临预报决策方案研制与应用》获云南省1993年科技进步奖，被载入《中国实用科技成果大辞典》，《1992年云南永胜5.4、5.1级地震预报与对策》获国家地震局1994年科技进步奖，该成功预报受到国家重奖，《丽江10项重大建设工程的抗震设防与减灾效益》被鉴定为国内领先水平的科技成果，共获省厅级以上科技进步奖13项。先后在国家高中级学术刊物发表论文32篇，两次获全省优秀论文评比一、二等奖，曾获美国柯尔比学术中心千禧优秀科学论文奖，赴日本、泰国等多次参加国内外的重要学术会议。有的论文在国外发表。曾被国家地震局和云南省委省政府等表彰奖励。系云南省地震局高评委和测工地区科技进步奖评委。

【郭亚非】（1958—）著名抒情男高音歌唱家。云南师范大学音乐舞蹈学院音乐系教授、硕士生导师。云南省高等学校教学名师。现为中国音乐家协会会员，中国声乐家协会理事会副主席，中国教育学会高师声乐学术委员会委员，中国合唱协会理事；云南省音乐家协会副主席；云南省合唱协会副理事长；云南省教育厅高师音乐指导委员会主任；云南省第十一届政协委员；西南大学音乐学院特聘教授，云南艺术学院音乐学院名誉教授等。2014年获中国声乐家协会颁发的优秀声乐指导奖等；主编出版了由西南师范大学出版社出版发行的《中外名歌曲教材》；全国普通高等艺术学校统编教材《声乐》教材等；在专业学术期刊上公开发表学术论文数十篇；主持完成省级、校级四项科研项目等。

【郭玉萍】（1961—）女，傣族，云南潞西人。毕业于云南民族学院侗傣语族语言文学专业硕士研究生，现任云南民族出版社副编审。1985年大学本科毕业获文学学士学位，又考取硕士研究生，于1988年毕业获文学硕士学位。分配到云南民族出版社从事编辑工作，专业特长是傣文图书编辑和翻译。工作10余年来，共编辑出版了《千瓣莲花》《傣族佛教与傣族文化》等傣、汉文图书53种，共90多万字；审读出版《昆明掌故》《云南史料选编》等图书82种，共200余万字。所任责任编辑图书曾获滇版优秀图书编辑一等奖1项、三等奖2项、资料奖1项；获中国民族图书奖三等奖2项；获国家教育部"全国中小学少数民族文字优秀教材"评奖一等奖 1 项。

【郭凤根】（1964—）浙江平湖人。1988 年毕业于西南师范大学生物学系，现任云南农业大学农业科技技术学院农业基础科学系副教授。主要从事植物学专业的教学和科研工作。在教学方面，1992 年先后获得云南农大青年教师课堂教学比赛一等奖、云南农大优秀教学成果二等奖、云南省省属高等学校青年教师课堂教学比赛一等奖。在科研方面，主持或参与 6 个课题的研究工作，并发表学术论文 4 篇，其中多数被《中国生物文摘》《中国农业文摘》等检索刊物收录。1993 年被评为云南省优秀教师。

【郭云聪】（1964—）女，云南德宏人。云南师范大学文理学院副院长，副教授。1986 年毕业于成都体育学院，2000 年加入致公党。1994 年 4 月调入云南师范大学体育学院任教，一直担任人体解剖学和乒乓球的教学工作。曾在 2001—2002 年被国家教育部作为专家派往泰国支教，获泰国教育部表彰。公开发表学术论文 20 余篇，参编《全国成人高等学校招生专升本云南省统编人体解剖

学考试指导丛书》《体育人类学》《体育科研实践与理论》。

【郭武】（1966—）云南耿马人。1988 年毕业于北京大学哲学系（宗教学专业），获哲学学士学位。1991 年毕业于四川大学宗教学研究所（中国道教思想史专业），获哲学硕士学位。2002 年毕业于香港中文大学宗教研究系（道教研究专业），获哲学博士学位。2015 年被云南大学历史与档案学院聘为特聘教授。2005—2009 年担任国家"985"计划工程二期宗教与社会研究创新基地学术带头人，2007 年成为教育部新世纪优秀人才支持计划人选，2009 年成为四川省学术带头人，2010 年后担任国家"985"工程三期宗教、哲学与社会研究创新基地学术带头人。发表学术论文 130 余篇。曾主持国家哲学社会科学基金重点项目明清道教研究、教育部人文社会科学重点研究基地重大项目净明道研究，并参加其他十余项国家级、省部级以及港台、国外资助的科研项目，共有 4 部专著、合著获得省部级一、二等奖。

【郭跃东】（1967—）云南澄江人，硕士，玉溪师范学院外语学院副院长，副教授。先后

撰写了《福克纳〈喧哗与骚动〉中时间的绵延》《〈喧哗与骚动〉中失去自我的昆丁》《论非语言交际及其在教学中的作用》《福克纳小说中神州、宗教典故的象征隐喻》《关联理论交际观与英语教学》《福克纳〈喧哗与骚动〉中时间、意识和技巧的理解》《大学英语教学中存在的问题与对策》《小说〈喧哗与骚动〉中伟大的白痴》《福克纳的人道主义精神及小说中的妇女形象》等科研论文并发表于《西南师范大学学报》等刊物。先后获优秀教师、优秀教学奖和优秀党员等表彰奖励。

西藏自治区

【郭锡兰】（1919—1985）山西临县人。1938年8月加入中国共产党。1937年3月参加革命工作。历任晋绥抗日根据地临县第四区区长、科长、临南县委宣传部长、县长，离石县县长。中华人民共和国成立后，历任中共西康区委组织部副部长、纪委副书记，中共西昌地委书记、军分区政委，西康省财计委党组书记。1956年任中共西藏工委计划局局长兼农村工作部副部长，中共西藏工委秘书长、常委、副书记。

1959年11月任西藏自治区筹委会土地制度改革委员会副主任委员，中共西藏自治区委书记、西藏自治区人民政府第一副主席。1982年7月任中共西藏自治区顾问委员会主任。中共十二大代表。

【郭开瑜】（1932—）女，重庆铜梁人。中共党员，1953年毕业于华西大学医学院，主任医师。曾任职于四川省防疫站，全国预防医学会理事、委员，流行病学会两任委员，卫生防疫管理学会委员，华西医大流行病学硕士研究生论文评委，《中华传染病杂志》编委，《西藏科技》编委，西藏自治区人民政府全区科技成果评委会评委，西藏卫生系统第一届高级职称评委会副主任委员，西藏第三、第四届政协委员，第五届人大代表，人大常委会委员，现任《西藏医药》杂志主编，西藏自治区防疫站主任医师。从事卫生防疫工作34年。1961年成立唯一的一所自治区卫生防疫站，1984年任站长。结合实际需要开展科研工作，在国内、区内报刊上发表文章28篇，其中全国性刊物7篇，获科研成果奖三项，参与《实用高原内科科学》一书，获自治区科技一等奖。20世纪80年代荣获劳动人事部、中国科协、中央民委颁发的少数民族地区先进科技工作者奖、自治区先进工作者奖，国家卫生部授予"精神文明先进工作者"称号。20世纪90年代被评为西藏优秀专家、西藏自治区"三八红旗手"。

八、香　港

【郭得胜】（1911—1990）祖籍广东香山（今中山），生于澳门。1952年设立鸿昌进出口公司，专营洋货批发，曾在香港经营进出口生意，销售遍及广东省、港澳乃至东南亚各地，被人称为洋杂大王。1958年在香港先后开办永业有限公司、丽昌有限公司、鸿基企业有限公司。1973年将新鸿基实业有限公司改名为新鸿基地产发展有限公司，亲任董事长、主席兼总经理，直至1990年去世。后兼任新城市（新界）地产有限公司主席。曾于1982年初捐款港币1000万元在石岐兴建孙中山纪念堂，并捐资扩建华侨中学等。中山市人民代表大会常务委员会为表彰其支持中山建设的重大贡献，于1989年9月16日授予"中山市荣誉市民"称号，并颁授荣誉市民证书。

【郭瑞根】（1929—）广东广州人。在香港历任审计师行业高级顾问及税务代表。现任香港郭氏宗亲会有限公司主席，番禺屏山村海口郭氏大宗祠委员会荣誉会长，香港番禺钟村镇十七乡联谊会有限公司副主席兼秘书，番禺钟村镇慈善基金会委员，香港罗汉门菁华武术会有限公司副会长，罗汉门香港总会有限公司荣誉会长，广州市黄啸侠拳会名誉会长等。

【郭铭均】（1936—）广东南海人。香港爱国殷商。现任香港郭铭均记参茸行、常雄投资有限公司、活成发展有限公司、成荣财实业有限公司董事长，台湾马来亚餐厅酒楼董事，香港郭氏宗亲会主席，广州市越秀区及南海市政协委员、港澳组组长，广州乔艺书画会永远荣誉会长，广州东风海外戏曲联谊会会长。

【郭位】（1951—）出生于台湾台北，祖籍河北沧州。系统科学、可靠度工程专家，美国国家工程院院士、台湾"中央研究院"院士、中国工程院外籍院士、香港科学院创院院士、俄罗斯工程院外籍院士，香港城市大学校长。1980 年在美国堪萨斯州立大学取得工业工程博士学位；1981 年进入美国贝尔实验室工作；1984 年任职于美国爱荷华州立大学工业与制造系统工程系，先后担任助理教授、副教授、教授、系主任；1993 年任教于德州农工大学工业工程学系和电子与计算机工程学系，期间担任 Wisenbaker 讲座教授及工程学院首席副院长；2000 年当选为美国国家工程院院士；2002 年当选为台湾"中央研究院"第 24 届院士；2003 年任职田纳西大学，期间担任工学院院长、工业与资讯工程教授、电机工程教授；2008 年出任香港城市大学校长、大学荣誉教授；2014 年当选为俄罗斯工程院外籍院士。

【郭富城】（1965—）（Aron Kwor），出生于香港，祖籍广东东莞。著名歌手。1991 年开始走向歌坛，先后获香港电视台最有前途新人金奖、叱咤乐坛新力军男歌手银奖。1992 年以来，获得各种奖项 200 多次。他的歌声响彻新加坡、马来西亚、芝加哥、纽约、北美乃至全球。

【郭鹏飞】（1974—）湖北黄梅人。1993 年就读于西安交通大学，1997 年在上海交通大学攻读硕士学位，2000 年以优异成绩被美国杜克大学高额奖学金录取，荣获博士学位。2007 年被香港理工大学聘请为教授。

【郭小青】（1979—）女，香港人。中华民歌艺术推广协会主席，香江艺术团团长。中国音乐学院首位香港籍民族声乐硕士研究生，2012 年获得中国艺术研究院文学博士学位，2013 年至今任职于广州大学音乐舞蹈学院，特聘专家、硕士生导师，是难得的一位学术型的女青年歌唱家。主要致力于声乐表演与声乐教学的实践和研究，以及中国传统音乐研究。出版个人学术专著《〈唱论〉辨析与研究》，由中国唱片深圳公司及中国音乐家协会出版发行四张专辑，在《中国音乐学》《中国音乐》等权威核心期刊发表多篇文章，曾于北京、香港、广州等地成功举办十多场个人独唱音乐会，值得一提的是，2009 年 8 月 3 日在驻港部队昂船洲军营举办香港各界慰问驻港部队暨郭小青独唱音乐会，以慰问驻港部队官兵，这是香港回归 12 年以来的第一次，郭小青成为第一个在驻港部队昂船洲军营举行个人音乐会的歌唱家，受到中国人民解放军驻香港部队和中央政府驻港联络办的高度赞赏。目前负责 2018 年度教育部人文社会科学研究一般项目 1 项、广东省哲学社会科学"十三五"规划 2017 年度学科共建项目 1 项。在钻研专业之余，积极参加社会各界各项公益活动和慈善演出，拥有丰厚的社团文化基础，与多个青年团体慈善团体有着长期合作关系。

九、台 湾

【郭泰棋】（1890—1952）湖北崇阳人，字复初。早年留学美国。民国初年曾任外交部参事。后南下广州参加护法之役，曾任大元帅府参事、外交部次长。1919 年出席巴黎和会。1928 年任国民党中央宣传部上海办事处国际组主任。1932 年作为国民党政府首席代表与日本议定淞沪停战协定。旋任驻英公使，后为驻英大使。1941 年 4 月任外交部长，同年 12 月被免职。抗战结束后任联合国安理会首任中国首席代表。

【郭忏】（1894—1950）浙江诸暨人，字悔吾。早年入保定军校炮兵科学习。1929 年任国民党政府军第六师第十六旅少将旅长。1938 年任陆军第九十四军军长、代理武汉卫戍司令、后任第六战区参谋长、武汉警备总司令，联勤总部总司令、东南长官公署副长官等职。1949 年 10 月去台湾。1950 年 7 月 31 日病故。

后被国民党台湾当局追赠陆军上将军衔。

【郭克悌】（1898—1971）河南孟津人，原名桂丹，字书堂。河南留学欧美预备学校毕业。后留美，获学士学位。回国后曾在天津大昌实业公司、云南跃龙电力公司、冀北电力公司、国民党政府东北行辕政务委员会、西南资源委员会任职。1949年去台湾，历任台湾省工矿公司董事长和总经理、中原理工学院院长、台湾大学水力发电工程学教授等职。著有《水力发电工程学》等。

【郭寄峤】（1899—1998）安徽合肥人，国民党保定军校第九期炮兵科毕业。历任东北军和国民革命军排、连、营、团、师、军长、总司令等。1938年任第一战区长官部参谋长，兼陆军第九军军长、第二战区前敌总司令部参谋长。1942—1943年任重庆卫戍副总司令。1944年秋调任汉中警备司令。后任第一、第五、第八各战区副司令长官兼参谋长（并多次兼代理司令长官职务），军事委员会委员长西北行营副主任及兼代主任，代理新疆省政府主席，国防部参谋次长，兼代理国民政府主席西北行辕副主任，代理西北军政长官兼甘肃省政府主席（1949年秋），

东南军政长官公署副长官，中国台湾地区"总统府国防会议（国家安全会议前身）秘书长"，中国台湾地区"国防部部长"，中国台湾地区"蒙藏委员会委员长"，中国台湾地区"总统府国策顾问"等职。中国台湾地区国民党陆军二级上将军衔。连任三届世界郭氏宗亲总会理事长。

【郭廷以】（1904—1975）字量宇，河南舞阳人。1926年国立东南大学历史系毕业。执教于清华大学、河南大学、中央政治学校，升任中央大学教授兼历史系主任。1940年赴台，任台湾大学教授，台湾师范大学教授兼文学院院长。1955年为中国台湾地区"中央研究院"近代史所筹备处主任，后任近代史所所长。1959年起，与美国哥伦比亚大学东亚研究所合作，首创口述历史工作，以口述笔记方式，为民国史搜集资料。曾赴夏威夷大学、哈佛大学、耶鲁大学、哥伦比亚大学讲学及研究，并任哥伦比亚大学东亚研究所客座高级研究员。毕生致力中国近现代史教学与研究，培育大批史学人才，为现代史学著名先驱。

【郭秋生】（1904—1980）台湾台北人。笔

名芥舟、秋生、芥舟生、TP 生、KS 等。早年受日文教育。后到厦门集美中学学习。毕业后回台湾任江山楼经理。1933 年发起组织台湾文艺协会，任协会干事长，并开始从事文学杂志的编辑和文学创作工作。曾积极倡导台湾白话文运动。后在《台湾新民报》和《台湾新文学》任专栏作家，是台湾写实报道文学的创始人之一。1980 年 3 月 19 日在台湾病逝。著有《王都乡》等。

【郭澄】（1907—1980）山西阳曲人。字镜秋。1928 年毕业于中国大学政治系。1939 年后回山西从事三青团和国民党党务活动。1947 年后，任三青团山西支团干事长、国民党山西省党部副主任委员等。到台后，历任中国台湾地区国民党"中央副秘书长"、台湾省党部主任委员，"台湾省政府"秘书长等职。国民党第八、九届中央委员，第十、十一届中央常务委员。

【郭哲】（1919— ）别号希哲，陕西西乡人。私立东吴沪江联合法商学院，国防研究院毕业。获美国西海岸大学名誉博士。曾任中国国民党政策委员会副秘书长、中央社工会主任。国民党中央委员会副秘书长、国民党中央委员、广播公司董事长。"总统府"国策顾问、国民大会代表、基督教协会理事长、灾胞救助总会理事长、国民党中央评议委员、世界郭氏宗亲总会永久名誉理事长。

【郭汝霖】（1920—2010）安徽太和（今界首市）人。国民党籍。1949 年去台湾历任中国台湾地区联队政战部主任、联队长，中国台湾地区"空军总部"作战训练署副署长，中国台湾地区"空军作战司令部"副司令，中国台湾地区"空军总部"组织人事署署长，中国台湾地区"空军官校"校长，中国台湾地区"空军总部"参谋长。1980 年 1 月任中国台湾地区"警备总部"副总司令。1981 年 7 月任中国台湾地区"空军副总司令"，12 月任中国台湾地区"空军总司令"，至 1986 年 7 月晋升为中国台湾地区"空军二级上将"。1986 年 7 月任中国台湾地区"副参谋总长"兼"执行官"。1988 年 5 月任中国台湾地区"总统府"参军长。1989 年 12 月任中国台湾地区"总统府"国策顾问，1996 年 5 月获续聘。为中国台湾地区国民党第十三届中央委员。1993 年被聘为中国台湾地区国民党第十四届中央评议委员。

【郭国吉】（1920—）江西德安人。毕业于上海国防医学院。去台湾后，获台湾大学公共卫生研究所、中华学术院职业医学研究所公共卫生硕士，美国加州大学新医学院公共卫生博士，美国卫生行政首长学院院士。抗日战争时期，为民族救亡从事军医，初在游击战区靖安县卫生院任医师，后考入国民党陆军第十军野战医院任少校军医，为抢救伤病员出入枪林弹雨。历任内科主任、医务长、卫生大队长、陆军教学医院院长、荣军医院院长、中华学术院职业病研究所教授。著有《职业性皮肤病》《水卫生和健康》《登革热的预防与治疗须从区社做起》等。曾参加国际医学各种学术会议。奔走英、美、法、德、日、意等20多个国家和地区。

【郭宗波】（1921—）台湾台北人。台湾大学医学院学士、日本名古屋大学博士。高雄医学院附设医院院长，教授，中国台湾地区医师公会理事长、国际狮子会理事长、高雄市第一外科院长。世界郭氏宗亲总会名誉理事。

【郭宗清】（1927—）台湾台北人。毕业于海军官校、三军大学。海军二级上将。曾任中国台湾地区"国防部"副部长，中国台湾地区体育运动总会会长。现任世界郭氏宗亲总会荣誉理事长，热心推展会务，服务宗亲，获得海内外宗亲的好评。

【郭国铨】（1928—）台湾台南人。台湾大学学历，日本国立东京大学医学博士。曾任台大医院妇产科主任医师，郭氏综合医院及远东治癌医院院长、私立实践管理学院董事长。世界郭氏宗亲总会理事。

【郭婉容】（1930—）女，台湾台南人。博士学位。曾任中国台湾地区"中央银行"副总裁、中国台湾地区"财政部长经建委"主任委员、中国台湾地区"行政院"政务委员。世界郭氏宗亲总会顾问。

【郭南宏】（1936—）台湾台南人。博士学位。曾任中国台湾地区"交通大学"校长、中国台湾地区"交通部"部长、中国台湾地区"国科会"主任委员。世界郭氏宗亲总会顾问。

【郭为藩】（1937—）台湾台南人。法国巴黎大学博士。中国台湾地区"教育部"部长、中国台湾地区"文建会"主任委员、中国台湾地区"驻法国代表"。世界郭氏宗亲总会顾问。

【郭石吉】（1939—）台湾人。毕业于美国旧金山大学，世界郭氏宗亲总会荣誉理事长。曾任中国台湾地区"台湾监察院"监察委员，第五届台北市议会副议长，第四、五、六、七届台北市议会议员，台北市士林区体育会创会理事长，郭元益食品公司总经理（2001年创办郭元益糕饼博物馆），台北市郭钦定文教基金会董事长，台北市郭氏宗亲会理事长，台南大学第一届董事长，醒吾商专兼任讲师。2012年创立郭子仪纪念堂。

【郭俊次】（1942—）台湾人。政治学博士。世界郭氏宗亲总会荣誉监事主席。曾任中国台湾地区"立法院"秘书长，中国台湾地区"立法院"立法委员，中国台湾地区"立法院"最高荣誉顾问，中国台湾地区"立法委员协会"常务理事，中国台湾地区"国民大会"秘书，中国台湾地区"考试院"考试委员，海峡两岸和平统一促进会会长，中华教授协会首席副会长，民主团结联盟执行副主席，中华全台大陆同胞联谊总会首席副总会长，台海两岸和平发展研究会创会会长。曾在政

大、中山、文化大学任教，中国社会科学院、北大、清华及国家行政学院担任客座讲学。

【郭光雄】（1943—）台湾台南人。中国台湾地区台湾大学理学院动物系渔业生物组毕业，日本东京大学农业硕士、博士。现任台湾大学教授及"考试院"考试委员，连续获选中国台湾地区十九届十大杰出青年奖，及中国台湾地区"行政院"国家科技荣誉奖两项殊荣。1980年起接任台大动物系主任，对课程规划，教学设备改善，研究计划推动，甚得学子之爱戴。自1973年至1979年担任理学院院长，自1979年至1982年担任教务长，1982年2月6日担任台大代校长。

【郭国志】（1948—）台湾台南人。中国台湾地区"国立"高雄工专毕业。高雄市第三届议员、统建实业股份有限公司董事长。世界郭氏宗亲总会监事。

【郭民通】（1949—）台湾基隆人。专科学历。中国台湾地区基隆市议长。基隆市郭氏宗亲会理事长、世界郭氏宗亲总会名誉理事。

【郭正崇】（1950—）台湾云林人。台大化学

系毕业，美国爱荷华州立大学化学博士。中国台湾地区青云广播公司董事长、中国台湾地区"国大"代表。世界郭氏宗亲总会名誉理事。

【郭台铭】（1950—）台湾人。中国台湾地区企业家。1971年进入台湾复兴航运公司工作，1974年成立鸿海塑料企业有限公司，1985年成立美国分公司，创立FOXCONN（富士康）自有品牌。2016年4月，位列中国最具影响力的50位商界领袖第15名。

【郭谦贤】（1953—）台湾新竹人，号老仙。郭子仪第44代裔孙，留美硕士，中国台湾地区台电公司总工程师，中国台湾地区中国文化大学教授。2013年退休后投入"郭氏源流、寻根问祖"实践考察活动。为查证家族世系、澄清族谱遗误，多次前往大陆寻根，走遍历代祖先故居地，拜访各地宗亲与祠堂，广泛收集谱牒资料，积极研究郭氏文史，正本清源，承前启后，创建电子版《郭氏汾阳堂台湾新竹老仙家谱》。并在各地传授寻根修谱经验，为传承郭氏谱牒文化贡献研究成果与心得。

【郭台强】（1954—）台湾台北人。祖籍山西晋城。中国台湾地区首富、鸿海集团董事长郭台铭的弟弟。是台湾商界著名的郭氏集团成员，台湾上市公司正崴精密集团的董事长、台湾工商建设研究会理事长。

【郭明钦】（1955—）台湾台北人。中国台湾地区明新工专学历。中国台湾地区百晨企业公司大同区民防副大队长。世界郭氏宗亲总会理事长。

【郭素春】（1955—）女，台湾台北人。中国台湾地区中兴大学研究所学历。中国台湾地区广播电台企管主持人讲师，中国台湾地区"国民大会"代表、立法委员。世界郭氏宗亲会常务理事。

【郭锦沅】（1964—）台湾台中人，祖籍福建漳州。是角美流传村次房天聪公第二十代裔孙。毕业于中国台湾地区"省立学校"高职机工科、美国花艺学院台北分院，花艺教授。从事花艺工作14年之久。

十、海　外

【郭巨川】（1876—1953）海南文昌人。著名侨领，热心政治之大农业家。历任马来西亚琼崖救济会主席、马来西亚华侨筹赈会副主席、马来西亚广东会馆主席、国民大会华侨代表等职。曾荣获孙中山先生授予五等嘉禾章、广东省省长褒奖二等嘉祥章。

【郭诗位】（1878—1953）别名郭南唐，泰国华侨，海南文昌人。同盟会会员，国民党中央执行委员会委员。获颁民国政府勋章和奖状多枚，为旅泰华侨赞助中国革命之模范人物。辛亥革命时期，郭诗位深受孙中山先生思想的影响，支持国民革命，参加同盟会，成为同盟会会员。他四处奔波，发动华侨筹集义款，支援孙中山先生革命活动。1911年辛亥革命成功，孙中山先生亲自给郭诗位颁发功勋奖状及银质奖章一枚。并委任郭诗位为中央委员。1939年6月，郭诗位当选为国民党中央执委，获得林森主席签发的中国国民党中央执行委员证书。后国民政府褒扬了一批致力于国民革命十年以上而有卓著勋劳者，郭诗位名列其中。

【郭新】（1885—1955）海南文昌人。马来西亚华人著名种植家，琼侨领袖。曾任同盟会会员、新加坡及马六甲琼州会馆总理、马来西亚琼州会馆联合会主席、世界红十字会星洲分会会长、中国国民政府参事、财政部顾问、广东省政府咨议、中国国民政府侨务委员会顾问、侨选国大代表等职。

【郭芳枫】（1913—1994）福建同安人。新加坡华人企业家，新加坡丰隆集团的创立者。在家乡受过3年小学教育。1928年移居新加坡，在一家五金商店当学徒，业余坚持自学。七八年后，其兄郭芳来及弟郭芳改、郭芳良也从家乡到新加坡，1941年合作创立丰隆公司，经营五金、轮胎、采胶工具等，营业逐渐扩大。1948 年，丰隆注册为有限公司，下属 6 家公司，经营种植业，地产业、建筑材料业、贸易业等，活动范围扩展到马来亚各地。1961 年与日本三井财团及黑龙水泥公司合资创办水泥厂。1966 年创立丰隆金融有限公司。1968 年创立丰隆实业有限公司。1972 年收购城市发展有限公司（1963 年创立）大部分股权，取得该公司控股权。1980 年又创立丰隆基金有限公司，其盈利多用于社会慈善事业。丰隆集团在新加坡、马来西亚等地共拥有 100 多家企业。郭芳枫曾被美国《福布斯》（Forbes）杂志评为世界十大华商富豪之一。

【郭开始】（1916—）海南文昌人。早年留学德国，攻读制纸工业。曾任新加坡广东会馆主席，琼州会馆执行委员，新加坡琼州青年会名誉会长，新加坡华侨学校育英中学董事，世界红十字会新加坡总会主席，光武国术团名誉会长等职。

【郭开】（1918—1979）海南琼山人，出生于泰国。黄埔军校第十七期炮兵科毕业，中央警官学校特别训练班第五期毕业。侨生杰出人才。受到陪都重庆当局的重视，特派赴

泰参与筹组自由泰组织。曾任泰海外部特派员办事处负责人等职。

【郭永榕】（1921—）福建上杭人。美籍华人，现居纽约。记者、编辑、作家及诗人。抗日战争胜利后，从福州去台湾。任台湾地区《联合报》编辑部主任到 1976 年，旋赴纽约筹办美洲最大的华文报纸——纽约《世界日报》，任主编 20 年，于 1996 年春退休。先在大陆、后在台湾地区及海外发表大量新、旧诗及散文。著有《杜甫文学游历——杜少陵传》出版于台北。

【郭鹤年】（1923—）出生于马来西亚柔佛州新山市，祖籍福建福州，是马来西亚最杰出的企业家。他的名字不仅家喻户晓，而且已成为财富和成功的代名词。1949 年创办郭氏兄弟公司，经过 30 多年的艰苦努力，郭氏集团已渗透到世界各地。1990 年印度尼西亚《经济汇讯》双周刊评出东南亚 25 名富豪，郭鹤年榜上有名，并以 15 亿美元资产列大马首富。2012 年 12 月 12 日，郭鹤年获得中国经济年度人物终身成就奖。

【郭远功】（1926—）海南海口人，童年赴泰

国。历任泰国华侨职工联合会常务理事兼交际、副理事长等职，泰国中华会馆理事、泰国中华总商会交际委员兼职工组委员，泰国海南会馆理事，公立育民中学校董，世界郭氏宗亲总会理事，常务理事，泰国郭氏宗亲总会发起人及向泰国有关单位注册人，历任该会副理事长兼秘书长，海南省郭氏公馆名誉理事长等职。

【郭全强】（1932—）海南文昌人。马来西亚著名企业家、教育家和社团侨领。历任巨昌（马）有限公司董事主席，全控股有限公司董事主席，联和汽车有限公司董事主席，美达企业有限公司董事主席，商联控股有限公司执行董事，马来西亚中华工商联合会中央委员、名誉顾问，柔佛州中华商会联合会署理会长，居銮中华商会会长，马来西亚海南会馆联合会总会长，马来西亚华校董事联合会总会署理主席，柔佛州华校董教联合会主席，居銮中华中学董事长，居銮海南会馆会长，马来西亚董教总教育中心主席，马来西亚董教总全国华文独中工委会主席，马来西亚新纪元学院理事长，中国陕西师范大学名誉教授，中国陕西师范大学董事会董事，中国华侨大学董事会董事，中国暨南大学董事

会董事，海南省郭氏公馆名誉理事长。

【郭振】（1937—）出生于泰国，泰国籍。祖籍广东潮阳。现任泰国中华总商会常务组织、泰国国家篮球总会副主席、泰国潮州会馆常务稽核、泰国介寿堂慈善会副主席、泰国潮阳同乡会常务秘书、泰国郭氏宗亲总会永远名誉理事长、世界郭氏宗亲总会副理事长、泰国会甲盛师范学校资深委员、泰华进出口商会名誉理事长、郭振泰商业有限公司董事长、长江织造有限公司董事长、《亚洲日报》副董事长、华联企业有限公司董事总经理、香港美益国际有限公司董事长、高棉世界贸易有限公司董事长、越南泰越国际有限公司董事长、华联企业有限公司董事总经理。1988年荣获"泰国模范事业家"称号。1992年1月14日获英国舒臣学院工商管理名誉博士学位。

【郭仁德】（1941—）海南文昌人，出生于马来西亚。大学肄业，历任马来西亚华人文化协会会刊《文道》杂志社主编，马来西亚华人文化协会总秘书，马来西亚儒商联谊会秘书长，马来西亚华人公会直辖区副主席、马来西亚华人公会中央宣传局办公厅主任、马

来西亚剧艺研究会理事、马来西亚华人公会中央文化局秘书等职。当选为海南省郭氏公馆名誉理事长。任《南洋商报》《先生周刊》等报纸杂志之特约专栏作家，著有《青年人的锋芒》《丁加奴史话》《马华与华人社会》《马华危机》《劳工党血泪 20 年》《揭开私会党真面目》等书。

【郭令明】（1942—）福建同安人。新加坡华人企业家。新加坡丰隆集团创始人郭芳枫的长子。现任丰隆集团主席。在 2014 年福布斯新加坡富豪榜上，郭令明及其家族以净资产 78 亿美元排名第二。

【郭忠信】（1943—）福建泉州人。美籍华裔企业家、慈善家。美国斯坦福大学电机工程硕士，美国 Pepperdine 大学工商管理硕士，缅甸仰光理工大学电子工程学士。现任美国郭氏家族基金会董事局主席和美国加州大学尔湾分校校董，美国加州 Chapman 大学校长内阁阁员，中国厦门大学客座教授。国际华人企业家协会荣誉会长。美国南加州缅甸华侨协会荣誉理事长。曾获 2003 年美国加州橙郡 Ernst Yang 年度"优秀科技企业家"荣誉称号。郭先生自幼多思寡言，敏而好学。少年时阅读大英百科全书并参考牛津大字典，打下坚实英文基础。并在其母亲私塾教育下，精通中国历史文化。凭借其深厚的中英文功底和数理化水平，他参加英国伦敦大学年度 GCE 会考，轻松考取了普通级和高级文凭课程。后以优异成绩进入仰光理工大学（RIT），并获得仰光理工大学电子工程学士学位。1971 年郭先生离开缅甸移民美国。在加州硅谷深造。考入美国 Stanford 大学，取得电机硕士学位，后取得美国 Pepperdine 大学工商管理硕士学位。1977 年他设计并发明了世界第一批高能半导体晶片。高能半导体是信息时代里电脑电讯系统，工业电动系统和娱乐传播系统不可缺少的基本零件。他的科研论文得到美国太空局 NASA 的通报嘉奖。1981 年，他和妹妹郭丽琴医师，用 3 万美元起步，创立了"QTC"残障检测公司。25 年后，公司业务遍及美国 50 个州，涵盖 1 万名医生和医务专科人员，成为全美国最大的"残障检测"企业。郭丽琴医师也拥有"残障检测"技术八项专利。为此美国国会参议院 2003 年为其颁发了 Citation Award 奖以表彰她对美国残障医疗的实质贡献。郭先生担任公司总裁，负责科技残障检测的流程，并研发

"史克夫"(SCOFF)企业运作模式，加强公司全面人道性的领导和管理，使公司业绩蒸蒸日上。因此，他也获得2003年度"Ernst and Young"优秀科技企业家奖。经兄妹俩的精心经营，QTC公司对经费庞大且诉讼繁多的美国残障赔疗业最关键性的检测技术和程序，做了有效的创新性改革。2005年，QTC公司以巨额售出。随后，郭先生成立了美国郭氏家族基金会。过去10多年来，郭先生慈善捐款超过2000万美元，捐助领域有教育、医疗和文化等。郭丽琴医师也为纪念他们的母亲成立了纪明宫女士慈善基金会，专给缅甸的教育、医疗、科技等领域捐款，数额超过1000万美元。通过这两个基金会的赞助，郭氏两兄妹为美国南加州、中国厦门和缅甸仰光科技和医疗等方面尖端人才培养做出了强力的推动。近年来，人类社会进入智能时代。虽然进入古稀之年，郭先生仍然精力充沛，退而不休。一方面，他继续指导家族的投资企业，在金融投资界做得风生水起。另一方面，他也正在思考总结其一生之经验，著书立说，创立了 Cuberint Institute(古白学院)，研究发展"立能互应，全人模式"学问，为众孙儿女们的教养提供指导和帮助。并也由此将郭氏家族的家风、信仰和价值观薪火相传，造福世人。

【郭孔丞】（1947—）马来西亚国籍，香港特别行政区永久居民。郭鹤年长子，1975年毕业于澳洲摩纳大学，获经济学学士学位。曾任嘉里贸易有限公司董事总经理、香格里拉酒店集团董事长、香格里拉（亚洲）有限公司主席、嘉里集团有限公司董事长、马来西亚 Rasa Sayang Beach Hotels(Penang) Bhd 董事长、马来西亚 Perlis Plantation Bhd 董事、中信泰富有限公司副董事长。现任嘉里集团有限公司董事长、嘉里贸易有限公司董事长。2018年4月，任西湖大学创校校董会成员。

【郭试瑜】（1951—）江苏扬州人。现任日本昭和大学医学部、生理学客座教授，中国留日同学总会名誉会长。曾任苏州大学教授，日本昭和大学生理学副教授，主要和日本方面合作，从事神经内分泌免疫调制的研究，着重研究应激和中药对神经内分泌免疫功能的影响。中国留日同学总会会长、欧美同学会海外理事、中国青年科技工作者协会副会长。

中华郭氏名人大辞典编委简介

主 任

郭爱平

现任香港亚太商业网络电视台台长。

副主任

郭牧

悉尼科技大学哲学博士、教授。现为国家商务部特聘专家、中国会展业专家委员会副主任、郭子仪文化研究院院长、武林画院院长。从 1989 年开始从事对外贸易和文化交流工作，先后访问 100 多个国家，环球飞行 200 多万公里，发表 300 多万字的专业论文，出版 400 多万字的 20 多部个人专著。在国内外举办 15 场个人书画展览，获得中华之魂十大艺术成就奖、影响中国三十年的艺术家，是全国有影响的艺术家、文化学者。

郭廷炎

长安船务有限公司董事长，泉州慈善总会永远名誉理事长，白奇民族中小学董事会董事长，慈善名人。

郭廷真

派顿（中国）有限公司董事长，泉州丝路文化艺术展览馆创办人，名誉馆长，泉州慈善总会永远名誉会长、慈善名人。

郭廷坚

郭子仪文化研究院副院长，高级教师、丽水学院特聘教授，荣获影响中国第十二届新闻人物、CCTV《奇书妙笔》主人公，汉字快乐书写第一人。

郭永缘

全国文化产业工作委员会郭氏家风研究专委会常务副主任，华夏恒天资本管理有限公司合伙人，杭州乾圆文化发展有限公司董事长。

编　委

郭翔鹤

原解放日报集团《新闻晨报》首席记者，驻京办负责人。曾获解放日报集团"青年新锐"称号，首都青年编辑记者协会青年奖学金获得者。首都青年编辑记者协会理事，中国环境文化促进会理事。

郭启祯

河南省姓氏文化研究会郭姓委员会会长、河南省作家协会会员、焦作市作家协会理事、孟州市作家协会副主席、河南望璞郭氏宗亲会会长、《郭氏春秋》杂志总编、《中华郭氏公用字辈》编撰人。

郭全有

山西华旗集团董事长。山西财经大学客座教授，山西郭氏宗亲会长，中国体制改革研究会理事。著有《论山西发展》《论资本运作》《商业连锁经营规划》《山西的发展要放在大局中考量》等论文。

郭武泉

原浙江省诸暨市技术监督局局长，诸暨市科委主任。高级工程师。作为诸暨市技术监督事业创始人，为诸暨市技术监督及科技事业的发展，促进地方经济的发展做出了应有的贡献，多次受到了国家、省、市级的荣誉表彰。

郭东存

辽宁郭氏宗亲会会长。自 1979 年从事教育工作，2009 年参与信玉系列杂交玉米种子培育，现为吉林诺美信种业有限公司特聘育种专家。

郭兴前

陕西省礼泉建陵武将山郭子仪守陵第四十六代裔孙。陕西省姓氏文化研究会副会长兼陕西省姓氏文化研究会郭氏专业委员会会长。礼泉县郭子仪文化研究会会长。

郭玉清

山东省郭氏文化研究会执行会长，运河文化研究会常务副会长，枣庄市第二中学校友联谊会会长、法人；台儿庄区第十二届人大常委。枣庄市居安房地产开发有限公司董事长，国家二级注册建造师。全区建设系统先进个人。

郭勇亮

华夏恒天资本管理有限公司法人代表、董事长，浙商财经理事会主席团副主席，诸暨市政协委员。曾荣获2016年度中国股权投资风云十大人物，中国股权投资金麒麟奖，中国创二代功勋导师，感动北京人物。

郭大汉

江西安盛农业科技有限公司董事长，江西上饶市企业家俱乐部秘书长；1994年参与上饶市郭氏宗谱编修；至今一直热心从事郭氏家族文化的研究和宣导工作。

郭贵雄

工商博士，高级工程师。湖南省优秀企业家，是湖南省防雷行业及新能源行业的先锋人物。现任雨花区政协委员、湖南省防雷协会会长、湖南省新能源协会副会长及湖南省郭氏文化研究会会长，湖南科比特集团股份有限公司董事长。所领导的企业相继获得湖南省著名商标称号，获得湖南省光伏扶贫先进单位，湖南省光伏逆变器及EPC推荐企业。

郭成林

高级农艺师。现任广安科技报社执行主编，四川科普作家协会会员，《四川科技报》特约记者，《科技兴农报》记者。1981年被四川省团委授予"模范共青团员"称号；1985年被四川省科协评为农村科普先进个人；1993年被四川省科协授予"高级农艺师"称号。

郭仁清

现任海南乐东骏厦房地产开发有限公司董事长。乐东天行健典当有限责任公司总经理。乐东西南实业有限责任公司总经理。海南省乐东县郭氏宗亲联谊会会长。海南省郭氏族谱修编理事会会长。

郭先智

台湾有利橡胶模具有限公司董事长，世界郭氏宗亲总会荣誉秘书长，台北市政府警察局士林分局民防大队副大队长，台北市士林区体育委员会常务理事，台北市体育委员会羽球协会理事，法鼓山文教基金会董事。

编 后 语

中国梦的顶层设计中，不仅有物质层面的，还要有精神层面的。习近平主席多次强调好家风能化作春风，护着家，护着国，要积极培育和践行社会主义核心价值观，通过树立先进人物，在全社会弘扬高尚精神。

郭子仪文化研究院的团队，从成立以来，就立下为老郭家做点实事，最初就是研究郭氏家谱，让天下郭家子孙知道我是谁？我从哪里来？为此广泛走访、交流、调研，方案几度修改，落地时难度超乎想象。后不断拜访互联网专家，阿里商学院、浙江大学等，求解如何落实电子家谱的实现。由于虢姓历史久远，时代变迁，资讯短缺，几千年前的数据无法获得，即使有，也存在以误传误，难以实现。经多位专家建议，可以郭氏名人为线，逐渐将家谱轮廓实现，缅怀先辈，面向未来，让更多的家人了解到，中华郭氏的家教、家训、家风及在郭氏的优良家风培育下，时不乏人，名人辈出。经众多宗长提议，万众一心，不辞劳苦，查阅大量的历史文史资料编撰《中华郭氏名人大辞典》，以此为榜样，

勇立潮头，为国家，为民族做出更多的贡献。

为编辑大辞典，各省、市郭氏宗亲会团结一致，同心同德。有企业家捐资出力、许多族中宗长舍弃自我，全身心投入，举荐不少郭家英烈、院士、劳模、将军、文化名人、优秀企业家等。这种精神大大地鼓舞编辑团队，他们不辞辛苦，不远万里，奔波四方，查阅几百部历史著作、档案资料，力争将郭氏名人查证真实，历经三年多的努力，大辞典即将出版发行。在此，《中华郭氏名人大辞典》编委会衷心感谢我们的时代！感谢社会各界的大力支持！感谢编辑团队辛勤劳作！再次感谢为此关心、付出的郭氏家人：郭初民、郭良、郭兴均、郭兴传、郭小峰、郭亦帅、郭根桥、郭君、郭军旗、郭静、郭海伟、郭可元、郭理伟、郭代春、郭炜、郭万惠、郭馥妮、郭可喜、郭军、郭海菊、郭翔策、郭伟平、郭献泉、郭子群、郭勤、郭宪恒、郭周同、郭国勇、郭志猛、郭明枝。

再次鸣谢！

《中华郭氏名人大词典》编辑委员会
2019 年 11 月 18 日

惟祖有功　惟宗有德　亦有积德　以衍今日